Gerhard Preyer
Soziologie ohne Menschen

Gerhard Preyer

Soziologie ohne Menschen

Studien zu gesellschaftlichen Mitgliedschaftsordnungen

Humanities
Online

Für Werner Krawietz (1933–2019)

Bibliografische Information Der Deutschen Nationalbibliothek
Die Deutsche Nationalbibliothek verzeichnet diese Publikation in der Deutschen Nationalbibliografie; detaillierte bibliografische Daten sind im Internet über http://dnb.ddb.de abrufbar.

Frankfurt am Main, Germany
www.humanities-online.de
info@humanities-online.de

Erste Auflage 2023
ISBN 978-3-941743-92-2

Umschlaggestaltung: Uwe Adam | grafik-design
Printed in Germany

Dieses Buch ist auch als E-Book (PDF) erhältlich:
https://humanities.verlags-shop.de/

Inhalt

Vorwort

Wenn man Gesellschaft weder auf Wissen
noch auf Konsens gründen kann,
bleibt immer noch die Möglichkeit,
die Zeit besser zu nutzen und auf Änderbarkeit zu setzen.
Luhmann (1995, 30)

Die „Soziologische Aufklärung“ von Luhmann besagt, dass wir keiner Aufklärung, sondern einer „Abklärung“ bedürfen. Das ist auch das Motiv von Koselleks *Kritik und Krise Eine Studie zur Pathogenese der bürgerlichen Welt* (1959/1973). Die Kritik führt in die Krise und entlädt sich im Terreur der Jakobiner in der französischen Revolution. Die soziologische Aufklärung besagt aber auch, dass Menschen als psycho-physische Entitäten keine Bestandteile sozialer Systeme sein können. Sie gehören zu ihrer Umwelt. Es wird immer wieder auch vergessen, dass bereits in der Theoriekonstruktion der analytischen Handlungssysteme bei Parson der Mensch in der Umweltposition platziert ist. Das gilt auch dann, wenn Parsons die Handlungssysteme in seine Fassung der conditio humana einordnet. Damit ist das Leitmotiv der gesammelten Artikel benannt. Wenn wir den Menschen in der Umweltposition platzieren, dann verliert die Unterscheidung zwischen Individuum und Gesellschaft in der soziologischen Theorie ihre Relevanz. Die Probleme der alteuropäischen Philosophie, dass das Individuum nicht aussagbar ist und das der Individualbegriffe können wir dabei dahingestellt sein lassen. Wir sollten sogar noch weiter gehen. Die Individuum-Gesellschaftssemantik hat die soziologische Theorie blockiert. Sie verhindert, dass man differenziertere Theorien entwirft, um die Evolution von funktionaler Differenzierung und den Übergang zur Nächsten Gesellschaft angemessen beobachten und systematisieren zu können. (Preyer, Krauße 2020) Es gehört zur soziologischen Aufklärung, dass, wie es Luhmann ausdrückt, wir nicht als Menschen ein Mitglied von Gesellschaft waren und an gesellschaftlicher Kommunikation teilnahmen. Daran scheitern die Erneuerungsversuche des Humanismus, der sich immer wieder zu Wort meldet. Wir können es auch so ausdrücken, der Humanismus scheitert am Grundrauschen der Systemkonstitution und den gesellschaftlichen Mitgliedschaftsordnungen.[1]

1 Die Luhmann-Schüler haben sich dem Problembezug der Soziologie ohne Menschen gestellt, z.B. Fuchs und Göbel (1994). Sie neigen aber dazu, ihn etwas zu entdramatisieren und sind zu vorsichtig im Hinblick darauf, was

Die erste Sammlung der Artikel zur politischen Soziologie (Preyer, Schissler 2002, Preyer 2009a) ist aus der Sicht der 1990er-Jahre konzipiert und geschrieben worden. Im Rückblick fällt es schwer, einen direkten Anschluss an die Perspektive der 1990er-Jahre nach dem Ende des Kalten Kriegs und der Wiedervereinigung Deutschlands zu finden. Für einen Historiker mag das einfacher sein, obwohl er sich nur bedingt von seinem Gegenwartsbewusstsein lösen kann. Das gilt für den Autor, aber auch für die 1970er- und 1980er-Jahre. Wenn wir in der soziologischen Theorie nach einem verbindenden Problembezug fragen, so ist es die Fortführung des Forschungsprogramms der Soziologie der Nächsten Gesellschaft jenseits von Liberalismus, National- und Wohlfahrtsstaat. Das drängt der Soziologie das Problem der Zeitdimension, ihre Differenzierung und Organisation auf. „Die Knappheit der Zeit, und der Vorrang des Befristeten“ (Luhmann) besagt nicht, dass die Zeit selbst knapp ist, sondern die Zeit wird durch informale und formal organisierte soziale Systeme verknappt. Es wäre mit Physikern noch einmal eine Rücksprache zu halten, ob die zutreffende Bestimmung von Zeit ist, dass sie zerfällt.

Die Kontinuität in der Zeit besteht in einem kontingenten Bewusstsein, dass sich nur über Schrift zurückzuerinnern vermag. Das individuelle Gedächtnis ist zu schwach und selektiv, um für sich eine Objektivität und Prüfbarkeit zu beanspruchen. Dabei wird auch eine Erinnerungsselektion durch Schrift nicht beanspruchen, das Vergangene wieder als reale Gegenwart erlebbar zu machen. Dieser Mangel lässt sich nicht beseitigen, da die Einheit des Bewusstseins (Brentano) nur im Gegenwartsbewusstsein besteht. Dieses Bewusstsein ist aber immer schon vergangen, und Vergangenheit und Zukunft oszillieren um die unendlichen Gegenwarten. Die Differenz zwischen der gegenwärtigen Zukunft und der zukünftigen Gegenwart mag unendlich klein sein, sie bleibt aber eine Differenz. Ob es neurologische Belege für den Fluss der Zeit und das phänomenale Zeitbewusstsein als lebendige Gegenwart (Husserl) gibt, mag dahingestellt sein.

für eine Folgerung aus der Aufgabe der humanen Finalisierung der gesellschaftlichen Kommunikation für die soziologische Theorie zu ziehen ist. Das gilt ganz unabhängig davon, welche Verdienste man ihren Untersuchungen zuschreibt. Der Mensch ist gerade kein „Medium der Gesellschaft“, sondern ein Beobachtungsbegriff des Humanismus. Luhmann würde nicht widersprechen, wenn man statt vom Humanismus von einer Populationstheorie in der soziologischen Theorie ausgeht und sie zur Systemtheorie (= Mitgliedschaftstheorie) fortschreibt.

Die Umbrüche der gesellschaftlichen Kommunikation durch die modernen Kommunikationstechnologien verändern die Beobachtung der gesellschaftlichen Kommunikation der Teilnehmer an einfachen Interaktionssystemen. Die Teilnahme an diesen Kommunikationssystemen ist mittlerweile selbstverständlich geworden, aber wir wissen noch nicht, welche Funktionen die neuen Kommunikationstechnologien im Fortgang der Evolution der Mitgliedschaftssysteme ausüben werden. Da die gesellschaftliche Kommunikation von der Anlage her intransparent ist, lassen sich darüber keine Prognosen aufstellen.

Die Artikel sind in einer Situation geschrieben worden, in der sich die soziologische Theorie umschichtet. Insofern artikulieren sie das Problembewusstsein des Autors, wie es in Preyer (2018a, b, c, Preyer, Krauße 2020) vorliegt. In den mit dieser Veröffentlichung gesammelt vorliegenden Artikeln dominieren die Problembezüge der allgemeinen Theorie der Mitgliedschaftssysteme, der Rechtssoziologie, der politischen Soziologie und der Religionssoziologie. Sie sind in Preyer 2018c weiter ausgeführt. Die Veröffentlichungen gehören zu dem Forschungsprogramm der Zeitschrift und des Projekts der *ProtoSociology*, das 1991 gegründet wurde. Zu der Planung und Durchführung der Projekte haben vor allem Georg Peter und Reuß-Markus Krauße beigetragen. Die Einsichten des Artikels zur Inklusion-Exklusion (Preyer 2009) sind eine erste Fassung einer mitgliedschaftssoziologischen Systematisierung des evolutionären Inklusionsproblems der Mitgliedschaftsordnung der funktionalen Differenzierung. Die Inklusions- und Anspruchsforderungen gehen zugleich mit Überforderungen der Funktionssysteme einher. Der Problembezug motiviert die Neufassung der Theorie sozialer Integration als einen dynamischen Prozess der schöpferischen Zerstörung und der destruktiven Schöpfung als einen nicht abgeschlossenen Prozess. (Schumpeter 1950, Willke 2001, Münch 2001, Preyer 2018a, Teil IV, b, Ausblick, Preyer, Krauße 2020)

Das Forschungsprogramm der Soziologie der Nächsten Gesellschaft wird nur dann angemessen weiter durchzuführen sein, wenn wir uns der Einsicht nicht verschließen, dass die westliche Moderne kein Projekt mehr ist und die Dehumanisierung der Mitgliedschaftsordnungen funktionaler Differenzierung und ihre institutionellen Ordnungsbildung nicht mehr zur Disposition steht. Wir leben nicht nur in einer postmodernen, sondern in einer posthumanen Gesellschaft. In ihr verbreitet sich ein Katastrophenbewusstsein, das einer soziologischen und nicht-trivialen Erklärung bedarf.

Unter den Mitgliedern der Forschungsgruppe der Multiple Modernities besteht eine Übereinstimmung darin (z.B. Ben-Rafael 2011,

2018, Bokser Liwerant 2016, 2021, Gromitsaris 2021, Marangudakis 2016, und Roninger 2016), dass die Umschichtung der klassischen Modernisierungstheorie und Entwicklungstheorie darauf beruht, dass Modernisierung keine Richtung hat, die eine intrinsische Eigenschaft der uns bekannten Gesellschaften ist. Sie ist von historischen Konstellationen abhängig, die keine evolutionären Universalien sind, z.B. sind die modernen Marktordnungen und der demokratische Konstitutionalismus einer offenen Bürgergemeinschaft keine evolutionären Universalien. Es spricht viel dafür, dass sie sich auch nicht durch Entwicklungsprogramme verbreiten lassen, da ihnen die institutionellen und geschichtlichen Voraussetzungen fehlen. Dieser Irrtum bedarf aber einer besonderen Erklärung. Er ist nicht nur der zwangsläufigen Blindheit, die mit jedem Beobachtungsstandpunkt einhergeht, zu verdanken, sondern er verweist auf die Blockaden der soziologischen Theorie, die mit der Wirkungsgeschichte der Selbstbeschreibungen von funktionaler Differenzierung einhergehen, z.B. als Wirtschaftsgesellschaft, Wissensgesellschaft, staatszentrierter und rechtszentrierten Gesellschaft. Der Kongress „Legacies of Shmuel N. Eisenstadt: From Philology to Sociology" ausgerichtet von Vincenzo Cicchelli und Madalina Vartejanu-Joubert vom 26.–27. Januar 2016 an der Université Sarbonne-Paris-Cité, nahm eine Resystematisierung und Evaluation des Forschungsprogramms der Multiple Modernities vor. Dazu der Bericht Preyer (2016 b).

Die Soziologie der Nächsten Gesellschaft ist eine Soziologie der postmodernen Gesellschaft. Die Umstrukturierung der gesellschaftlichen Kommunikation durch das Verbreitungsmedium der modernen Kommunikationstechnologien wird die Konzeptualisierung der soziologischen Grundbegriffe und den empirischen Zugang zu den sozialen Systemen dieser Gesellschaft verändern. Die Soziologie ist keine ausschließliche Textwissenschaft. Das gilt auch dann, wenn jede Fachdisziplin Texte herstellt und reinterpretiert. Die Analyse der gesellschaftlichen Kommunikation wird zunehmend in und durch die Verbreitungs- und Dokumentationsmedien vollzogen, z.B. Internet, Bilder, Podcasts und Videos. Damit verändert sich der Begriff der sozialen und soziologischen Erfahrung und die Selbstbeschreibung der gesellschaftlichen Kommunikation. Einige Soziologen haben darauf bereits reagiert. (Baecker 2022, Guggenheim 2022)

Wenden wir uns noch einmal dem Leitmotiv der „Soziologie ohne Menschen" zu. Die Widerstände der Fachkollegen gegenüber diesem grundlegenden Problembezug der soziologischen Theorie sind erheblich. Es ist nicht damit zu rechnen, dass sie ohne weiteres abzubauen sind. Es ist dies aber kein neues Problem, das sich für die soziologische

Theorie weiter blockierend auswirken wird. Es ist eine Ergänzung zu der Einsicht Luhmanns, dass die alteuropäische Tradition nicht mehr zu erneuern ist. Die alt-asiatischen Traditionen sind aber auch nicht zu erneuern. Der Buddhismus mit dem Grundsatz, dass „Alles Leiden ist“, ist z.B. in der religiösen Evolution der gesellschaftlichen Kommunikation eine sehr unwahrscheinliche Religion. Die Soziologie ohne Menschen gilt vor allem für die Systematisierung der neuen Symbiosen der Mitglieder sozialer Systeme mit den digitalen Maschinen als Verbreitungsmedium gesellschaftlicher Kommunikation. Aber jeder Soziologe sollte eine Intuition für die Einsicht Luhmanns (1993, 159) haben: „Die Inklusion ist zum Problem geworden. Verkannt wird nur, dass sie es immer gewesen war und dass noch nie jeder Mensch nur als Mensch Mitglied einer Gesellschaft gewesen war.“ Der Autor möchte aber selbstkritisch anmerken, dass er im Text gelegentlich mit einem unkritischen Globalisierungsbegriff argumentiert. In der soziologischen Theorie ist er mittlerweile durch den Begriff der Konnektivität abgelöst. Das ist aber von Preyer, Krauße (2020) mittlerweile korrigiert worden. Auf das Problem wurde bereits in Preyer (2018a) hingewiesen. Der Autor verwendet zur Markierung des Austauschs der Mitgliedschaftssysteme den Begriff der Interpenetration (Parsons). Das ist von grundlegender Relevanz für die Analyse der Funktionssysteme der modernen Gesellschaft und ihrer Evolution, welche die Unterscheidung zwischen den analytischen Handlungs- und Mitgliedschaftssystemen und faktischen Handlungssystemen zu treffen hat. Es ist das Verdienst von Münch, die Differenzierungstheorie funktionaler Differenzierung als ein fehlgeleitetes Forschungsprogramm dargelegt zu haben.[2]

Der Band ist Werner Krawietz (1933–2019) gewidmet. Krawietz und den Autor verband seit 1994 ein freundschaftlicher und wissenschaftlicher Austausch. Der Autor gab mit ihm z.B. das *Rechtstheorie* Habermas-Sonderheft, „System der Rechte, demokratischer Rechtsstaat und Diskurstheorie des Rechts nach Jürgen Habermas“, Heft 3 1996, 2004 (zweite Auflage) heraus. Krawietz gehört mit zu den ersten Autoren, die das Forschungsprogramm der Multiple Modernities in der Theorie und Soziologie des Rechts bearbeiteten. In dem fortlaufenden Austausch haben er und der Autor eine Fortführung konzipiert. (Krawietz

2 Zur Zusammenfassung seiner Kritik an der funktionalen Differenzierung und einem alternativen Forschungsprogramm: Münch (1991, 309-335). Es ist gerade nicht die Differenzierung, mit der wir die institutionelle Ordnung der modernen Gesellschaft systematisieren. Daran hat Münch in seiner Werkgeschichte festgehalten. Zur Antwort auf die Kritik von Schimank: Preyer (2016a, 117-139).

2016, Preyer und Krauße 2019) In dem letzten Telefongespräch motivierte er den Autor, an der Analyse des allgemeinen Bezugsrahmens in der soziologischen Theorie festzuhalten, das Forschungsprogramm der Multiple Modernities fortzuführen und weitere Untersuchungen zu den „konstitutiven Strukturen der Weltgesellschaft“ (Münch) als einer „Gesellschaft von Gesellschaften“ (Hondrich) zu initiieren. Die Untersuchungen zur chinesischen Modernisierung (Krauße, Preyer und Krauße) und das Dritte Forschungsprogramm der Multiple Modernities (Preyer und Sussman 2016c, Preyer 2018c, Preyer und Krauße 2020, Gromitsaris (2021) sind dazu ein Beitrag. Gromitsaris (2021, 116-118) ist auch deshalb zu erwähnen, da er die Soziologie der Mitgliedschaft in seinem Forschungsprogramm der Rechtstheorie und Rechtssoziologie fruchtbar weiterführt und anwendet. Das ist deshalb der Fall, da er ihn auf die Grenzziehung von sozialen Kommunikationen anwendet. Er hat sich dem Forschungsprogramm der Multiple Modernities zugewandt. Gerade auch historisch vergleichende Untersuchungen können die Plausibilität des Forschungsprogramms verstärken.

In der Kommunikation mit Krawietz stabilisierte der Autor die Einsicht, dass nicht zu erwarten ist, dass die „konstitutiven Strukturen der Weltgesellschaft“ (Münch) eine Lokalisierung des Rechtssystems auslösen, d.h. dass zu diesen „Strukturen“ keine universelle Rechtsgemeinschaft und Rechtsordnung gehört. Der Austausch mit Prof. Ayumo Endo während seines Humboldtstipendiums am Fachbereich Rechtswissenschaft der Goethe-Universität Frankfurt am Main war besonders für die weitere Vertiefung der Funktion des Rechts in der japanischen Gesellschaft und ihrer einmaligen Sozialstruktur lehrreich. Er bestätigte die Sicht über die japanische Gesellschaft von Eisenstadt. Eisenstadt fasst seine Einordnung der japanischen Modernisierung in die Multiple Modernities in dem Satz zusammen „In Japan ist alles anders“. Was die japanische, aber auch die chinesische Gesellschaft angeht, so stellen wir immer wieder den blinden Fleck des westlichen Beobachters fest.

Mit Krawietz verlor der Autor einen Gesprächs- und Kooperationspartner, der ihm durch den konstruktiven Austausch in Erinnerung bleiben wird. Wolfgang Barus möchte der Autor für die über zwanzig Jahre andauernde verlegerische Betreuung bei der Durchführung von Buchprojekten danken. Ohne sein Engagement wären sie nicht zu verwirklichen gewesen. Michael Rzepka hat durch seine Argumente zur Verbesserung der vorliegenden Textfassung beigetragen. Auch ihm, in alter Verbundenheit, vielen Dank.

Wenn wir noch einmal auf die oben erwähnte Differenz zwischen der gegenwärtigen Zukunft und der zukünftigen Gegenwart zurückkommen, so kommt der Autor nicht umhin, sich als historischen Autor zu begreifen. Seine Vergangenheit kann er nur bruchstückhaft vergegenwärtigen und seine Zukunft ist als historischer Autor unbestimmt. Das gilt ganz unabhängig davon, als was wir „Autorschaft" konzeptualisieren.

Teil I
Der Mensch in der Umweltposition, Mitgliedschaftssoziologie und Gesellschaftstheorie

1. Soziologie ohne Menschen

(a) Fragestellung: Der Mensch in der Umweltposition

Die soziologische Theorie ist bis zur Systemtheorie von der theoretischen Annahme ausgegangen, dass die sozialen Systeme aus Menschen als physisch-psychische Entitäten bestehen. Sie sind sozusagen Teile der Gesellschaft. Das ist die alteuropäische aristotelische Tradition, die soziale Systeme und Gesellschaft human finalisiert. Wir haben uns mit dem Problembezug zu konfrontieren, dass diese Konzeptualisierung der Sozialontologie keine neuen Einsichten vorlegte. Sie hat sich für die soziologische Theorie als zunehmend blockierend ausgewirkt. Diesbezüglich ist Luhmann zuzustimmen. Dasselbe gilt auch für die Konzeptualisierung der Gegenüberstellung von Individuum und Gesellschaft. Was das Individuum ist, bleibt ein Rätsel. Nicht nur, dass es aus der Sicht der alteuropäischen Soziologie nicht aussagbar ist, sondern diese Begrifflichkeit verdankt sich einer bestimmten sozial-strukturellen Semantik, die im Zuge der Durchsetzung von funktionaler Differenzierung aufkam. Aber es ist vermutlich noch schlimmer, denn durch diese Konzeptualisierungen wurde zugleich die Platzierung des Beobachters in der soziologischen Theorie verdeckt. Sie gehört zur Selbstbeobachtung der gesellschaftlichen Kommunikation. Wir können daraus den Schluss ziehen, dass die alteuropäische Tradition und ihre sozial-strukturelle Semantik nicht mehr zu erneuern ist.

Die Mitgliedschaftstheorie und Mitgliedschaftssoziologie teilen mit Luhmanns Systemtheorie seine zentrale Einsicht, dass Menschen als psycho-physische Entitäten zur Umwelt sozialer Systeme gehören. Das betrifft die Neuinterpretation aller soziologischen Grundbegriffe und Systematisierungen. Diese Entitäten sind aber notwendige Voraussetzungen sozialer Systeme, die aus der Perspektive ihres Bewusstseins strukturell durch „Interpenetrationszonen" an Mitgliedschaftsselektionen und Kommunikationen gebunden sind.

An dieser zentralen Einsicht ist in der soziologischen Theorie festzuhalten. Sie betrifft den Problembezug der Selbstselektivität sozialer Systeme und die Neufassung der System-Umwelt-Relation. Damit ist der theoretische Anschnitt der allgemeinen Systemtheorie thematisch. Es empfiehlt sich deshalb, auf die komplexitäts- und kontingenztheoretische Fassung der System-Umwelt-Relation in der Systemtheorie (1.(b)), den Sinnbegriff und die Selbstkonstitution der Mitgliedschaftsgrenzen sozialer Systeme einzugehen (1.(c)). Luhmanns Weltbegriff möchte der Autor nicht mit einer voreiligen Kritik begegnen, sondern eher seine Stärken und das Neue seiner damit einhergehenden Fassung der System-Umwelt-Relation hervorheben. Das Bezugsproblem dabei sollte uns aber klar genug sein. Es geht dabei um die Konzeptualisierung der Asymmetrie der System-Umwelt Relation. Die Asymmetrie besteht aber auch dann, wenn wir von einer mitgliedschaftstheoretischen Beschreibung ausgehen.

Mit der mitgliedschaftstheoretischen Selbstkonstitution sozialer Systeme geht die Verortung des Menschen in der Umweltposition (Monadologie und der Andere) einher. Die allgemeine Theorie der Mitgliedschaftssoziologie wird durch die Unterscheidung zwischen primären und sekundären sozialen Systemen als der Differenzkorridor der System-Umwelt-Differenzierung erweitert. Daraus sind forschungsprogrammatische Folgerungen für die Orientierung der soziologischen Theorie zu ziehen. Angesprochen ist damit die mehrstufige Selektivität des Erlebens und Handels im Hinblick auf die Positionen des Negationsspielraums (der Negativität) und die Beobachtung von Beobachtern, der systematische Ausgangspunkt der veränderten Situation der Forschungsprogramme der soziologischen Theorie im Hinblick auf die Dehumanisierung des Gesellschaftssystems sowie die Selbstbeschreibung gesellschaftlicher Kommunikation, die nicht mehr auf eine Einheitsformel zurückgreifen kann. Die Selbstbeschreibung der gesellschaftlichen Kommunikation, der Mitgliedschaftssysteme und der soziologischen Theorie der Gegenwartsgesellschaft sollte somit anders ansetzen. Nehmen wir diesen theoretischen Blickwinkel ein, so verändert sich die Einstellung der Untersuchung sozialer Systeme, und wir gehen zur Mitgliedschaftstheorie und Mitgliedschaftssoziologie der Typik sozialer Systeme über. (1.(d) – (e))

Mit der Positionierung des Menschen in der Umweltposition geht einher, den Beobachter in der soziologischen Theorie anders zu platzieren. Davon ist die Protosoziologie der Teilsysteme des Gesellschaftssystems als eines Mitgliedschaftssystems und seiner evolutionären Differenzierung betroffen. Es können dadurch z.B. auch der Beobachter und seine Systemreferenzen in der Rechtstheorie und Rechtssoziologie im Bezugsrahmen des Multi-Level-Approach platziert werden. Sofern in diesem

Bezugsrahmen der Übergang zur Rechtssoziologie ausgewiesen wird, so ist die rechtliche Kommunikation als systemische und organisationelle Entscheidungskommunikation in einer Abstufung von Ebenen zu beobachten, zu beschreiben und zu systematisieren.[3] Das liegt schon deshalb nahe, da die Rechtsentscheidung eine Entscheidung für Andere ist. Recht wird gebildet im Hinblick auf die Projektion von Erwartungen und mögliche Konfliktfälle. Insofern sind Rechtsentscheidungen, unabhängig von ihrer Grundlage, Entscheidungen, die über Mitgliedschaft und dadurch über die Teilnahme an sozialen Systemen entscheiden. Rechtstheoretisch und rechtssoziologisch wird im Bezugsrahmen der Abstufung von Ebenen, die von der faktischen Rechtspraxis ausgeht, die Funktion der rechtlichen Kommunikation für die Mitgliedschaftsordnungen sozialer Systeme und ihre Leistung in der System-System-Beziehung respezifiziert. Der selektive Zugriff auf die Motivation der Mitglieder sozialer Systeme erfolgt durch ihre formale Organisation.

3 Zu diesem Ansatz: Preyer 2021. Die unterschiedenen Ebenen sind (Form-)Unterscheidungen, die immer eine weitere Ebene implizieren. Ihnen sind entsprechende Funktionen der systemtheoretischen Analyse zuzuordnen. Luhmann spricht in diesem Zusammenhang von „Zweiseitenform". „Funktion" betrifft den Problembezug sozialer Systeme und somit die Suche nach funktionalen Äquivalenten. Der Begriff der Funktion kann sowohl analytisch und empirisch bestimmt werden. Die Suche nach funktionalen Äquivalenten ist eine empirische Bestimmung. Zu einer Übersicht über den Funktionsbegriff und seine Bedeutung Merton, Parsons und Luhmann vgl. Münch Bd. 3 2004 zum Funktionsbegriff bei Merton: 15-29, Parson: 69-77, Luhmann: 181-183, vgl. auch Luhmann 1974 a, b, Funktion und Kausalität: 9-30, Funktionale Methode und Systemtheorie: 31-53, in: ders., Soziologische Aufklärung. Aufsätze zur Theorie sozialer Systeme, Opladen 1974 (4. Auflage).
Angesprochen sind damit aber auch die sogenannten neuen Probleme der Rechtstheorie, die unter dem Rubrum „posthumanes Recht" abgehandelt werden, vgl. dazu Gruber (2015) Bioinformationsrecht, Tübingen 2015. Eine Hilfestellung bei der Systematisierung des Problembezugs könnte die Unterscheidung zwischen primären und sekundären Systemen und eine andere Fassung des Technikbegriffs als „Sinnentlastung" und „funktionierende Simplifikation" sein: Luhmann (1997 Bd. 1, 557-538) Er hebt hervor, das führt in das Zentrum des Problems, dass die Interpenetration von „physikalischer Welt und Gesellschaft nicht mehr mit dem Begriff der Natur erfasst werden kann", 532. Das heißt jedoch gerade nicht, „... dass die „Welt", die „Gesellschaft", die „Zivilisation" selbst technisch geworden ist", 517. Das ist ein verbreiteter Irrtum der Technikphilosophie. Verbreitet ist die Rede z.B. von „Wissensgesellschaft", „technischer Gesellschaft" und „Informationsgesellschaft". Dabei bleibt der Gesellschaftsbegriff ungeklärt.

(b) Selbstselektivität sozialer Systeme

i. Weltbegriff

Die Kritik am energetischen Austauschmodell der System-Umwelt-Beziehung der klassischen Systemtheorie (Parsons) ist das theoretische „initial system" des Umbaus der Systemtheorie. (Münch 2012, 19-22) Die sozialen Systeme verdanken sich ihrer selbstselektiven Konstitution und sie können ihre Operationen nicht externalisieren. Man braucht aber nicht zu bestreiten, dass es kausale Einflüsse von Seiten der Umwelt auf soziale Systeme gibt.[4] Die System-Umwelt-Differenz ist keine Isolierung. Mit der Selbstselektivität als Morphogenese von sozialen Systemen ist die Fassung der System-Umwelt-Relation angesprochen.

Die *causa efficiens* der Systembildung ist nach Luhmann die *Welt* als höchster Zustand an Komplexität und Kontingenz. Sie verweist auf Selektionszwang und die Verkettung von Selektionen, Risiko und Strukturbildung der evolutionären Differenzierung sozialer Systeme. Die *Welt* ist im Hinblick auf ihre positive und negative Qualifikation als „unmarked space" unbestimmt. Sie ist kein System, sondern ein nichtgeordneter und nicht-strukturierter Zustand. Sie ist somit das *Bezugsproblem* der Bildung sozialer Systeme. *Welt* hat keine System-Umwelt-Differenzierung: Die *Welt* ist Umwelt, aber sie hat selbst keine Umwelt. Sie ist ein differenzloser Letztbegriff und nicht durch Ursache und Wirkung bestimmt. Als differenzloser Letzthorizont ist die *Welt* ein Einheitshorizont, der nicht als Gegenstand identifizierbar ist und sich einer gegenständlichen Bestimmung entzieht. Insofern ist er kein Gegenstand einer Bezugnahme. Der Letzthorizont ist der Hintergrund, vor dem wir Unterscheidungen vornehmen.[5] Die *Welt* hat keine System-Umwelt-Differenzierung: Als differenzloser Letzthorizont ist die *Welt* ein Einheitshorizont, der nicht als Gegenstand identifizierbar ist und sich einer gegenständlichen Bestimmung entzieht. Insofern ist er kein Gegenstand einer Bezugnahme. Der Letzthorizont ist der Hintergrund, vor dem wir Unterscheidungen vornehmen. Dieser Weltbegriff Luhmanns ist durch Husserl und Spencer-Brown motiviert.[6]

4 Das Problem ist jedoch, welchen Kausalitätsbegriff wir für tragfähig halten. Zur Humeschen Regularitätstheorie, der wahrscheinlichkeitstheoretischen, der kontrafaktischen und der modallogischen Interpretation des Kausalitätsbegriffs: von Kutschera (1993, 41-51), Preyer, Rogler 2020, 75-97).

5 Zum Sinnbegriff und der System-Umwelt-Relation in der Systemtheorie vgl. z.B. Luhmann (1984, 84, 92-147, 242-285, 1997, Bd. 1, 44-59, 60-78).

6 Zum Sinn- und Weltbegriff. Luhmann 1994, 90-147, 1997: 44-59) „Das Phänomen Sinn erscheint in der Form (Unterscheidung d.V.) eines Überschusses

Die Unterscheidung zwischen *Welt* und *System* ist eine Unterscheidung zwischen ungeordneter und geordneter Komplexität. Sie ist zugleich das Ergebnis der selektierten (strukturierten) Komplexität der Systembildung. Insofern bedarf es der Unterscheidung. Die *Welt* ist nichts Ursprüngliches und nicht etwas, das sich als Erscheinung von sich aus zeigt, indem sich *Welt* ereignet. Als Letzthorizont kann die Welt nicht verschwinden, sondern er wandert immer mit. Das ist eine Reinterpretation von Husserls Phänomenologie.

Der Weltbegriff ist so bestimmt, dass Welt im Hinblick auf ihre positive und negative Qualifikation unbestimmt ist. Insofern bedarf es der Unterscheidung. Diese Unterscheidung bezeichnet aber nicht das Setzen des Unterschieds, sondern die unbezeichnete *Welt*. Die Sinngrenzen haben deshalb die Differenz von System und Umwelt vorauszusetzen. Erst durch diese Voraussetzung kann es eine *Welt* geben. Sie ist nichts Ursprüngliches und nicht etwas, das sich als Erscheinung von sich aus zeigt, indem sie sich ereignet. Die *Welt* ist im Unterschied dazu ein Potenzial von Überraschungen, die Irritationen auslösen und zu verarbeiten sind. (Zum Begriff der Irritation: Preyer 2013) Wir können diesen Umstand auch so formulieren, dass jede Unterscheidung zu einer Reduktion und einer Mannigfaltigkeit von *Welt* führt, die Komplexität und Kontingenz immer mitführt.

Dieser Anschnitt unterscheidet sich vom Seins- und Weltbegriff von Heidegger. Seine existenzial-zeitliche Interpretation des In-der-Welt-sein verdeckt die System-Umwelt-Relation sowie die selbstreferenzielle Operation und die Interpenetration zwischen Bewusstseinssystem und den sozialen Systemen. Das Seinsgeschehen ist kein Ereignis, das sich – bei entsprechender Sensibilisierung – von sich aus zeigt und uns zuspricht. Die Aussage über das Sein als Ereignis setzt ihrerseits einen Beobachter voraus.

ii. Selbstdifferenzierung

Es ist aber daran zu erinnern, dass es ohne eine physisch funktionierenden Umwelt und ihrer Ökologie keine mitgliedschaftsbestimmten sozialen Systeme geben kann. Die Unterscheidungen werden im System getroffen, das sich dadurch zugleich in der Zeit und als operatives Ereignis als ein Mitgliedschaftssystem in der Zeitdimension reproduziert. Es hat eine Umwelt und existiert in einer Umwelt. Insofern sind diese

von Verweisungen auf weitere Möglichkeiten des Erlebens und Handelns", 93. Zur problemorientierten Aufarbeitung der Beziehung zwischen der Systematisierung selbstreferenzieller Systeme, der mehrstufigen Kybernetik und der soziologischen Theorie: Preyer 2018 a, 116-145

System zwar umweltbestimmt und haben ihre eigene Ökologie, sie sind aber kein Teil der Umwelt. Die Teil-Ganze-Semantik ist ungeeignet, die System-Umwelt-Beziehung zu bestimmen, und sie erweist sich für die Erkenntnis der System-Umweltbeziehung blockierend. Jede Unterscheidung hat somit in der allgemeinen Theorie der Mitgliedschaftssystem und systemspezifisch zu erfolgen. Das betrifft die Konzeptualisierung dieser Unterscheidung.

Die Morphogenese sozialer Systeme geht durch die System-Umwelt-Unterbrechung von dieser Umwelt (*Welt*) als Bezugsproblem der Systembildung aus. Die *Welt* ist aber kein Thema sozialwissenschaftlicher Forschung und die Mitglieder der sozialen Systeme haben keinen Kontakt zu ihr. Die Interdependenzunterbrechung (Bruchstelle) zwischen Umwelt und System ereignet sich immer von beiden Seiten aus gleichzeitig. Sie kann es nur geben, wenn die Mitglieder die Differenz von System und Umwelt im System beobachten, beschreiben und dadurch thematisieren.

Was die alteuropäische Ontologie als Formen fasste, sind insofern keine Gestalten, sondern Grenzlinien, die Unterscheidungen markieren.[7] Sie trennen ein Innen von einem Aussen. Die Unterscheidungen werden im System getroffen, das sich dadurch zugleich in der Zeit und als ein operatives Ereignis reproduziert. Gehen wir von diesem Weltbegriff aus, so besteht die vorhandene Welt nicht aus Dingen, Substanzen und Ideen. Sie ist nicht deren Gesamtheit (universitas rerum), keine Wittgenstein *Tractatus*-Welt oder Wittgenstein-Harmonie zwischen Sprache und Welt, die sich in Sprachspielbeschreibungen zeigt (Wittgensten: *Philosophische Untersuchungen*) und keine Mögliche-Welten-Gesamtheit. Sie ist auch kein Rationalitätskontinuum oder eine Großmaschine, die Zustände aus Zuständen herstellt und dadurch das System determiniert.

iii. Grundlegung

Die *Welt* als causa efficiens von Systembildung ist selbst kein und kann kein Thema soziologischer Forschung sein. Kein Mitglied eines sozialen Systems hat zu ihr einen direkten Kontakt. Die Interdependenzunterbrechung (Bruchstelle) zwischen Umwelt und System ereignet sich immer gleichzeitig. Sie kann es nur geben, wenn die Mitglieder sozialer Sys-

7 Das betrifft auch die in unterschiedlichen Disziplinen vorliegenden Nachfolgebegriffe, z.B. die wahrnehmungspsychologische Variation in der Gestaltpsychologie und die Rede von Ganzheiten, somit Holismen, in der Erkenntnis-, Sprach- und Wissenschaftstheorie. Zur Kritik am Holismus: Fodor, Lepore 1991.

teme die Indikation der Differenz von System und Umwelt im System beobachten. Die Systemtheorie geht aber bei der System-Umwelt-Unterbrechung von dieser Umwelt als Bezugsproblem der Systembildung aus. Die allgemeine Theorie sozialer Systeme untersucht soziale Systeme deshalb als selbstselektive Systeme. Diese Selbstselektion wird Morphogenese von sozialen Systemen genannt, d.h. ihre Differenzierung von ihrer Umwelt. Von dieser System-Umwelt-Differenz aus als einer Interdependenzunterbrechung startet die Evolution sozialer Systeme als eine *System*evolution.

Die System-Umwelt-Relation ist keine Seinsrelation im Sinne der alteuropäischen Ontologie, die zwischen Sein und Nicht-Sein unterschied. Die Umwelt ist auch kein Kantsches Ding an sich. Zur Umwelt eines Systems gehört alles, über das ein System nicht in seiner selbstreferenziellen Reproduktion verfügen kann. Das gilt auch für die System-System-Beziehung. Selbstreferenz und Selbstbeobachtung setzen jedoch Operationen voraus, auf die sie sich beziehen. Sie setzen die Unterscheidung von System und Umwelt voraus, die nur in Systemen vorzunehmen und nur in ihnen durch ihre operative Schließung zu beobachten ist.[8] Die operative Schließung heißt Differenzsetzung und das „Re-entry" der System-Umwelt-Unterscheidung im System, die einen Beobachter voraussetzt.[9] Somit setzen soziale Systeme ihre Selbstbeobachtung voraus, ohne die sie nicht bestehen würden. Die Paradoxie, die der Systemtheoretiker dabei auszuschließen hat, ist die Einheit der Unterscheidung, somit die *Welt*. Die Mitglieder sozialer Systeme haben keinen Zugang zur *Welt*, sondern nur zu selektiven Verarbeitungen der System-Umwelt-Differenzrelation, die sie nicht überschreiten können. Die Systemtheorie gewinnt deshalb keine Weltkenntnis, sondern spezifiziert die Beobachtung auf das System oder seine Umwelt.

8 Luhmann hat im Fortgang seiner Werkgeschichte den phänomenologischen Bestandteil seiner Systemtheorie beibehalten und durch die Unterscheidung zwischen „Medium" und „Form" der Medientheorie in das Sinnmedium durch die Unterscheidung von Aktualität und Potenzialität eingefügt. Aktualisierter Sinn verweist somit zwangsläufig auf selektives Operieren. Leitmotiv ist für ihn die „Paradoxie des Unterscheidens", d.h. „die Unterscheidung von Unterscheidung und Bezeichnung". Es gilt dabei: „Unterscheidungen über Selbstbeherrschung, sie ersparen sich externe Referenz, da sie sie als andere Seite immer schon enthalten" (Luhmann 1997, Bd. 1, 55, 57).

9 Luhmann (1996, 290-301) Freigeschaltet: https://www.academia.edu/7032137/Protosoziologie_im_Kontext._Lebenswelt_und_System_in_Philosophie_und_Soziologie_392_pp

iv. Soziologische Aufklärung

Die „soziologische Aufklärung“ besagt, dass soziale Systeme und Gesellschaft nicht nach Maßgabe eines Bildes vom Menschen zu verstehen und zu beschreiben sind, z.B. durch dessen aufrechten Gang; sie können auch nicht hören und sehen. Aus dieser Sicht ist die gesellschaftliche Kommunikation nicht zu perfektionieren. Wir bedürfen deshalb der „Abklärung“ und nicht der Aufklärung. Das verweist auf die Kybernetik der „mehrstufigen Selektivität des Erlebens und Handelns“. Die „Logik der Perfektion“ als einer Pars-pro-toto-Setzung eines Teils für das Ganze, ist mit der Durchsetzung der funktionalen Differenzierung zusammengebrochen.

Die Dehumanisierung des Gesellschaftssystems als eines Mitgliedschaftssystems steht in der Evolution nicht mehr zur Disposition und wird durch die Differenzierung der Mitgliedschaftsordnungen zwangsläufig herbeigeführt. Es ist auch nicht zu erwarten, dass gesellschaftliche Kommunikation unter der Voraussetzung funktionaler Differenzierung und ihrer Restrukturierung eine neue *Einheitsformel ihrer Selbstbeschreibungen* finden wird. Das schließt aber nicht aus, dass sich bei den Teilnehmern an Kommunikationen immer wieder Illusionen darüber einstellen, sei es z.B. über Ökologie, über Wohlstand oder über die aufklärende Kraft des wissenschaftlichen Wissens.

(c) Sinn als Mitgliedschaftsgrenze

i. Sinngrenzen

Nach Luhmann sind die Diskontinuität und das Komplexitätsgefälle zwischen System und Umwelt durch Sinngrenzen zu bestimmen. Das ist aus seiner Sicht dadurch begründet, da die System-Umwelt-Differenzierung damit einhergeht, dass die Ausdifferenzierung eines Systems eine besondere Selektion erfordert. Es ist der sinnhafte Verweis auf die Orientierung der Kommunikation der Systemmitglieder in ihrem Erleben und Handeln. Eine Negation kann es somit im Medium *Sinn* nicht geben, da Sinn selbstreferenziell verfasst ist. Insofern ist auch Unsinn sinnvoll.[10] Durch Systembildung wird Welt bestimmbar als Einheit einer Differenz, d.h. „Alles Selbstbeobachten und Selbstbeschreiben ist letztlich ein Unterscheiden, eine distinguierende Operation. Die Selbstbeschreibung der Welt muss deshalb durch die Leitdifferenz

10 Das schließt nicht aus, dass „Unsinn“ nicht kommunikativ anschlussfähig ist. Die Kommunikation von Sinnlosigkeiten, wie z.B. Scherze, Ironie, Verfremdungen und Paradoxien, ist selbst eine anspruchsvolle Kommunikation.

charakterisiert werden. Hierfür kommt als letztgültige Form nur die Unterscheidung von Sinn und Welt in Betracht. Die Einheit der sinnhaften Konstitution von Welt (der welthaften Konstitution von Sinn) wird für die phänomenologische Beschreibung als Differenz artikuliert und kann dieser Form zur Informationsgewinnung dienen". (Luhmann 1984, 105). Die „Realität" von Sinn ist jedoch nur im aktuellen Vollzug gegenwärtig. Wir erkennen daran die Strukturdetermination der Mitgliedschaft in sozialen Systemen. Sie ist keine Seinsgegebenheit, sondern die fortlaufende operative Aktualisierung der System-Umwelt-Differenz. Insofern ist der Gegenstandbereich der Soziologie keine regionale Ontologie (Husserl-Schütz-Tradition).

Jede Systemgrenze trennt ein Innen von einem Außen. Das ist eine alte systemtheoretische Einsicht (Parsons: grenzerhaltende Systeme). Die Systemgrenze verweist somit immer auf die beiden Seiten der Differenzierung. Die Differenzierung der Innen-Außen-Grenzen verbinden aber zugleich, indem dadurch ihre für die Systemmitglieder erlebbare und aktualisierbare Unterscheidung zu beobachten ist. Diese Unterscheidung hat jedes Systemmitglied zu handhaben, da die Mitgliedschaft in sozialen Systemen die Fähigkeit der Selbst- und Fremdzuschreibung voraussetzt. Die Grenzen zwischen Innen und Außen, das gilt für psychische und soziale Systeme, bestehen somit nicht an-sich, sondern sie sind Unterscheidungen, die in einer operativen Beziehung nach Außen bestehen. Insofern gilt für Luhmanns allgemeine Theorie sozialer Systeme: „Die Differenz System/Umwelt kommt zweimal vor: als *durch* das System *produzierter* Unterschied und als im System beobachteter Unterschied." (Luhmann 1997, 43)

Für die Mitgliedschaftssoziologie liegt ein vergleichbares Problembewusstsein vor. Es besagt, dass die Systemgrenzen nicht primär Sinngrenzen, sondern Mitgliedschaftsgrenzen sind, die Zugehörigkeiten markieren, deren Indikation systemtypisch beobachtungsabhängig ist. Dabei handelt es sich um keine Seinsrelation. Die Mitgliedschaftsgrenzen schließen aber Sinngrenzen nicht aus, da sich Mitgliedschaftsbedingungen und ihre Operationalisierung mit der Sinnverweisung der Zugehörigkeit und der Selbst- und Fremdreferenz ausstatten.[11]

11 Zur Mitgliedschaftssoziologie Preyer (2018a,c, 2013, 15-29), zu den Vorlesungen zur Mitgliedschaftssoziologie: https://www.academia.edu/31052608/Gerhard_Preyer_Soziologie_der_Mitgliedschaft_Vorlesungen_Sociology_of_Membership_Lectures_

ii. Zwei Optionen

Es ist hervorzuheben, dass zwei Optionen der Zugangsweise im Hinblick auf die Fassung der System-Umwelt-Relation der Mitgliedschaftstheorie sozialer Systeme zu unterscheiden sind. Sie kann von den Sinngrenzen sozialer Systeme ausgehen und sie als Mitgliedschaftsgrenzen reinterpretieren, oder sie geht von den Mitgliedschaftsgrenzen als einer Binnenselektivität sozialer Systeme aus und beschreibt sie als Sinngrenzen.

Bei der *ersten* Option verweist Sinn im Hinblick auf soziale Systeme auf Mitgliedschaft, da das selbstkonstituierte Medium *Sinn* die Operationen der Systemmitglieder an Unterscheidungen und an nicht realisierten Möglichkeiten orientiert. Damit geht einher, dass sie an der Unterscheidung der zeitlichen, sachlichen und sozialen Dimension den aktualisierten von dem möglichen Sinn unterscheiden können. Nur dadurch steht für die Unterscheidung von Mitglied-Nichtmitglied als Binnenselektivität sozialer Systeme die Mitgliedschaftsentscheidung zur Verfügung. Sinn ist etwas, das aktuell bezeichnet wird. Er verweist deshalb zugleich auf andere Möglichkeiten und einen Verweisungsüberschuss, der mitgemeint und miterfasst wird (Husserl: Appräsentation). Die Sinnverfassung von sozialen Systemen stattet somit Mitgliedschaft mit dem Verweisungshorizont auf die mitgeführte Mitgliedschaftsentscheidung und Selektion aus. Das schließt die „Bedingungen eigenen Könnens, eigenen Erreichen-Könnens und deren Grenzen *in der Welt ein*". Luhmann (1997, 48, 49).

Gehen wir bei der *zweiten* Option von der Selbstkonstitution der Mitgliedschaftsgrenzen aus, so verweisen sie auf Sinn, da jede Mitgliedschaft und Mitgliedschaftsgeschichte eine Systemoperation aktualisiert, die auf der Unterscheidung von Selbst- und Fremdreferenz beruht. Der damit einhergehende Verweis zwischen der Selbstreferenz und der Fremdreferenz als dem noch nicht Bestimmten kann nur durch das Sinnmedium erfolgen. Jede Mitgliedschaftsselektion schließt aus, in dem sie einschließt. Sie verweist somit auf die Zone der Unbestimmtheit der Zugehörigkeit als Grenzsituation. Ohne sie könnte es eine Mitgliedschaftsentscheidung nicht geben. Das gilt ganz unabhängig von der Systemreferenz, seien es z.B. die Ereignisse der Geburt eines Kindes, einer Einstellung in einem Unternehmen, einer bestandenen Prüfung oder einer Beerdigung. Jede Mitgliedschaft verweist auf eine Unterscheidung, ihre duale Codierung, Operationalisierung und Beobachtung. Das gilt unabhängig davon, welche Statusfunktionen und Rollen die Mitglieder sozialer Systeme ausfüllen, z.B. als Straßenbahnfahrer, Lehrer und Bundestagsabgeordneter, was auch immer.

Jede Sinngrenze hat die Differenz von System und Umwelt vorauszusetzen, und erst durch diese Voraussetzung kann es *Welt* geben. Die Mitgliedschaftsgrenzen sind somit Selektionen, die Sinngrenzen in der Kommunikation ziehen, da sie die Erwartungserwartungen der Teilnehmer an Kommunikationen festlegen. Dadurch gewinnen Kommunikationen eine nur ihnen zuzurechnende Komplexität, die es den Teilnehmern erlaubt, ihr Erleben und Handeln mit einem eigenen Möglichkeitshorizont in der Differenz von Innen und Außen auszustatten. Wenn wir diese Restrukturierung der Analyse der Systemgrenze vornehmen, so brauchen wir Sinngrenzen nicht zu bestreiten, sondern wir können sie auf die Mitgliedschaftsentscheidung, Mitgliedschaftskommunikation und die Teilnahmebedingungen an Kommunikationen abstimmen.

iii. Dimensionen: sachlich, zeitlich und sozial

Luhmann geht davon aus, dass *Welt* als eine selbstsubstitutive Ordnung der Universalhorizont des sinnhaften Erlebens und Handelns ist, der in Bezug auf Negation und Position unqualifiziert vorgegeben ist. Auf ihr beruht der Prozess der Differenzierung von elementaren Orientierungen. Das gilt für die allgemeine Theorie sozialer Systeme. Sie sind durch Sinngrenzen als eine Differenzordnung der Beobachtung selbstkonstituiert.

1. In der *sachlichen Dimension* differenziert sich durch die Verweisungsstruktur eine selektive Zugänglichkeit des Innen- und Außenhorizonts. Dem entspricht die System-Umwelt-Differenzierung. Die sachliche Dimension wird mit Sinn ausgestattet, indem die beobachtungsabhängige Innengrenze sozialer Systeme gekennzeichnet wird. Die System-Umwelt Differenzierung hat als ihre zwei Seiten die Innen- und die Außengrenze (Luhmann: Zweiseitenform).

Aus mitgliedschaftstheoretischer Sicht ist die System-Umwelt-Differenzierung die Restabilisierung der Innengrenze sozialer Systeme durch die Mitgliedschaftsselektion. Sie ist der Innen-Außen-Differenzierung sozialer Systeme zuzuordnen. Mit der Entscheidung über Mitgliedschaft geht simultan die vollständige Trennung von psychischen und sozialen Systemen einher.

2. Durch die Differenzierung der *zeitlichen* Dimension kann durch Dauer und Diskontinuität beides gleichzeitig erlebt werden. Dem entspricht die Differenzierung des Zeitkontinuums durch die Unterscheidung zwischen früher und später, somit zwischen Vergangenheit, Gegenwart und Zukunft. Der Augenblick (Gegenwart), in dem eine Veränderung ein-

tritt, ist durch sein „Irreversibelwerden" bestimmt. Es sind somit immer zwei Gegenwarten zugleich gegeben. Ihre Differenz motiviert den „Eindruck des Fließens der Zeit". Eine Gegenwart ist z.B. durch Uhrzeiger sowie beobachtete Veränderungen in Umwelt angezeigt, und die andere Gegenwart hält an und betrifft die „realisierbare Reversibilität", z.B. können wir uns jeden Wochentag um 2 Uhr treffen.[12]

Die zeitliche Dauer als Bestandsproblem von sozialen Systemen führt zur Ausbildung von Strukturen als Erwartungsprojektionen der Mitglieder sozialer Systeme. Die „Struktur" von Systemen hat die Funktion der „Selektionsverstärkung" und der „Ermöglichung von *doppelter Selektivität*" zu erfüllen. Die Struktur bezieht deshalb „Selektionen auf Selektionen", zu denen das „Enttäuschungsproblem" gehört. Damit geht auch die „Übernahme von Risiken" einher. (Luhmann (1972, 40-42) Die Teilnahmebedingungen an Kommunikationssystemen sind durch unterschiedliche soziale Statusfunktionen und Rollen differenziert. Sie sind durch Erwartungserwartungen als Strukturen realisiert. Sie legen den zeitlichen Aufenthalt in sozialen Systemen fest. Vergangenheit und Zukunft sind für die Mitglieder trennbar und in Episoden unterscheidbar. Jede Gegenwart hat für die Systemmitglieder einen eigenen Zukunfts- und Vergangenheitshorizont. In ihnen werden für sie künftige und vergangene Gegenwart mit ihren eigenen Zukunfts- und Vergangenheitsverweisen erlebbar. Für jede Gegenwart gilt somit der „Abschied von gestern", der nur in der Gegenwart vorzunehmen ist.

Aus mitgliedschaftstheoretischer Sicht strukturiert die Zeitdimension die Erwartungsprojektionen der Mitglieder sozialer Systeme. Sie ist ein Ordnungsschema der Geschichte der Mitgliedschaft, mit dem sie ihre sozialen Statusfunktionen und Rollen systemgeschichtlich festhalten. Das ist ihnen durch die Systemstruktur vorgegeben und gilt unabhängig von ihren individuellen Erinnerungen und Selbsttäuschungen.[13]

12 Luhmann (1984, 117): „Diese beiden Gegenwarten polarisieren sich wechselseitig als Differenz von Ereignissen und Beständen, von Wandel und Dauer, und das wiederum ermöglicht das Präsentwerden einer am irreversiblen Ereignis noch sichtbaren Vergangenheit und schon sichtbaren Zukunft in einer noch dauernden Gegenwart. Nur so kann man laufend wissen, dass etwas Vergangenes in Unwiederholbare entschwindet und etwas Zukünftiges gerade einzutreffen beginnt." Luhmann hebt hervor, dass die Kontrasterfahrung dieser „selbstreferenzielle Grundorganisation" mit der Metapher der „Kontinuität einer Bewegung" und als „Fließen der Zeit" symbolisiert wird. Sie mag eine Orientierung dafür sein, sich in der Zeit zu orientieren, sie ist aber für „analytische Zwecke" nicht ausreichend, 117-118.

13 Dabei kann es projektive gefühlsmäßige Verstrickungen geben, z.B. der Va-

3. In der *sozialen* Dimension differenziert sich die interpersonale Zugänglichkeit des Erlebens anderer Personen als ein intentionales Erleben. In der sozialen Dimension lassen sich die unterschiedlichen Einstellungen (Perspektiven) von *ego* und *alter* anschließen, die somit strengere Differenzierungen von Zuschreibungen erlauben. *Ego* ist die Instanz, welche kommunikative differenzielle Selektion erkennt (versteht), und *alter* ist die Instanz, der sie zugeschrieben wird.[14] Bei der Unterscheidung zwischen *ego* und *alter* handelt es sich um Zuschreibungsinstanzen, somit um etwas künstliches. *Ego* und *alter* können auch Mitglieder von sozialen Systemen und im Fall der Kollektivzuschreibung soziale Systeme sein.

Aus mitgliedschaftstheoretischer Sicht erlaubt die Differenzierung der sozialen Dimension eine Zuschreibung und einen Zugriff auf Motive der Kommunikationsteilnehmer und Systemmitglieder. Die Differenz zwischen psychischen und sozialen Systemen wird durch die Markierung *Person* überbrückt.[15] Sie dient als Zuschreibung und als Zugriff auf die Erfüllung/Nicht-Erfüllung der sozialen Statusfunktionen und Rollen der Mitglieder sozialer Systeme.

iv. Letztelement

Wir erkennen daran, dass die selbstreferenzielle Operation sozialer Systeme in der Entscheidung über Mitgliedschaft besteht, die als ihre Selbstnegation einzustufen ist. Sie löst als eine fortlaufende „Zone der Unbestimmtheit“ die liminale Situation der Selbstbeobachtung von sozialen Systemen aus. Die *Selbstreferenz* besagt dasjenige, was soziale Systeme für sich, unabhängig von einem Beobachter, sind. Durch ihre selbstreferenzielle Operationsweise fertigen soziale Systeme immer auch eine Selbstbeschreibung der Mitgliedschaftsselektion an, welche die Mitglieder als Information nutzen. Die Indikation der Entscheidung ist ihrerseits beobachterabhängig.

ter soll so bleiben, wie er war, auch dann, wenn er ein alter Mann geworden ist.

14 Da Luhmann (1997) das Verstehen (Beobachter) aus der Perspektive des Adressaten in die Kommunikationstheorie aufnimmt, dreht er die *Ego-Alter*-Dyade um: „Wir kehren die übliche Reihenfolge Ego-Alter um, um daran zu erinnern, dass wir den Kommunikationsprozess vom Beobachter, also vom Verstehen her konstruieren, *und nicht handlungstheoretisch*“; 336. Das führt zu dem Folgeproblem, dass Luhmanns Bezugsrahmen der Kommunikationsanalyse der kommunikative Einheitsakt der kommunikativen Intention im Hinblick auf das Verstehen von einem Adressaten fehlt.

15 Die Semantik des Personenbegriffs ist gut erforscht, vgl. z.B. Luhmann (1995, 142-154).

Wenn wir davon ausgehen, dass das operative Letztelement sozialer Systeme die Entscheidung über Mitgliedschaft ist, dann folgt daraus, dass die Unterscheidung zwischen den Bestandteilen sozialer Systeme und ihrer Anordnung (Relationierung) selbst operativ durch Unterscheidungen hergestellt wird. Diese selbstreferenzielle Operation wirkt ihrerseits selektionsverstärkend. Die sozialen Systeme haben sich als *Ereignisse* zu reproduzieren und dadurch ihre Struktur zu erhalten. Als Ereignisse bestehen sie nur okkasionell und sind zeitlich bestimmt. Diese Verfassung ist nicht negierbar. Ihre interne Ordnung und ihren Komplexitätsaufbau können sie nur selbst herstellen, indem sie ihre Bestandteile rekursiv und retrospektiv erfassen.

Das Problem der Vorordnung der Entscheidung über Mitgliedschaft vor der Sinnkonstitution sozialer Systeme besteht darin, dass der Verweisungsüberschuss von Sinn sich in der Kommunikation kondensiert und konfirmiert. Das kann er aber nur dann, wenn eine mitgliedschaftsreferenzielle Verarbeitung von Information in dem Kommunikationssystem der Gesellschaft vorliegt, die über Aufnahme, Gestaltung, Abschluss und Fortführung von Mitgliedschaft und Kommunikation entscheidet. Die mitgliedschaftsreferenzielle Verarbeitung spezifiziert Teilnahmebedingungen an der gesellschaftlichen Kommunikation. Sinn würde dann in der Mitgliedschaftstheorie sozialer Systeme derart platziert werden, dass er für psychische und soziale Systeme erinnern und vergessen erlaubt. Die Erinnerung entscheidet darüber, *wer* oder *was* in der Systemgeschichte berücksichtigt wird oder nicht, da kein System in seinen früheren Zustand in der Zeitdimension zurückkehren kann.

(d) Wohin mit dem Menschen?

(i) Fehlinterpretation

Aus systemtheoretischer Sicht gehören die „Menschen als physio-psychische Entitäten" zur Umwelt sozialer Systeme. Das ist deshalb erwähnenswert, weil dies immer wieder von Soziologen und Philosophen fehlinterpretiert wurde. Wir handeln und erleben in sozialen Systemen nicht als Menschen, sondern in unserer jeweiligen Systemmitgliedschaft und ihren Status- und Rollenfunktionen. Es wird damit nicht behauptet, dass Menschen als psycho-physische Systeme und Bewusstseinssysteme keine notwendige Voraussetzung der Emergenz (Co-Evolution) von sozialen Systemen sind. Das Bewusstsein ist immer auch an Kommunikationen beteiligt; es kann sie z.B. stören. Das führt zu einer Neufassung der philosophischen Monadologie und dem Problem des Anderen. Um diesen Zusammenhang zu verdeutlichen, empfiehlt es sich, auf

Sartres frühe Sozialphilosophie und Bewusstseinstheorie einzugehen. Auch das Für-sich *(pour-soi)* ist eine Positionierung des Menschen in der Umwelt sozialer Systeme. Wenn wir den Leib als existenzielle Grenze der Kommunikation berücksichtigen, den keine Kommunikation negieren kann, so ist die Unterscheidung zwischen primären und sekundären sozialen Systemen in die allgemeine Theorie sozialer Systeme einzubeziehen. Das Hintergrundproblem ist die „Individuum/Individualität/Individualismus"-Semantik. Darauf ist deshalb einzugehen, weil sich die Unterscheidung zwischen „Individuum" und „Gesellschaft" in der soziologischen Theorie überlebt hat und nicht mehr mitgeführt werden sollte.

ii. Monadologie und der Andere

Als „Menschen" in der Umweltposition sind wir Monaden, die aus ihrem Bewusstsein nicht heraustreten können. Wir können das auch so formulieren: Nach Leibniz hat die Monade keine Fenster, der Mensch als Monade kann aber durch das Fenster seines Bewusstseins hinaussehen und dem Blick des Anderen begegnen, ohne aus dem Fenster heraustreten zu können.[16] An dieser Stelle ist die Funktion der Sprache zu platzieren, ohne ihr einen bestimmten Zweck zuzuweisen. Insofern lohnt es sich, Sartres frühe Sozialphilosophie in dem Kapitel „Le Pour-Autrui" in *L'être et le néant. Essai d'ontologie phénoménologique* kommunikationstheoretisch neu zu interpretieren, da seine Beschreibung des Blicks des Anderen von der Beobachtung der Anderen als Beobachter ausgeht. (Sartre (1943), 259-470). Der Andere ist als Leib und anderes Für-sich *(pour-soi)* die Grenze meiner Freiheit und zugleich die Instanz des Bewusstseins meiner Freiheit durch den Entwurf des Für-sich *(pour-soi)*, das an ihm seine Grenze erlebt.[17]

Der Andere ist nicht nur ein Einzelding, dass ich mit singulären Ausdrücken und sortalen Prädikaten identifiziere. Er ist nicht nur der, den ich sehe und erlebe, sondern er sieht und bezeichnet auch mich. Das intentionale Bewusstsein des Anderen ist von mir immer durch eine Dif-

16 Nach Leibniz repräsentiert die Monade als Einzelnes in sich das ganze Universum. Perzeption ist die Produktion ihrer selbst und damit des Universums. Sie ist zugleich Vorstellung und aktiver Prozess. In der prästabilisierten Harmonie wird das Verhältnis von Perzeption und Rezeption begründet. Die Monade als einfache Substanz bringt vor sich, was sie an sich ist. Von einer Übereinstimmung von Mikro- und Makroordnung ist nach der Physik des letzten Jahrhunderts nicht mehr auszugehen.

17 Zur Einordnung des Leibes in die Analyse der Bestandteile von Kommunikation vgl. Preyer (2012, 30-35).

ferenz und eine Negation unterschieden. Ich bin nicht er, und er ist nicht ich. Obwohl diese nicht überbrückbare existenzielle Differenz besteht, kann ich an dem Anderen nicht zweifeln. Die Umwelt, die ich mit dem Anderen teile, umgibt uns beide. Aus Sartres Sicht betrifft das ein nicht überbrückbares „Nicht".

Unter dem Blick des Anderen und der gegenseitigen Objektivierung erlebe ich eine Seite an mir selbst, die mir nicht vertraut ist. Im Unterschied zu den dialogischen Sozialphilosophien, z.B. Martin Buber, in Hegels Kampf um Anerkennung und die auf ihn zurückgehende Tradition der Sozialtheorie, ist für Sartre der Differenzkorridor zwischen „Ich" und „Du" nicht zu überbrücken. Insofern ist bei jeder Überlegung bereits schon alles entschieden. Das „*Les jeux sont fait*" ist insofern philosophisch und theoretisch wörtlich zu nehmen. (Vgl. dazu die Interpretation von Eckberg 2016, 495-506) Das verweist aber auf die Freiheit als die Selbstbeziehung des Für-sich *(pour soi)*, der man nicht entrinnen kann. Die Rede von „Selbstbeziehung" als eine Relation von Entitäten ist aber irreführend und ist mittlerweile in der Philosophie des Mentalen korrigiert. (Frank, Lang, Preyer)

Das *pour soi* ist keine Substanz, sondern eine Form (Unterscheidung). Es ist leer, spontan und transparent. Es ist eine Unterscheidung, da es epistemisch nicht vom Sein abhängt, sondern es nichtet. Das erklärt das „*néant*" im Titel von Sartres *L'être et le néant.*[18] Das *pour soi* ist *keine* auf sich selbst gerichtete Erkenntnis und insofern irreflexiv. Man könnte das auch so beschreiben: Das *pour soi* ist eine Operation der Unterscheidung mentaler Zustände (= Bewusstsein), die sich unmittelbar bewusst sind. Diese Fassung des *pour soi* widerspricht nicht Sartres ontologischem Beweis als Nachweis der Transphänomenalität des Phänomens. Sofern es Sein im Bewusstsein gibt, so kann das nicht sein eigenes Sein sein. Den Zusammenhang stellt Sartre durch das *reflet-reflétant* her. Damit entfällt für ihn so etwas wie Husserls Noema. Sartre ist dahingehend zu reinterpretieren, dass man das Noema in das *jeu de réflexion reflectant* als die Selbstthematisierung der Bewusstseinsoperation einbezieht. Sartre's Freiheitsbegriff könnte man mit Luhmanns Verständnis von Freiheit harmonisieren, da Luhmann Freiheit nicht als Willenskausalität, sondern als Kontingenz fasst. Das schließt jedoch nicht aus, Handlungsfreiheit und Willensfreiheit zu unterscheiden. Dazu brauchen wir keine transzendentale Psychologie heranzuziehen, sondern Willensfreiheit besteht darin, dass wir uns Ziele selbst setzen und uns durch eine existenzielle Entscheidung selbst bestimmen.

18 Das „*néant*" ist aber zugleich auch eine Seinsqualität.

iii. Fehlprogrammierung

Was das Individuum ist, wurde in der alteuropäischen Tradition nicht beantwortet. Es wurde als unaussagbar (aristotelische Tradition: *individuum est ineffabile*), als Einzelheit, logisches Subjekt, Individualbegriff (vergleichbar mit Eigennamen) und als mereologische Summe gefasst. Das Problem wurde auch in der neueren Diskussion mit dem auf Johannes Duns Scotus zurückgehenden Begriff der *Haecceitas* (Diesheit) thematisiert.[19] Das Individuelle ist demnach *nicht* die Einschränkung eines Allgemeinen. Eine Darstellung, die auch noch für den deutschen Idealismus gilt, aber sicherlich eine verunglückte Konzeption ist. Das Problem wurde keiner Lösung zugeführt. Es ist noch ein weiterer Umstand zu erwähnen. Da wir unsere Individualität nicht durch Selbsterforschung finden können, so fällt in ihrer Selbstmarkierung in der Kommunikation auf, dass sie durch Kopien kommuniziert wird, z.B. sind Moden und Vorlieben unterschiedlichster Art dafür ein gutes Beispiel. Damit markieren sich die Teilnehmer an Kommunikationssystemen und setzen sich der Beobachtung aus.

Solange sich die Soziologie an der Unterscheidung zwischen Individuum und Gesellschaft orientierte, war sie theoretisch, aber auch in ihrer empirischen Forschung, blockiert. Unter dieser Voraussetzung war eine angemessene Analyse der modernen Gesellschaft nicht durchführbar. Wir können Individuum aber auch positiv fassen, dann gehört es zur Umwelt und ist kein Teil sozialer Systeme. Insofern ist das Individuum exklusiv. Darin besteht seine selbstreferenzielle Autonomie und Souveränität. Dass ist mit Jüngers (1977) Gestalt des Anarchen zu vergleichen. Der Anarch ist die Gestalt des ursprünglich freien Menschen, der sich die letzte Entscheidung vorbehält. Für diese selbstreferenzielle Autonomie und Souveränität gilt der Satz Luhmanns, dass sich in der Umwelt sozialer Systeme ganz gut leben lässt! Die Einordnung der souveränen Subjektivität ist in die Neufassung der Monadologie einzuordnen.

Das eigentliche soziologische Problem der Individuum-Gesellschaft-Semantik besteht darin, dass, wenn die (Gesamt-)Stratifikation der Gesellschaft zusammenbricht und Mitgliedschaft als auch die Statuspositionen nicht vorreguliert sind, dann bedarf es der Markierung

19 Chisholm (1976). Er argumentiert dahingehend, dass jeder seine eigene Haecceitas (individuelle Wesenheit), als die Eigenschaft mit sich selbst identisch zu sein, erfasst, wenn er sich in einem selbstbewussten Zustand befindet. Dieser Ansatz wurde von Chisholm (1981) wieder verworfen, ders., First Person: An Essay on Reference and Intentionality, Minneapolis 1981.

der Kommunikationsteilnehmer, um Kommunikation, Handeln und Erleben zuzurechnen.

Es ist jedoch darauf hinzuweisen, die „Anspruchsindividualität scheint mit gesellschaftlichem Leben stärker verklammert zu sein als schlichte Identitätsindividualität, obwohl – und weil! – die Differenz betont wird. Sie bestätigt sich nicht tautologisch (ich bin, was ich bin), sondern durch Auflösung einer Paradoxie (ich bin, was ich nicht bin). Ansprüche leben davon, dass man sie nicht selbst negieren muss. Sie sind nach außen adressiert und werden dort abgelehnt oder doch in Grenzen gewiesen. Insofern setzt dies Form der Individualisierung wohlfahrtsstaatlichen Konditionierungen, organisierte Arbeit, Recht und Geld als sensible Instrumente des Abtastens von Möglichkeiten voraus." Luhmann (1993a, 149-258, 244) Die „Inklusionsindividualität" und „die Leitvorstellung einer „Steigerung von Individualität" ist somit aufzugeben. Es bedarf deshalb einer Transformation der Semantik „Individuum/Individualität/Individualismus" im Hinblick auf anschlussfähige Formen gesellschaftlicher Kommunikation. Luhmann (1993a, 229-230)

(e) Differenzkorridor

i. Primäre und sekundäre soziale Systeme

Mit der Grundverfassung des Differenzkorridors in den *ego-alter*-Dyaden ist die Unterscheidung zwischen primären/symbiotischen und sekundären sozialen Systemen angesprochen. Erst durch die Differenzierung des sich wechselseitigen Beobachtens wird durch die Bezugnahme auf den Dritten die symbiotische Dimension durch die soziale Dimension erweitert. Die soziale Dimension beginnt mit dem Dritten (Georg Simmel), der Beobachter beobachtet. Er kann sich zu ihnen unterschiedlich Verhalten, z.B. unparteiisch sein, aber auch Zwietracht stiften.[20] Wir begegnen durch die wechselseitige Beobachtung dem Anderen, aber er wird nicht aus dem primordialen Ego konstituiert (Edmund Husserl), und er gehört auch nicht zum Daseins als Mitsein in der Welt (Heidegger). (1991, 369) (Husserl 1963[3], 121-177, Heidegger (1972[9], 117-125) Das Mitsein fasst Heidegger als ein existenziales Konstituens des in der Welt sein, somit des Daseins, das durch die *Sorge* bestimmt ist. Im Unterschied zu Husserl und Heidegger geht Sartre davon aus, dass ich durch den Blick des Anderen das Jenseits der Welt erlebe, d.h. er

20 Zur Funktion des *Dritten*: Simmel (1908, 102-135). Den Dritten als Beobachter hat Sartre in seine Sozialtheorie aufgenommen, Sartre (1965).

ist eine Transzendenz (Umwelt), die nicht zu mir gehört. Insofern kann ich das andere Bewusstsein nicht erreichen, und ich kann es mir nicht aneignen. Aber es gilt zugleich „Autrui doit être certain ou disparaître". (Sartre 1991, 369) Das könnte man mit Schütz' Generalthese des *alter ego* vergleichen.

Die primäre Instanziierung der Selbstreferenz des Für-sich-seins ist der Leib. Insofern ist die Instanz der Objektivierung des Blicks des Anderen der Leib, der zugleich mein Leib ist. Daran erkennen wir die symbiotischen Beziehungen von Ich und Anderen als eine Faktizität, die uns nicht frei zur Disposition steht. Das hat eine Nähe zu Luhmanns Analyse der „zwischenmenschlichen Interpenetration", mit der er sich von Meads Konzept der Perspektivenübernahme distanziert. (Luhmann 1984, 286-345) Der Interpenetrationsvorgang betrifft aus dieser Sicht nicht nur das psychische System, sondern auch den *Körper*. (Luhmann 1984, 303-311) Es ist in diesem Zusammenhang zu erwähnen, dass aus Sartres Sicht die menschliche Freiheit nicht wie bei Heidegger durch den Tod als „Sein zum Tod" bestimmt ist. Aus Sartres Sicht sind die Ereignisse der Geburt und des Todes als Tatsachen einzustufen. Er unterscheidet den Todesgedanken und die Endlichkeit, welche er als ontologische Struktur des Für-sich und dessen Entwurf bestimmt.

Das faktische symbiotische Zusammensein, über das jede System-Umwelt-Grenze verläuft, und die kein Teilnehmer überschreiten kann, bekommt dadurch seine Bedeutsamkeit im Erleben und Handeln. Die Teilnehmer an Kommunikation sind immer beides, Objekt der Beobachtung und der Orientierung sowie Beobachter als auch Kommunizierende als Handelnde. Die Einheit zwischen beidem ist die fortlaufende Reproduktion der Unterscheidung von Selbst- und Fremdreferenz. Ohne sie könnte es keine Kommunikation geben.

Die sekundären sozialen Systeme verallgemeinern zwar die Verhaltenserwartungen und führen starke Schnitte in die Beobachtung, die Selektion von Erwartungserwartungen in der Zeitdimension und des Verweisens der Kommunikation ein, aber die gesellschaftliche Kommunikation durchzieht auch immer Symbiotisches, da jede System-Umwelt-Grenze und Kommunikation über symbiotische Beziehungen verläuft. Ohne die Wahrnehmung und Beobachtung der Teilnehmer in einfachen Interaktionssystemen könnte es keine gesellschaftliche Kommunikation geben. In einfachen Interaktionssystemen beobachtet sich sozusagen gesellschaftliche Kommunikation selbst.

Die sekundären Systeme sind durch die Verallgemeinerung von Erwartungen zu charakterisieren, die den Dritten bzw. den nicht-anwesenden Dritten mit einbeziehen, z.B. in Gesprächen zwischen zwei

Personen.[21] Mit der Verallgemeinerung geht einher, dass Erwartungen auch unbestimmt sein können. Insofern sind die funktionalen Erfordernisse ihrer Durchsetzung sozialer Zwang und organisationelle Regelungen. Das gilt unabhängig von Konsens, Akzeptanz und sozialen Normen als Verhaltenserwartungen, die immer auch opportunistisch modifizierbar zu sein haben. Davon ist selbstredend die Normierung von Erwartungen (Normen, normative Systeme) zu unterscheiden, z.B. durch Gesetze, Höflichkeitsregeln, Rechtsnormen und Bindungen von illokutiven Akten, die sich auf normative Sachverhalte beziehen. Mit der Unterscheidung zwischen primären und sekundären sozialen Systemen werden wir aber auch für das Problem sensibilisiert, dass Gesellschaft auch immer Differenzen der Mitglieder zu ihrer Mitgliedschaft und der damit einhergehenden sozialen Statusfunktion erlaubt.

ii. Korrektur

Anzumerken ist in diesem Zusammenhang, dass es sich empfiehlt – im Unterschied zu Luhmann – davon auszugehen, dass die kommunikative Intention in den Bezugsrahmen der Kommunikationstheorie einzubeziehen ist. Insofern ist die Wende und der Umbau der Kommunikationstheorie vom Adressaten/Verstehen aus zwar ernst zu nehmen, aber zu korrigieren, da der Sprecher (ego) gegenüber dem Adressaten/Hörer (alter) die Erkenntnis seiner Intention zu intendieren hat (Grice-Mechanismus).[22]

Luhmann unterscheidet die Abstimmung der drei Bestandteile und Selektionen von Kommunikation in der System-Umwelt Relation „Information“, „Mitteilung“, „Verstehen“, „Bifurkation“ und „Anschlussrationalität“ in der Fortführung von Kommunikation. Das

21 Luhmann (1972) hat im Hinblick auf die Unterscheidung zwischen kognitiven und normativen (kontrafaktischen) Erwartungen und der Einbeziehung des Dritten den Begriff der Institutionalisierung platziert: „Im großen und ganzen müssen normative Erwartungen so dirigiert werden, dass sie Erfolg haben können. Den Komplex der Mechanismen, der dies bewirkt, wollen wir unter dem *Begriff der Institutionalisierung von Verhaltenserwartungen erörtern.* Damit soll der Umfang bezeichnet werden, in dem *Erwartungen auf unterstellbare Erwartungserwartungen Dritter gestützt werden können.*“, 64-65, zur Abgrenzung gegenüber anderen Institutionsbegriffen: 68.

22 Zur Kritik an Grices intentionaler Semantik: Strawson (1997, 149-169), Searle 1969, 42-50, Stephen Schiffer (1972), 23, 26, 33, Borg 2012, 50-609. Es ist mittlerweile nicht strittig, dass das Grice-Programm der Erklärung der wörtlichen Bedeutung durch Sprecherabsichten gescheitert ist. Kommunikative Intentionen sind nicht für die Bedeutungstheorie, sondern für die Kommunikationstheorie relevant.

Verstehen einer Mitteilung durch einen Adressaten als eine Sinnselektion ist nicht dadurch gewährleistet, dass der Adressat als *ego* die Unterscheidung zwischen Mitteilung und Information vornimmt. Luhmann dreht die *ego-alter*-Dyade um. Die Kommunikation durch das Verstehen durch *alter ego* besagt, dass *ego* als *alter ego* zu erkennen hat, dass *alter ego* als *ego* die Kommunikationsofferte verstanden (erkannt) hat. Erst dann ist die Kommunikation erfolgreich und das Verstehen betreffend vollzogen. Die Erkenntnis darüber, dass *ego* als *alter ego* das Verstehen von *alter* als *ego* erkannt hat, setzt aber voraus, dass *ego* die Erkenntnis seiner Mitteilung bei *alter* nicht nur beabsichtigt hat, sondern er hat auch die Erkenntnis seiner Absicht zu beabsichtigen, d.h. die Sprecherabsicht als eine Selektion im Kommunikationsverlauf hat in ihrer Äußerung und Mitteilung selbst-identifizierend zu sein, z.B. ist ein Wunsch als Wunsch zu erkennen und nicht als Warnung. Es ist jedoch noch ein Schritt weiter zu gehen, *ego* hat nicht nur die Erkenntnis seiner Mitteilungsintention bei *alter ego* zu intendieren, sondern *ego* hat auch zu erkennen, dass *alter ego* seine Absicht erkannt hat. Erst dann ist der kommunikative Akt das Verstehen betreffend vollzogen. Das mag in einfachen Fällen und für *ego* und *alter ego* starren Situationsdefinitionen und Selbstverständlichkeiten durch Kopfnicken oder durch die Ausführung einer Handlung der Fall sein. Ein lehrreiches Beispiel für dieses Problem sind indirekte Sprechakte (Searle).

Für die Kommunikationsverfahren folgt daraus, sofern in der Kommunikation etwas schief läuft und eine Orientierung an der Fortführung der Kommunikation von beiden Seiten vorliegt, dass die Teilnehmer ein Verfahren der Verständnissicherung einzuleiten haben, um die Aufnahme der kommunikativen Absichten erneut zu gewährleisten, damit sie die Anschlussrationalität der Kommunikation gestalten können. Die Anforderungen an dieses Verfahren betrifft sprachliche und nicht-sprachliche Handlungen. Es verhält sich somit nicht so, wie Luhmann annimmt, dass sich die Absicht erst aus der Kommunikationsgeschichte ergibt. Das mag zwar auch gelegentlich der Fall sein, es handelt sich dabei aber um ein anderes Problem, z.B. die Kommunikationsgestaltung und die sich aus ihr für die Teilnehmer ergebenden Optionen.[23]

Die Positionierung des Menschen in der Umwelt sozialer Systeme fällt in die allgemeine Theorie der Mitgliedschaftssoziologie. Die Mitgliedschaftstheorie geht nicht vom Gesellschaftsbegriff aus, sondern von der Selbstkonstitution sozialer Systeme durch die Mitgliedschaftsselektion,

23 Zur Analyse von kommunikativen Intentionen und einer intentionalen Handlungserklärung: Preyer (2011², a, 297-299, 2011 b, 82-89).

ihrer Indikation und Beobachtung. Sie ist in die mehrstufige Selektivität des Erlebens und Handelns zu überführen. Damit wird der Beobachter in der soziologischen Theorie anders positioniert, als es uns aus ihrer Theoriegeschichte geläufig ist.

2. Gesellschaft ohne Geselligkeit

(a) Mehrstufige Selektivität des Erlebens und Handelns

(i) Positionen des Negationsspielraums

Das Problem der soziologischen Theorie besteht darin, an welcher Stelle sie den Beobachter positioniert. Gehen wir von der allgemeinen Theorie der Mitgliedschaftssoziologie aus, so betrifft sie die mehrstufige Selektivität des sozialen Erlebens und Handelns, die bei der Spezifikation ihres Gegenstandsbereichs den Beobachter und die Systemreferenz zu berücksichtigen hat. Insofern ist sie eine Gesellschaftstheorie ohne Geselligkeit. Ihr Fokus ist nicht das einfache Interaktionssystem unter Anwesenden, sondern die Beobachtung von Beobachtern. Sie weist aber dem einfachen Interaktionssystem die Funktion der Selbstbeobachtung der gesellschaftlichen Kommunikation zu, ohne damit zu behaupten, dass einfache Interaktionssysteme das Gesellschaftssystem erreichen können. Sie können nur gesellschaftliche Kommunikation reproduzieren. Alle Grenzen sind durch die Mitgliedschaft als Selbstkonstitution sozialer Systeme in der Zeitdimension bestimmt. Durch diese zeitliche Bestimmung werden die Bedingungen der Reproduktion von Mitgliedschaften und Kommunikation tiefer gelegt. Das führt zu dem Folgeproblem des evolutionären Aufbaus „unwahrscheinlicher Komplexität“, z.B. wenn Geschwindigkeit in der Kommunikation zu einem Vorteil der Interessenverfolgung der Systemmitglieder wird und die Empfehlung von „Entschleunigung“ das Problem nicht zu lösen vermag, da dadurch system- und organisationstypische Chancen nicht wahrgenommen werden können.

Dieser Ansatz ist nicht nur mehrstufig, da die Mitgliedschaftstheorie davon ausgeht, dass der Soziologe an Kommunikationen durch Erleben und Handeln teilhat und das Erleben und Handeln von Systemmitgliedern unterscheidet und beobachtet, denn gesellschaftliche Kommunikation ist nicht von außen zu beobachten. Die Beobachtung zeichnet die Unterscheidungen zwischen Selbst- und Fremdreferenz der Beobachtung aus. Dabei bezeichnet der Beobachter mit der Unterscheidung nicht sich selbst, sondern die System-Umwelt-Relationierung, die er nicht von außen, vom Standpunkt eines allwissenden Interpreten aus beobachten kann, sondern nur durch die Beobachtung von Beobachtern. Sie ist die basale Unterscheidung zwischen Selbst- und Fremdreferenz, die nicht fiktiv, sondern faktisch ist. Das gilt unabhängig davon, ob es sich um Selbst- oder Fremdbeobachtung handelt.

Die Positionen des Negationsspielraums (der Negativität) sind somit dadurch begrenzt, dass eine Negation den Beobachter nicht negieren kann, sondern er kann sich immer nur selbst voraussetzen, indem er zwischen Selbst- und Fremdreferenz unterscheidet, die er der Beobachtung aussetzt. Das setzt wiederum eine physisch funktionierende Umwelt voraus. Die Unterscheidung zwischen Selbst- und Fremdreferenz schließt *aus*, indem sie die Unterscheidung eines Beobachters *einschließt*. Sie schließt sie *aus*, da jede Selbstreferenz die Fremdreferenz nicht erreichen kann, und sie schließt sie *ein*, da jede Selbstreferenz eine unmarkierte Fremdreferenz voraussetzt. In diesem Sinne sind wir beobachtende und keine produktiven Monaden. Daraus sind entsprechende Folgerungen für die Beobachtung von Beobachtern zu ziehen.

ii. Beobachtung von Beobachtern

Luhmann hat für die soziologische Theoriebildung das Verdienst, das Paradoxie-/Antinomieproblem in die Theorie sozialer System eingearbeitet zu haben. Er führt es nicht semantisch, sondern beobachtungstheoretisch ein, da aus seiner Sicht die Paradoxie des Anfangs erst für einen Beobachter zu einem Problem wird. Es geht ihm dabei um einen erkenntnistheoretischen Anfang (Beobachtung), der sich selbst voraussetzt, somit um die *selbstimplikative* Struktur des Unterscheidens. (Luhmann 1995, 57). Paradoxien sind demnach „nichts anderes als Darstellungen der Welt in der Form der Selbstblockierung des Beobachtens“. (Luhmann 1995, 191). Für die Systemtheorie folgert Luhmann daraus die Unmöglichkeit der „vollständigen Selbstbeobachtung eines Systems“. (Luhmann (1992, 34). Wir finden uns als Beobachter (Interpreten) in der Wahrnehmungswelt vor. Kommunikation, Handeln, Sprechen und Verstehen ist fremdorientiert. Insofern schreiben sich Beobachter entsprechende Beobachtungen zu. Dabei handelt es sich um Beziehungen. Jede Beobachtung verfährt insofern naiv, da sie davon ausgeht, dass das, *was* sich ereignet hat, *wieder* geschieht. Nicht der Körper steht in einem direkten Kontakt zu einem anderen Körper, sondern Beobachter selegieren einen Beobachtungs- und Kommunikationsbereich. Der Beobachter kann nicht aus sich heraustreten und sein Bewusstsein in seine Umwelt verlängern. Jede Beobachtung und Kommunikation findet in einer Nische statt und sie setzt eine Unterscheidung voraus.

Die Zirkularität und die Selbstreferenz des sich selbst voraussetzenden Beobachters kann nicht erkenntnistheoretisch beseitigt werden. Das leitet zur Beobachtung von Beobachtern und ihren Ebenen über.

Das *Bezugsproblem* und nicht die *Prozessstruktur* gibt der mehrstufigen Beobachtung ihre Relevanz für die soziologische Theorie und die Soziologie der Mitgliedschaft. Epistemologisch fragen wir immer: *Wer ist der Beobachter? Was unterscheidet der Beobachter?* Die epistemologische Anweisung lautet demnach: *Beobachte den Beobachter!* Damit nimmt die mehrstufige Beobachtung eine Detranszendentalisierung der modernen Erkenntnistheorie vor. Sie ist aber keine Destruktion der Metaphysik im Sinne von Heideggers *Sein und Zeit* und ihrer Fortführung in die Seinsgeschichte als die Zeitigung des Seins oder eine Fortführung von Heideggers Seinsverständnis (Sinn von Sein) in die philosophische Hermeneutik (Hans-Georg Gadamer) oder eine Erneuerung der philosophischen Anthropologie (Helmuth Plessner). Anzumerken ist dazu, das, rückblickend auf die umfangreichen Diskussion über Hermeneutik seit den 1970er-Jahren, keine neuen substanziellen Einsichten hinzugekommen sind. Der von Gadamer beanspruchte universale Anspruch der Hermeneutik ist sicherlich nicht einlösbar.[24]

Beobachtung geht in zwei Richtungen. Insofern ist sie selbst eine Grenze. Der Beobachter ist der *blinde Fleck* jeder Beobachtung, der sich selbst unsichtbar macht. In allen Beobachtungen liegen zwei blinde Flecken vor: die *unmarkierte Welt* und der jeweilige *Beobachter*. Der Beobachter ist kein transzendentales *Subjekt,* sondern jede Beobachtung ist *selbstimplikativ*, d.h. sie findet in der *Welt* statt. Insofern hat

24 Zu Gadamer: Habermas (1973, 120-159) Davidson 2005, 167-181) Beide Kritiken an der philosophischen Hermeneutik liegen nicht weit auseinander, da das Verstehen von Inskriptionen und Äußerungen nicht nur zeitrelativ und ein Ereignis ihrer Wirkungsgeschichte als eine Horizontverschmelzung sein kann. Das ist zwar auch der Fall, aber eine Trivialität. Je weiter wir in der Zeit zurückgehen, umso mehr stellen sich uns auch dramatische Auslegungsfragen. Wir stehen nicht selten vor etwas Unverständlichem. Aus der Einsicht in diesen Umstand folgt aber nicht, dass wir die Wirkungsgeschichte nicht auch unterlaufen können. Angesprochen ist damit, ob die schriftliche Überlieferung auch ein Test für die Wahrheitstheorie des Sprachverstehens ist. Es stellt sich dabei das Problem, dass wir von unseren „ersten Bedeutungen“, die wir in unserer Sprache gelernt haben, auszugehen haben, ohne die Absichten und das Bewusstsein der Sprecher/Schreiber von zeitlich weit entfernten Texten erforschen zu können. Das gilt letztlich bereits auch für weniger zeitlich weit von uns entfernten Äußerungen und Inskriptionen. Die Differenz von Meinungen setzt sowohl geteilte Wahrheits- und andere Erfüllungsbedingungen als auch ihre objektive Verifikation voraus.

er sich auf der Innenseite oder der Außenseite der von ihm getroffenen Unterscheidungen zu verorten. Deshalb ist jeder Beobachter eine *Grenze*.[25] Für den Gesellschaftsbegriff heißt das, dass die Gesellschaftstheorie davon ausgeht, dass jede Beobachtung in der Gesellschaft stattfindet. Jede Beobachtung ist zugleich gesellschaftliche Kommunikation. Mit dieser Einsicht haben wir bereits die Perspektive der *soziologischen Aufklärung* eingenommen. Sie besagt, dass es keine Aufklärung geben kann. Wir bedürfen somit der Abklärung.

Erwähnenswert sind Luhmanns Überlegungen zum Begriff der *Latenz*. Der soziologische Beobachter kann *Latenz* nur dann untersuchen, wenn sie in der gesellschaftlichen Kommunikation *Latenz* bleibt. Die *Latenz* ist nicht kommunizierbar. Wenn eine Privatperson eine Unterscheidung *latent-manifest* trifft, so ist das ohne Belang. Was folgt aber daraus, wenn sie kommuniziert wird? Wird sie kommuniziert und mit der Unterscheidung *latent-manifest* beobachtet, so verschwindet die Unterscheidung. Dadurch verliert *Latenz* ihre Funktion. In diesem Sinne hat die soziologische Theorie ihren eigenen Gegenstand unsichtbar zu machen. Sie kann nur die Selbstbeschreibungen der Gesellschaft thematisieren, die wiederum eine Kommunikation in der Gesellschaft ist. Daraus ist die Folgerung zu ziehen, dass damit – und das gilt für jede Theorie – soziologische Theorie ihren Anspruch einschränkt. Sie ist eine Kommunikation im Wissenschaftssystem, die zu berücksichtigen hat, dass auch anders beobachtet werden kann. Das ist auch eine Begründung dafür, in der soziologischen Theorie von Forschungsprogrammen auszugehen.

Die Beobachtung von Beobachtung beobachtet immer Selektionen eines Beobachters, die eine robuste/feste Grundlage haben, welche die vorausgesetzte Welt nicht negieren kann. Das halte ich mit Luhmanns Ansatz vom Grundsätzlichen her gesehen für verträglich, da die Differenzierung von Systemen aus ihrer Umwelt nicht die Umwelt negiert. Insofern handelt es sich dabei nicht um einen erkenntnistheoretischen Relativismus. Wenn wir Beobachtungen aufstufen, das gilt vermutlich für jede Stufe, ob es die 2. oder 5. Stufe ist, welche auch immer, so ist dabei ein Punkt zu erwähnen, der oft nicht berücksichtigt wird. Jeder Beobachter, auf welcher Stufe auch immer, hat einen blinden Fleck der Beobachtung, d.h., die Regression nach unten setzt immer die Unterscheidung zwischen System und Umwelt seines Standpunkts voraus. Wie informativ die Aufstufung auch immer sein mag, im Hinblick auf

25 Zur Relevanz der Restrukturierung von Grenzprozessen in der Gegenwartsgesellschaft vgl. ProtoSociology 15 2001.

diese Begrenzung wird in der Aufstufung nicht etwas hinzugelernt, d.h., es werden auf jeder Stufe Beobachter beobachtet, welche die Unterscheidung von Selbst- und Fremdreferenz voraussetzen. Es gibt aber keinen Standpunkt bzw. keine Ebene, die ein allwissender Beobachter einnehmen kann, der z.B. seine auf den einzelnen Stufen verwendete Sprache in eine Universalsprache übersetzt und in dieser Sprache die Struktur der Welt beschreibt. Eine letzte Metabeobachtung oder Metasprache kann es nicht geben.

Luhmann deckelt die kybernetische Aufstufung im Übergang von der zweiten zur dritten Stufe, da aus seiner Sicht die „Funktion der Funktion“ selbst Funktion als „Eigenwert“ ist. (Luhmann 1997, Bd. 2, 1125) Dabei handelt es sich um Vergleichsverfahren, dass eingeschränkte Problembezüge thematisiert.[26] Es betrifft dies für ihn die Ergiebigkeit von Negationen und beschreibt das damit einhergehende Problem als die Frage nach den „Eigenwerten“ des Systems. Luhmann ersetzt „strukturelle Latenz“ durch „operative Latenz“ Die „operativ verwendete Unterscheidung“ ist aus seiner Sicht der „blinde Fleck“ jeder Beobachtung. Das Bezugsproblem ist dabei nicht die Beobachtung eines Beobachters oder mehrerer Beobachter, sondern es geht ihm um „eine Reflexion der Bedingungen der Möglichkeit der Beobachtung zweiter Ordnung und ihre Folgen für das, was dann noch gemeinsame Welt oder Beschreibungen ermöglichende Gesellschaft sein kann.“ (Luhmann 1997, Bd. 2, 117) Dabei geht es erkenntnistheoretisch darum, dass diese Frage redundant zu der Unterscheidung zwischen z.B. System und Umwelt oder, aus mitgliedschaftstheoretischer Sicht, Mitglied und Nicht-Mitglied ist. Die vorausgesetzte Unterscheidung, die sich nicht selbst bezeichnet, sondern ihren Gegenstand, kann deshalb auch bei weiteren Aufstufungen nicht mehr eingeholt, sie kann immer wieder nur vorausgesetzt werden. Insofern ist „die Funktion der Funktion“, im Unterschied zu Luhmanns Annahme, auch nicht der Eigenwert des Systems, sondern die Thematisierung einer Unterscheidung, die nur von der nicht zu hintergehenden Selbstreferenz aus vorgenommen werden kann.

Die *fabula docet* der Beobachtung von Beobachtern ist, dass der Beobachter und die Beobachtung von Beobachtern keine Wirklichkeit und nicht sich selbst konstruiert. Die selbstreferenzielle Operation ist keine Erzeugung der Umwelt, sondern sie setzt sie voraus. Die Umwelt

26 Das wirkt sich in allen Funktionssystemen aus. Fragen wir nach der Stabilität unter der Voraussetzung erhöhter Auflösungsfähigkeiten, so verweist das auf die Selbstkonstitution sozialer Systeme und die Rekursion der Kommunikation zurück, die kein Funktionssystem perfektionieren kann.

hat zugleich auch eine Dichte zu haben, die sich durch die „order from noise“ (Heinz von Foerster) bemerkbar macht.

(b) Folgeproblem

Bei der Beobachtung der Entscheidung über Mitgliedschaft und ihrer reflexiven Aufstufungen handelt es sich um eine strukturelle Selektion, welche die strukturelle Latenz der Mitgliedschaft durch eine operative Latenz insofern ersetzt, da das Erleben und Handeln der Systemmitglieder je nach Systemreferenz variiert. Diese Beobachtung können sie nicht von einem externen Standpunkt aus vornehmen, d.h. sie kommen immer wieder im Objektbereich der Theoriebildung vor. Sie sind deshalb keine allwissenden Beobachter der gesellschaftlichen Kommunikation.

Das Bezugsproblem der theoretischen Beschreibung der System-Umwelt-Relationierung ist dabei nicht das Sein, die vita contemplativa, das transzendentale a priori, eine regionale Ontologie oder die Sprache, sondern die Beobachtung von Beobachtern, die ihrerseits Erleben und Handeln und die Voraussetzung ihrer Beschreibungen thematisieren. Das führt zu keinem unendlichen Regress, da die Unterscheidung zwischen Beobachtung und Nichtbeobachtung, zwischen selektiver Fortführung und Nichtfortführung von Kommunikation, zwischen Mitglied und Nicht-Mitglied nicht sich selbst bezeichnet, sondern selektiv auf die Umwelt sozialer Systeme zugreift. Insofern führt jedes soziales System Inklusion und Exklusion als eine selbst-referenzielle Operation mit sich. Das gilt unabhängig von den Schadensbegrenzungen durch die „Formen des Helfens“ und den Variationen ihrer Institutionalisierung.

Die mehrstufige Kybernetik der Beobachtung von Beobachtern führt zu dem lehrreichen Folgeproblem der Gesellschaftstheorie, dass Gesellschaft nicht von außen zu beobachten ist und deshalb die Platzierung des Beobachters in der soziologischen Theorie unerlässlich ist. Dabei gilt durchaus der Satz Luhmanns „Man kann auch immer anders beobachten“. Damit geht einher, dass eine Objektivität im Hinblick auf die Vergangenheit und die Zukunft der Systemgeschichte nicht zu erreichen ist. Das ist aber kein Mangel der kognitiven Ausstattung der Mitglieder sozialer Systeme, da sich jedes Mitgliedschaftssystem durch das Handeln und Erleben in der Gegenwart zu reproduzieren hat. Da jede Gegenwart, in die sie eintritt, sofort wieder verschwindet, bedarf es der einschränkenden Anforderungen, die erst die kontingente Projektion von Erwartungen ermöglichen.

3. Weltgesellschaft oder „Gesellschaft von Gesellschaften"?

(a) Luhmanns Neufassung der Gesellschaftstheorie

Die Umorientierung, in der wir uns in der gegenwärtigen soziologischen Theorie im Hinblick auf die Gesellschaftstheorie befinden, besteht darin, dass der Begriff der Weltgesellschaft einer neuen Analyse zugeführt wird. Sie leitet das Forschungsprogramm der Untersuchung von Weltgesellschaft als eine „Gesellschaft von Gesellschaften" ein.[27] Damit sollte sich die gegenwärtige Systemtheorie als Gesellschaftstheorie konfrontieren.

Nach Niklas Luhmann ist das Gesellschaftssystem der modernen Gesellschaft von der Anlage her Weltgesellschaft. Insofern gehe ich in einem ersten Schritt auf seine Neufassung der Gesellschaftstheorie ein. Er geht aber in seiner allgemeinen Theorie sozialer Systeme nicht vom Gesellschaftsbegriff aus, sondern von der System-Umwelt-Relation. Die Fassung der System-Umwelt-Relation ist das allgemeine Bezugsproblem in der Erkenntnistheorie, Philosophie des Geistes, Ontologie und Metaphysik so wie in der Psychologie, Biologie und Soziologie, aber vermutlich auch in der Physik – über letzteres brauchen wir uns als Soziologen aber nicht den Kopf zu zerbrechen. Dabei kommt alles darauf an, wie wir die System-Umwelt-Relation bestimmen. Im Hintergrund meiner Darstellung steht die Neufassung der Systemtheorie auf der Problemstufenordnung *Gesellschaft*, *Organisation* und *Interaktion* durch die Mitgliedschaftstheorie und Mitgliedschaftssoziologie.[28] Wenn wir die Problemstufenordnung und die Differenzierung von *Gesellschaft*, *Organisation* und *Interaktion* in die Mitgliedschaftssoziologie unter den veränderten Voraussetzungen der Analyse der Gegenwartsgesellschaften überführen, so legt das eine Transformation der Gesellschaftstheorie zu einer Theorie der multiplen Heterarchie regionalgesellschaftlicher Mitgliedschaftsordnungen nahe.

27 Der Begriff der „Gesellschaft von Gesellschaften" geht auf *Karl Otto Hondrich* zurück.

28 Gerhard Preyer, Soziologische Theorie der Gegenwartsgesellschaft, 3 Bde., Bd. 1: Mitgliedschaftstheoretische Untersuchungen, Frankfurt a. M. 2018 (zweite Auflage), Teil I, II, ders., Soziologische Theorie der Gegenwartsgesellschaft, Bd. 3: Mitgliedschaft und Evolution, Wiesbaden 2018 (zweite Auflage), Teil II III.

Luhmanns Lebenswerk war von Beginn seiner wissenschaftlichen Karriere an daran orientiert, eine Gesellschaftstheorie zu entwickeln. Das war etwas, das es noch nicht gab.[29] Er hat dieses Forschungsprogramm theoretisch und in Einzelstudien zu den Teilsystemen Wirtschaft, Politik, Recht, Religion, Wissenschaft, Kunst und Erziehung eingelöst und in diesem Zuge die Wissenssoziologie unter dem Titel „Semantik und Sozialstruktur“ neu positioniert.[30] Die Theorietransformation im Hinblick auf die Umstellung des Blickwinkels von der Weltgesellschaft zur ‚Gesellschaft von Gesellschaften’ als ein System von Mitgliedschaftsordnungen, hat deshalb vom Gesellschaftsbegriff auszugehen.[31]

Aus der Sicht von Luhmanns Gesellschaftstheorie ist der Gesellschaftsbegriff neu zu fassen. Dieser Ansatz legt eine mitgliedschaftstheoretische Reinterpretation nahe. (1.) Die Spezifikation der Typik von Mitgliedschaftsbedingungen sozialer Systeme auf der Problemstufenordnung von *Gesellschaft*, *Organisation*, *Interaktion* kann mit Hilfe der von Krawietz getroffenen Unterscheidung zwischen „sozial“ und „sozietal“ verfahren. (2.) Das leitet zu dem Begriff der Weltgesellschaft, seiner Modifikation und der funktionalen Differenzierung über. (3.)

29 Luhmann hat in seinen Vorlesungen im Sommersemester 1968 in Bielefeld und im Wintersemester 1968/69 in Frankfurt a. M. das Forschungsprogramm einer Gesellschaftstheorie formuliert. Es ist hervorzuheben, dass er in seinen Vorlesungen, Bielefeld 1973-78, 714 bereits eine Version verfasste (Zitationserlaubnis lt. Schreiben vom 9.6.1978). Die Vorlesungen zirkulierten in der zweiten Hälfte der 1970er-Jahre unter Fachwissenschaftlern. Das Manuskript ist mittlerweile veröffentlicht Luhmann (2017). Zu seiner veröffentlichten Endfassung Luhmann (1997). Werkgeschichtlich ist zu erwähnen, dass in seiner Theoriebildung vor und nach seiner Wende zum Konstruktivismus, der Theorie der selbstreferenziellen Systeme von Humberto R. Maturana, Francisco J. Varela und der Kybernetik von Heinz von Foerster und der polykontexturalen Logik von Gotthard Günther eine hohe Kontinuität vorliegt. Das gilt auch dann, wenn man der Meinung ist, dass Luhmann mehrere Versionen seiner Gesellschaftstheorie verfasst hat, sofern man von der veröffentlichten Endfassung von 1997 ausgeht.

30 Zu einer Resystematisierung von Luhmanns Ansatz Preyer (1996, ,302-246)). Freigeschaltet: https://www.academia.edu/7032137/Protosoziologie_im_Kontext._Lebenswelt_und_System_in_Philosophie_und_Soziologie_392_pp

31 Zum Begriff der Weltgesellschaft: Luhmann (1975, 51-71, 1997, 145-171), Preyer 2012, 23-25).

(b) Gesellschaftsbegriff

i. Soziale Systeme und Gesellschaftstheorie

Die allgemeine Theorie sozialer Systeme geht nicht vom Gesellschaftsbegriff aus. Das ist hervorzuheben, da das Erkenntnisinteresse der Systemtheorie Luhmanns eine allgemeine Theorie sozialer System ist. Sie wird auf Typen sozialer Systeme (Gesellschaftstheorie) und die Evolutionstheorie spezifiziert. Die allgemeine Theorie ist derart angelegt, dass sie alle sozialen Kontakte (Ereignisse), somit jede Kommunikation, als ein soziales System charakterisiert, da jedes soziale Ereignis die System-Umwelt-Differenz reproduziert. Die allgemeine Theorie untersucht soziale Systeme als selbstselektive Systeme. Sie kann es nur geben, wenn die Differenz zwischen System und Umwelt im System beobachtet wird. Dabei ereignen sich die Bruchstellen zwischen System und Umwelt immer gleichzeitig (Morphogenese sozialer Systeme). Die Letztelemente sozialer Systeme sind Kommunikationen, da Kommunikation ein selbstreferenzieller Vorgang ist, der keine Resonanz in der Umwelt (*Welt*) hat.

Luhmann fasst soziale Systeme zunächst als beobachtbare Handlungssysteme, um die Relevanz des Umweltbezugs sozialer Systeme hervorzuheben. Damit wendet er sich gegen einen analytischen Systembegriff (Parsons). Er ordnet im Fortgang seiner Werkgeschichte die Kommunikation der Handlung vor. Kommunikation flaggt immer eine Handlung als Sinnselektion in der System-Umwelt-Relation. Fortgeführt wird werkgeschichtlich die Fassung des Funktionsbegriffs durch die System-Umwelt-Relationierung. Der Ansatz ist dadurch motiviert, die System-Umwelt-Relation zu deontologisieren. Die Deontologisierung überführt er im Bezugsrahmen seines konstruktivistischen Forschungsprogramms seit den 1980er-Jahren in die mehrstufige Kybernetik.

In der Systematik der allgemeinen Theorie sozialer Systeme geht Luhmann vom Weltbegriff aus. Dieser Anschnitt bleibt bei ihm werkgeschichtlich unverändert. Der Weltbegriff wird als der Gesamthorizont sinnhaften Erlebens gefasst, der nicht mehr durch Grenzen geschlossen ist, sondern nur noch durch die Selektion von aktualisiertem Sinn. (Luhmann 1997, 153) Er überführt – im Anschluss an Spencer Brown – seinen zunächst auch phänomenologisch gefassten in einen beobachtungs- und unterscheidungstheoretisch gefasstem Weltbegriff: „a universe comes into being when a space is served or taken apart“, „a world where, in the first place, the boundaries can be drawn anywhere we please.“ (Brown 1972, XXIX) Damit geht einher, dass die Unterscheidung zwischen *innen-außen* die alteuropäische Ontologie, aber auch die Transzendentalphilosophie ablöst. Luhmann führt aber eine phänomenologische Interpretation insofern weiter mit, da Welt ein Letzthorizont der System-Umwelt-Differenzierung ist. Der Systemtheoretiker gewinnt dadurch aber keine Welterkenntnis.

Angesprochen sind damit die „Positionen der Negativität“ der gesellschaftlichen Kommunikation und der Systemkonstitution. Vermutlich ist das evolutionäre Ereignis der Verneinung das Erlebnis der Erwartungsenttäuschung, die mythisch und religiös zu bannen war. Luhmann stellt heraus, die „Negation scheint nicht nur das am universellsten verwendbare Symbol zu sein, sondern darüber hinaus die Universalität, d.h. den Weltbezug der Lebenspraxis schlechthin zu konstituieren.“ (1974, 37) Dabei ist im Blick zu behalten, dass es nicht nur auf die Setzung von Dichotomien ankommt, sondern dass bei der Systemkonstitution z.B. *auctoritas* und *potestas* immer zusammenwirken. Sie sind nicht einfach nur gegenüberzustellen. Die Systemkonstitution vollzieht sich aber nicht als ein Seinsgeschehen (Martin Heidegger), sondern ereignet sich unter der Voraussetzung, dass sich Mitgliedschaft, soziale Systeme und Kommunikation als Ereignisse zu reproduzieren haben, deren Zukunftserwartung davon abhängt, dass sie unwahrscheinliche Strukturen ausbilden. Das ist eine Zukunft, die nicht anfangen kann, sondern die immer schon angefangen hat, da sie nur in der Gegenwart erreichbar ist.

ii. Selbstsubstitutive Ordnung, Kritik am anthropologischen Gesellschaftsbegriff

Luhmanns Ansatz in der Gesellschaftstheorie geht dahin, Gesellschaft als eine selbstsubstitutive Ordnung zu fassen: „Im Bereich sozialer Systeme ist jedenfalls das Gesellschaftssystem eine selbstsubstitutive Ordnung. Welches andere System immer die Gesellschaft identifiziert: Man kann sich nicht vorstellen, dass eine Gesellschaft durch eine andere ersetzt würde. Ein solcher Substitutionsvorgang, etwa die Zerstörung der präkolumbianischen Reiche Amerikas und ihre Ersetzung durch ein Nebeneinander von Kolonialreich und reprimitivierter Tribialkultur, muss sich immer als ein Umstrukturierungsvorgang innerhalb der Gesellschaft selbst, also als Selbstsubstitution vollziehen. Für kein anderes Sozialsystem gilt dies unabhängig von der Typik, die das Gesellschaftssystem ausgebildet hat, d.h. unabhängig von Ergebnissen der sozio-kulturellen Evolution. Nur die Gesellschaft selbst ist, wenn es überhaupt soziale Systeme gibt, eine selbstsubstitutive Ordnung.“ (Luhmann 1981, 206) Damit löst er die überlieferten Gesellschaftsbegriffe

„Gesellschaft" als Geselligkeit, als Zivilgesellschaft (societas civilis), den aristotelischen Gesellschaftsbegriff der humanen Finalisierung (Mensch als soziales Wesen) und einer Gesellschaft jenseits des Horizonts der Sinnselektion der Mitglieder lokaler sozialer System in der soziologischen Theorie ab. (Lichtblau 2010 279-85) Dies ist dadurch begründet, dass wir seit dem 19. Jahrhundert in unserem Gesellschaftsverständnis von den Gesellschaftsbeschreibungen der Teilsysteme dominiert waren. Eine angemessene Theorie der modernen Gesellschaft war von diesen Ausgangspunkten her nicht möglich.

Der Gesellschaftsbegriff wird von Luhmann deshalb eingeführt, weil in der Soziologie ein Begriff für die „Einheit der Gesamtheit des Sozialen" als das umfassende soziale System erforderlich ist. (Luhmann 1984, 555) Er greift dabei ein Motiv der aristotelisch/alteuropäischen Tradition auf, die Gesellschaftstheorie als eine Theorie des umfassenden sozialen Systems durchzuführen, die alle sozialen Systeme einschließt. Sie nimmt jedoch eine andere Beschreibung ihres harten Kerns vor, insofern erneuert sie nicht den aristotelischen Gesellschaftsbegriff und dessen Tugendbegriff. Durch vier Annahmen hat sich die soziologische Theorie in ihrem Gesellschaftsverständnis aus seiner Sicht blockiert, das betrifft das aristotelische anthropologische Gesellschaftsverständnis und seine kosmologische Situierung in der alteuropäischen Ontologie:

1. die Voraussetzung, Gesellschaft besteht aus konkreten Menschen,
2. die gesellschaftliche Kommunikation ist durch den Konsens von Menschen im Hinblick auf Meinungen und ihren Zwecksetzungen integriert,
3. Gesellschaften sind als regionale und territoriale Einheiten zu unterscheiden, und
4. Gesellschaften können, so wie andere natürliche und künstliche Entitäten, von außen beobachtet werden. (Luhmann 1984, Bd. 1, 24-25)

Die Punkte „1.", „2." und „4."sollten wir für die soziologische Theorie ernst nehmen, der „3." Punkt bedarf einer Neufassung und einer damit einhergehenden Modifikation, ohne Gesellschaft als einen „Container" zu bestimmen.

Den Gesellschaftsbegriff fasst Luhmann unter dem Gesichtspunkt der kommunikativen Erreichbarkeit. Dadurch schließt er die allgemeine Theorie sozialer Systeme an die Gesellschaftstheorie an. Die Einheit des Gesellschaftssystems besteht aus dieser Sicht in seiner selbstreferenziellen Geschlossenheit des Kommunikationssystems *Gesellschaft*. (Luhmann 1984, 55) Das Gesellschaftssystem ist deshalb ein selbstreferenzielles System *in* und *mit* einer Umwelt. Luhmann hat dabei einen Abstraktionsgewinn in der soziologischen Theorie im Blick, der sie anspruchsvoller, aber auch weniger intuitiv einsichtig macht. Gesellschaft und gesellschaftliche Kommunikation kann expandieren, z.B. durch die Erweiterung der Kommunikationskreise, und es kann Neues hinzukommen, aber alle Veränderungen sind als Anschlussrationalität gesellschaftlicher Kommunikation selektiv zu gestalten, fortzuführen oder zu beenden. Das sollen wir die Tragödie der gesellschaftlichen Mitgliedschaft nennen. Die meisten Mitglieder werden dabei marginalisiert. Es tritt zwangläufig eine Verminderung von Vollinklusion der funktionalen Differenzierung ein. Das wurde von Luhmann erkannt, wenn er behauptet das die Inklusionsgewährleistung von funktionaler Differenzierung zusammembricht.

iii. Mitgliedschaftstheorie

Die *mitgliedschaftstheoretische* Fassung der Theorie sozialer Systeme ist dadurch begründet, da die Binnenselektivität sozialer Systeme die Entscheidung über und die Programmierung der Mitgliedschaft ist. Diese Entscheidung schließt aus, indem sie einschließt. Die Mitgliedschaft wird dadurch außer Kraft gesetzt. Sie ist suspendiert. Die Beziehung zwischen der Entscheidung über Mitgliedschaft und Nicht-Mitgliedschaft sowie des Sozialen als Ereignis, somit seiner operativen Objektivität, impliziert somit die Außerkraftsetzung der Mitgliedschaft. Die Entscheidung ist eine unbestimmte Zeit(-sequenz) in der Kommunikation, die ohne Beziehung auf Erwartungserwartungen stattfindet, sondern diese erst in Kraft setzt. In dieser Zeitsequenz steht die Zeit still. Die Unterscheidung (Form) zwischen Mitgliedschaft und Nicht-Mitgliedschaft betrifft somit die Zugehörigkeit ohne eine Operationalisierung und eine Operationalisierung, die kontingent ist, somit immer auch anders ausfallen kann. Die Entscheidung über Mitgliedschaft ist somit eine Position der Negativität und Liminalität, durch die der Bereich sozialer Systeme selbstbestimmt ist. Das Nomische und das Anomische sowie *auctoritas* und *potestas* bestehen somit immer zusammen und sind nicht einander entgegengesetzt.

Die Mitgliedschaftsbedingung, ihre Codierung und ihre Operationalisierung sind als „Kommunikation einer Entscheidung“ zu systematisieren. Im Unterschied zu einer individuellen Entscheidung ist diese Kommunikation von Entscheidung dadurch charakterisiert, dass „die Entscheidung zur Mitteilung der Entscheidung mitgeteilt wird.“ (Luhmann 2000 a, 67) Nach Luhmann ist Entscheidung als Kommunikation die Selbstkonstitution des Mitgliedschaftshandelns in formalen Organisationen. Wir können diese Kommunikation der mitgliedschaftstheoretischen Selbstkonstitution sozialer Systeme zu Grunde legen. Die Instanziierung dieser Kommunikation im Bezugsrahmen der allgemeinen Theorie erfolgt im Hinblick auf die Autoritätsordnung. Wenn wir die Mitgliedschaftsbedingung aus der Sicht der Systemtheorie fassen möchten, so wäre sie eine Sinnselektion sozialer Systeme.

Das wäre das Gesprächsangebot an die Alt-Luhmannianer, die bei der Systemkonstitution von dem Vorrang des Sinns (Sinnverweisung, Welt als Letzthorizont) ausgehen. Mitgliedschaftstheoretisch verfährt die Systematisierung umgekehrt und fasst die Sinnselektion als ein Korrelat des Handels und Erlebens von Systemmitgliedern. Das sollte aus der Innensicht der Systemtheorie nicht unplausibel sein, da sie Welt als intentionales Aktkorrelat in ein Korrelat von Interaktionen und Kommunikationen überführt. Was spricht dagegen, Welt als kommunikatives Korrelat der Kommunikation von Systemmitgliedern zu fassen, wenn die Innengrenze sozialer Systeme nur durch Mitgliedschaft als universelle Statusposition anzugeben ist?

Durch die Mitgliedschaftsselektion und ihre Kommunikation setzen sich soziale Systeme der Selbstbeobachtung und Selbstirritation aus. Die Kommunikation von Entscheidung ist durch die Unterscheidung zwischen „Kommunikation“ und „Operation“ zu systematisieren. (Zu dieser Unterscheidung: Krawietz 2012, 89-90) Operation ist eine Beobachtung, die eine Unterscheidung voraussetzt. Dabei wird immer nur eine Seite bezeichnet, die andere Seite bleibt unbezeichnet. Der blinde Fleck jeder Beobachtung besteht darin, dass jede Beobachtung als eine Aktivität (Vollzug) nicht sich selbst beobachten kann, d.h. die von ihr vorausgesetzten Unterscheidung, z.B. die Unterscheidung zwischen Selbst- und Fremdreferenz.

Gehen wir davon aus, dass sich Systeme als Ereignisse nur durch Operationen in der Zeit reproduzieren, so ist die Unterscheidung dadurch begründet, dass erst die Operation der Kommunikation der Entscheidung mögliche Folgezustände in Kommunikationssystemen projiziert, an welche sich weitere Operationen anschließen können, z.B. informelle und formelle Mitgliedschaftsfestsetzungen. Jede Operation ist ein zeitliches Ereignis, das durch die Unterscheidung zwischen *vorher* und *nachher* bestimmt ist. Strukturbildung erfolgt somit durch den funktionalen Imperativ der Kontinuität und Fortsetzung von Kommunikation unter der Voraussetzung ihres fortlaufenden Zerfalls als zeitliches Ereignis. Die Operation und Kommunikation der Mitgliedschaftsselektion überführt soziale Systeme in Mitgliedschaftsordnungen, die durch die Entscheidung über Mitgliedschaft, ihre Strukturierung in der Zeitdimension, durch das Mitgliedschaftsgedächtnis, die Negationsspielräume, das Autoritätssystem, die kollektive Identität ihrer Mitglieder sowie durch die primären symbiotischen und sekundären sozialen Systeme selbstkonstituiert sind.

Das verweist auf die Selbstbeobachtung zurück, da die Aussagen darüber, wie eine Operation beobachtet wird, ihrerseits die Beobachtung des Beobachters erfordert. Das erklärt auch, warum soziale Systeme von ihrer Anlage her unruhig sind.

iv. Mitgliedschaftstheorie und Mitgliedschaftssoziologie

Die Überführung der *Mitgliedschaftstheorie* in die *Mitgliedschaftssoziologie* als einer Typik sozialer Systeme geht davon aus, dass Gesellschaft als selbstsubstitutive Ordnung durch die Entscheidung über Mitgliedschaft(-en) selbstreferenziell geschlossen ist. In ‚die' Gesellschaft kann nicht ein- und ausgetreten werden, da wir immer nur *Mitglied als Mitglied sozialer Systems* sind und nur insofern auch von Gesellschaft. Die Einheit der Gesamtheit des Sozialen besteht somit formaliter in *Mitgliedschaft und der Spezifikation der Mitgliedschaftsbedingung*. Das heißt, dass dadurch gesellschaftliche Kommunikation fortlaufend eine interne Schließung und Exklusion herbeiführt. Gesellschaft ist aber keine totale Institution, da die Differenzierung des gesellschaftlichen Mitgliedschaftssystems *porös* und *durchlässig* zu sein hat. Gehen wir davon aus, so ist das Gesellschaftssystem als ein differenziertes Mitgliedschaftssystem zu fassen, das als System der Evolution unterliegt.

Die Spezifikation der Mitgliedschaftsbedingung auf der Problemstufenordnung *Gesellschaft*, *Organisation* und *Interaktion* wird mitgliedschaftstheoretisch durch die Unterscheidung zwischen: der *offenen* und *informalen versus* der *geschlossenen* und *formal* regulierten Mitgliedschaftsbedingung als Interaktionsbedingung vorgenommen. Während mit den offenen Mitgliedschaftsbedingungen ein hohes Maß an Durchlässigkeit von Kommunikationen einhergeht, ist im Unterschied dazu die Durchlässigkeit von Kommunikation bei formal regulierten Mitgliedschaftsbedingungen gering. Die Unterscheidung zwischen beiden Mitgliedschaftsbedingungen betrifft die unterschiedliche Strenge der negativen Sanktion. Bei sozialen Systemen mit offener Durchlässigkeit liegt eine sanfte und harte negative Sanktion vor, dagegen besteht im Unterschied dazu bei den sozialen Systemen der Organisationen eine Präponderanz der harten negativen Sanktion. Sie stabilisieren sich durch Ausschluss ihrer Mitglieder, da formale Organisationen die Eintritts- und Austrittsbedingungen formal verbindlich festschreiben.

Die Mitgliedschaftsbedingungen und ihre Selektion strukturieren sowohl die Teilnahme an Interaktionen in sozialen Systemen unterschiedlichen Zuschnitts, z.B. durch Programme in formalen Organisationen, als auch die sozietale Reproduktion der Kommunikationen durch den Verweisungszusammenhang von Mitgliedschaften im Hinblick auf die Anschlussgestaltung von Kommunikationen, z.B. durch Statuspositionen und besondere Zugehörigkeiten, sei es die Staatsbürgerschaft, die Zugehörigkeit zu Ethnien, zu Religionsgemeinschaften, zu Wirtschaftsunternehmen oder auch zu Subkulturen.

v. Von der Weltgesellschaft zur Gesellschaft von Gesellschaften

Es ist an dieser Stelle der Platzierung des Gesellschaftsbegriffs auf den Umbau der Weltgesellschaft zur Gesellschaft von Gesellschaften als Regionalgesellschaften einzugehen. Das Gesellschaftssystem ist nach Luhmann ein System *in* und mit einer *Umwelt*. Letztere ist für die Gesellschaftsmitglieder nicht zu erreichen. Dabei wird auf eine Eins-zu-eins-Zuordnung von System und Umwelt verzichtet. Als umfassendes soziales System hat es aber keine soziale Umwelt, sondern die soziale System-System-Beziehung ist von jedem sozialen System selbst zu konstruieren. Die Komplexität des Gesellschaftssystems wird aus systemtheoretischer Sicht evolutionär durch die Differenzierungsformen bestimmt, die segmentäre, die stratifikatorische, die Zentrums-Peripherie- und die funktionale Differenzierung.

Gehen wir von einer Differenzierung des Gesellschaftssystems und den Regionalgesellschaften aus, so ist dieser Ansatz weitgehend umzubauen. Wenn wir empirische Belege für Regionalgesellschaften haben, so ist in empirisch-begrifflicher Hinsicht die Unterscheidung zwischen Gesellschaftssystem und Regionalgesellschaften an der Differenzierung von Regionalgesellschaften zu orientieren. Damit wird aber eine andere Systematik der Beschreibung der Weltgesellschaft als dem übergreifenden Kommunikations- und Sozialsystem vorgenommen. Sie besteht nicht nur in der Differenzierung von informellen und formell organisierten sozialen Systemen mit unterschiedlicher kommunikativer Durchlässigkeit, sondern das Gesellschafts*system* hat eine sozietale innere Umwelt.

Auch in dem sozialen Bereich, der soziologisch als moderne Gesellschaft im Singular klassifiziert wird, trifft es nicht zu, dass die Gesamtgesellschaft als das umfassende soziale System als ein einziges soziales System keine differenzierte soziale Umwelt hat. Parsons hat deshalb analytisch *Gesellschaft* als zeitlich übergreifende Ordnung in dem analytischen Bezugsrahmen der Handlungssysteme eingeordnet und seine

Modernisierungstheorie auf das System der modernen Gesellschaften spezifiziert.[32] Aus analytisch-theoretischer Sicht ist am Begriff der Weltgesellschaft ein Korrektur vorzunehmen, da wir die Tatsache zu berücksichtigen haben, dass die Gesamtgesellschaft, somit das Gesellschaftssystem, in den Regionalgesellschaften eine ihr eigene Umwelt aufweist.

Wenn wir den Beobachter an dieser Stelle positionieren, so ist das Verhältnis der Regionalgesellschaft als einer Mitgliedschaftsordnung zur Gesamtgesellschaft von einem Außenstandpunkt selektiv beobachtbar. Nicht zu beobachten ist aber die Gesamtgesellschaft, die nur durch den Wechsel von Systemreferenzen thematisierbar ist. An ihr können wir immer nur durch Kommunikationen und als Mitglieder in Interaktions- und Organisationssystemen teilnehmen. Wir können sie aber kommunikativ nicht erreichen, sondern treffen als Beobachter diese Unterscheidung. Das heißt aber nicht, dass die Unterscheidung des Beobachters eine Fiktion ist, da sich die Unterscheidung nicht selbst bezeichnet, sondern sie referiert auf Interaktionen und Organisationen. Das verweist in der Anordnung der Ebenen der Problemstufenordnung auf die Funktion einfacher Interaktionssysteme unter Anwesenden, in denen sich gesellschaftliche Kommunikation selbst beobachtet.

Das Gesellschaftssystem als eine „Hintergrundunbestimmtheit“ entzieht sich als solches einem kommunikativen Zugriff. Die Interaktions- und Organisationssysteme setzen aber ihrerseits Gesellschaft derart voraus, da sie keine totalen Institutionen sind. Sie haben als soziale Umwelt die gesellschaftliche Kommunikation, durch die sich die Mitglieder sozialer Systeme beobachten und an Kommunikationssystemen teilnehmen. Damit wird aber die Weltgesellschaft durch die Mitgliedschaft in sozialen Systemen kondensiert. Sie ist deshalb gerade keine Realität *sui generis*. Sie kann sich immer nur, so wie jede Kommunikation und Mitgliedschaft, in der Zeit als vergängliches Ereignis reproduzieren. Sie kann nicht sterben, sondern nur aufhören zu operieren, indem Kommunikation und Mitgliedschaft nicht mehr als Ereignis

32 Parsons (1971, 8-10). Er unterscheidet in dem analytischen Bezugsrahmen der Handlungssysteme zwischen „Gesellschaft“ als ein Typ des sozialen Systems und den Subsystemen der Gesellschaft. Daran ist so viel informativ, dass der Gesellschaftsbegriff in der soziologischen Theorie in einem analytischen Bezugsrahmen zu platzieren ist. Er wird somit nicht deskriptiv am Leitfaden der Beobachtung von Geselligkeit eingeführt. Das Problem dabei ist, dass man in der Resystematisierung der gesellschaftlichen Kommunikation erkenntnis- und wissenschaftstheoretisch von der Beobachtung des Beobachters und des dabei vorausgesetzten Bezugsrahmens auszugehen hat.

reproduziert wird. In dieser Hinsicht gibt es keine Garantie dafür, dass es überhaupt soziale Systeme gibt.

(c) Unterscheidung zwischen „sozial" und „sozietal"

Die von Krawietz eingeführte Unterscheidung zwischen „sozial" als eine Spezifikation der Teilnahmebedingung an Interaktionen und „sozietal" als die gesellschaftliche Verwiesenheit der Kommunikation als Hintergrundunbestimmtheit der Teilnahme an der Kommunikation dieser Interaktionssysteme ziehe ich dazu heran, um die Mitgliedschaftsbedingungen sozialer Systeme auf der Problemebene *Gesellschaft*, *Organisation* und *Interaktion* zu spezifizieren. Die Interaktions-, Organisationssysteme und die gesellschaftliche Verwiesenheit sind in der Zeitdimension durch Episoden verbunden. Die kommunikativen Ereignisse der Teilnahme an Interaktionssystemen sind somit sozietale Episoden, die *Gesellschaft*, *Organisation* und *Interaktion* und ihre Mitgliedschaftsordnungen verbinden. Das verweist auf die Dominanz der Zeitdimension für die Restabilisierung von Kommunikationen und Erwartungserwartungen.

Auf die gesellschaftliche Verwiesenheit der Teilnahme an Interaktionssystemen stoßen wir dann, wenn wir uns die Frage stellen: Woher wissen wir, dass gesellschaftliche Kommunikation nicht aufhört, wenn sich zwei Personen verabschieden? Die Antwort ist: Weil es Gesellschaft gibt! Insofern verweist jede Kommunikation in ihrem Beginn, Beenden und ihrer möglichen Fortführung auf die *Rekursion* der gesellschaftlichen Kommunikation als gesellschaftliche Hintergrundunbestimmtheit. Eine nur einmalige Kommunikation kann es deshalb nicht geben. Die Teilnahme an Interaktionssystemen, auch wenn sie sich über die Verbreitungsmedien Sprache, Schrift, Buchdruck, Funk, Telefon oder die neuen Kommunikationstechnologien vollzieht, reproduziert immer auch sozietale Kommunikation, d.h. sie reproduziert die Beobachtung der Beobachtung und das Handeln und Erleben von Systemmitgliedern, die als Adressen zu markieren sind.

Die einfachen Interaktionssysteme erfordern eine direkte Anwesenheit der Kommunikationsteilnehmer, die auf wechselseitiger Wahrnehmung und Beobachtung basieren. Die Wahrnehmung, Beobachtung und die Teilnahme an ihnen ist zudem durch die Themen und die Beiträge der Teilnehmer selektiv geordnet. Die eingebrachten Themen fokussieren einfache Interaktionen, sie steuern die Aufmerksamkeit der Kommunikationsteilnehmer und sequenzialisieren die kommunikativen Ereignisse. Damit geht nicht einher, dass, wenn Teilnehmer an einfachen Interaktionssystemen aufhören zu sprechen, sie damit gleichzeitig aufhören zu kommunizieren. In einfachen Interaktionen sind die Teilnehmer immer auch als körperlich/leibliche Einheit gegenwärtig, die im Kommunikationsverlauf als Subtext immer mitläuft. Das ist eine alte soziologische Einsicht.

Durch die Verbreitungsmedien werden die einfachen Interaktionssysteme in einen Kommunikationstyp der indirekten Anwesenheit der Teilnehmer umgewandelt. Die Teilnahme an ihnen ist gegenüber der symbiotischen Kommunikation durch verallgemeinerbare Verhaltenserwartungen gekennzeichnet, obwohl die Grenzziehung der Interaktionssysteme auch symbiotische Voraussetzungen hat. Wir können das so formulieren: Soziales reproduziert immer auch Symbiotisches, aber Symbiotisches ist erst rudimentär sozial.

(d) Weltgesellschaft und funktionale Differenzierung

Aus der Sicht der Systemtheorie kann es eine Evolution von Gesellschaft, hier verstanden als Kollektivsingular, nicht geben, da Gesellschaft eine selbstsubstitutive Ordnung ist. Sie umfasst alle anderen Kommunikationssysteme. Die Evolution von sozialen Systemen ereignet sich auf der Systemebene als Variation, Selektion und Restabilisierung (Retention) von Systemstrukturen. Ihre Analyse erfolgt am Leitfaden der Differenzierungsformen, die auch die Inklusion und Exklusion der Gesellschaftsmitglieder festlegt. Funktionale Differenzierung ist dadurch gekennzeichnet, dass Gesellschaft nur im umfassenden abstrakten Sinne eine einzige Weltgesellschaft als der Ort aller füreinander erreichbarer Kommunikation ist. Sie schließt jedoch evolutionäre gesamtgesellschaftliche Differenzierungen in sich ein. Greifbar und beobachtbar wird dieser Ansatz soziologisch erst in seinem evolutionären Ergebnis durch die Differenzierung und Pluralisierung von informell und formell organisierten sozialen Systemen, in die sich die weltgesellschaftliche Kommunikation kondensiert. Diese Differenzierung ist das Ende der *pars pro toto*-Setzungen der Funktionssysteme.

Damit ist zugleich das Problem der Regionalgesellschaften angesprochen, deren bestehen Luhmann zwar nicht bestreitet, aber der Durchsetzung der funktionalen Differenzierung in der Weltgesellschaft unterordnet. (Zum Begriff der Regionalgesellschaft: Luhmann 1997, Bd. 2, 806-812, Preyer 2011, 25-27) Aus Luhmanns Sicht widerstrebt eine regionale Differenzierung dem evolutionären Vorrang der funktionalen Differenzierung, da sich diese Differenzierungsform nicht räumlich binden lässt. Wäre das der Fall, so würde diese Differenzierung nicht allgemein gelten. Die Codes der einzelnen Funktionssysteme sind deshalb ihrerseits mit Universalzuständigkeit ausgestattet. Eine regionale Differenzierung besteht nach Luhmann nur durch die Staatsorganisation des politischen Systems und durch die nationale Rechtsgeltung des Rechtssystem. (Luhmann 1997, Bd. 1, 166-167, Münch 2013, 44-57) Er schließt aber nicht aus, dass der weltgesellschaftliche „*Universalismus*" funktionaler Differenzierung „*Partikularismen*" auslöst und motiviert. (Luhmann 1997, Bd. 1, 170) Aus der Sicht dieses Ansatzes ist aber die Regionalgesellschaft eher eine Residualkategorie.

Angesprochen ist damit die Frage, ob Luhmann die Beziehungen zwischen funktionaler Differenzierung, Funktionssystemen und ihrer Differenzierung, der Differenzierung von Interaktions- und Organisationssystemen und der regionalgesellschaftlichen Differenzierung als „die dominanten Strukturen der Weltgesellschaft" angemessen systematisiert hat. (Zur Analyse dieser konstitutiven Strukturen: Münch 2013, 49) Eine stammesgesellschaftliche Mitgliedschaftsordnung blockiert z.B. die Etablierung der institutionellen Ordnung der Funktionssysteme, die wir von dem westlichen Modernisierungspfad kennen. Insofern ist die evolutionäre Durchsetzung der funktionalen Differenzierung kein (nur) systemrationaler Vorgang.

(e) Weltgesellschaft als multiple Heterarchie regionalgesellschaftlicher Mitgliedschaftsordnungen

i. Veränderte Ausgangssituation

Krawietz charakterisiert die Struktur der Weltgesellschaft als eine *multiple Heterarchie* der unterschiedlichen regionalgesellschaftlichen Mitgliedschaftsordnungen. Das betrifft die veränderte Ausgangssituation der soziologischen als auch rechtstheoretischen und rechtssoziologischen Theoriebildung. Angesprochen sind damit vor allem die Rechtsordnung der Weltgesellschaft und die Struktur ihres Rechtssystems, die Unterscheidung zwischen primären und sekundären Systemen des Rechts im Hinblick auf den Rechtsstaat und die multiple Heterarchie regionaler Mitgliedschaftsordnungen als Gesellschaft von Gesellschaften.

Die ‚Gesellschaft von Gesellschaften' als ein System von Mitgliedschaftsordnungen ist gesellschaftstheoretisch in den Kontext der Dimensionen von Globalisierung zu stellen.[33] Die *dominante* Struk-

33 Zu den Dimensionen der Globalisierung und dem Abbau der Universalzuständigkeit der westlichen Modernisierung: Preyer, Soziologische Theorie der

tur der Weltgesellschaft wird von Krawietz durch zwei „global" und „lokal" gegenläufige Tendenzen charakterisiert:

1. durch die strukturelle Vernetzung „großer, global operierender Organisationseinheiten" und
2. als symbiotische und hybride Identitätskollagen der Teilnehmer an sozialen Netzwerken, d.h. an einen Kompromiss zwischen besonderen Herkunftswelten und den Teilnahmebedingungen an globalen Kommunikationssystemen, bei denen die kognitive Orientierung erwartet wird und sich die Erwartungserwartungen verallgemeinern.[34]

Fassen wir Weltgesellschaft als *Gesellschaft von Mitgliedschaftsordnungen*, so sind die sozialen Systeme, die sie einschließt, nicht in eine hierarchische Ordnung zu bringen, sondern sie treten eher in einen *strukturellen Drift* ein. Es gibt in ihr keinen Vorrang eines sozialen Systems gegenüber den anderen sozialen Systeme. An dieser Struktur zerbrechen die alteuropäischen Weltrechts- und anderen Ordnungsvorstellungen, welche die gesellschaftliche Kommunikation durch globale Organisationen und Institutionen zu regulieren beanspruchen. Es scheitert an ihr aber auch die zeitliche Projektion von „normativen Erwartungen normativer Erwartungen". Es schließt sich daran die rechtssoziologische Fragestellung an, ob unter dieser Voraussetzung die rechtliche Kommunikation noch kontrafaktische Orientierungen restabilisieren kann.

Es ist hervorzuheben, dass unter der Voraussetzung der globalisierten gesellschaftlichen Kommunikation und ihrer medialen, aber dadurch auch hoch selektiven Beobachtung nicht zu erwarten ist, dass sich die strenge Kopplung zwischen dem Rechtssystem und dem politischen System, die sich in der westlichen Modernisierung etablierte, auf diese Kommunikation übertragen lässt. Der besonderen Selektion rechtlich normierter Erwartungen fehlt es an Trennschärfe, um sie in den für die Rechtsprechung und Rechtsdurchsetzung zuständigen Organisationen mit einem universellen (globalen) Geltungsbereich institutionalisieren zu können. Sie stößt dabei auf die Nichtabstimmbarkeit und die damit einhergehende mangelnde Verallgemeinerbarkeit der Interessen der unterschiedlichen sozialen Statusgruppen in den Funktionssystemen.

Gegenwartsgesellschaft, Bd. 1, Mitgliedschaftstheoretische Untersuchungen (Fn. 2), Teil II IV, V.

34 Krawietz (2009, 249-71). Zur Kommunikationsstruktur unter der Voraussetzung der globalen Expansion der gesellschaftlichen Kommunikation: Axford (2012 , 31-41), zur Restrukturierung der Gruppen- zur Netzwerkkommunikation: Wellman (2004).

Für die Kopplung zwischen dem politischen System und dem Rechtssystem in der Modernisierung der westlichen Gesellschaften ist daran zu erinnern, dass auf dem westlichen Modernisierungspfad in der Folge der Ablösung des Naturrechts durch die Positivierung des positiven Rechts die *Leistung* des Rechtssystems in der System-System-Beziehung auf die Nachfrage nach neuen Regelungen der Kommunikation in den Teilsystemen ausgelöst wurde. Sie waren in ihrer Implementierung auf die westlichen Gesellschaften, ihre Institutionen und Organisationen begrenzt. Viele Belege sprechen dafür, dass mit der Globalisierung des Wirtschafts- und des Wissenschaftssystems eher eine Lokalisierung des Rechtssystems und gerade keine universelle Rechtsordnung und Rechtsgemeinschaft einhergeht. Sie wäre durch formale Organisationen mit Globalzuständigkeit zu implementieren. Sofern wir davon ausgehen, dass das Recht der ‚Gesellschaft von Gesellschaften' ein sozietales Rechtssystem ist, so wird es ein „System von regionalen Rechtssystemen" mit unterschiedlichen Mitgliedschaftsordnungen sein, die sich in Regionalgesellschaften fragmentieren.

ii. Rechtsordnung der Weltgesellschaft

In der Gegenwartsgesellschaft ist es vor allem die Konfrontation mit nicht westlichen Rechtstraditionen und Zivilisationen, die den westlichen Legalismus in Frage stellt, z.B. die islamische Rechtsordnung. Für die Rechtstheorie sollten wir daraus folgern, dass die Annahme von *a priori* gültigen und vernünftigen Rechtsgrundsätzen und die Annahme eines Naturrechts eine rechtstheoretische Fiktion ist, die wir aufgeben sollten. Im Hinblick auf das Recht der Weltgesellschaft als einer Gesellschaft von Gesellschaften ist deskriptiv von dem Befund auszugehen, dass die sozietal vorliegenden Rechtssysteme und Rechtsordnungen keine allgemeine Rechtsordnung und kein Universalsystem des Rechts sind bzw. sein werden (dazu Krawietz (2004, 579-652). Zwar wird sich durch die Beschleunigung, die Erweiterung und die punktuelle Verdichtung von Kommunikation die Inanspruchnahme des Rechts vermehren; das schließt aber wiederum einen deflationären Rückgang der Inanspruchnahme der rechtlichen Kommunikation nicht aus.[35]

Das globale „System von Rechtssystemen" als ein System von Mitgliedschaftsordnungen bedeutet eine Differenzierung der Rechtsord-

35 Münch (1995). Zu den inflationären Prozessen des Rechts und seiner empirischen Illustrierung, 203-12, zu den Paradoxien des modernen Rechts: der Paradoxie des rechtlichen *Rationalismus*, des rechtlichen *Individualismus*, des rechtlichen *Universalismus* und des *Instrumentalismus* der Rechtsgestaltung: 193-197.

nungen. Anzumerken ist dazu, dass auch innerhalb des westlichen Rechtssystems unterschiedliche Rechtsparadigmen vorliegen, zum Bespiel die Rechtstradition des Common Law in Großbritannien und in den Vereinigten Staaten. Es spricht nicht viel dafür, dass sich die rechtliche Kommunikation in einer Weltrechtsordnung rechtsinhaltlich vereinheitlicht. Vermutlich erfassen wir die erkennbare Situation dann, wenn wir von einer „Glokalisierung der Rechtskommunikation“ ausgehen (Krawietz). Es findet somit eine institutionelle Regelung der rechtlichen Kommunikation bei gleichzeitiger Lokalisierung statt, die gerade nicht im Sinne eines Weltrecht universelle Geltung beanspruchen kann.

Aus der veränderten Ausgangssituation eines globalen „Systems der Rechtsordnungen“ folgt ein anderes *Forschungsprogramm* der Rechtstheorie und Rechtssoziologie, dass von „einer multiplen Modernität der Rechtssysteme“ ausgeht (Krawietz). „Modernität“ sollten wir dabei so fassen, dass sich die gesellschaftliche Kommunikation immer mit sich selbst konfrontiert und selbst irritiert. Das ist an den unterschiedlichen Formen der formellen und informellen Konfliktreglung zu erkennen. Das Forschungsprogramm sollte davon ausgehen, dass die Evolution des modernen Gesellschaftssystems im Hinblick auf das Funktionssystem der rechtlichen Kommunikation und seiner Institutionalisierung keine allgemeingültige und normativ verbindliche Rechtsordnung zu ihrem Ergebnis hatte, das fortlaufend institutionell auf Dauer gestellt wurde und sich fortlaufend durch ein Weltrecht der Weltgesellschaft ausbreitet.[36]

Die Forschungsschwerpunkte der gesellschaftstheoretisch orientierten Rechtssoziologie sind diesbezüglich die Untersuchungen der unterschiedlichen Rechtsordnungen, die sich im Zuge der strukturell unterschiedlichen Modernisierung herausbildeten und die sich im Zuge der Globalisierung der gesellschaftlichen Kommunikation einander begegnen, z.B. in Japan, China, Indien, West- und Osteuropa.[37]

(f) Primäre und sekundäre Systeme des Rechts

i. Rechtsstaat

Der „Multi-Level-Approach“ von Krawietz unterscheidet zwischen *primären* und *sekundären* sozialen Systemen des Rechts, da rechtliche Kommunikation und die Rechtsordnungen des Funktionssystems nicht

36 Krawietz sieht das durchaus in Übereinstimmung mit der Wiener rechtstheoretischen Schule von Kelsen und ihrer Fortführung von Robert Walter. Dazu: Krawietz (2013, 345-364).

37 Zum chinesischen Rechtssystem: Preyer, Krauße 2012, 1-16,

mit der strukturellen Kopplung zwischen dem Rechts- und dem politischen System gleichgesetzt werden dürfen. Der theoretische Anschnitt ist in die allgemeine Analyse der Mitgliedschaftstheorie sozialer Systeme einzuordnen, die zwischen primären- und sekundären Systemen unterscheidet. Die Anwendung der allgemeinen Theorie auf die Rechtstheorie betrifft die soziologische Einstufung des Rechtsstaats und die Funktion der sekundären Rechtssysteme im Hinblick auf die Struktur von Rechtssystemen.

Der Staat (Rechtsstaat) als die moderne Selbstbeschreibung der Organisation des politischen Systems wird als sekundäres Sozialsystem des Rechts (staatlich organisiertes Recht) eingestuft. Die Unterscheidung zwischen primären und sekundären Rechtssystemen war der Rechtstheorie des 19. Jahrhunderts durchaus im Gewohnheitsrecht geläufig, z.B. bei Rudolf von Ihering. Der Rechtstradition des 19. Jahrhunderts war noch das gelebte symbiotische Recht der primären Rechtssysteme vertraut.

Die primären sozialen Systeme des Rechts sind symbiotisch an die System-Umwelt-Differenz ihrer Kommunikationssysteme gekoppelt. Sie sind, um hier einen Begriff von Krawietz einzusetzen, *soziale* Interaktionssysteme. Für sie ist die informelle Streitschlichtung typisch, z.B. durch Schiedsgerichte. Diese Systeme sind durch die für sie typischen Negationen, Optionen und kollektiven Identitäten ihrer Mitglieder bestimmt, für die sie gelten, da sie auf regionale (lokale) Bereiche und Adressatengruppen zu spezifizieren sind. Die primären sozialen Systeme des Rechts beziehen sich auf die Adressaten des Rechts und die sozietale Ordnung der rechtlichen Kommunikation, welche die politische und religiöse Rechtsordnung einschließt.

Die sekundären sozialen Systeme des Rechts sind dagegen durch die Verallgemeinerung von Erwartungserwartungen in der sachlichen, zeitlichen und sozialen Dimension, sowie durch die Technisierung der organisationellen normierten Verfahren zu charakterisieren. Der Prototyp ist dafür der westliche Legalismus und die Trennung von Recht, Moral und Religion. In der deutschen Tradition ist ein exemplarischer Fall die Organisation des Rechtsstaat als eine Kontrolle des politischen Entscheidungshandelns. Die Rede von „Rechtsstaat" sollte dabei in seiner soziologischen Analyse als eine Organisation der strukturellen Kopplung zwischen dem politischen und dem Rechtssystem beschrieben werden.

Gehen wir von der Organisation der Streitschlichtung als einem primärem Rechtsystem aus, so kann sie durch sekundäre Rechtssysteme geregelt sein, z.B. im deutschen Recht.[38] Insofern schützt das sekundäre das primäre Rechtssystem. Das japanische Recht ist insofern lehrreich, da die informelle Streitschlichtung durch die „Alternative Dispute Resolution“ formal rechtlich geregelt ist. Sie wurde als „Promotion Law“ im Jahre 2004 veröffentlicht und trat im Jahre 2007 in Kraft. Aus der Perspektive des Rechtssystems liegt in Japan insofern eine staatlich-rechtliche Regelung der Einräumung der nicht formal gerichtlichen Konfliktregelung vor. Es gibt vermutlich aber keine Gesellschaft, in der man von der schriftlichen Fixierung der Rechtsordnung nicht auf die gesellschaftliche Relevanz seiner Funktion im sozialen Rahmen zurückschließen darf. Sofern man so verfährt, begeht man vom westlichen Standpunkt aus einen Fehlschluss. Das ist ein zentrales Problem der Rechtssoziologie der japanischen Gesellschaft. In der japanischen Gesellschaft ist die nicht-rechtliche Streitschlichtung der Normalfall und der rechtliche Streit der Ausnahmefall.

Der Umstand, dass die Entscheidung informeller Streitschlichtung nicht wiederum vollstreckbar ist, hat keine besondere Relevanz, da sie von den Betroffenen in der Regel akzeptiert wird. Das ist in der Struktur der japanischen Gesellschaft dadurch begründet, da ein Verstoß gegen die Gruppenkonformität das einzelne Mitglied in eine sozial exterritoriale Situation versetzt. Es würde damit in den Exklusionsbereich eintreten.

Die Gruppenkonformität ist in Japan immer partikular. Insofern gibt es eine harte Konkurrenz zwischen den Gruppen. Sie ist im Symbol *Japan* als die kollektive ethnisch gebundene Identität aufgehoben. Die Schließung der gesellschaftlichen Kommunikation von Innen findet auf der Collectivity-Ebene der japanischen Gesamtgesellschaft durch die heilige Ethnie statt. Der Kaiser ist deshalb symbolisch der Verwalter der Harmonie in der gesellschaftlichen Kommunikation. Damit geht einher, dass er nicht in die Kommunikation eingreift und gerade nicht regelnd tätig wird und die Konkurrenz der Gruppen um Prestige rücksichtslos ist. Es liegen somit im japanischen Recht rechtliche Vorgaben der Streitschlichtung vor. Es ist jedoch hervorzuheben, dass die primären Rechtssysteme für die Streitschlichtung dominant sind. Es fällt bei den weitgehenden Umbrüchen in der japanischen Geschichte auf, dass sich immer wieder die traditionale Sozialstruktur durchgesetzt hat. Für die japanische Gesellschaft gilt, dass in ihr alles anders ist.[39]

38 Zu dem Forschungsprogramm der Funktion der nicht-gerichtlichen Streitschlichtung: Pawlow (2013).

39 Ayumo Ende, Kyushu Universität (Japan), mit dem ich mich immer wieder über das japanische Recht austausche, danke ich für die Gespräche zu die-

In der rechts- und gesellschaftstheoretischen Beschreibung und (Re-) Konstruktion dienen die sekundären dem Schutz und der Implementierung der primären sozialen Rechtssysteme. Sie sind durch die für sie typischen Autoritätssysteme zu rekonstruieren. Damit sollte für die Rechtstheorie einhergehen, dass die Gleichsetzung von Verfassungsstaat und Rechtsstaat als verfehlte Selbstidentifikation zurückgenommen wird.[40] Der Staat als Organisation des politischen Systems, aber auch der Rechtsstaat, sind nur ein Organisationssystem unter anderen, mit denen er konkurriert, z.B. die Welthandelsorganisation, die Weltbank, die Organization for Economic-Cooperation and Development und der Internationale Währungsfonds.

ii. Multiple Heterarchie regionaler Mitgliedschaftsordnungen

Insgesamt sind die angesprochenen Punkte ein Beleg dafür, dass in der Weltgesellschaft als einer „Gesellschaft von Gesellschaften" von Mitgliedschaftsordnungen unterschiedliche Modernisierungen vorliegen.[41] Dazu ein Hinweis.

Bei der Rede von der „Gesellschaft von Gesellschaften" darf Gesellschaft nicht als ein „Container" oder als nationalstaatliche Gesellschaft missverstanden werden. Für diese Umorientierung spricht auch empi-

sem Problem. Eine immer noch lesenswerte Darstellung der japanischen Gesellschaft ist Nakane (1985). Das gilt auch dann, wenn ihre Darstellung der japanischen Gesellschaft als einer Gruppengesellschaft von vielen Japanologen als historisch eingestuft wird. Wie man sich dazu immer auch verhält, der Begriff des Individuums ist nicht nur ungeklärt geblieben, sondern die japanischen Soziologen können ihren Begriff von Individuum und Individualität nicht präzisieren. Das gilt auch dann, wenn es von japanischen Autoren gegenüber der Klassifikation der japanischen Gesellschaft als einer Gruppengesellschaft die Stellungnahmen gibt, die behaupten, dass ein einen besonderen Begriff des Individuums in Japan gibt. Der Problembezug ist dabei, dass die Autoren keine profilierte Begriffsstrategie haben, den Problembezug angemessen zu systematisieren. Zum Forschungsstand der hybridisierten japanischen Gesellschaft ProtoSociology 32, 2015:

40 Ein besonderes Problem ist in der deutschen Rechtsgeschichte in der Folge der Interessenjurispudenz und der Etablierung des Wohlfahrtsstaats die Anomalie, dass im deutschen Recht das Privatrecht dem Verfassungsrecht untergeordnet wurde, vgl. dazu z.B. Maultzsch (2012, 1040-1050). Eine andere Fehlentwicklung ist es, die Angemessenheit rechtstheoretisch und rechtspraktisch als Metanorm der Rechtsprechung einzustufen, dazu mit einem rechtsgeschichtlichen Überblick: Rückert (2011, 913-923).

41 Vergleiche dazu die neueren Veröffentlichungen des Projekts „Globalization, Modernization, Multiple Modernities", https://uni-frankfurt.academia.edu/GerhardPreyer/Globalization,-Modernization,-Multiple-Modernities

risch die unterschiedliche Modernisierung, die wir z.B. in Thailand, Indonesien, Indien, Südkorea, Südost- und Ostasien, Südafrika, Russland, Brasilien sowie in Lateinamerika beobachten. Die Ergebnisse der Untersuchung der Modernisierung dieser Regionen legen einen regionalen Gesellschaftsbegriff nahe. Vor allem die sozio-strukturellen Untersuchungen zu Lateinamerika, Russland, Südost- und Ostasien verstärken die Umorientierung zu einer Modifikation des Begriffs der Weltgesellschaft.

Die Analyse der dominanten Strukturen des Weltgesellschaftssystems hat von der durch die Globalisierung des Wirtschafts- und Wissenschaftssystems veränderten Konkurrenzbedingungen der Marktteilnehmer und dem Wettbewerb um die Innovationen im Wissenschaftssystem auszugehen. Die Arbeitsteilung des globalen transnationalen Wirtschaftssystems führt zu keiner Weltgemeinschaft, sondern besteht aus einem Netzwerk von sozialen Systemen, Akteuren und institutionellen Unternehmen. Diese Situation ist aber ihrerseits nicht selbsttragend, sondern sie ist mit den Sozialstrukturen der Regionalgesellschaften vernetzt. Diese Beziehung zwischen den Differenzierungsformen, der Arbeitsteilung und der Vernetzung von Sozialstrukturen begünstigt oder erschwert Modernisierungsprozesse und die Anschlussrationalität an das Wirtschafts- und Wissenschaftssystem. Mittlerweile geht man davon aus, dass die Mittelschichten der nationalen Gesellschaften zunehmend zwischen einer erstarkenden globalen Elite und den neuen Unterschichten immer mehr schrumpfen werden. (Münch 2013, 54) Damit setzt sich eine neue stratifikatorische Differenzierung der Statusposition durch, die soziale Exklusion zunehmend verstärkt.

Innerhalb der Regionalgesellschaften sind unterschiedliche Mitgliedschaftsordnungen als Sozialordnungen zu unterscheiden. Die *patrimoniale* und *patriarchalische* Mitgliedschaftsordnung in der ost- und südasiatischen Region begünstigten z.B. eine wirtschaftliche Modernisierung, da sie die Loyalität gegenüber der traditionalen Ordnung auf das Verhältnis zwischen Regierung und Wähler als auch zwischen Unternehmensleitung und Belegschaft übertragen konnte. Das leitete eine, wenn auch konfliktreiche Inklusion von weiten Teilen der Bevölkerung in das Wirtschaftssystem ein. Im Unterschied dazu sind Regionen, in denen die Mitgliedschaftsordnung von Stämmen das Wirtschaftssystem dominiert, durch einen starken Gruppenpartikularismus der Ethnien geprägt, z.B. das südliche Afrika, Somalia und Afghanistan. Die britische, französische und deutsche Kolonialverwaltung, z.B. in Afrika, beseitigte diese Struktur nicht. Unter dieser Voraussetzung konnten sich keine weitreichenden Loyalitäten der Gesellschaftsmitglieder, keine verallgemeinerte Rechtsordnung und keine marktwirtschaftlichen Institutionen ausbilden. (Münch 2013, 54)

Die beiden Beispiele belegen, dass die Struktur der Weltgesellschaft durch Mitgliedschaftsordnungen und ihre dominanten Statuspositionen unterschiedlicher Reichweite zu charakterisieren ist, deren Modernisierung nicht dem westlichen Entwicklungspfad folgt und die Globalisierung des Wirtschaftssystems nicht einen mit ihm vergleichbaren institutionellen Aufbau der Rechts-, Markt- und politischen Ordnung einleitet. Zu erwähnen ist in diesem Kontext, dass auch in der Großregion, die wir metaphorisch als Westen bezeichnen, unterschiedliche Gesellschaften als Mitgliedschaftsordnungen zu unterscheiden sind, z.B. Großbritannien, Frankreich, Deutschland, Russland und die Vereinigten Staaten von Amerika. Süd- und Mittelamerika sind weitere Gesellschaften, die von der westlichen Region zu unterscheiden sind. Zu dem Problem ist insgesamt anzumerken, dass bei einer Rehabilitierung des Gesellschaftsbegriffs im Bezugsrahmen der „Gesellschaft von Gesellschaften" gegenüber der Weltgesellschaft im Singular alles davon abhängt, was wir unter Gesellschaft verstehen. Die Fassung von Gesellschaft als regionalgesellschaftliche Mitgliedschaftsordnung vermeidet die Vereinseitigungen des Gesellschaftsverständnisses, die uns aus der Geschichte der soziologischen Theorie überliefert sind. Wir konzeptualisieren Gesellschaften einerseits als globale Netzwerke, aber auch bei einem bestimmten Ausmaß der Vergesellschaftung haben global ausgreifende Metropolen und Megastädte den Status von Gesellschaften. Von dem reformulierten Gesellschaftsbegriff ist der Schritt zu den *Multiple Modernities* nicht weit.

Die multiple Heterarchie regionalgesellschaftlicher Mitgliedschaftsordnungen widerspricht jedoch nicht der organisationellen Selbsthierarchisierung der Teilsysteme. Der Punkt ist insofern hervorzuheben, da das Gesellschaftssystem der Weltgesellschaft zwar eine multiple Heterarchie sozialer Systeme ist, das schließt aber die Selbsthierarchisierung sozialer Systeme nicht aus.[42]

42 Zum Hierarchieproblem und der Selbsthierarchisierung des Rechtssystems durch die Asymmetrisierung der Geltung des Rechts und der arbeitsteilig organisierten Entscheidungskompetenzen als einer Ablösung der Systematisierung des Rechtssystems durch einen Stufenbau der Rechtsordnung (Hans Kelsen): Krawietz 1984, 255-271, 1988, 1-16. Das Rechtssystem ist das einzige Funktionssystem, das eine Selbsthierarchisierung aufweist. Für die anderen Funktionssysteme ist das nicht zu belegen. Der diesbezügliche Sonderstatus des Rechtssystems im Unterschied zu den anderen Funktionssystemen ist strukturell durch die innere Schließungsfunktion der Teilsysteme begründet, z.B. verfügen die Zentralbanken im Wirtschaftssystem über

iii. Selbstirritation

Hierarchisierung ist eine Asymmetrisierung der Kommunikation in der Zeitdimension durch die Autoritäts- und Statusordnung, die ihrerseits auf die Systemdifferenzierung, die Organisationsbildung der Teilsysteme und ihre Interaktionssysteme sowie die den Systemen entsprechenden Mitgliedschaftsbedingungen zu spezifizieren ist. Sie implementiert eine Entscheidungssouveränität. Wenn wir davon ausgehen, dass soziale Systeme zeitdominiert sind, so haben sie, um Strukturen auszubilden und Erwartungserwartungen zu projizieren, Zeit zu binden. Die zeitlichen Ereignisse sind in ihrem Ablauf irreversibel durch die Unterscheidung zwischen früher und später geordnet. Im Unterschied dazu sind Strukturen reversibel. Dabei ist im Blick zu behalten, dass die Adressaten asymmetrischer Kommunikation immer die Mitglieder sozialer Systeme und nicht Individuen sind. Individuen können nicht kommunizieren. Sie können nur als markierte Instanzen Kommunikationsteilnehmer sein.

Es ist zu erwähnen, dass durch die Selbsthierarchisierung die Interdependenzen z.B. im Rechtssystem ihrerseits rechtlich gebunden, d.h. geschlossen werden. Die Bindung als eine irreversible Regelung der Kommunikation etabliert eine Zeitbindung in der rechtlichen Kommunikation, die durch Bestimmungen (in der Form der Anordnung als bedingte Befehle, konditionale Programme) die Kompetenz- und Rechtsnormen in eine Rangordnung überführen. Dadurch implementiert das Rechtssystem seine selbstreferenzielle Autoritätsordnung der rechtlichen Kommunikation durch Interpenetrationen, die Kommunikationen durch normierte Erwartungserwartungen asymmetrisieren. Über sie kann es ihrerseits wiederum nur in der Form des Rechts disponieren und nicht durch die Programmierung anderer Systemcodes, z.B. durch die Bewältigung von Knappheit im Wirtschaftssystem. Zur Strukturbildung von Funktionssystemen gehören aber ihrerseits auch die Medientransformationen, z.B. kann sich das Rechtssystem, aber auch das politische System, nur dann funktionsadäquat differenzieren, wenn es sein Personal nicht naturalwirtschaftlich entlohnt. Die Mitgliedschaftssoziologie funktionaler Differenzierung betrifft somit die Respezifikation der Teilnahmebedingungen an funktionsspezifischen Kommunikationssystemen durch die Transformation der Kommunikationsmedien. Dadurch sind sie strukturdeterminiert.

keine Selbsthierarchisierung, da sie den Code des Wirtschaftssystems nicht strukturell binden.

Die Selbsthierarchisierung ist aber weder die Integration der sozialen Systeme noch eine die sozialen Systeme der Weltgesellschaft übergreifende Ordnungsbildung. Als eine Struktur mit einer entsprechenden Organisation liegt sie nur im Rechtssystem vor, da sie eine Letztentscheidung auf Zeit bindet. Vielleicht könnte man das theoretisch so fassen, dass die Selbsthierarchisierung des Rechtssystems die sozialen Systeme mit *Negationen* versorgt, die in der gesellschaftlichen Kommunikation der Beobachtungen ausgesetzt werden. Hier stoßen wir wieder auf das Problem des Zusammenhangs von Selbstirritation und sozialer Ordnungsbildung. Beides lässt sich nicht trennen.

Von dort aus kann der soziologischen Konflikttheorie und Rechtssoziologie eine neue Ausrichtung gegeben werden. Für die Rechtssoziologie könnte man von einer Differenzordnung des Rechts sprechen, die sich zwangsläufig immer mehr einstellen wird. Das ist gerade dadurch begründet, dass es Gesellschaft ohne Recht nicht geben kann und es autoritativ durch Entscheidung durchzusetzen ist. Diesbezüglich ist es nicht als ein voluntatives Zweckprogramm zu interpretieren, obwohl es solche Ritualisierungen und Selbstbeschreibungen gibt, z.B. die Rede vom Willen des Volkes und des Gesetzgebers. Es kann als Zweckprogramm nicht operationalisiert werden und funktionsadäquat sein, da man nach diesem Programm nicht entscheiden kann.

iv. Korrektur

Die gegenwärtige Forschung und soziologische Theoriebildung legt es nahe, dass der Begriff der Weltgesellschaft nicht mehr vorrangig als Ort erreichbarer Kommunikation zu charakterisieren ist. Wenn wir davon ausgehen, dass die Differenzierungsformen zur dominanten Struktur der Weltgesellschaft gehören, so reproduzieren sie sich aber nur durch die Differenzierung von Mitgliedschaftsordnungen und die Interpenetration von Funktions-, Interaktions- und Organisationssystemen innerhalb der regionalgesellschaftlichen Differenzierungen. In ihren Kommunikationssystemen reproduziert sich immer auch die sozietale Verwiesenheit auf die gesellschaftliche Unbestimmtheit der Kommunikation. Insofern kann es kein Ende und keinen Endzustand der gesellschaftlichen Kommunikation geben, sie kann nur aufhören fortzufahren. Das ist den Bewusstseinsoperationen vergleichbar, mit denen Kommunikation gekoppelt ist, da das Bewusstsein sein eigenes Ende nicht denken kann, sondern es kann nur aufhören, seine Operationen fortzusetzen. Der Vorgang der Verwiesenheit von Kommunikation auf die gesellschaftliche Unbestimmtheit leitet kein Verschwinden der Regionen ein, sondern die Zukunftsoffenheit gesellschaftlicher Kommunikation begünstigt die

Entstehung globaler Eliten und eine Differenzierung von Regionen, die von den nationalgesellschaftlichen Organisationen des politischen Systems zu unterscheiden sind. In diesem Zuge tritt durch die Globalisierung bzw. Transnationalisierung des Wirtschaftssystems und des Umbaus des Interventions-/Sozialstaats zum Wettbewerbsstaat eine „Schrumpfung der Mittelschicht", eine „Fragmentierung" des Exklusionsbereichs und eine Bindung der weltgesellschaftlichen Kommunikation in Mitgliedschaftsordnungen ein. An ihnen könne wir die multiple Modernisierung der Weltgesellschaft ablesen.

Zusammenfassend ist festzuhalten: Aus der theoretischen Umstellung der Gesellschaftstheorie von der Weltgesellschaft (im Singular) zur *Weltgesellschaft als einer Gesellschaft von Gesellschaften und ihren Mitgliedschaftsordnungen* folgt das Forschungsprogramm der Analyse der dominanten Strukturen der Weltgesellschaft als eine „Gesellschaft von Gesellschaften" von *diversen Mitgliedschaftsordnungen* und *Modernisierungen*. Für die Weltgesellschaft gilt, wenn es überhaupt angebracht ist, im Anschluss an Luhmann von der Ganzes-Teil-Unterscheidung aus zu argumentieren, dass „das Ganze weniger ist als die Summe seiner Teile" bzw. „Die Summe der Teile mehr als das Ganze" (Gotthard Günther). Die Ontologie der Ganzes-Teil Semantik ist ein Rätsel geblieben, diesbezüglich ist Luhmann zuzustimmen.

4. Die Mitgliedschaftskonstitution von sozialen Systemen

(a) Selbstkonstitution von Mitgliedschaftssystemen

i. Zur Fragestellung

Es gehört in der Regel zur soziologischen Normalwissenschaft, dass Soziologen mehr oder weniger in einer Volkssoziologie professionalisiert werden. Das betrifft eine bestimmte Selektion des soziologischen Gegenstandsbereichs, der sich auf ein volkssoziologisches Vorverständnis stützt. Es besagt, dass die Gesellschaft aus handelnden Menschen, Traditionen und von ihnen gestifteten und tradierten Institutionen besteht. Für eine Volkssoziologie ist eine naive handlungstheoretisch orientierte Soziologie und der Institutionalismus typisch. Diese Ansätze sind immer wieder vorgetragen und ausprobiert worden, sie können aber als gescheitert gelten.[43]

43 Zu erwähnen ist in diesem Zusammenhang, dass der Neue Institutionalismus keine neuen Einsichten befördert hat, die z.B. über die Systemtheorie von Parsons hinausgehen.

Demgegenüber geht die Kerntheorie einer Protosoziologie davon aus: Soziale Systeme bestehen nicht aus Menschen, sondern aus Mitgliedschaften (Mitgliedschaft durch soziale Statusposition und Rollen). Die Systembildung hat ein klar geschnittenes Bezugsproblem, das der Absorption von Unsicherheit und dadurch die Ausschaltung von Kontingenz.[44] Die Mitgliedschaftsbedingungen, ihre Programmierung (Operationalisierung) und Respezifikation sind die fundierenden Grenzbeziehungen von sozialen Systemen. Diese Grenzen sind keine räumlichen Grenzen, sondern die Operationen von sozialen Systemen. Sofern die Situation eintritt, dass soziale Systeme aufhören zu operieren, so bestehen sie nicht mehr. Das schließt nicht aus, dass Grenzen auch raum-zeitlich fixiert und symbolisiert werden. Damit ist aber bereits eine Folge der Operationsweise von sozialen Systemen angesprochen. Die Mitgliedschaft und die Entscheidung über Mitgliedschaft als grundlegende Operation schließt es auch nicht aus, dass in einem globalen Weltsystem, geostrategische Relevanzen in den Teilsystemen von Bedeutung sind. Die Mitgliedschaftsbedingungen sozialer Systeme sind die Leitdifferenzen der Selbstkonstitution sozialer Systeme. Damit ist gemeint, dass sie ihre Bestandteile nicht aus ihrer Umwelt entnehmen, sondern sie selbst herstellen. In diesem Sinne sind sie autonom. Insofern macht es Sinn davon zu sprechen, dass sie sich immer selbst voraussetzen. Ohne solche Bedingungen gibt es nichts Soziales. Soziales ist durch Mitgliedschaft definiert. Es mag uns kränken und unseren Narzissmus herausfordern, aber Mitglieder von sozialen Systemen waren wir noch nie bloß als Menschen. Als Menschen haben wir unser Leben nach Mitgliedschaften einzurichten. Damit begründet Mitgliedschaft als Letztelement den eigenständigen Gegenstandbereich der Soziologie.

Das Kapitel skizziert die mitgliedschaftstheoretische Grundlegung der allgemeinen Theorie sozialer Systeme. Er umreißt den harten Kern einer solchen Zugangsweise. Sie besagt, dass die Mitgliedschaft und die Entscheidung über Mitgliedschaft als Leitdifferenz sozialer Systeme und die Funktion von Mitgliedschaft (Mitgliedschaftscode als Immunsystem sozialer Systeme) einzustufen ist. Daran schließt sich das Problem der Identifikation von Systemgrenzen durch ihre Mitglieder an. Das betrifft die Programmierung (Operationalisierung) des Mitgliedschaftscodes als die Kontingenzformel sozialer Systeme und die Zeitdimension als basale Beschränkung ihrer Reproduktion. Damit soll begründet

44 Der Begriff der Unsicherheitsabsorbtion geht auf die Organisationstheorie von March, Simon (1958) zurück. Luhmann hat dieses damit angesprochene Problem in seine kommunikationstheoretische Version der Theorie sozialer Systeme eingearbeitet.

werden, dass eine Soziologie der Mitgliedschaft eine Erklärung für die Autonomie (Selbstkonstitution) sozialer Systeme geben kann. Es betrifft dies aber auch eine Reinterpretation der Funktion von sozialen Normen im Bezugsrahmen einer Theorie sozialer Systeme.

ii. Mitgliedschaftsbedingungen

Die sozialen Systeme sind in ihrer Operations- bzw. Verfahrensart von ihren Mitgliedschaftsbedingungen und der Entscheidung über Mitgliedschaft selbstbestimmt. Das betrifft auch ihre Strukturbildung. Jede ihrer Operationen in der Zeit setzt ihre Anschlussfähigkeit voraus. Damit verändern oder bestätigen sie ihre Teilnahmebedingungen resp. die in ihnen vorliegenden grundsätzlichen Beschränkungen. Im Hinblick auf die Mitgliedschaftsbedingungen sind die Operationen die Entscheidungen über Mitgliedschaft somit einmalige zeitliche Ereignisse, die aber als Ereignistyp wiederholbar sind. In der Systemtheorie wird mittlerweile hervorgehoben, dass soziale Systeme und ihre systemtypischen Operationen künstliche Gebilde sind. Daran erkennen wir ihre Leistungsfähigkeit, aber auch ihre Gefährdetheit. Durch die Entscheidung über Mitgliedschaft gewinnen soziale Systeme Steigerungs- und Selektionsleistungen bei der Lösung von kooperativen Aufgabenstellungen.

In drei Schritten ist die mitgliedschaftstheoretische Grundlegung einer allgemeinen Theorie sozialer System zu umreißen. Dabei ist der Rückgriff auf Teile der Theorie sozialer Systeme Luhmanns hilfreich. Sie sind einer Reinterpretation als einer Soziologie der Mitgliedschaft zugänglich. Zu dem harten Kern einer solchen Zugangsweise gehören die Mitgliedschaft und die Entscheidung über Mitgliedschaft als Leitdifferenz sozialer Systeme und die Funktion von Mitgliedschaft (Mitgliedschaftscode als Immunsystem sozialer Systeme). Daran schließe ich das Problem der Identifikation von Systemgrenzen durch ihre Mitglieder an. Angesprochen ist damit die Programmierung (Operationalisierung) des Mitgliedschaftscodes als die Kontingenzformel sozialer Systeme, die Zeitdimension als basale Beschränkung ihrer Reproduktion und die Stelle, an der in der Theorie sozialer Systeme soziale Normen zu untersuchen sind. Die drei Punkte „Mitgliedschaft als Leitdifferenz", „Mitgliedschaft als Immunsystem sozialer Systeme" und „die Identifikation der Systemgrenzen" betreffen den harten Kern einer allgemeinen Theorie der mitgliedschaftsbestimmten sozialen Systeme.

Die allgemein Theorie der sozialen Systeme ist von den Problemebenen der funktionalen Analyse der *Gesellschaft* (das Gesellschaftssystem und seine Differenzierung), *Organisation* und *Interaktion unter Anwesenden* zu unterscheiden, da die Problemebenen nicht mit der

System-Umwelt Differenz gleichgesetzt werden dürfen. Die Differenzierung von Teilsystemen und ihre Mitgliedschaftsbedingungen, die Mitgliedschaftsbeschränkungen von formalen Organisationen und die einfachen Interaktionen ereignen sich in der Gesellschaft. Sie ist aber keine Umwelt von Teilsystemen, den Organisations- und Interaktionssystemen. Insofern handelt es sich bei dem Gesellschaftssystem als das umfassende Sozialsystem um einen Grenzbegriff. Die Gesellschaft und die gesellschaftliche Kommunikation sind aber, folgen wir diesem Ansatz, nicht mehr mit Geselligkeit gleichgesetzt, vgl. zur Problemstufenordnung einer Soziologie der Mitgliedschaft/-sbedingung (Preyer 2018a, b). Die Soziologie der Mitgliedschaftsbedingungen ist mit der sozialen Evolutionstheorie dahingehend abstimmbar, dass sie den Aufbau und die Struktur des Gesellschaftssystems und seine Evolution auf die Variation des Mitgliedschaftscodes und die Differenzierung von Mitgliedschaftsmedien abstellt.

(b) Mitgliedschaft als Leitdifferenz

i. Bezugsrahmen

Was spricht gegen eine handlungstheoretische Grundlegung der Theorie sozialer Systeme? Handlungen, auch Unterlassungen und Vorbeugungen, sind einem Interpreten, der sie beobachtet, beschreibt und erklärt, zuzuschreiben. Im weitesten Sinne schreiben wir dabei auch immer eine Verantwortung zu, auch dann, wenn wir die Handlung entschuldigen oder Nachsichten unterschiedlicher Art üben. Die Zurechnung von Handlungen durch einen Interpreten ist davon abhängig, dass in sozialen Systemen die Unterscheidung von Mitglied/Nicht-Mitglied vorgenommen und angewendet wird. Das ist dadurch begründet, da z.B. die Zurechnung einer Handlung, eines Misserfolges oder eines Verstoßes durch einen Interpreten von einem *sozialen Rahmen der Bezugnahme* abhängig ist. Es betrifft dies kommunikations- und handlungskonstituierende Grundsätze, die bei der Handlungszuschreibung angewandt werden, z.B. bezieht sich bei der Zuschreibung eines Verstoßes gegen die Straßenverkehrsordnung ein Interpret auf einen vorausgesetzten sozialen Bereich und seine Regelungen, der das Überqueren der Straße in einer bestimmten Situation als einen Verstoß zuschreibt.

ii. Zuschreibung

Die Zuschreibung von Handlungen betrifft die Reproduktion von sozialen Systemen, die sich als Ereignisse zu reproduzieren haben. Dieses Ereignis ist im Rahmen der allgemeinen Theorie der sozialen Systeme als die Entscheidung über Mitgliedschaft einzustufen. In sozialen Systemen können dann auch nichtsoziale Handlungen einbezogen werden. Das heißt, der Zugriff auf die Motivationen bedarf einer Instanziierung, die personalisierbar und auf bestimmte soziale Systeme beziehbar ist. Systeme sind der Bezugsrahmen von Zuschreibung. Man kann davon ausgehen, dass die Zuschreibungsunterscheidungen für alle Kommunikationen vorauszusetzen sind, die dann im Fortgang der Kommunikationsgeschichte nicht mehr in Frage gestellt, sondern angewandt werden. Handlungen können nicht die Letztelemente sozialer Systeme sein, da sie in sozialen Systemen nach Maßgabe von Mitgliedschaft zugeschrieben werden. Die Handlungszuschreibungen sind eine Konstruktion sozialer Systeme, da ihre Zuschreibung auf einer Unterscheidung beruht, die wir nicht in der Umwelt sozialer Systeme vorfinden. Die Zuschreibung ist deshalb binär codiert, z.B. als verantwortlich-nichtverantwortlich, zuständig-nichtzuständig und erwartet-nichterwartet. In diesem Sinne ist davon auszugehen, dass die naturalistische Attributionstheorie von Handlungen und Kommunikationen zu modifizieren ist. Luhmann kann man zustimmen, dass man Zweifel daran haben kann, ob die Handlungstheorie von Weber bis Parsons den Zusammenhang von Handlung und Sozialität angemessen und fruchtbar genug erfasste. Wir können aber durchaus von sozialen Systemen als (faktischen) Handlungssystemen sprechen, da in sozialen Systemen die Unterscheidung von Mitglied/Nichtmitglied und ihre Personalisierung als auch die Bedingungen der Zuschreibung von Handlung(-en) als ihre *eigene* Operationsweise festgelegt wird. Dadurch sind erst Handlungen als etwas, das getan und beabsichtigt wurde, bestimmbar. Deshalb sollte die allgemeine Theorie sozialer Systeme davon ausgehen, dass soziale Systeme eine fortlaufende Unterscheidung zwischen Selbst- und Fremdreferenz vorzunehmen haben, ohne die keine Zuschreibungen vorgenommen werden können. Das unterscheidet sie von organischen Systemen und von Bewusstseinssystemen.

iii. Geschlossene Systeme

Die sozialen Systeme sind durch eine grundlegende Asymmetrie, die Unterscheidung zwischen Mitglied und Nicht-Mitglied, bestimmt, über die sie fortlaufend zu entscheiden haben. Sie dient zugleich ihrer Informationsverarbeitung. Dieses Strukturproblem von sozialen Systemen wird durch ihr Gedächtnis kompensiert, das sich an dieser Stelle ausbildet. Dieses Gedächtnis funktioniert nur dann, wenn es vergessen kann.

In dieser Hinsicht können wir davon ausgehen, dass soziale Systeme geschlossene Systeme sind, d.h., Elemente und Strukturen kann es in einem sozialen System nur geben, solange der Erhalt seines Mitgliedschaftscodes gewährleistet ist. Ohne diese Entscheidung können sich soziale Systeme nicht in der Zeit erhalten. Sie hören einfach auf zu bestehen, sofern nicht über Mitgliedschaft entschieden wird. Insofern ist von der Annahme auszugehen, dass sich soziale Systeme auf der Basis von Unterscheidungen in der Innen-Außen Differenzierung, die sie selbst vornehmen, reproduzieren. Die Schließung des Systems vollzieht sich fortlaufend auf der Ebene des Entscheidungshandelns und der Kommunikation von Entscheidungen, d.h. der Feststellung und der Respezifikation Mitglied/Nicht-Mitglied. Das ist die Erklärung dafür, dass sich soziale Systeme in einen „*Zustand selbsterzeugter Unbestimmtheit versetzen*". Gehen wir davon aus, dass soziale Systeme ihre Letztelemente als Ereignisse zu reproduzieren haben, so sind diese Ereignisse die Entscheidungen über Mitgliedschaft. Diese Entscheidung erfassen wir nur mit einem besonderen Entscheidungsbegriff, da sie nicht auf Einzelpersonen und ihre rationale Wahl aus einer (transitiven) Ordnung von Präferenzen als Letztinstanzen zurückführbar ist. Die Entscheidungen über Mitgliedschaft ist auf die Zeitdimension bezogen. Das ist dadurch begründet, dass diese Entscheidung zu einer Interdependenzunterbrechung führt und wir gleichzeitig nur für eine bestimmte Zeit Mitglied in einem sozialen System sind. Diese Interdependenzunterbrechung ist für einen Interpreten der Bezugsrahmen, Entscheidungen über Mitgliedschaft als Kommunikation zu beschreiben. Die Asymmetrie zwischen System und Umwelt – Interdependenzunterbrechung – wird erst dann beobachtbar und feststellbar, wenn in sozialen Systemen über Mitgliedschaft entschieden wird.

Jede Mitgliedschaft ist, um entscheidbar zu sein, dual codiert. Soziale Systeme bestehen nur dann, wenn sie ihre Mitgliedschaftsbedingung codieren und sich dadurch von ihrer Umwelt abgrenzen. Dadurch stellt sich, um es so auszudrücken, wie von selbst ein Entscheidungssystem ein. Mitgliedschaft betrifft eine Unterscheidung, die eine Nichtübereinstimmung von Mitglied und/oder Nicht-Mitglied sein in der Zeit bedeutet. Mitgliedschaft ist somit als eine Entscheidung zu bestimmen, unabhängig davon, wem diese Entscheidung zugeschrieben und wer davon betroffen ist. Sie hat als Erfüllungsbedingungen Selektionen aus Populationen, die wir in der alteuropäischen Tradition als Menschen bezeichnet haben, die ihrerseits Umwelten sozialer Systeme sind. Dabei kann man sich, um so zu reden, als Mensch in der Umwelt sozialer Systeme ganz gut einrichten.

Die sozialen Systeme und die gesellschaftliche Kommunikation sind aber nicht als ein Bild vom Menschen zu verstehen und zu beschreiben.

Das wurde immer wieder von Soziologen und Philosophen fehlinterpretiert, deshalb ist es erwähnenswert, dass damit nicht behauptet wird, dass Menschen als physio-psychische Systeme und Bewusstseinssysteme keine notwendige Voraussetzung der Emergenz (Co-Evolution) von sozialen Systemen sind.

iv. Mitgliedschaftsentscheidung

Die Entscheidung über Mitgliedschaft prozessualisiert strukturelle Unbestimmtheit, da in der Zeitdimension nicht feststeht *wer wie lange* Mitglied in sozialen Systemen ist. Mitgliedschaft ist immer kontingent gesetzt und bedarf einer Entscheidung. Wir erkennen daran, dass der Mitgliedschaftscode als die Kontingenzformel sozialer Systeme einzustufen ist. Durch die Entscheidung über Mitgliedschaft sind soziale Systeme selbstkonstituiert. Sie ist ihre Leitdifferenz, durch die sie sich von einer Umwelt, die sie nicht operativ erreichen können, unterscheiden, indem eine Interdependenzunterbrechung (Ausdifferenzierung) herbeigeführt wird. Soziale Systeme können nur diese Entscheidung prozessualisieren, um durch ihre eigene Operation (Einheit) den Unterschied (Nichtübereinstimmung von Mitglied und Nicht-Mitglied) zu aktualisieren. Gleichzeitig erhalten soziale Systeme dadurch Stabilität. Oder anders ausgedrückt, die sozialen Systeme reproduzieren fortlaufend die Unterscheidung über Mitglied und Nichtmitglied als auch die Feststellung und Respezifikation der Entscheidung über Mitgliedschaft. Die Rede von Reproduktion ist hier wörtlich als eine Produktion aus Produkten zu verstehen. Insofern ist die gesellschaftliche Differenzierung an den Mitgliedschaftsbedingungen festzumachen, die strukturbildend wirken. Das erklärt auch, dass soziale Systeme nur als selbst beobachtende und selbst beschreibende Systeme zustande kommen können, da die Entscheidung über Mitgliedschaft fortlaufend von den Mitgliedern zu beobachten und zu erkennen ist. Die Prozessualisierung der Leitdifferenz ist unabhängig davon, auf welche Ressourcen sich soziale Systeme zu ihrer Reproduktion zu stützen haben.

Es muss aber noch auf einen anderen Gesichtspunkt aufmerksam gemacht werden. Die Entscheidung kann im Alltag der sozialen Systeme latent bleiben und als manifeste Entscheidung die Funktion der Selbstirritation sozialer Systeme übernehmen. Insofern ist die fortlaufende Entscheidung über Mitgliedschaft der Ausnahmezustand sozialer Systeme, in dem soziale Systeme als ihr eigener Souverän auftreten. Carl Schmitts Souveränitätslehre ließe sich mitgliedschaftstheoretisch dahingehend variieren, indem man sie derart reinterpretiert „Souverän ist, wer über Mitgliedschaft entscheidet“. Wobei es sich dabei nicht um eine individuelle Entscheidung handelt, sondern um die eines Entscheidungssystems, das sich autokatalytisch mit der Co-Evolution von sozialen Systemen ergeben hat. Die Entscheidung ist für die Mitglieder die Information darüber, dass die Selbsterhaltung (Selbstkonstitution sozialer Systeme, ihre Selbstanpassung), somit die Einheit von sozialen Systemen, über begrenzte Negationspotenziale herbeigeführt wird: Die Entscheidung über Mitgliedschaft etabliert und stellt Selektionsmöglichkeiten bereit. Das erklärt auch, dass soziale Systeme ihre Selbstanpassung durch interne Differenzierung herbeiführen, z.B. durch die Qualifizierung von Mitgliedschaftsrollen.

v. Morphogenese

Die Annahme, dass die gesellschaftliche Differenzierung durch eine Morphogenese von Mitgliedschaftsbedingungen zu erfassen ist, begründet, dass die Letztelemente von sozialen Systemen keine Kommunikationen und ihre Zurechnungen, aber auch keine sozialen Normen oder ein Basiskonsens sind. Damit wird nicht behauptet, dass soziale Normen als Einschränkung von Erwartungen in sozialen Systemen keine Rolle spielen und Soziales ohne solche Erwartungserwartungen möglich wäre. Die Wege scheinen sich in der Soziologie an der Stelle zu trennen, wo nach der Funktion von Normen gefragt wird. Die sozialen Normen sind, das ist unter Soziologen eigentlich nicht so kontrovers, Projektionen von Erwartungen, die als Erwartungserwartungen eine Stabilität der Kommunikationssysteme herbeiführen. Im Fortgang gehe ich noch darauf ein, dass die Stabilität dieser projektiven Erwartungen durch Mitgliedschaftsmedien gewährleistet wird. Sie kennzeichnen soziale Grenzen und Zugehörigkeiten, die dadurch für die Mitglieder erkennbar und erlebbar sind. Die Theorie sozialer Systeme wird unser soziologisches, vielleicht auch unser moralisches Verständnis von sozialen Normen dahingehend ändern, dass wir sie nicht mehr vor dem Hintergrund eines moralischen oder auch ethischen Grundeinverständnisses beschreiben. (Luhmann 1984, 319, 318-325)[45] Die Tatsache, dass ein solches Einverständnis im politischen System, z.B. in den deutschen Medien, immer wieder beschworen wird, sei es in dem Ruf nach Werten oder nach Gerechtigkeit, besagt eigentlich nicht viel und sollte nicht wörtlich genommen werden. Anzumerken ist in diesem Zusammenhang, dass eine Theorie sozialer Systeme im Wissenschaftssystem konstruiert wird und sie nicht beansprucht, ihre Einsichten in die anderen

45 Zur Analyse von moralischer Achtung als Medium gesellschaftlichen Kommunikation vgl. auch Münch 1995, 214-39).

sozialen Systeme einzuführen. Eine Soziologie der Mitgliedschaftsbedingungen kann aber an den volkssoziologischen Selbst- und Fremdzuschreibungen des Alltags anknüpfen, z.B. *ich* im Unterschied zu *du/er*, *wir* im Unterschied zu *sie/ihr*. Insofern besteht zwischen ihr und den Alltagserfahrungen kein Konflikt. Über sie haben wir zu verfügen, soll Soziologie überhaupt betrieben werden. Die angesprochenen Zuschreibungen sind die Inputs, mit denen wir die Grenzverläufe von sozialen Systemen beschreiben.

Erwähnen möchte ich in diesem Zusammenhang, dass es nicht darum geht, die Volkssoziologie zu reformieren. Sie ist aber für ein theoretisches Verständnis von Sozialem nichts Letztes. Sie hat sich vor allem für die Gesellschaftstheorie als blockierend ausgewirkt. Das erkennen wir dann, wenn wir von der Zuschreibung erster zur Zuschreibung zweiter Stufe übergehen, somit auf die Ebene der Entscheidung der „Entscheidung" über Mitgliedschaft. Wenn wir diese Entscheidung auf der dritten Stufe beschreiben, so führt uns dies, die Entscheidung über Mitgliedschaft auf den beiden ersten Stufen voraussetzend, zu einem erweiterten Gegenstandsbereich des Sozialen, da wir auf dieser Stufe die evolutionären Restabilisierungen der Selektionen der Entscheidung über Mitgliedschaft analysieren können. Das kann in diesem Zusammenhang nicht weiter erkenntnistheoretisch und ontologisch vertieft werden.

Die Soziologie der Mitgliedschaft hat als Nebengewinn auch ein anderes Verständnis der Moral. Unter Moral sind die Bedingungen zu verstehen, die in sozialen Systemen Achtung und Missachtung festlegen. Erst unter der Voraussetzung von funktionaler Differenzierung wird Mitgliedschaft strukturell variabel und kontingent gesetzt. Die strukturelle Determinierung von Mitgliedschaft erfolgt dann über die Teilsysteme. Die Entscheidung über Mitgliedschaft ist aber auch indeterminiert, da die Mitgliedschaft in der Zeit in einem sozialen System unentschieden ist. Die verallgemeinerte Zustimmung zu einer bestimmten Handlung und Kommunikation sowie ihre Wertschätzung wird deshalb befürwortet oder abgelehnt, da sie bestimmte Erwartungen erfüllt, die eine Fortführung von Kommunikation begünstigt. Die Grenzen mögen dabei nicht sehr bestimmt festgelegt sein. Es kommen bei solchen Bewertungen auch immer Nichtübereinstimmungen auf, da oft unterschiedliche Gesichtspunkte für die Zuschreibung zu berücksichtigen sind, sei es der Standpunkt des Beobachters, des zu berücksichtigenden Hintergrunds, der z.B. unterschiedlichen Bewertungen und Toleranzen. Achtung wird durch Mitgliedschaft von selbst hervorgebracht und unter Mitgliedern von sozialen Systemen gewährt oder entzogen. Das trifft für alle sozialen Systeme zu. Man könnte auch von einem Achtungszwang sprechen, da man zwar unterschiedliche Einstellungen zu Mitgliedern des jeweiligen sozialen Systems haben kann, aber es schwer ist, grundsätzlich „gegen einen von uns" zu sein, ohne sich selbst in Frage zu stellen. Die Zuschreibung von Achtung bedarf ihrerseits einer Instanz derart, dass sie von den Mitgliedern von sozialen Systemen identifiziert werden kann. Die Wertschätzungen für ein bestimmtes Verhalten, eine Leistung oder ein Engagement ist ein Beitrag zur Erhaltung der Funktion von sozialen Systemen, der Mitgliedern zugeschrieben wird. Mitgliedschaft ist somit die Instanz, der wir Billigung und auch Missbilligungen zuschreiben. Mitglieder können sich in ihren Positionen im Systemgeschehen verorten und dadurch für andere Mitglieder, auch von anderen sozialen Systemen aus, Orientierungen bereitstellen, auf die sie wiederum ihre Handlungen einstellen. Die Instanz der Mitgliedschaft informiert uns darüber, wer welche Position einnimmt und strukturiert dadurch Erwartung und Kommunikation. Die Personalisierungen, die wir dabei beobachten, sind die Rituale für die Zuschreibung, die einen Zugriff auf die Motive der Mitglieder erlauben. Erst diese Instanz erlaubt den kommunikativen Ausschluss aber auch Lob und Anerkennung. Der Mechanismus der Zuerteilung besteht gerade darin, dass die Person als Ganze davon betroffen ist. Das erklärt sich aus der Personalisierung, da bei der Zuerteilung von Achtung und Missachtung die Differenz zwischen Person und Mitglied unsichtbar gemacht wird, wir würdigen z.B. eine bestimmte Person für ihre berufliche Leistung bei einer Pensionierung und nicht weniger das Mitglied des Unternehmens.

(c) Mitgliedschaft als Immunsystem sozialer Systeme

i. Mitgliedschaftscode als Immunsystem

Die Mitgliedschaftsselektion als Leitdifferenz der System-Umwelt-Differenzierung bedeutet, dass sich soziale Systeme durch die Entscheidung über Mitgliedschaft schließen. Dadurch legen sie Strukturen fest, wie z.B. die des Verwandtschaftssystems, der sozialen Schichtung oder der differenzierten Funktionssysteme.

Worin besteht die Funktion von Mitgliedschaftsbedingungen resp. der Entscheidung über Mitgliedschaft für die Stabilisierung von sozialen Systemen?

Dabei handelt es sich um eine Entscheidung, die auch negativ ausfallen kann. Die Mitgliedschaftsbedingung ist immer dual codiert. Die Frage hat eine besondere Relevanz, da nichts dagegen spricht, die funktionale Analyse auf die Umwelt von sozialen Systemen zu beziehen.

Funktionale Analyse heißt abstrakte Problembezüge herauszufinden, mit denen wir ihrerseits Vergleiche von Funktionen vornehmen können. Die Funktion von Mitgliedschaft betrifft somit die Differenzierung des sozialen Systems von seiner Umwelt und zugleich die Aufrechterhaltung dieser Differenz, die es in seinem eigenen Bereich durch weitere Differenzierungen wiederholen kann.

Luhmann hat, um die Selbstreproduktion autopoietischer sozialer Systeme zu erklären, den Begriff des Immunsystems eingeführt. (Luhmann 1984, 503-509) Damit ist gemeint: „Das System immunisiert sich *nicht gegen das Nein,* sondern *mit Hilfe des Nein*; es schützt sich *nicht gegen Änderungen*, sondern *mit Hilfe von Änderungen* gegen Erstarrung in eingefahrenen, aber nicht mehr umweltadäquaten Verhaltensmustern. Das Immunsystem schützt nicht die Struktur, es schützt die Autopoiesis, die geschlossene Selbstreproduktion des Systems. Oder um es mit einer alten Unterscheidung zu sagen: es schützt sich durch Negation vor Annihilation.“ (Luhmann 1984, 507)

Aus dieser Sicht fungiert der Mitgliedschaftscode als Immunsystem des Gesellschaftssystems als das umfassende Sozialsystem. Eine Immunologie sozialer Systeme (immunologische Logik) ist noch nicht ausgearbeitet. Die Hinweise, die Luhmann gegeben hat, dienen mir zur Problemorientierung. Aus seiner Sicht ist das Rechtssystem das Immunsystem des Gesellschaftssystems, obwohl das Recht nicht ausschließlich durch diese Funktion zu beschreiben ist. (Luhmann 1984, 509)

Was spricht dafür, den Mitgliedschaftscode als Immunsystem des Gesellschaftssystems zu behandeln?

Der Widerspruch übernimmt für das soziale System eine warnende Rolle. Er weist auf eine Gefahr hin. Er stellt es einen Augenblick lang in Frage. Gleichzeitig ist er nicht amorph, sondern er ist derart beschaffen, dass er seine Anschlussrationalität suchen resp. wieder herstellen kann. Den Zusammenhang zwischen der Entscheidung über Mitgliedschaft und dem Immunsystem erkennen wir dann, wenn wir darauf achten, dass diese Entscheidungen im Hinblick auf die Projektion von Erwartungen (von Mitgliedern) und die Anschlussrationalität von Handlungen und Kommunikationen getroffen werden. Insofern erlaubt sie einen Anschluss an erlaubt-verboten. Luhmann bezieht diesen Zusammenhang auf den Rechtscode (Recht-Unrecht). Wir erkennen daran, dass soziale Normen genau an dieser Stelle ihre Funktion ausüben, die ihrerseits wieder einer Bewährung ausgesetzt ist.

Der Mitgliedschaftscode, der die Mitgliedschaftsbedingung binär schematisiert, ist seinerseits zu programmieren, da er als Code für sich genommen die Entscheidung über Mitglied und Nicht-Mitglied nicht operationalisiert. Die Entscheidung „Nicht-Mitglied" übernimmt die Funktion des Widerspruchs gegenüber Mitgliedern und sie teilt dadurch mit, dass die Teilnahme an dem sozialen System beendet wird bzw. jemand nicht dazu gehört. Mit anderen Worten, mit der Entscheidung Nicht-Mitglied schützen sich soziale Systeme vor Annihilation. Es kann sich selbstredend auch durch die Aufnahme neuer Mitglieder regenerieren, aber jede Mitgliedschaft ist immer dual codiert. Das schließt nicht aus, dass ihre Operationalisierung auch im Fortgang zu Abweichungen führt.

ii. Funktion des Immunsystems

Das Charakteristische eines Immunsystems ist es, dass es ohne Kognition, Umweltkenntnis und Analyse operiert. Das erklärt gerade seine Funktion. Dies gilt auch für den Mitgliedschaftscode als Immunsystem von sozialen Systemen und das „Nein" im Falle der Zuschreibung von Nicht-Mitgliedschaft. Er signalisiert als Code, dass die Kommunikation und der Verbleib im sozialen System abgebrochen werden kann. Das erklärt uns, warum Luhmann die Funktion des Immunsystems am Beispiel des Rechtssystems exemplifiziert hat, da „das Recht im Vorgriff auf mögliche Konflikte gebildet wird" (Luhmann 1984, 509-510). Die sozialen Systeme gewinnen dadurch auf eine, um es so auszudrücken, bewusstlose Weise, Distanz zu sich selbst. Was diesen grundlegenden Umstand betrifft, so stellt sich dabei nicht die Frage nach gut und böse, rational oder irrational. Das macht uns auch viele Vorkommnisse erklärbar, mit denen wir uns in der soziologischen Analyse oft schwer tun. Es geht dabei z.B. um die eruptiven Ausbrüche des Kollektivbewusstseins und der kollektiven Identitäten, wie z.B. Fremdenhass und ethnische Ausgrenzungen. Von dieser Einsicht ausgehend, gewinnen wir für die klassische soziologische Segregationsforschung, Integrationstheorie und Anomieforschung ein verbessertes theoretisches Profil. Wir arbeiten damit der Erkenntnis entgegen, dass soziale Systeme durch Exklusion strukturdeterminiert sind. Das gilt auch dann, wenn der Bereich der Nicht-Mitgliedschaft selbst nicht bestimmt ist. Es gilt aber gerade auch in Fällen, in denen Inklusion erhalten werden soll, z.B. im Falle von geregelten Zuwanderungen, da der funktionale Imperativ von sozialen Systemen ihre Stabilisierung in der Zeit und ihr Schutz vor Annihilation ist. Ihre Stabilisierung kann strukturell gerade nicht durch Kommunikation gewährleistet werden, sondern nur durch die Aufrechterhaltung der Mitgliedschaftsbedingung und ihrer Programmierung.

(d) Zur Identifikation von Systemgrenzen

i. Steuerbarkeit

Die Innovation der soziologischen Systemtheorie (Parsons, Luhmann) besteht darin, dass sie Sozialität als grenzerhaltendes System erkannt und analysiert hat. Dadurch konnte sie die theoretischen Beschränkungen der klassischen Soziologie überwinden. Diesbezüglich ist es sicherlich zutreffend, dass Parsons *The Social System* (1951) einen Endpunkt der soziologischen Theoriebildung der ersten Hälfte des 20. Jahrhunderts darstellt. Luhmann hat diese Einsicht dann dahingehend zugespitzt, dass sozialen Systemen kein Bewusstsein oder Subjekt „zu Grunde liegt", sondern die Umwelt. Die Systemtheorie ist aber keine Fortsetzung des Mentalismus der Subjektphilosophie, deren Startpunkt wir vereinfacht seit Descartes datieren. Das heißt aber, dass mit der notwendigen Bedingung der Umwelt Voraussetzungen für die Ausdifferenzierung von sozialen Systemen vorliegen, die wiederum selbst nicht ausdifferenziert werden können. Das gilt jedoch auch für das Bewusstsein der Mitglieder sozialer Systeme. Ihr Bewusstsein können sie nicht externalisieren und in die Umwelt verlängern. Von dieser Einsicht ausgehend, wäre die Beziehung zwischen der Philosophie des Mentalen und der Neurophysiologie zur Theorie sozialer Systeme zu bestimmen. In diesem Zusammenhang spielt die Einsicht eine Rolle, dass es im Gehirn keinen Bereich gibt, in dem wir Intelligenz oder ein Steuerungszentrum verorten.

Der Problembezug der Steuerbarkeit lässt sich, wechseln wir die Systemreferenz, mit der Analyse des Gesellschaftssystems derart vergleichen, dass wir mittlerweile in der soziologischen Theorie nicht mehr davon ausgehen, dass das Gesellschaftssystem als Ganzes von einem seiner Teilsysteme steuerbar ist oder ein lokales Zentrum hat.

Die sozialen Systeme bestehen nur dann, wenn sie ihre Grenzen zur Umwelt aufrechterhalten können. Sie können sich nur auf der Basis der doppelten Schließung der Grenzziehung *öffnen* und *schließen*, d.h., sie sind durch diesen Typ von Grenze definiert. Das gilt sonst nur noch für das Mentale und das Bewusstsein. Auch ist es durch seine doppelte Schließung selbstbestimmt. Das Bewusstsein der psycho-physischen Entitäten als die Umwelt sozialer Systeme kann sich grade nicht externalisieren. Die Grenzziehung bedeutet keinen Abbruch der Umweltbeziehung, sondern sie *ist* eine Umweltbeziehung. Die Differenzierung von System und Umwelt rührt von der Entscheidung über Mitgliedschaft her. Darin besteht die Selbstreferenz der sozialen Systeme. Durch Mitgliedschaftscodes und ihre Programmierung werden die Systemgrenzen von sozialen Einheiten (Systemen) festgelegt, ohne die sie nicht in der Zeit bestehen können. Diese Grenzen sind keine räumlichen, sondern operative Grenzen. Damit verfügen wir über eine besondere Begründung dafür, dass das Komplexitätsgefälle zwischen System und Umwelt erst dann entstehen und ausgebaut werden kann, wenn soziale Systeme die Zeitdimension ausdifferenziert haben. Gehen wir davon aus, dass die zeitliche Ausdifferenzierung ihrerseits von der Ausdifferenzierung von systemeigenen Elementen her erfolgt, so drängt sich als dieses systemeigene (Letzt-)Element die Mitgliedschaft auf. Mitglied sind wir in sozialen Systemen immer nur für eine bestimmte Zeit. Insofern wird Mitgliedschaft als Letztelement von sozialen Systemen selbst durch den Zeitbezug bestimmt. Auf zwei Punkte der allgemeinen Theorie sozialer Systeme ist noch eingehen, auf die Programmierung von Mitgliedschaft (ii) und die Zeitdimension sozialer Systeme (iii).

ii. Programmierung von Mitgliedschaft

Es ist ein funktionaler Imperativ sozialer Systeme, dass ihre Mitglieder auf die Unterscheidung Mitglied und Nicht-Mitglied, d.h. die Systemgrenzen, konditioniert sind.

Wie sind aber diese Systemgrenzen von ihnen identifizierbar?

Die Systemgrenzen sind immer dann identifizierbar, wenn es Programme bzw. Operationen gibt, die über die Zugehörigkeit zu einem Sozialsystem entscheiden. Insofern gehe ich im Unterschied zu Luhmann nicht davon aus, dass die Grenzen sozialer Systeme durch Sinn als ein Ergebnis von Operationen bestimmt sind. Es sei denn, man würde die Unterscheidung Mitglied-Nichtmitglied als elementare Sinnoperation annehmen. Das ist sicherlich nicht Luhmanns Ansatz. Für die Theorie sozialer Systeme ist somit nicht, wie in der Theorie der selbstreferenziellen Systeme, die Unterscheidung zwischen Beobachtung und Operationen grundlegend, sondern die Entscheidung über Mitgliedschaft und ihre Feststellung (Durchführung) als grundlegende Selbst- und Fremdreferenz des sozialen Systems. Die Mitgliedschaftsbedingungen ermöglichen eine systeminterne Orientierung darüber, *wer* als *was* zu einem sozialen System gehört und sie sind im Interaktionssystem als Informationen nutzbar. Damit finden wir aber auch eine Antwort auf die Frage, worin die Funktion der Mitgliedschaftsbedingungen besteht.

Alle Kommunikationen basieren somit auf Selektionen, die durch die Programmierung des Mitgliedschaftscodes bedingt sind. Die *Einheit der Gesamtheit des Sozialen*, sozusagen als eine theoretische Währung, ist die Mitgliedschaftsbedingung als eine selbstsubstitutive Ordnung, d.h., es gibt für sie kein funktionales Äquivalent. Das gilt unabhängig davon, wie diese Einheit auf soziale Beziehungen, Prozesse, Handlungen und Kommunikationen spezifiziert ist. Mitgliedschaftsbedingungen sind aber, da änderbar, als eine Kontingenzformel des Sozialsystems einzustufen. Daraus folgen auf unserem Kenntnisstand, *drei* universell geltende funktionale Imperative der Bestandserhaltung von Sozialsystemen, die in den Dimensionen *zeitlich*, *sachlich* und *sozial* zu bewältigen sind. Diese Grenzen sind keine räumlichen, sondern Mitgliedschaftsgrenzen; sie können jedoch räumlich etabliert sein:

1. Die Grenzerhaltung nach *außen* als die Stabilisierung der Außengrenze. Das betrifft eine erforderliche Interdependenzunterbrechung zwischen System und Umwelt.
2. Die Grenzerhaltung nach *innen* als eine Stabilisierung der Innengrenze. Nach innen werden soziale Systeme durch die mitgliedschaftstypischen Kontaktsysteme und Kommunikationen geschlossen. Durch diese gesellschaftsinterne Schließung gewinnen sie Stabilität.
3. Grenzverschiebungen, Grenzüberschreitungen und Grenzverkehr haben den funktionalen Imperativ der Grenz*restrukturierung* und Regelung zu lösen. Dies betrifft die Innendifferenzierung sozialer Systeme, nicht die Kommunikation sozialer Systeme mit der Umwelt. Auch für die Grenzveränderungen im Falle von Innendifferenzierungen von sozialen Systemen gilt, dass sie dadurch nicht aufgehoben werden.

Jede Grenzziehung hat zwei Seiten. Sie trennt ein Innen von einem Außen. Die Probleme, die bei der Bestimmung von Grenzverläufen, der Anwendung von Innen und Außen, auftreten mögen, sind dadurch eher unproblematisch, da sie die Operation von sozialen Systemen selbst betreffen. Aus der mitgliedschaftstheoretischen Sicht ist diese Operation die Entscheidung über Mitgliedschaft. Die Herbeiführung der Innen-Außen-Differenzierung ist eine basale Operation sozialer Systeme, durch die sie sich selbst wahrnehmen und beobachten. Sie ist erst dann vollzogen, wenn über Mitgliedschaft entschieden und dadurch eine Interdependenzunterbrechung hergestellt wird. Die Differenzierungen von sozialen Systemen nach ihren Mitgliedschaftsbedingungen sind dann als Unterklassen dieser allgemeinen Innen-Außen-Differenzierung bestimmbar. Sie betreffen den internen Zustand der Systeme.

Mit der *zeitlichen Dimension* ist das Gedächtnis des sozialen Systems angesprochen, das durch Mitgliedschaftsmedien gewährleistet wird.

Mitgliedschaftsmedien dienen somit der Erinnerung darüber, wer Mitglied ist, ohne dass dazu Kommunikation erforderlich ist.

1. In der *sachlichen Dimension* sind Tabus von den Mitgliedern des sozialen Systems zu internalisieren, um die Innengrenze zu stabilisieren.
2. In der *sozialen Dimension* bedarf es der Limitierung von Inklusion durch Mitgliedschaftsbedingungen, somit die fortlaufende Entscheidung über Mitgliedschaft, die immer unbestimmt ist.

Unter der Voraussetzung von funktionaler Differenzierung übernehmen formale Organisationen diese Selektion, da sie über die Mitgliedschaft in den Teilsystemen entscheiden. Sie kompensieren somit die Inklusionsoffenheit der Teilsysteme.

Es ist in diesem Zusammenhang noch auf eine andere, vielleicht sogar die grundlegende Funktion von Grenzen sozialer Systeme aufmerksam zu machen. Die Grenzen sind die Todeszonen sozialer Systeme. Wenn man diese Funktion in die Tiefe analysiert, so würde man ein erweitertes Profil für die soziologische Suizidforschung entwickeln können. Das deshalb, da die Grenzerfahrungen die Suizidversuche von sozialen Systemen sind und zugleich ihre Überwindung. Vergleichbar ist diese Situation mit der individuellen Suche nach Grenzerfahrung, wobei mit der Bezugnahme auf das Bewusstseinssystem eine andere Systemreferenz vorgenommen wird. Der Suizid selbst wäre dann nichts anderes als ein Appell, als Mitglied aufgenommen zu werden, wobei getrennt vom Ende der Handlung die Konstruktion des Sozialen nicht eintreten kann; dabei kann es sich auch um eine imaginäre Gemeinschaft handeln. Das möchte ich das Paradox des Suizides nennen. Die Mitglieder von sozialen Systemen registrieren gerade durch dieses Paradox, dass sich Mitgliedschaft nur durch Ausschluss einstellen kann. Wäre das nicht so, so könnten soziale Systeme nicht in eine distanzierte Einstellung zu sich selbst eintreten. Das können sie wiederum nur dann, wenn über Mitgliedschaft entschieden und d.h., sie als Entscheidung kommuniziert wird. Vielleicht ist es gerade das, was uns individuell an Suiziden so betroffen macht. Die begrenzten Negationen tragen somit zu der Kohäsion sozialer Systemen bei. Diese Verfassung kann man vor allem an der japanischen Gesellschaft und ihrem Kult des negativen Helden sowie ihrer Sozialphilosophie des „Weggehen ist gut“, studieren und belegen. Japan ist die einzige hochtechnisierte Gesellschaft, in der soziale Integration durch Exklusion institutionalisiert ist. Inklusion verfolgt in Japan durch die Identifikation mit dem symbolischen Kollektiv der

Japaner, Exklusion wird fortlaufend durch sich differenzierende und hart konkurrierende Gruppen herbeigeführt.

Erst durch eine *doppelte Schließung* von sozialen Systemen – nach *innen* und *außen* – auf der Basis der Programmierung ihres Mitgliedschaftscodes grenzen sich soziale Systeme von ihren Umwelten ab, d.h., erst dadurch existieren sie als soziale Systeme und unterliegen eigenen evolutionären Mechanismen, denen der Variation, Selektion und Stabilisierung. Auf der Basis von Mitgliedschaftsbedingungen sind soziale Systeme *strukturdeterminiert*. Die Mitgliedschaft in den Teilsystemen des Gesellschaftssystems und die jeweiligen Orientierungssysteme (Leitorientierungen) werden ihrerseits durch evolutionär dominante Errungenschaften und die Regelung von Mitgliedschaft festgelegt, z.B. durch das Verwandtschaftssystem, das Statussystem, die Regelungen staatlicher Organisationen, die Teilnahmebedingungen am Wirtschaftssystem, z.B. durch ein Girokonto. Diese Strukturen steuern die Inklusionen und Exklusionen als elementare Grenzziehungen.Das darf man gerade nicht als eine Spaltung der Gesellschaft interpretieren. Das ist ein journalistischer Begriff, er keinen soziologischen Erkenntniswert hat. (Zur Kritik an diesem Begriff: Kaube, Kieserling: 1922)

iii. Zur Zeitdimension

Alle sozialen Vorgänge sind durch die Zeitstruktur und das Gedächtnis beschränkt. Beides hat sich selbst zeitlich zu verwirklichen. Diese Beschränkungen wirken ihrerseits nicht nur negativ, sondern erlauben es, Komplexität aufzubauen. Man kann die *zeitliche Dimension* nicht überspringen. Sie strukturiert die Bestandserhaltung in der Sach- und Sozialdimension.

Jedes soziale System, jede Kommunikation und jede Organisation hat in der Gegenwart ihre Zukunft zu erreichen. Diese Zukunft ist somit nicht etwas, zu dem man hingelangt oder die selbst anfangen kann. Vergangenheit, als die abgelegte, nicht vollständig vergegenwärtigbare Zeit ist sowohl der Intentionalität des Bewusstseinserlebens und der Systemzeit niemals vollständig gegenwärtig. Husserl würde sagen, sie schattet sich in der Retentionalität ab. Oder anders ausgedrückt, sie wird nur durch kontingente Selektionen zugänglich. Jede intentionale Gegenwart ist aber bereits vergangen und kann nur durch die Re- und Protentionalität Gegenwart sein, und jede Zukunft, die unbekannt ist, kann nur durch die Gegenwart erreicht werden.

Die Dauer als eine Kontinuität in der Zeit ist ein zentrales Bestandsproblem von sozialen Systemen. Sie wird durch strukturelle Merkmale einer Sozialorganisation gewährleistet. Das ist ein nicht trivial lösbares

Problem, da die zukünftige Gegenwart und die gegenwärtige Zukunft unterschiedliche Situationen sind. Die Zeitlichkeit als Grundverfassung sozialer Systeme bedeutet, dass alle sozialen Systeme und ihre Strukturen einer fortlaufenden Veränderung unterworfen sind, die wir in unserer begrenzten Wahrnehmungswelt kaum oder oft gar nicht erkennen und erleben. Das macht Dauer (Stabilität) zu einem Bestandsproblem, das alle sozialen Systeme zu lösen haben. Stabilität können sie nur durch einen Übergang von einem in einen anderen Systemzustand in der Zeit erreichen.

Hier lässt sich eine bekannte soziologische Frage anschließen: „Können soziale Systeme sterben?".

Die Frage ist ihrerseits nur paradox zu beantworten: Soziale System können aufhören zu bestehen, sie können aber, ähnlich wie das Bewusstseinssystem, nicht ihr eigenes Ende denken, da sie nur durch die Erhaltung von Mitgliedschaft im Hinblick auf eine unbestimmte Zukunft fortbestehen können. Wird nicht mehr über Mitgliedschaft entschieden, so zerfallen soziale Systeme. Wenn soziale Systeme bestehen, so haben sie Mitglieder, und über ihre Mitgliedschaft ist entsprechend zu entscheiden. Wir erkennen daran, dass der Mitgliedschaftscode durch seinen Zeitbezug bestimmt ist. Die Kommunikation der Entscheidung über Mitgliedschaft führt zu einer Stabilisierung von sozialen Systemen im Sinne ihrer Erhaltung in der Zeit. Diese Stabilisierung hat den Anschlussimperativ zu bewältigen, d.h., sie hat auf die Systemzustände und variierende Situationen abgestimmt zu sein, man denke z.B. an Entlassungen im Wirtschaftssystem im Hinblick auf eine sich verändernde Beschäftigungsstruktur. Sie hat aber auch der Anforderung der innovativen Systembildung und deren Einschränkungen zu genügen, man denke dabei z.B. auch an das Wirtschaftssystem, wenn neue Unternehmensformen und ihre Vernetzung entstehen. Dafür sind sowohl der Post-Industrialismus als auch die Reformen der öffentlichen Verwaltungen ein gutes Beispiel.

(d) Einsichten für die soziologische Theorie

Gerade am Beispiel der innovativen Systembildung wird erkennbar, dass neue Teilnahmebedingungen selegiert werden, d.h. Mitgliedschaftsbedingungen, die mit dem vorgängigen Systemzustand nicht mehr kompatibel und anschlussfähig sind, werden neu gefasst, z.B. eine lebenslange Anstellungen und eine lebenslange Ehe werden periodisiert und dadurch anderen Formen zugeführt. Damit ist die Morphogenese von Mitgliedschaft angesprochen.

Der mitgliedschaftstheoretische Umbau der Theorie sozialer Systeme wird hier deshalb umrissen, um für das damit angesprochene Problem der Konzeptualisierung der System-Umwelt-Relation zu sensibilisieren. Es soll nicht der letzte, sondern ein erster Schritt sein, die System-Umwelt-Relation zu reinterpretieren. Welche Einsichten wir dadurch für die soziologische Theorie gewinnen, wird sich erst im Fortgang zu erweisen haben. Das betrifft vor allem die immunologische Logik sozialer Systeme und damit den Zusammenhang zwischen der Operationalisierung des Mitgliedschaftscodes und der Entscheidung über Mitgliedschaft als dem Ausnahmezustand, der die Funktion der Selbstirritation sozialer Systeme übernimmt. Von dort aus könnte dann auch der Theorie sozialer Integration ein anderes Profil gegeben werden. Angesprochen ist aber auch eine weitere Begründung dafür, dass sich das Gesellschaftssystem einer Steuerung entzieht und sich dies nicht zufälligerweise so verhält.[46]

5. Soziologische Selbstunterscheidungen in der Moderne: Eine soziologische Begriffsgeschichte historischer Zeiten

(a) Motive

Weder Durkheim noch Weber haben eine voll entwickelte Theorie der Moderne vorgelegt. Zu einem systematischen Begriff der soziologischen Theorie wird Moderne und Modernisierung erst in der Soziologie Parsons. Die Begriffsgeschichte von Moderne hat deshalb eine besondere Relevanz, da sie für die Geschichte der Soziologie in systematischer Absicht lehrreich ist. Am nächsten kommt dem Begriff der Moderne (Neuzeit) in der Analyse der Entstehung der modernen Gesellschaften noch Ferdinand Tönnies.[47]

46 Zur Steuerungsdebatte und Luhmanns diesbezüglichem Ansatz: Hellmann, Schmalz-Bruns Hrsg. 2002, Luhmann hat in der Folge der Debatte dahingehend eingelenkt, dass er die Steuerung von gesellschaftlicher Kommunikation in kleinen sozialen Systemen durch Rückkopplung und reflexive Schleifen nicht ablehnt. Insofern kommt er seinen Kritiker einen Schritt entgegen.

47 Die Rede anlässlich der Verabschiedung von Professor Dr. Klaus Lichtblau am Institut für Soziologie der Goethe-Universität Frankfurt am Main am 30. März 2017.

Das gilt auch für das Forschungsprogramm der Gesellschaftstheorie, die auf Lorenz von Stein zurückgeht. Tönnies ist im Hinblick auf dieses Forschungsprogramm noch einmal zu erwähnen, da er an einer Gesellschaftslehre orientiert war. Luhmann ist der erste Soziologe, der eine Gesellschaftstheorie in verschiedenen Versionen vorlegt. Diese theoretische Orientierung liegt aber auch bei Habermas und Münch vor. Eine Gesellschaftstheorie ist dadurch zu charakterisieren, dass sie gegenüber Handlungs-, Kommunikations-, Interaktions- und Organisationstheorien einen eigenständigen analytischen Bezugsrahmen konstruiert und Gesellschaft als eine emergierte Ebene von Handlungen und Kommunikationen einstuft.

Vor allem die Soziologie an der Goethe-Universität Frankfurt am Main wird immer wieder falsch dargestellt. Bereits die Rede von einer „Frankfurter Soziologie" ist systematisch irreführend. Diesbezüglich sind grundsätzliche Korrekturen vorzunehmen, da sie bis in die Gegenwart durch unterschiedliche soziologische Richtungen zu charakterisieren ist, die sich an die einzelnen Fachvertreter richten.

Drei Motive der soziologischen Untersuchungen von Klaus Lichtblau möchte ich ansprechen, die mich in den letzten Jahren immer wieder beschäftigt haben, als da sind die Begriffsgeschichte des Begriffs der *Moderne*, des *Gesellschaftsbegriff* und der *Soziologie in Frankfurt* überhaupt.[48] Mit der Begriffsgeschichte der Moderne und dem Gesellschaftsbegriff sind grundlegende Probleme der soziologischen Theorie angesprochen.

Beim ersten Motiv des Erkenntnisinteresses von Klaus Lichtblau, der *Begriffsgeschichte von Moderne,* fällt rückblickend soziologiegeschichtlich auf, dass weder Weber noch Durkheim ihre Soziologie grundbegrifflich als eine voll entfaltete *Theorie der Moderne* darstellen. Weber spricht in der zweiten Auflage seiner Studie über *Die protestantische Ethik und der „Geist" des Kapitalismus* (1920) vom „modernen Kapitalismus" im Unterschied zu seinen vormodernen Formen und in anderen Texten vom „modernen Leben". (Weber 2016) Sein Bezugsproblem bleibt werkgeschichtlich die Wirtschaft und die Ordnungsmächte im Bezugsrahmen der Analyse des okzidentalen Rationalismus als ein Anwendungsfall der Typik des Rationalismus. Sein Blick auf die von

48 Lichtblau 2017, 57-79, 2000, 423-443, 2001, 666-671, 2005, 68-88. Das geschichtswissenschaftliche Forschungsprogramm der Begriffsgeschichte und Sozialgeschichte geht auf Reinhard Koselleck (2006) zurück, z.B. ders., Begriffsgeschichten, Frankfurt a. M./Berlin 2006, Preyer 2018 a, zur Begriffsgeschichte von Moderne: Teil II, Kap. IV; zum Gesellschaftsbegriff: Teil I, Kap. II.

ihm erlebte Gegenwartsgesellschaft ist zweideutig. Einerseits hebt er den Sinnverlust, den nicht zu versöhnenden Kampf der polytheistischen Werte und das eiserne Gehäuse der Verwaltung hervor, andererseits betont er die Rationalisierung zu einer geordneten Welt, die jedoch für die davon Betroffenen nicht sinnstiftend ist.

(b) Schwierigkeiten mit der Moderne

Die Moderne ist z.B. bei Durkheim und Weber kein Klassifikationsbegriff der Struktur der modernen Gesellschaften und ihrer institutionellen Ordnungsbildung. Es ist vor der französischen Revolution die Unterscheidung zwischen der *via antiqua* im Unterschied zur *via moderna überliefert,* die auf den Papst Gelasius I im 5. Jahrhundert zurückgeht. Die via moderna bezeichnet für ihn die offizielle christliche Gegenwart im Unterschied zur römischen Zeit. Mit dem *Streit der Alten und der Neuen (Querelle des Anciens et des Modernes)* im 17. und 18. Jahrhundert in Frankreich und der französischen Aufklärung ist eine Lesart des Ausdrucks überliefert, der Moderne im Anschluss an den Renaissancehumanismus als eine besondere und überlegene Periode der Geschichte des Menschseins interpretiert. Es ist das Verdienst von Luhmanns Wissenssoziologie, im Anschluss an Reinhard Kosellecks Analyse der Sattelzeiten, durch die evolutionstheoretische Analyse der sozial-strukturellen Semantik der Differenzierungsformen, die Wissenssoziologie innoviert zu haben. (Luhmann Bd. 1 1980, Bd. 2 1981, Bd. 3 1989, Bd. 4 1995) In der zweiten Hälfte des 18. Jahrhunderts setzt sich im Zuge der Auflösung der sozialen Stratifikation der Adelsgesellschaft, der Erwartungserwartung der Selbstreferenz an die Mitglieder sozialer Systeme und der Inklusionssemantik funktionaler Differenzierung der wertende Anspruch des Neuen mit der damit einhergehenden eigenen Problematik durch. Das Neue kann nur in die Zeit eintreten, indem es zugleich veraltet.

Der Begriff der Moderne beginnt seine Karriere in der ästhetischen Moderne. Bei François-René de Chateaubriand und Charles Baudelaire hat er eine negative Bedeutung: „Moderne als Schrumpfung des Lebens“ (Baudelaire). Er wird erst bei Arthur Rimbaud in *Die Zukunft der Dichtung. Die Seher-Briefe* mit der Forderung *„Il faut être absolument moderne!“* zu einem ästhetischen Kampfbegriff. Der Dichter wird zum Seher, da er in einem höheren Auftrag auf eine Welt hinweist, die dem Alltagsbereich verschlossen ist. Das „Je est un autre“ ist die Negation des persönlichen Ichs, durch die der Dichter zum Weg in eine andere Welt wird. Die ästhetische Moderne wird in der Poetologie

Stéphan Mallarmés in die Ontologie der Abkehr vom Wirklichen in das Absolute und das Nichts gesteigert. Dieser Strang ist rückblickend deshalb erwähnenswert, da er den Antihumanismus des letzten Jahrhunderts vorbereitet. (Rimbaud 1990) Zu erwähnen ist auch Eugen Wolff (1896), der den Ausdruck „die Moderne“ für die „moderne Kunst“ verwendet. Die Rede von „Moderne“ ist in dieser Lesart als Stilbegriff platziert. (Wolf 1896) In der Fin de Siècle-Krise des Dekadentismus spricht man auch von „Modernus“ als einem sozialen Typus der orientierungslos geworden ist. Ein positiver Gebrauch des Ausdrucks „Modernismus“ („modernismo“) liegt bei Rubén Darios' – einem nicaraguanischen Schriftsteller und Diplomaten – in der Würdigung des mexikanischen Schriftsteller Ricardo Contreras und zur Bezeichnung der lateinamerikanischen Befreiungsbewegung gegenüber Spanien vor.

Zu systematischen Begriffen in der soziologischen Theorie wurden „Moderne“ und „Modernisierung“ erst in der Soziologie und den Forschungsprojekten von Parsons, die er in dem von ihm gegründeten „Department of Social Relations“ (1946–62) an der Harvard-Universität durchführte. Er interpretierte z.B. im Rückgriff auf Weber und Durkheim den raumzeitlichen Vorgang der Modernisierung als die Institutionalisierung der Werteordnung der modernen Gesellschaft. In ihr ist die gesellschaftliche Kommunikation durch Individualismus (Weber: Persönlichkeitsbildung des Asketismus), Säkularisierung, den universellen Anspruch der instrumentellen Rationalität und des Aktivismus sowie der Differenzierung der großen Funktionssysteme und ihrer Institutionen strukturiert. Hervorzuheben ist, dass Parsons in seiner Werkgeschichte Durkheims Begriff der organischen Solidarität als die für die moderne Gesellschaft typische Integrationsform reinterpretiert (Parsons: soziale Ordnung des institutionalisierten Individualismus).

Aus dieser Sicht entsteht die Moderne durch die Dominanz der modernen Erwerbswirtschaft in Nordeuropa, vor allem, in England, Holland und Flandern im frühen 17. Jahrhundert, die Ausweitung des westlichen Kolonialismus, die sich verbreitende Akzeptanz der modernen wissenschaftlichen Verfahren in den Schriften von Francis Bacon, Newton und Harvey und der Institutionalisierung der religiösen Orientierung des Calvinismus in den dominierenden Klassen Nordeuropas. Zu erwähnen ist auch der Begriff der Staatsbürgerschaft in den Stadtstaaten Italiens. Anlaufstationen waren dabei auch die Untersuchungen Webers über die „mittelalterliche Stadt“ und seine *Wirtschaftsgeschichte. Abriss der universalen Sozial- und Wirtschaftsgeschichte*. (Weber, 1991)

Parsons systematisiert seine transdisziplinären Forschungsprojekte in dem analytischen Bezugsrahmen des *Systems der modernen Gesellschaften* und des Ausweises seiner evolutionären und geschichtlichen Voraussetzungen. (Parsons 1971) Sein theoretischer Anspruch ist es, die Unterscheidung zwischen Real- und Idealfaktoren durch die Einführung des Bezugsrahmens der analytischen Handlungssysteme zu überwinden.

Die Rede von dem Projekt der Moderne war seit den 1970er-Jahren ein Kampfbegriff gegen den Postmodernismus. Die Debatte ist mittlerweile gut erforscht. (Turner 1992, Taylor, Winquist 2000) Die Rückbesinnung auf die Begriffsgeschichte von Moderne, Modernisierung und Modernismus ist deshalb informativ, da sich bei einer näheren Analyse der Debatte über Postmodernismus, postmodern und Postmoderne vergleichbare terminologische Problem stellen. (Preyer 2018 a, Teil II) Das gilt vor allem für die Umschichtungen in der soziologischen Theorie, die davon ausgehen, dass die Moderne gerade kein unvollendetes Projekt mehr ist, sondern wir in der postmodernen Gesellschaft leben. Soziologen sprechen diesbezüglich von der „nächsten Gesellschaft“, in der wir uns bereits befinden, dies z.B. auch dadurch, wie Digitalisierung von Kommunikation und formale Organisationen unsere Verständigungsvoraussetzungen fortlaufend verändern werden.

(c) Gesellschaftsbegriff

Das führt zum zweiten Motiv des Erkenntnisinteresses von Klaus Lichtblau, dem *Gesellschaftsbegriff*. Er weist z.B. darauf hin, dass in der soziologischen Theorie kein einheitlicher Gesellschaftsbegriff vorliegt. Wir finden z.B. den Begriff von Gesellschaft als Geselligkeit, als rechtlicher Status seiner Mitglieder oder als Gesellschaft jenseits des Horizonts der Sinnselektion der Mitglieder von lokalen sozialen Systemen. Der Anspruch, die soziologische Theorie als Gesellschaftstheorie zu fassen, ist eine typisch deutsche Tradition, die auf Lorenz von Steins *Gesellschaftslehre* zurückgeht. (von Stein 1850, Rogler 1960) Er unterscheidet zwischen der „Gesellschaft an sich“ und deren historischen Abwandlungen, der „wirklichen Gesellschaft“. Diese Unterscheidung haben Weber, Simmel, Tönnies und Weber nicht mehr aufgenommen, sie ist erst in der gegenwärtigen soziologischen Theorie wieder relevant.

Das Forschungsprogramm wurde aber weder von Simmel noch von Weber aufgenommen. Wir finden bei ihnen für den Problembezug als eine theoretische Notlösung den Begriff der „Vergesellschaftung“. Auch hier ist Tönnies (1935) noch einmal zu erwähnen, der dem Forschungsprogramm der Gesellschaftslehre noch am nächsten kommt.[49] Es ist zudem festzustellen, dass in der Theoriegeschichte auch Parsons seinen kategorialen Bezugsrahmen der analytischen Handlungssysteme nicht als eine Gesellschaftstheorie darstellt. Dasselbe gilt für andere Soziologen, wie z.B. für Merton und Homans. Das heißt. nicht, dass die genannten Autoren keinen Gesellschaftsbegriff haben und man Interaktionsanalysen nicht auch gesellschaftstheoretisch resystematisieren kann. Gerade bei z.B. Merton fällt auf, dass seine Unterscheidung zwischen latenter und manifester Funktion eine gesellschaftstheoretische Fragestellung verfolgt. Parsons spricht jedoch auch im Rahmen seiner Evolutionstheorie von „Theorien der Gesellschaften“ und von „dynamischen Geschichtspunkten der modernen Gesellschaft“ sowie von „Perspektiven in der modernen Gesellschaft“. Er verwendet den Gesellschaftsbegriff im Plural. Er setzt in seine Analyse der Handlungssysteme einen reinterpretierten aristotelischen Gesellschaftsbegriff ein. Gesellschaft ist ein Typ eines sozialen Systems, das Parsons durch Selbstgenügsamkeit (self-sufficiency) in seiner Umweltbeziehung und zu anderen sozialen Systemen als Umwelt bestimmt. Der Gesellschaftsbegriff ist in diesem Bezugsrahmen als eine soziale Ordnung höherer Stufe platziert, die sich über mehrere Generationen in der Zeitdimension erstreckt.

Luhmann war der erste deutsche Autor, der seit 1968 seine Werkgeschichte mit dem Forschungsprogramm einer Gesellschaftstheorie begann, die er in unterschiedlichen Versionen vorlegte. (Zur letzten Version: Luhmann 1997) Er geht dabei jedoch nicht vom Gesellschaftsbegriff aus, sondern von einer allgemeinen Theorie sozialer Systeme. Zu erwähnen ist auch Habermas, dessen *Theorie des kommunikativen Handelns* beansprucht, den analytischen Bezugsrahmen einer Gesellschaftstheorie zu konzipieren. (Habermas 1981, Lichtblau 2012, 177-199.) Ein Bezugsproblem ist dabei die Kritik am Forschungsprogramm von Horkheimer in den 1930er-Jahren und seine zeitgemäße transdisziplinäre Fortführung. Unter den deutschen Soziologen ist weiter Richard Münch zu nennen, der seine empirischen Untersuchungen zur Weltgesellschaft, des Wandels des Inklusionsprogramms des Sozialstaats und

49 Tönnies 1991. Ausführlich dazu Krawietz (2004, 579-625. Zu dem schwierigen Weg Webers zur Soziologie: *Schluchter* 2016. Weber wendet sich in seinem Verständnis von Soziologie, er spricht auch von „Gesellschaftswissenschaft“, gegen Othmar Spann und Rudolf Stammler. Soziologie ist für Weber *kein* normatives Fach, sondern sie arbeitet mit Idealtypen. Zu einem Überblick zu den Gesellschaftsbegriffen in der deutschen Tradition: Lichtblau 2005.

der Europaforschung ausdrücklich in einen gesellschaftstheoretischen Bezugsrahmen stellt. (Münch 2009, 2010, 2013)

Festzuhalten ist der Problembezug, dass sich Gesellschaftstheorien von Handlungs-, Kommunikations-, Interaktions- und Organisationstheorien dadurch unterscheiden, dass sie erstens gegenüber diesen Theorien einen eigenständigen Bezugsrahmen annehmen, zweitens Gesellschaft als eine emergierte Ebene von Handlungen und Kommunikationen einzustufen ist, die eigenständige soziale Eigenschaften hat, die mit diesem Bezugsrahmen zu untersuchen sind, z.B. dem der analytischen Handlungssysteme und ihrer Evolution (Parsons), der Differenzierung von Gesellschaft, Organisation und Interaktion (Luhmann) oder der Theorie der Handlungsfelder, der institutionellen Ordnungen und der Intervention in die nationalen Gesellschaften und in die Weltgesellschaft (Münch: konstitutive Strukturen der Weltgesellschaft). Die Gesellschaftstheorie klassifiziert dann Gesellschaft als alle sozialen Einheiten, die über Organisationen und einfache Interaktionssysteme hinausgehen, z.B. Gemeinde, Stadt, Region, Weltgesellschaft und Staat, ihre Sozialstruktur und deren Veränderungen, denen sie unterliegen. (Münch 2004, 9-14) Dabei ist darauf zu achten, wo der Soziologe den Beobachter platziert.

Der Problembezug ist dabei, welcher Gesellschaftsbegriff sich als fruchtbar erweist und ob Gesellschaftstheorie in der soziologischen Theorie im Fortgang weiter zu innovieren ist. Die Belege in der gegenwärtigen Globalisierungsforschung in dem Forschungsprogramm der Multiple Modernities (Eisenstadt) und den Globalen Studien (Nederveen Pieterse) sprechen dafür, dass der Gesellschaftsbegriff einer Rückführung bedarf und der Begriff der Regionalgesellschaft den Begriff der Weltgesellschaft ablöst. Es ist zu klären, unter welchen theoretischen Voraussetzungen wir von „Weltgesellschaft" soziologisch sprechen sollten oder nicht. Das betrifft vor allem den Weltbegriff. (Krawietz 2012, 73-101)

(d) Soziologie an der Goethe-Universität Frankfurt am Main

Das Institut für Soziologie und das Institut für Politikwissenschaft am Fachbereich „Gesellschaftswissenschaften" der Goethe-Universität sind neue Einrichtungen. Mit ihnen wird immer wieder so etwas wie eine Frankfurter Soziologie assoziiert, für die vor allem die sogenannte „Kritische Theorie" stehen soll. Das führt mich zum dritten Motiv des Erkenntnisinteresses von Klaus Lichtblau. Er hinterlässt dem Institut für Soziologie seine Untersuchungen über die *Soziologie in Frankfurt.*[50] (Lichtblau, Herrschaft 2010, ders., Caspari 2014, Schefold 2017 229-245)

Sie informiert uns darüber, dass die Soziologie an der Goethe-Universität seit den 1920 Jahren, die wir mit Franz Oppenheimer verbinden, bis in die Gegenwart durch unterschiedliche soziologische Strömungen, die sich an die jeweiligen Fachvertreterinnen und Fachvertreter richten, zu charakterisieren ist. Von ihnen kann keiner eine Prärogative oder gar Präponderanz beanspruchen, die Soziologie an der Goethe-Universität zu repräsentieren. Wir sind gut beraten, wenn wir die einmal gewonnenen Einsichten von Generation zu Generation weiterreichen. Das beinhaltet keinen Identitätsverlust, sondern die Option für ein, wie es der früh verstorbene Frankfurter Soziologie Gerhard Brand einmal formulierte, liberales *Institut für Soziologie an unserer Universität.* Was wahr ist, ist wahr und soll auch wahr bleiben, Gerhard Brand hat in einer Fachbereichsveröffentlichung aus dem Jahr 1986 auch darauf aufmerksam gemacht, dass es in der Soziologie an der Goethe-Universität mehrere Richtungen gab und keine ein Interpretationsmonopol für sich beanspruchen kann.

(e) Zum guten Schluss

Umberto Ecos Roman *Der Name der Rose* als ein Beitrag zur Mediävistik der Gegenwart endet damit, dass der mittlerweile erwachsene Mönch Adson von Melk, der junge Gehilfe des Franziskaners William von Baskerville und Icherzähler im Roman, bei seinem letzten Besuch des abgebrannten Klosters einzelne Überreste der zerstörten Bücher zusammenträgt. (Eco 1982) Es sind Spuren, die in die Vergangenheit führen, die aber nicht mehr zu erleben ist. Er wird sie zusammengesetzt und als Erinnerungsmedium gebraucht haben. Vielleicht hat er sie bearbeitet und an die nächste Generation weitergereicht.

Zur soziologischen Theorie gehört auch die Geschichte des Faches in systematischer Absicht. Wir sollten die überlieferten Texte so lesen, als seien es Fragmente, die zu entschlüsseln sind. Dabei fahren wir aber keinem Wesen nach und stellen auch nicht die Frage „Wie es eigentlich gewesen ist?“. Wir betreiben dabei auch keine Archäologie des Wissens, keine Diskursanalyse oder philosophische Hermeneutik, sondern es ist die von Dieter Henrich begründete Konstellationsforschung zu empfeh-

50 Zu Schefold das Transdisziplinäre Gespräch „Soziologie in Frankfurt“: https://www.youtube.com/user/ProtoSociology

len. (Henrich 2004, Maurhard, Stamm Hrsg. 2005) Die Texte können unter günstigen Voraussetzungen für die Soziologie der Gegenwartsgesellschaft hilfreich sein, da sie über Konstellationen der Kommunikation über die soziologische Theoriebildung Auskunft geben und zur Profilierung ihres Problembewusstseins beitragen.

Das sich Begrüßen und sich Verabschieden verändert immer auch etwas in sozialen Systemen. Das Handeln und Erleben in sozialen Systemen strukturiert eine kommunikative Episode. Zu ihr gehören auch liminale Situationen, die frontal anzugehen sind. Kollegiale und wissenschaftliche Kommunikation hört dadurch aber nicht auf, sondern geht, auch mit unterschiedlichen Verzweigungen, weiter. Was bewahrenswert ist oder nicht, lässt sich nicht a priori entscheiden, sondern ist durch die gesellschaftsstrukturelle Semantik bedingt und bleibt der Systemgeschichte anheimgestellt. Verabschieden kann unterschiedliche Abzweigungen einleiten und Erinnerungsbeschreibungen nach sich ziehen. Wie es sich damit auch immer verhalten mag, unser Kollege Klaus Lichtblau wird uns immer willkommen sein.

Teil II
Theorie und Soziologie des Rechts

1. Theorie und Soziologie des Rechts im Forschungsprogramm der Multiple Modernities

(a) Multiple Modernities

i. Problembezüge

Shmuel N. Eisenstadt hat die Modernisierungstheorie im Zuge der Durchführung des Forschungsprogramms der Multiple Modernities innoviert. Die Revision leitet ein neues Forschungsprogramm in der soziologischen Theorie ein. Davon ist die Analyse der Evolution des modernen Gesellschaftssystems insofern betroffen, da die Durchsetzung von funktionaler Differenzierung mit unterschiedlichen Modernen und Modernisierungen einhergeht. In einem ersten Schritt werden Folgerungen aus den Ergebnissen des Forschungsprogramms der Multiplen Modernen gezogen, um die strukturellen Veränderungen der Funktionssysteme Wirtschaft, Politik und Recht zu skizzieren.[51] Eine Brücke zwischen der soziologischen Theorie und der Soziologie der Funktionssysteme könnte dadurch geschlagen werden, „Theorie *selbst als* Form struktureller Kopplung des Wissenschaftssystems mit den Reflexionstheorien der Funktionssysteme einzusetzen.“ (Luhmann 1993, 543) Damit verpflichten sich Funktionssysteme nicht für die Einbeziehung einer *bestimmten* Theorie. Das würde zugleich dazu führen, dass sich die blinden Flecken, die in der Innen- und Außenbeobachtung des Systems vorliegen, weniger verzerrend auswirken. „Theorie“ selbst ist in diesem Kontext als eine Kommunikation im Wissenschaftssystem zu verstehen.

Daran schießen sich die *Orientierungen* und *Forschungsschwerpunkte* der strukturellen Veränderungen am Beispiel der Veränderung der *Struktur des politischen-*, *Wirtschafts-* und *Rechtssystems* an. Der von Krawietz konzipierte *Multi-Level-Approach* ist ein rechtstheoretischer und rechtssoziologischer Ansatz, der sich dazu eignet, die Analyse des Rechtssystems mit der Beobachtung der Veränderung der anderen

51 Zu Eisenstadts Modernisierungstheorie der Multiplen Modernen: 2018c, 2010, 2020. Zu seiner allgemeinen Soziologie 2011, 2022.

Funktionssysteme forschungsprogrammatisch abzustimmen. Die strukturellen Probleme und Veränderung des Rechtssystems, das gilt für alle Funktionssysteme, können nur dann mit Tiefenschärfe untersucht werden, wenn wir die Umweltreferenz im Hinblick auf seine *Leistung* (System-System-Beziehung) und seine *Funktion* für die gesellschaftliche Kommunikation einbeziehen. Dabei ist davon auszugehen, das gilt auch für die anderen Funktionssysteme, dass es auch einen blinden Fleck in seiner Umweltwahrnehmung hat. Darauf ist seine Selbstbeschreibung bzw. seine Reflexionstheorie (Rechtstheorie) einzustellen.

Die Thematisierung des Übergangs zur nächsten Gesellschaft zieht die Folgerungen nicht nur aus der veränderten Semantik der Sozialstruktur, die durch Globalisierung herbeigeführt wird, sondern auch aus der sich anbahnenden Restrukturierung der Funktionssysteme. (Baecker 2007a, b, Preyer, Krauße 2020) Es könnte sein, dass die Nächste Gesellschaft die funktionale Differenzierung hinter sich lassen wird.[52]

ii. Grenzen der westlichen Modernisierung

Die Fallanalysen von Eisenstadt über die strukturell zu unterscheidenden Modernisierungen in China, Indien, Japan, Nord- und Südamerika, West- und Osteuropa und das Byzantinische Reich belegen, dass die Systematisierung von Modernisierung als eine globale Moderne und eine globale Zivilisation zu korrigieren ist. (Zum Überblick: Eisenstadt 2006 (2022), 253-488) Zwar verbreitete sich die westliche Version der Moderne seit der Mitte des 19. Jahrhunderts, aber sie ist ein besonderer Typus von Modernisierung. Innerhalb der westlichen Gesellschaften, z.B. in Europa, den Vereinigten Staaten und Lateinamerika, wurden eigenständige kulturelle Programme und Institutionen hervorgebracht. Für den amerikanischen Protestantismus ist eine besondere Religiosität typisch, der die kollektive Identität der Amerikaner geprägt hat und sich auf die Zivilreligion auswirkte. Die Evangelikalen haben zum Modernisierungsprozess und den großen Umgestaltungen der amerikanischen Gesellschaft erheblich beigetragen. (Dazu vor allem: Hochgeschwender 2007). Die Richtung der Modernisierung hängt mit der Art der Trägerschichten, den sozialen Bewegungen und ihrer Organisation zusammen, die Modernisierung in historischen Großkonflikten und Kämpfen durchgesetzt und implementiert haben. Das betrifft auch die Institutionalisierung des Wohlfahrtsstaats als Sozialstaat, die Durchsetzung des Frauenwahlrechts und die Relevanz der Menschenrechte nach dem

52 Die Rede von der „Nächsten Gesellschaft" wird in diesem Text als Fachbegriff behandelt, so wie z.B. „Multiple Modernity". Insofern wird „Nächste" mit großem Anfangsbuchstaben geschrieben. (Preyer, Krauße 2020)

Zweiten Weltkrieg. Vergleichbares gilt auch für die Vereinigten Staaten. Von dort ist die Menschenrechtsbewegung während des Zweiten Weltkriegs ausgegangen. Wir erkennen daran, dass Modernisierungen strukturelle Voraussetzungen und Vorgeschichten (Systemgeschichten) haben, durch welche die Problemlösungen, die im Horizont des Möglichen auftreten, beeinflusst werden. Durch die Dynamik der Globalisierung wird sich die westliche Modernisierung nicht wiederholen, da sie nicht nach dem Modell der Differenzierung von relativ autonomen und interdependenten Funktionssystemen sowie den damit einhergehenden typischen Institutionen verläuft. Insofern ist sie kein universalgeschichtlicher Vorgang. Man kann sich überlegen, ob das mit Webers Modernisierungstheorie harmoniert oder nicht.

Die Institutionalisierung der Funktionssysteme im Zuge der westlichen Modernisierung ist selbst das Ergebnis einer historischen Konstellation und interdependenter Faktoren (Bedingungen), welche die kognitiven Errungenschaften der modernen Wissenschaften, den Humanismus der westlichen Moderne, die rationale Wirtschaft und die methodische Lebensführung seiner Trägerschichten (Berufsethos), die nationalstaatliche Souveränität, den Verfassungsstaat und die Offenheit der Gemeinschaftsordnung hervorbrachten. Sie haben sich über einen längeren Zeitraum hin restabilisiert. Instruktiv ist, dass in China die Modernisierung seit dem Ende der 1970er-Jahre mit der Endkollektivierung der Landwirtschaft und dem Wachsen des landwirtschaftlichen Sektors begann. Sie wurde in Sequenzen durchgeführt und war 1986 abgeschlossen. Erst danach erfolgte die weitere Reorganisation des chinesischen Wirtschaftssystems, ohne dass das politische System durch einen politischen Konstitutionalismus umgestaltet wurde. Hervorzuheben ist, dass im chinesischen Rechtssystem den primären Rechtssystemen eine besondere Bedeutung zukommt. Das legt einen Vergleich zur Modernisierung Japans nahe, obwohl Japan im Weltmaßstab eine einmalige Gesellschaft ist.

iii. Systemgeschichtliche Voraussetzungen, Alteuropäische Tradition

Die Multiple Modernities und Modernisierungen gehen mit unterschiedlichen Strukturen der Restabilisierung der Kommunikation in den Funktionssystemen einher, die nicht in jedem Fall mit einer gruppenübergreifenden Solidarität der Schichten, der ethnischen, religiösen und sprachlichen sozialen Gruppen einhergeht. Das ist die Erklärung dafür, dass im Zeitalter der „entfesselnden Kommunikation“ der askriptiven Solidarität, einem hybriden Multikulturalismus, der Ethnienökonomie und den primären Rechtssystemen eine neue Funktion zukommt. Das löst wiederum neue soziale Bewegungen aus, die sich an den veränderten Sozialstrukturen kristallisieren.

Die unterschiedlichen Versionen der Modernisierung sind den systemgeschichtlichen Voraussetzungen der strukturellen Evolution des Gesellschaftssystems als einer Evolution der fortlaufenden Interpretation der Inklusions- und Exklusionsordnung zuzuordnen. Das harmoniert mit dem evolutionär universal verbreiteten Kampf um freie Ressourcen, da er ein Kampf um die Teilnahme an der gesellschaftlichen Kommunikation ist. Die Selektionen der Systemordnungen und ihre unterschiedlichen Zentrums-Peripherie-Differenzierungen in der strukturellen Evolution sind nicht verallgemeinerbar. Sie ist kein universalgeschichtlicher Vorgang und Evolution folgt keinem Entwicklungsprogramm. Insofern sind die Multiplen Modernen als strukturell zu unterscheidende Modernisierung zu interpretieren.

Was wir soziologisch immer mehr erkennen, ist das Ende der *Alteuropäischen (Aristotelischen) Tradition.* Sie besagt, dass soziale Systeme human finalisiert sind. Die Dehumanisierung des Gesellschaftssystems hat sich zwangsläufig im Zuge der Durchsetzung funktionaler Differenzierung eingestellt. Die sozialen Systeme haben nicht Menschen zu ihren Bestandteilen. Sie gehören zu ihrer Umwelt. Ihre Binnenselektivität greift immer selektiv auf diese Umwelt zu. Die humane Finalisierung der gesellschaftlichen Kommunikation ist der blinde Fleck ihrer Selbstbeobachtung. Das gilt vor allem für die Selbstbeschreibung des modernen Gesellschaftssystems als eine individualistische Gesellschaft. Solang sie sich so beschreibt, bleibt sie sich über sich selbst im Unklaren.

(b) Strukturelle Veränderungen

i. Mobilisierte Gesellschaft

Wir leben mittlerweile in einer mobilisierten Gesellschaft, von der Ökonomie, Politik, Recht, Solidarität sowie die Expansion und Dynamik der Kommunikationsgesellschaft erfasst sind. (Münch 1991) Dadurch verändert sich *Gesellschaft* und *Interaktion* derart, dass ein strukturelles Gefälle zwischen beidem entsteht. Interaktionen sind anzufangen und zu beenden, *Gesellschaft* als das umfassende soziale System ist aber nicht kommunikativ erreichbar. Sie hat keine Adresse. Das wird durch die Selektionen der neuen Zeitordnung verstärkt, die eine grundsätzliche veränderte Teilnahmebedingung an der gesellschaftlichen Kommunikation durchsetzt. Kommunikation läuft mittlerweile zwischen den

Kontinenten in *Realzeit* ab.[53] Das führt zu dem Problem des Umgangs mit einer erhöhten Geschwindigkeit, die von unserer erlebbaren biologischen Zeit erheblich abweicht. Kommunikation in Realzeit verändert strukturell die Anschlussrationalitäten und die Teilnahmebedingungen an der Kommunikation der Funktionssysteme. Die strukturellen Veränderungen betreffen vor allem die Struktur der internationalen Beziehungen, die hegemoniale Position ihrer Teilnehmer, die Kommunikation zwischen und unter den Zivilisationen und die Restrukturierung der Funktionssysteme.[54] Sie leiten zunehmend eine Veränderung des Austauschs zwischen dem Wirtschafts-, dem politischen und dem Rechtssystem sowie eine Expansion der Gruppen-, Alltags-, Motiv- und therapeutischen Kommunikation ein.

ii. Restrukturierung der Funktionssysteme

Hervorzuheben sind vor allem die Vorgänge der Restrukturierung der Funktionssysteme der gesellschaftlichen Kommunikation:

1. Das Wirtschaftssystem wird durch global operierende Unternehmen zunehmend denationalisiert und deterritorialisiert. Gleichzeitig verändert sich die Zentrums-Peripherie-Differenzierung dieses Funktionssystems, da den Finanzmärkten eine neue Rolle zukommt.
2. Die Segmente des Arbeitsmarkts und die Unternehmensorganisationen werden durch die modernen Technologien sowie die Finanzmärkte verändert. Das hat bereits einen Paradigmenwechsel der Wirtschaftsordnung eingeleitet, da die inkrementelle Innovation der koordinierten (sozialen) Marktwirtschaft durch eine radikale Innovation der offenen Marktwirtschaft zunehmend abgelöst wird.
3. Das politische System verliert seine Regelungszuständigkeit im Kampf um freie Ressourcen der Interessengruppen. Das löst die

53 Das wurde bereits von den einschlägigen Untersuchungen hervorgehoben, ohne dass daraus die gesellschaftstheoretischen Folgerungen für die Kommunikations- und Organisationsgestaltung der Funktionssysteme gezogen wurden. Zu den evolutionären strukturbildenden Wirkungen der Verbreitungsmedien Schrift, Buchdruck und den digitalen Kommunikationstechnologien; z.B. Couch 1996, 73-80).

54 Eisenstadt 2009, 7-18. Zu dem Paradigmenwechsel von Gerechtigkeit und Solidarität als Folge der Restrukturierung der Interpenetration der Funktionssysteme der Wirtschaft, des Rechts, der Politik- und der Wissenschaft in der Folge der radikalen Innovation der sozialen Ordnung der liberalen Marktwirtschaft im Unterschied zur koordinierten (inkrementellen) sozialen Marktwirtschaft siehe z.B. Münch, 2009. Preyer, Krauße 2020.

Wohlstandskartelle des Sozialstaats auf und führt zu einem Umbau des Steuerungsregimes des Versicherungs- und Wohlfahrtsstaats.
4. Es tritt keine Homogenisierung des Rechtsordnungen des Rechtssystems unter der Voraussetzung der Ausbreitung der gesellschaftlichen Kommunikation ein, und
5. die internationale Migration führt einen hybriden Multikulturalismus herbei.[55]

Als Auswirkung globaler Prozesse beobachten wir eine Relativierung der rigiden homogenen Lebensformen und eine Neudefinition der Grenzen von Familien, Gemeinschaften und lokalen sozialen Organisationen. Vor allem im Hinblick auf den sozialen Status der Bürgerrolle im politischen System kam es zu Versuchen, die Grenzen zwischen dem politischen Zentrum und den kulturellen Zugehörigkeiten neu zu ziehen. In diesem Zusammenhang entstanden neue Enklaven von Gegenkulturen und Kulturszenen in den Großstätten London, New York und Tokio. Seit den 1970er-Jahren entstand eine neue Unterschicht, welche die technischen Anforderungen des Wirtschaftssystems nicht erfüllen konnte. Das hatte zur Folge, dass die beruflichen, kulturellen und politischen Lebensbereiche stärker differenziert und fragmentiert wurden. Mit diesen Vorgängen ging einher, dass sich die soziale Schichtung schnell änderte und nicht mehr stabil ist. Es stellte sich eine neue Abstufung von Lebensstilen und Teilnahmebedingungen an der gesellschaftlichen Kommunikation ein, die allgemeine ideologische Orientierungen zurückdrängte. Dazu gehörte, dass sich durch höheren beruflichen Status die gesellschaftlich-konservative Einstellung immer mehr auflöste. Das Statusbewusstsein orientierte sich nicht mehr an der Achse zwischen Zentrum und Peripherie. Im politischen Bereich fokussierten sich die politischen Konflikte in den Verteilungskämpfen des konservativen Wohlfahrtsstaats. Die neuen sozialen Bewegungen seit den 1960er-Jahren, die Umwelt-, Frauen-, Nicht-Regierungsbewegungen und die des islamischen Fundamentalismus waren nicht mehr zentrumsorientiert, sondern beanspruchten für sich soziale Räume. Damit ging einher, dass sich diese sozialen Bewegungen vom Nationalstaat als Zentrum der Verwirklichung von ontologischen und gesellschaftlichen Visionen distanzierten. Er behielt aber weiter, wenn auch eingeschränkt, seine Rolle als Verteiler von Ressourcen. Im politischen System und der politischen

55 Ihn darf man nicht mit einem Pluralismus verwechseln vgl. Preyer 2009, 48-73, Ben-Rafael 2020, Halstead 2010, 181-97.

Kommunikation führte das zu einer Schwächung der Parteien und der Repräsentativorgane.

Der grundsätzliche Unterschied zwischen der veränderten Grundsituation und der Frühen Moderne besteht nicht in dem Ausmaß des globalen Flusses von Ressourcen, sondern in der Verbindung mit diesen Vorgängen in der Vermehrung der Zusammenstöße unterschiedlicher Gesellschaften und sozialer Bereiche in der Kommunikationsgesellschaft. Dies leitet einen Wandel der relativen Positionen der unterschiedlichen Gesellschaften in dem neuen globalen Bezugsrahmen ein, der zu einer Konfrontation zwischen diesen Gesellschaften führt. Das geht über den Ost-West-Konflikt hinaus, da die Feindbilder nicht mehr polarisiert sind. Innergesellschaftlich relativiert sich die Unterscheidung von Gegner und Feind. Diese Konstellation löst eine Vermehrung der bisherigen peripheren lokalen, nicht hegemonialen sozialen Gruppen gegenüber den Zentren ihrer nationalen und dem internationalem System aus, die oft die translokalen Institutionen und die politische Öffentlichkeit umgehen. Das verstärkt die Unterschiede und Ungleichheiten zwischen den verschiedenen Zentren und ihren Peripherien, vor allem zwischen den Bereichen, die in das hegemoniale Finanzsystem und die wirtschaftlichen Technologiezentren integriert sind, und den Bereichen, die ihnen gegenüber immer mehr zurückfallen. Das vermehrt das Ressentiment der Besitzlosen im Exklusionsbereich, die nicht mehr in das Wirtschaftssystem und die Zivilgesellschaft zu integrieren sind. Zu den strukturellen Veränderungen des politischen Systems gehört die fragmentierte Souveränität und der Charismaverlust des politischen Zentrums. (Eisenstadt 2009a) Diese Grundsituation der *neuen* Konfrontationen zwischen Gesellschaften in einem globalen Bezugsrahmen haben bereits die Orientierungen der sozialen Bewegungen verändert. Sie sind nicht mehr, wie in der sozialen Bewegungen des 19. und des 20. Jahrhunderts an universellen Grundsätzen und an der Institutionalisierung des revolutionären Staates orientiert. Es spricht vieles dafür, dass sich in dieser veränderten Grundsituation die Kommunikationssysteme dahingehend verändern, dass diese interzivilisatorischen Konfrontationen schwerer zu regeln sein werden. Sie können sich leicht zu Kriegen zuspitzen. Das gilt vor allem unter der Voraussetzung, wenn die Kombattanten keine Nationalstaaten sind. Es könnte durchaus sein, dass wir nach dem Ende des Weltbürgerkriegs in eine Phase des globalen Kriegs eintreten. Die Erfahrung des Terrorismus ist dafür ein Beleg. (Preyer, Jakob Schissler 2002, „Gewalt als Furie des Verschwindens", 49-62, „Moderne und Krieg", 73-80)

Daraus folgt aber keine globale Desintegration in den interzivilisatorischen Beziehungen und eine rückläufige sozialen Integration, da die Konfrontationen und Konflikte die davon Betroffenen auch binden. Das ist eine alte soziologische Einsicht (Georg Simmel). (Darauf hat vor allem Hondrich in seinen Untersuchungen zur Konflikt- und Integrationstheorie hingewiesen: Hondrich 2002.) Wir erkennen vor allem, dass die Erweiterung der westlichen Ordnungsmacht zu Differenzerfahrungen und nicht zur Konfliktbeseitigung führt, da ihre kulturellen, auch moralischen Leitorientierungen nicht überall geteilt werden. Wir können bereits davon ausgehen, dass eine universelle Moral und ihre Verbreitung Kriege nicht verhindert. (Zu den evolutionären Folgeproblemen: Preyer (Bd. 3, 2018 c)

(c) Orientierungen und Forschungsschwerpunkte

i. Zum politischen System

Aufgrund der Konkurrenz der Nationalstaaten im politischen System sind Moral, Ethik und Recht nicht mehr zu harmonisieren. Das politische System der globalisierten gesellschaftlichen Kommunikation differenziert sich immer mehr in Einflussbereiche ohne ein globales Machtzentrum. Das sollte man nicht mit dem Begriff des Imperiums klassifizieren. Je mehr sich die gesellschaftliche Kommunikation netzwerkartig ausgestaltet, umso schneller zerbröckelt das politische Gemeinwesen.

Die Institutionalisierung der subjektiven Rechte und die Durchsetzung der Zentrumskultur gegenüber der Peripherie haben das Inklusionsprogramm funktionaler Differenzierung stabilisiert und die Gesellschaftsmitglieder unabhängig von ihrer Herkunftsgruppe gemacht. Das war die evolutionäre Innovation des individualistischen Inklusionsprogramms, der Einheitskultur und der kollektiven Identität des Nationalstaats. Die Herkunftsgruppen sind aber auch im europäischen Nationalstaat nicht verschwunden.

Die Organisation des politischen Funktionssystems der gesellschaftlichen Kommunikation wird kein globales Steuerungsregime sein, welches die Struktur des Nationalstaates auf das globale politische System überträgt. Aus gegenwärtiger Sicht beschreibt man es als eine Mehrebenendemokratie. Die Entwicklung des politischen Systems nach dem Zweiten Weltkrieg ging dahin, dass die politischen Aufgaben immer umfangreicher und die Erwartungen an die Politik größer wurden. Gleichzeitig waren diese Erwartungen immer schwerer zu erfüllen. Davon sind alle westlichen Staaten betroffen. Das hat zu der Anomalie geführt, dass die Leistungsfähigkeit des politischen Systems auf eine erweiterte Machtschöpfung angewiesen war. Dadurch veränderte sich die politische Strategie der amtierenden Parteien dahingehend, dass die Leistungssteigerung der politischen Programme und die Ausübung von politischer Macht auf eine Vermehrung von Einfluss, Commitments (Wertbindung) und auf eine entsprechende Finanzierung zu stützen war, um ihre Interessen zu verfolgen. Die strukturelle Herausforderung des politischen Systems bestand darin, dass zunehmend eine Machtinflation eintrat. Das war das Ergebnis einer Flut von Gesetzesinitiativen und Gesetzen, die immer weniger zu regeln vermochten und zunehmend eine einschnürende Wirkung verzeichnen.

Es spricht viel dafür, dass die staatliche Steuerungsfunktion von der vertikalen zu einer horizontalen Steuerung umzustellen ist: *Alle Aufgaben und Leistungen, welche die sozialen Teilsysteme lösen und erbringen können, sind ihnen zu überlassen und nicht Aufgabe der Politik.*[56]

Das gilt vor allem für das Modernisierungsmodell der kontinental-europäischen Tradition, die gegenüber Selbstorganisationen, seien es z.B. Versicherungsvereine, Selbsthilfeorganisationen, private Reform- und Alternativschulen, dazu neigt, mit staatlicher Übersteuerung und Übernahme zu reagieren.[57] In ihnen hat sich, mit Ausnahme von Großbritannien, eine Wettbewerbsgesellschaft nicht durchgesetzt. Der Wettbewerb spielt sich bereits zwischen *Regionen*, *lokalen Gemeinden*, *Unternehmen* und *sozialen Gruppen* ab. Das erfordert ein anderes politisches Steuerungssystem im Hinblick auf die Gestaltung der politischen Rahmenbedingungen. Dadurch haben sich bereits die sozial-strukturellen Voraussetzungen der wohlfahrtstaatlichen Integration verändert. Die soziologische und politologische Forschung unterscheidet zwischen

1. dem *liberalen* Wohlfahrtsregime, z.B. in Großbritannien, den Vereinigten Staaten und Australien,
2. dem *konservativ-korporatistischen* Wohlfahrtsregime, z.B. in Deutschland, Frankreich und Italien, sowie
3. den *sozialdemokratischen* Wohlfahrtsstaaten, z.B. in Schweden und Norwegen. Die liberale Version gewährt bedürftigkeitsgeprüfte Leistung auf einem niedrigen Niveau und fordert den Vorrang privat organisierter Sicherung; die konservativ-korporatistische Version basiert auf versicherungsbasierten Leistungen und wird im Bedarfs-

56 Vgl. zur Unzulänglichkeit der politischen Steuerung: Hondrich 2007, 230-51, Willke 2003, Münch 2001.

57 Zu der veränderten Struktur der sozialen Integration in Europa: Münch 2008.

fall durch subsidiäre Hilfe gestützt, z.B. familiale Unterstützung, die für die Betroffenen nur grundsichernd ist, um Armut zu vermeiden; die sozialdemokratische Version garantiert eine weitgehende von der familialen Hilfe unabhängige Leistung auf einem hohen Niveau.

4. In der laufend Forschung wurde darauf hingewiesen, dass sich z.B. in Spanien durch den hohen Rückgang der Geburtenrate eine andere Version, eine *mediterrane* Version, ausprägte, die noch nicht angemessen eingestuft ist. Spanien wurde zunächst als ein residualer Wohlfahrtsstaat bezeichnet. (Dazu: Esping-Andersen 1998, 19-56)

Das grundlegende Problem besteht darin, dass der Erfolg der Wohlfahrtsregime nach dem Zweiten Weltkrieg den Blick auf die veränderte Situation der Beziehungen zwischen den Funktionssystemen verstellt hat. Das gilt auch noch für die soziologische Theorie. Die Sozialpolitik des Wohlfahrtsstaats lässt sich nicht auf die veränderte Situation übertragen. Das gilt nicht nur für die Verrechtlichung der Arbeitsbeziehungen, die zunehmend unternehmensspezifischen Regelungen weichen, sondern auch für eine zunehmende Desolidarisierung der Parteien im politischen System als auch für die transnationalen rechtlichen Regelungen der Konflikte im politischen und im Wirtschaftssystem, da sie sich nicht global institutionalisieren lassen. Insofern wird sich auch eine nicht mehr überbrückbare Differenz zwischen der gewerkschaftlichen Interessenvertretung und dem Human Ressource Management einstellen.

Wie sich die Inklusionen und Exklusionen im neuen Wohlfahrtsstaat auch immer gestalten, mit einer europäischen und darüber hinausgehend einer globalen Sozialpolitik sollten wir nicht rechnen. Das Strukturproblem aller Wohlfahrtsregime besteht darin, dass sie die Inklusionsansprüche immer mehr verrechtlicht haben und damit die Leistungsfähigkeit des Rechtssystems überfordern.

Die veränderten Inklusions- und Exklusionsbedingungen sind der Forschungsschwerpunkt, wenn der Nationalstaat seine integrative Funktion verliert und die Inklusion nur noch formell ist, da sie auf den Rechtsstatus beschränkt bleibt, und die Frage, welche institutionellen Modelle der politischen Konfliktregelung sich herausbilden, die nicht auf machtbasierten Entscheidungen beruhen.

Für das Verständnis dieser Zusammenhänge empfiehlt es sich, zwischen Sozial- und Wohlfahrtsstaat zu unterscheiden. (Baecker 1994, 93-110, Luhmann 2000b, 422-28) Der Wohlfahrtsstaat ist eine Folge der Umgestaltung des politischen Systems durch das Inklusionsprogramm funktionaler Differenzierung, somit der Inklusion der Bevölkerung in die Funktionssysteme. Dem Sozialstaat kommt die Aufgabe zu, durch soziale Hilfe die Exklusionen abzumildern und zu korrigieren. Das führt zu einer größeren Abhängigkeit der Lebensgestaltung von Teilen der Gesellschaftsmitglieder von politischen Entscheidungen. Die Probleme der Sozialpolitik vergrößern sich, sofern der Übergang vom Inklusions- in den Exklusionsbereich fließender wird. Das politische System kommt durch sein Inklusionsprogramm und seine Auswirkung unter Dauerdruck, den es selbst kaum mehr zu handhaben vermag. Da das politische System die anderen Teilsysteme nicht steuern kann, kommt es zu einem Problemdruck durch die Ansprüche und Forderungen unterschiedlichster Art, den es selbst nicht verarbeiten kann. Das führt zu Zurechnungsproblemen, da sich die Auswirkungen auf das Rechts-, Wissenschafts- und andere soziale Systeme nicht mehr trennscharf zurechnen lassen. Zu dem *Forschungsschwerpunkt* gehört in diesem Zusammenhang auch die Analyse der Auswirkung der formalen Organisation des politischen Systems. Ihre Eigenständigkeit erklärt auch, dass ihre Operationsweise nicht durch politische Intentionen zu charakterisieren ist. Formale Organisationen operieren umweltblind. Insgesamt führt diese Problemstellung zu der Analyse der Beziehung zwischen Funktionssystemen und formalen Organisationen, die sie mit Diskriminierungsfähigkeit ausstatten. Es geht dabei auch darum, ob die Selbstbeschreibung des politischen Systems als *Staat* weiter fortbestehen wird. Vielleicht sollten wir sie von der Außenperspektive aus auf politisches System und seine formale Organisation umstellen.

ii. Zum Wirtschaftssystem

Unter der Voraussetzung der wirtschaftlichen Globalisierung wird der westliche Sozialstaat in die Defensive gedrängt. Die nationalstaatliche Integration und die wirtschaftliche Globalisierung sind immer schwerer aufeinander abzustimmen. Die lokalen Gemeinschaften können sich immer weniger gegenüber dem globalen Wirtschaftssystem und seinen Märkten abgrenzen. Das löst neue sozialpolitische Konflikte aus. In dem Ausmaß, in dem sich Unternehmen an komparativen Kostenvorteilen orientieren, verändern sich die Beschäftigungsstrukturen. Das verschärft den Arbeitskampf, da damit auch Lohndumping begünstigt wird. Ob er in Zukunft von den Gewerkschaften geführt wird, mag dahingestellt bleiben. Gleichzeitig treten ökologische Verteilungskonflikte auf, da durch die Herstellungs-, Transportketten, Konsumption und die Freizeitgestaltung eine fortlaufende Übernutzung von natürlichen Ressourcen stattfindet.

Der globale Arbeitsmarkt beendet das Inklusionsprogramm des konservativen Wohlfahrtsstaats und die fortlaufende vergrößerte Teilhabe am nationalen Wohlstand, da die nationalen Standortvorteile nicht mehr auf alle Segmente des jeweiligen Wirtschaftssystems übertragbar sind. Die veränderte Grundsituation besteht darin, dass Produktivitätssteigerungen nicht mehr eine Erhöhung von Beschäftigung und Steuereinnahmen gewährleisten. Es wird dadurch ein größeres Qualifikationsgefälle auf dem Arbeitsmarkt eingerichtet. In der Konkurrenz um Qualifikation können nicht alle mithalten. Es entsteht das kaum zu beseitigende Problem, dass die Geringqualifizierten keine Beschäftigung mehr finden. Der Strukturwandel, der bereits erkennbar ist, besteht darin, dass die Erwerbsarbeit nicht mehr das Zentrum der sozialen Integration sein wird. Diesbezüglich wird sich ein Mentalitätswandel einstellen. Bei der Einschätzung dieser Veränderungen darf man sich nicht durch die anders lautenden politischen Rhetoriken in die Irre führen lassen. Die Marktöffnung und der damit einhergehende Wettbewerbsdruck wird sich in einem globalen Wirtschaftssystem nicht mehr rückgängig machen lassen, sondern weiter verschärfen.

Der Strukturwandel wird durch die veränderte Zentrums-Peripherie-Konstellation des Wirtschaftssystems beschleunigt, in dem die Finanzdienstleister durch die Finanzmärkte eine Zentrumsposition einnehmen. Damit geht einher, dass an die Stelle einer langfristigen Restabilisierung des Wirtschaftssystems Strukturbrüche eintreten, welche sich hoch selektiv auf die Marktteilnehmer auswirken. Das führt zu Desintegration und Anomie, die auch durch ein globales Wirtschaftssystem nicht beseitigbar ist, sondern verstärkt wird. Die Wirtschaftseliten haben sich bereits desolidarisiert, und ihre nationale Loyalität zu ihrer Herkunftsgesellschaft ging zunehmend verloren. Das gilt auch dann, wenn sie noch in ihren Nationalstaaten wohnen. Sie stehen ihren Partnern im globalen Wirtschaftssystem näher als ihren eigenen Mitarbeitern und den Vertretern des politischen Systems. Das gilt auch dann, wenn in der Öffentlichkeit andere Lippenbekenntnisse abgegeben werden. Wenn die nationale Solidarität der Wirtschaftseliten zerbricht, dann lässt sie sich auch nicht mehr in den Nationalstaat einbinden. Während der Nationalstaat das Inklusionsprogramm funktionaler Differenzierung stabilisiert, treten zunehmend Inklusionskonflike ein, da sich die Interessen der sozialen Gruppen immer schwerer abstimmen lassen. Das Wirtschaftswachstum, die nationale Solidarität und die staatliche Steuerung brechen zunehmend auseinander. Das führt dazu, dass die Funktionssysteme auseinander driften.

Die strukturellen Veränderungen der solidarischen Integration sind der *Forschungsschwerpunkt*, wenn der Wohlfahrtsstaat die wirtschaftliche Schadensbegrenzung nicht mehr gewährleisten als auch regeln kann und die alten Wohlfahrtskartelle zerbrechen. Die soziale Integration ist kein Endzustand, sondern ein dynamischer Vorgang. Im konservativen Wohlfahrtsstaat haben sich nationale Solidarität, wirtschaftliches Wachstum und politische Steuerung gegenseitig stabilisiert. Noch nicht vorhersehbar ist, welche Formen der Solidarität (des Helfens und der Schadensbegrenzung) sich im Zuge des Umbaus der westlichen Wohlfahrtsordnungen herausbilden werden. Dabei braucht man nicht zu bestreiten, dass sich gesellschaftliche Kommunikation nicht ohne Formen des Helfens als individuelle und kollektive Schadensbegrenzung restabilisieren kann, um soziale Systeme vor einer Katastrophe zu schützen. Sie sind aber keine Perfektion der gesellschaftlichen Kommunikation und haben keine globale Reichweite. Es ist bereits erkennbar, dass in dieser veränderten Grundsituation die rechtliche Kommunikation nicht mehr eine soziale Integration herbeiführen wird, wie es noch Durkheim annahm. Dem Rechtssystem kommt eine ganz andere Funktion zu. Soziale Integration kann von keinem Funktionssystem herbeigeführt werden. Insofern bedarf es einer Neufassung der Theorie der sozialen Integration. (Preyer 2018a, c)

iii. Zum Rechtssystem

Wir sollten davon ausgehen, dass es *Gesellschaft* ohne Recht nicht geben kann. Es erlaubt die Projektion von Erwartungserwartungen. Nur dadurch kann sich gesellschaftliche Kommunikation in der Zeitdimension restabilisieren. Die rechtliche Kommuniktion und Entscheidung dient nicht der Harmonisierung der gesellschaftlichen Kommunikation oder der sozialen Integration. Seine *Funktion* für die gesellschaftliche Kommunikation besteht in der Option der Konfliktvermehrung für die Mitglieder sozialer Systeme. Seine *Leistung* in der System-System-Beziehung könnte man durch die Restabilisierung der Regelung von Konfliktaustragungen beschreiben. Die rechtliche Kommunikation kann *negieren*, ohne soziale Systeme in ihrer Struktur zu gefährden. Es ist aber schwerer, die *Reflexionstheorie* der Rechts über die vorliegenden Rechtstheorien hinaus fortzuschreiben. Das gilt vor allem unter der Voraussetzung funktionaler Differenzierung, da bei dieser Differenzierungsform die Enttäuschung von Erwartungen in den Teilsystemen zum Normalzustand wird. Es programmiert zugleich die Nichtvariabilität von Systemzuständen der gesellschaftlichen Kommunikation. Insofern ist es ein Antikörper (unter anderen) in dem Immunsystem der *Gesell-*

schaft, der dazu dient die Konflikte und Irritationen der gesellschaftlichen Kommunikation zu bewältigen, und er richtet ein systemeigenes Gedächtnis ein. Wir sollten die Rede vom Immunsystem wörtlich nehmen, da sich die rechtliche (gesellschaftliche) Kommunikation selbstreferenziell schließt.[58] Recht kann aber auch andere Funktionen wahrnehmen. Es spricht viel dafür, dass in der mittlerweile beobachtbaren gesellschaftlichen Kommunikation eine andere strukturelle und operative Kopplung zwischen dem Rechts- und den anderen Funktionssystemen eintritt.

Luhmann ging bereits von dem Befund aus, dass in der Weltgesellschaft das Recht als ein Funktionssystem mit seinen besonderen Anforderungen an seine Institutionalisierung etabliert ist. Es gibt in ihr aber keine einheitliche Rechtsordnung. Unter Weltgesellschaft versteht Luhmann (1982², 68-88) den Bereich erreichbarer Kommunikation. Damit charakterisiert er das moderne Gesellschaftssystem. Luhmann fasst WELT als *differenzlosen Letztbegriff* (unmarked space). Die Teilnahme an der Weltgesellschaft als Kommunikationssystem hat zwei Perspektiven. Die Teilnehmer nehmen eine kongruente und eine inkongruente Einstellung ein. Sofern ihre Kommunikation erfolgreich ist, liegt eine Selektion vor, welche die Teilnehmer handhaben können. Gleichzeitig sind ihre Einstellungen inkongruent, da für jeden Teilnehmer die Perspektive des Anderen eine *andere* Welt ist, zu der er keinen Zugang hat. Diese Differenz ist nicht negierbar. Mit jedem Tod stirbt zugleich eine Welt. Von dem Begriff der Weltgesellschaft unterscheide ich die Dimensionen der Globalisierung und ihre strukturbildenden Wirkungen in den Kommunikationssystemen. Die weltgesellschaftliche Kommunikation kondensiert sich in die Differenzierung von informell und formell organisierten sozialen Systemen. Es gibt aber darüber hinaus keine höhere soziale Ordnung.

Die Vergleichbarkeit der unterschiedlichen Rechtsordnungen besteht z.B. in der Gesetzgebung, der Unterscheidung zwischen Straf- und Zivilrecht. Es dürfen Eigentum erworben und Verträge geschlossen werden und Rechtsverfahren finden ihre Anwendung. Dazu gehört auch die westliche Sensibilität für Menschenrechtsverletzungen, ohne dass diese Rechte eine eindeutige Geltungsgrundlage und Spezifikation hätten. Ihre Beobachtung setzt den Fokus ihrer Verletzung. Die unterschiedlichen Rechtsordnungen werden aber durch die Etablierung der Differenzierung des Rechtssystems auf der Ebene der globalen gesellschaftlichen

58 Zu dem Immunsystem der Gesellschaft und dem Rechtsystem als Immunsystem der gesellschaftlichen Kommunikation: Luhmann (1984, 504-12).

Kommunikation aus Luhmanns Sicht nicht beseitigt. (Luhmann 1993, 573-578) Recht als die Zuweisung von subjektiven Rechten ist zudem nicht in der Lage, ihre politische Durchsetzung zu gewährleisten. Er neigt deshalb dazu, das „Weltrechtssystem“ von den Pflichten her zu systematisieren. (Luhmann 1993, 580)

Die rechtliche Kommunikation als eine selektive Regelung von Erwartungserwartungen ist immer zugleich durch eine Entscheidungsordnung bestimmt, die durch die Zeitdimension dominiert ist. Fassen wir den Begriff der Rechtsfolge kommunikationstheoretisch, so ist er auf den *Enttäuschungsfall* zu beziehen. Die Beschreibung einer Kommunikation unter dem Gesichtspunkt ihrer Rechtsfolge ist eine Option eines Beobachters, der Kommunikation im Hinblick auf eine Erwartungsselektion beobachtet. Dabei handelt es sich um eine Erwartung besonderer Art, da die Selektion eine normierte und entscheidbare Erwartung in der Zeit projeziert. Das gilt unabhängig davon, wie im Rechtsverfahren inhaltlich entschieden wird. Unter den Funktionssystemen der gesellschaftlichen Kommunikation ist das Rechtssystem das einzige Entscheidungssystem, das nicht nur Erwartungen normiert – das liegt auch in anderen Funktionssystemen vor –, sondern das durch das Justizverweigerungsverbot Entscheidungen als kommunikationsverbindlich institutionalisiert sind. Nur dadurch kann es seine *Leistung* in der System-System-Beziehung erfüllen.

Die rechtliche Kommunikation restabilisiert als Kommunikationstyp eine Selektion von Erwartungserwartungen im Hinblick auf eine unbestimmte Zukunft, indem Variationen der Erwartungen eingeschränkt werden. Die Restabilisierung der rechtlichen Kommunikation besteht in der Entscheidung, die Recht zugleich als veränderbar und kontingent setzt. Recht wird als die Projektion der Selektion von Erwartungen in der Zeit bestimmt. Die positive oder negative Selektion legt aber noch nicht fest, ob und wie das System Strukturen verändert und sie bei einer unterdrückten Veränderung erhalten kann. Man sollte endlich davon Abstand nehmen, dass Recht durch eine natürliche Vernunft- oder Werteordnung Gültigkeit hat. Die Geltung des Rechts ist nur durch formal organisierte soziale Systeme zu etablieren.

Die rechtliche Kommunikation als eine „Kommunikation in formal organisierten sozialen Systemen“ ist nach Maßgabe des formal geltenden Rechts immer zugleich auch eine *Episode* der gesellschaftlichen Kommunikation, die deshalb den Rechtsträger als einen Mitgliedschaftsstatus sozialer Systeme reproduziert. Nur durch diese Markierung ist rechtliche Kommunikation zu beobachten und sind Rechtsverletzungen zuzuschreiben, da sie die Unterscheidung zwischen *Kommunikation*,

Handlung und *Zuschreibung*, somit die Handhabung der Unterscheidung von Selbst- und Fremdreferenz, voraussetzt.

Das Gesellschaftssystem umfasst eine Vielzahl von sozialen Systemen, Organisationen und einfachen Interaktionssystemen. Die Einsicht, dass es ohne Recht keine *Gesellschaft* geben kann, ist vom Standpunkt der allgemeinen Theorie sozialer Systeme dadurch begründet, dass die selbsterzeugte Ungewissheit, in die sich soziale Systeme versetzten, einer Kompensation bedarf. Jedes soziale System verfügt über ein Autoritätssystem (normative Autorität), das die Projektion von Erwartungen in Kraft setzt. (Zum Begriff der normativen Macht: Preyer 2018 a) Dieses System besteht aus beidem, der *auctoritas* (dem Anomischen) und der *potestas* (dem Nomischen). (Dazu in der neueren Literatur Agamben, 2004, 52-65, 88-104) Seine auctoritas besteht darin, den *Ausnahmezustand* zu erklären. Durch ihn sind soziale Systeme als nicht-triviale Maschinen selbstdeterminiert, da sie sich in den selbsterzeugten Zustand der Unbestimmtheit (Ungewissheit) versetzten. Die Selbstreferenz (Selbstdeterminiertheit) sozialer Systeme besteht darin, über den Ausnahmezustand zu entscheiden. Das begründet einen neuen Blick auf die Soziologie der Soziologie. Das sollten wir die Einsicht Carl Schmitts nennen, der einen besondere Neigung zum Antiquierten hatte. Auf das Recht angewandt heißt das, Recht kann gelten, ohne angewandt zu werden, z.B. im Notstand.

iv. Multi-Level-Approach

Krawietz hat, um diese veränderte Situation in der Evolution des Rechtssystems zu systematisieren, einen *Multi-Level-Approach* des modernen Rechtsdenkens konzipiert.[59] Er ist durch seine Ebenendifferenzierung ein Beispiel für eine solche Interpenetration Kopplung zwischen dem Wissenschaftssystem mit der Theorie des Funktionssystems *Recht* als einer *Theorie der Rechtssysteme*. Durch die Aufnahme der Ergebnisse des Forschungsprogramms der Multiplen Modernen hat der Ansatz eine operative Kopplung der Theoriebildung zwischen rechtstheoretischer und rechtssoziologischer Forschung vorgenommen, durch welche die Beobachtung und Beschreibung der rechtlichen Kommunikation anders eingestellt wird. Der Ansatz geht von der Funktionsunterscheidung des politischen und des Rechtssystems aus, da die Autopoiesis des Rechts nicht notwendig eine staatlich regulierte Entscheidungsorganisation

59 Krawietz 1984, 1993, 81-133. Zur Übersicht über die *Untersuchungsebenen* des Ansatzes: 107, zum Ziel und der Leistung der Vorgehensweise: 113-14, 2007, 1-37, 2008, 181-206, 2009, 249-271. Struktur des Rechtssystems: 2018 c, 190-204.

strukturell voraussetzt. (Krawietz 2007, 89) Krawietz resystematisiert Recht als ein Kommunikationsmedium, d.h. als rechtliche *Kommunikation*. Dem widerspricht nicht, Gerechtigkeit als eine Kontingenzformel des Rechtssystems einzustufen. Das Letztelement rechtlicher Kommunikation ist nicht die *Willenserklärung*, sondern ein besonderer Typus von Kommunikation, d.h. in diesem Fall der rechtlichen Kommunikation im Unterschied zur politischen oder der wirtschaftlichen Kommunikation. Das heißt nicht, dass in der rechtlichen Kommunikation nicht gehandelt wird. Insofern ist die traditionelle Rechtstheorie zu korrigieren, die davon ausgeht, dass die Willenserklärung das Mittel ist, mit dem der Mensch seine Rechtsverhältnisse gestaltet. Der Wille ist auch nicht auf eine Rechtsfolge gerichtet. Das wäre ein mystisches Geschehen. Die Rechtsfolge ist dagegen derart zu fassen, dass der Selektion der Kommunikation unter bestimmten Voraussetzungen eine Rechtsfolge zugeschrieben wird. Rechtssätze (-normen) sind durch ein „System" von interdependenten Erwartungen autorisiert. (Zum Gesetzesbegriff: Preyer 2018c) „Nur für das Recht gilt – im Unterschied zur Moral –, dass es „in Verfahren über Formen (verfügt), die es ermöglichen jemandem rechtmäßig sein Unrecht zu bescheinigen, und nur das Recht kennt jeden weder eingeschlossenen noch ausgeschlossenen Grenzwert der temporären Unentschiedenheit der Rechtsfrage." (Luhmann 1993, 211) Die Erwartungen sind als Rechtsfolgen von Amtswegen zu erzwingen, d.h. sie werden durch eine formale Organisation durchgesetzt.

Der *Multi-Level-Approach* resystematisiert die Rechtstheorie und Rechtssoziologie auf der Problemstufenordnung der Typen sozialer Systeme *Gesellschaft*, *Organisation* und einfacher *Interaktion unter Anwesenden*. Die *Ebenen* negieren nicht die System-Umwelt-Differenz, sondern sie differenzieren die Systembildung. Sie unterscheiden sich dadurch, wie die Umwelt von den Systemmitgliedern behandelt wird. Dadurch sind *Typen* sozialer Systeme unterscheidbar. Gegenüber der Gesellschaft als selbstsubstitutiver Ordnung kann kein Kommunikationsteilnehmer einen externen (transmundanen) Standpunkt einnehmen. Differenzierung der Gesellschaft heißt, dass die Sozialdimension zur Grenze der Kommunikation und damit der Beobachtung sozialer Systeme wird. Das wird schon immer so gewesen sein.

Der *Multi-Level-Approach* geht von der strukturellen Unterscheidung zwischen den Funktionssystemen Politik und Recht aus. Dieser Anschnitt ist nicht hoch genug zu veranschlagen, da vor allem in der deutschen Tradition der Rechtstheorie eine Fusion von Staat und Recht vorliegt, der auf den staatszentrierten Gesellschaftsbegriff des 19. Jahrhunderts zurückgeht.

Erkennbar sind in der globalisierten gesellschaftlichen Kommunikation gerade unterschiedliche Rechtsordnungen (-kulturen). Krawietz charakterisiert diese veränderte Grundsituation durch die Durchsetzung von *Multiplen Modernen bzw. Modernisierungen des Rechts* und der *Rechtssysteme* sowie als eine *multiple Heterarchie diverser regionalgesellschaftlicher Systeme des Rechts*. Die Rechtstheorie wird deshalb nicht davon ausgehen, dass es eine „Einheit einer universalen Weltrechtsgemeinschaft" (Kelsen) gibt. Das ist bereits keine Frage der Belege mehr. Darüber hinwegzugehen ist der blinde Fleck der Beschreibung der organisationellen Programmierung des funktionsdifferenzierten Rechtscodes.

v. Verfassungsstaat

Der moderne Verfassungsstaat (demokratischer Rechtsstaat) als eine Organisation des politischen Systems ist in der Folge der Durchsetzung der Differenzierung von *Gesellschaft*, *Organisation* und *einfacher Interaktion* (funktionale Differenzierung) nur ein Organisationssystem unter anderen.[60] Gehen wir von der Trennung des Rechts- und des politischen Systems als Funktionssystemen aus, so ist die Verfassung in der Interpenetrationszone zwischen den beiden Funktionssystemen zu platzieren. Ob diese Interpenetrationszone evolutionär überlebensfähig ist, hat dahingestellt zu bleiben. Fassen wir Recht in seiner *Funktion* der Konfliktvermehrung, so ist rechtstheoretisch die Unterscheidungen zwischen dem *formalen* und dem *informalen* Recht erforderlich. *Formal* ist die rechtliche Kommunikation durch die vorgeschriebenen Verfahren für die Rechtsprechung der unterschiedlichen Instanzen, der Vertragsabfassung und der Satzung des Rechts. *Informal* ist sie durch die Projektion der Erwartungserwartungen der Kommunikationsteilnehmer an die formal und spontan organisierten sozialen Systeme. (Krawietz 2007, 87-88) Einfache Interaktionssysteme rücken durch die funktionale Differenzierung in eine besondere Funktion ein. Sie dienen der Beobachtung der gesellschaftlichen Kommunikation. Sie können deshalb unter den drei Systemreferenzen auf der *analytisch-begrifflichen* und *empirischen* Ebene rechtlich erfasst werden:

1. den rechtlich normierten Erwartungserwartungen (Rechtssätze), welche die Erwartungserwartungen spezifizieren,

60 Zur Verfassungsgerichtsbarkeit und der nach dem Zweiten Weltkrieg veränderten Stellung der Verfassungsgerichte: Grimm 2021.

2. der Systematisierung der Funktionen der sozialen Systeme und der Erwartungen ihrer Teilnehmer, z.B. Familie (Verwandtschaft), Unternehmen, Verwaltung und Vereine und
3. den Theorien der Funktionssysteme. Die Rechtstexte und Rechtssystematisierungen erfassen die Kommunikation der sozialen Systeme immer nur selektiv. Recht ist somit eine Selektion von Erwartungserwartungen der Teilnehmer an Kommunikationssystemen, die Fortlaufend durch Rechtsprechung (Entscheidung) zu restabilisieren ist. (Krawietz 2007, 88-90)

(d) Soziologie des Rechts

i. Leistung der rechtlichen Kommunikation

Gehen wir von der Problemstufenordnung und der Differenzierung von *Gesellschaft*, *Organisation* und *einfacher Interaktion* aus, so differenziert sich das Organisationssystem als eine Beschränkung von Kommunikation in den Funktionssystemen. Dabei ist im Blick zu behalten, dass durch die Ablösung des Naturrechts durch das positive Recht die *Leistung* des Rechtssystems in der System-System-Beziehung auf die Nachfrage nach Regelungen der Kommunikation in den Teilsystemen ausgelöst wurde. Die Funktion des Rechts als Konfliktvermehrung stützt sich gerade auch in diesem Fall auf primäre soziale Systeme des Rechts. Der Satz „pacta sunt servanda" gilt nicht kategorisch, da der Fall eintreten kann, dass der Inhalt der Vertragserfüllung von einer Seite entfällt. Gerade unter der Voraussetzung der globalisierten, hybridisierten gesellschaftlichen Kommunikation und einer medialen, wenn auch hoch selektiven, globalen Beobachtung, ist nicht damit zu rechnen, dass sich die strenge Kopplung des Rechts- und des politischen Systems in der globalisierten gesellschaftlichen Kommunikation und Austausch durchsetzt. Der Grund ist einfach, da sie in diesem Austausch nicht institutionalisiert werden können und die Selektion durch die rechtlich normierten Erwartungserwartungen nicht trennscharf genug sind. Sie stoßen dabei zugleich auf die Nichtabstimmmbarkeit (Verallgemeinerbarkeit) der Interessen der unterschiedlichen sozialen Statusgruppen in den Funktionssystemen. Das belegen z.B. der transnationale Patentschutz für Medikamente, das transnationale Urheberrecht, die transnationalen Verträge von Bauprojekten bei Berücksichtigung des Umweltschutzes, die transnationale strafrechtliche Ermittlung im Fall diplomatischer Immunität sowie die Schwierigkeiten, welche die Normierung von neuen Rechtsgebieten mit sich bringen, z.B. das Umweltrecht und die rechtliche Regulierung der Finanzmärkte. Daraus ist aber nicht zu folgern, dass die Beobachtung der Kommunikationssysteme unter dem Gesichtspunkt der rechtlichen Kommunikation für die Restabilisierung sozialer Systeme verschwinden wird.

ii. Einheit des Rechtssystems und der Vorrang der Entscheidung

Das Problem besteht nicht in der *Einheit* des Rechtssystems als Funktionssystem der gesellschaftlichen Kommunikation, sondern in seiner Vereinheitlichung in einer universellen rechtlich versachlichten Gemeinschafts- und Organisationsordnung. Die Einheit des Rechtssystems besteht in seiner selbstreferenziellen Operation, der Entscheidung über Recht und Unrecht. In diesem Sinne gilt der Satz *Schmitts* „Auch die Rechtsordnung, wie jede Ordnung, beruht auf einer Entscheidung und nicht auf der Norm".[61] Das heißt nicht, dass willkürlich entschieden würde. Es fällt immer wieder auf, dass die Entscheidung der blinde Fleck der Rechtstheorie ist. In den Lehrbüchern zum BGB dokumentiert sich in der Regel ein Verständnis des rechtlichen Entscheidungshandeln, dass, sofern die Beschreibung des Sachverhalts in der Fallerzählung übereinstimmt, d.h., wenn der Sachverhalt die Tatbestandsmerkmale erfüllt, so ist die Anspruchsgrundlage anzuwenden: Der Richter ist somit durch das Gesetz ermächtigt, ein entsprechendes Urteil zu fällen. Diesbezüglich wird auch rechtstechnisch von „Deduktion" gesprochen. Eine Subsumtion impliziert jedoch logisch gar keine Entscheidung. Die Entscheidung des Richters prozessualisiert die strukturelle Unbestimmtheit im Rechtssystem, da in der Zeitdimension nicht feststeht, ob nicht auch anders entschieden werden könne. Insofern irritiert sich die rechtliche Kommunikation durch Entscheidungen. Das ist auch jedem Richter, Anwalt, Rechtspfleger und Staatsanwalt intuitiv vertraut. Es wird aber meistens nicht so von ihnen systematisiert, da sie in der Regel die Entscheidung von dem Primat des Gesetzestexts und seiner Auslegung aus interpretieren. Dabei wird verkannt, dass jede Entscheidung zugleich eine Beziehung zu ihrer Unentschiedenheit hat. Man könnte das auch so formulieren, dass erst durch die grundlose Entscheidung sich das Rechtssystem als ein selbstreferenzielles System schließt. Der blinde Fleck der Rechtstheorie hat eine lange Vorgeschichte. Er ist dadurch zu erklären, dass für die Charakterisierung der Beziehung des Rechts zu den Kriterien der Rechtsentscheidung eine *normative Bezie-*

61 Schmitt (1996[7], 16, 19, 21). Schmitt verfügt aber über keinen elaborierten Gesellschaftsbegriff und fasst in der Tradition des Rechtsdenkens des 19. Jahrhunderts Gesellschaft als rechtszentriert. Man braucht sich aber, um zu dieser Einsicht zu kommen nicht unbedingt auf Schmitt beziehen.

hung angenommen wird. Dafür ist Kelsens Annahme einer Grundnorm typisch. (Luhmann 1972, Bd. 2, 355-357)

Nach dem Zerfall des Naturrechts im 19. Jahrhundert ist diese normative Charakterisierung der Rechtsgeltung übriggeblieben. Sie blockiert die rechtstheoretischen Systematisierungen, da sie verkennt, dass für die Selbstbeobachtung und Selbstirritierung der rechtlichen Kommunikation beides zu gewährleisten ist: *Redundanz* (Information) und *Variabilität* (Information, über die man noch nicht verfügt, Verschiedenartigkeit der Rechtsoperation). (Luhmann 1993, 358-361) Die Rechtskommunikation hat keine ultimative Grundlage, sondern sie kann sich nur selbst irritieren. Gerade darin vollzieht sie ihre Selbstreferenz. Es ist immer wieder zu beobachten, dass Richter, zu deren professioneller Kompetenz es gehört, zu entscheiden, nicht von der Priorität der Entscheidung aus ihre Berufsrolle systematisieren. Das mag mit einem professionellen Orientierungsproblem zusammenhängen, da es nahe liegt, dass sie Redundanz (Information der juristischen Argumentation) beobachten. Es stellt sich dann für sie so dar, dass sich die Entscheidung von selbst einstellt.

Das positive Recht gilt durch Entscheidung, die auch immer anders ausfallen kann. Insofern setzt es sich durch seine Positivierung als kontingent und veränderbar. Die Einheit der rechtlichen Kommunikation ist das Verfahren, da alle Rechtsansprüche im Rechtsverfahren zu erheben sind. Recht kann sich nur durch Verfahren und nicht durch die Rechtsbegründung selbstkonditionieren. Argumentationen versorgt das System mit der erforderlichen Redundanz für ihre Selbstbeobachtung, die sie zugleich selbst verschweigen und nicht kommunizieren dürfen. (Luhmann 1993, 370-371) Die rechtliche Kommunikation operationalisiert gerade keine Zweckprogramme. Dadurch würde sie sich selbst blockieren. Operative Zwecke braucht man dagegen nicht zu bestreiten. Die Werte (-jurispudenz) sind nichts anderes als eine Formel für das Bezugsproblem einer Vereinheitlichung der Rechtsprechung, die wiederum nur als eine Güteabwägung programmierbar ist. Werte enthalten kein Entscheidungsprogramm. Die rechtstechnische Forderung nach Vereinheitlichung und Widerspruchsfreiheit ist aber in der Rechtsprechung nicht erreichbar. Die Werte sind als Redundanz aufzufassen, der die Unterscheidung der Varietät entspricht, da das funktionsdifferenzierte Rechtssystem sich fortlaufend mit Variationen zu versorgen hat. Sonst könnte es seine Funktion nicht ausüben. Das gilt auch für die Verfassungsinterpretation. Auch sie steht nicht außerhalb des Rechts. Sogenannte „höhere Werte“, welche das auch immer seien, dienen dazu, die Entscheidungslage zu formulieren und die Rechtsprechung durch Entscheidung zu binden. (1993, 95-98)

iii. Forschungsprogrammatische Folgerung

Die transnationale Erweiterung, z.B. des Wirtschaftssystems, führt gerade zu einer Lokalisierung des Rechts (-systems) und zu keiner universellen Rechtsordnung und Rechtsgemeinschaft. Sofern das Recht der globalisierten gesellschaftlichen Kommunikation überhaupt ein System ist, so ist es ein *System von Rechtssystemen.* Neu ist in der Gegenwartsgesellschaft die Konfrontation mit nicht-westlichen Zivilisationen und Rechtstraditionen, die den westlichen Legalismus in Frage stellt, z.B. die islamische Rechtsordnung. Für die Rechtstheorie folgt daraus, dass die Annahme von a priori gültigen und vernünftigen Rechtsgrundsätzen und die Annahme eines Naturrechts aufzugeben ist. Solange die Rechtstheorie diesen Schritt nicht geht, erschwert sie sich ihr theoretisches Lernen.

Der *Multi-Level-Approach* zieht forschungsprogrammatische und systematische Folgerungen für die Theorie und Soziologie des Rechts aus der mittlerweile beobachtbaren veränderten Grundsituation der gesellschaftlichen Kommunikation und den unterschiedlichen Rechtsordnungen. Ein Rückgriff auf das Naturrecht, der in diesem Zusammenhang immer wieder nahegelegt wird, kann schon lange als gescheitert gelten. Das gilt auch für die überlieferte Souveränitätssemantik. Insofern wird durch die zu erwartende Rechtsform, d.h. die rechtlich gefasste Unterscheidung von Recht und Unrecht in der gesellschaftlichen Kommunikation, davon auszugehen sein, dass sich das positive Recht in seinem nicht politisch steuerbaren Kommunikationssystem durch seine Lernfähigkeit zu bewähren hat. Davon ist seine *Funktion* betroffen. Das gilt auch unter der Voraussetzung, dass die neuzeitliche enge Kopplung von Politik und Recht im Nachhinein eher als eine europäische Anomalie, unabhängig von seiner geschichtlichen Leistungsfähigkeit, einzustufen ist. Wir können nicht mehr von der alteuropäischen Tradition ausgehen, dass Politik und Recht die strukturell zentralen Träger gesellschaftlicher Evolution sind. Der Ansatz macht darauf aufmerksam, dass der Ausdruck *Rechtsstaat* die beiden Bezugnahmen

1. auf die *Regionalgesellschaft*, die *Umwelt* des politischen Systems und
2. auf die *Organisation* des politischen Systems, somit auf die Selbstreferenz des politischen Systems, vermengt.

Der Ausdruck referiert auch

3. auf einzelne Personen als *Träger von Rechten* (subjektive Rechte) und *Pflichten*. Dadurch wird den Teilnehmern an der gesellschaftlichen Kommunikation ein besonderer Status derart verliehen, dass sie selektiv von der rechtlichen Kommunikation und ihrer rollenförmigen Ausgestaltung erfassbar ist, z.B. als rechtsfähig, klageberechtigt und verklagbar sind. Durch ihre Kennzeichnung als Personen wird eine Zuschreibungsinstanz derart selegiert und restabilisiert, dass sie als Einzelwesen, somit als raumzeitlich lokalisierbare Entitäten, dingfest zu machen sind. Nur unter dieser Voraussetzung kann ein Rechtsdurchgriff erfolgen. Derjenige, der einen Personalausweis hat, kann durch die darin aufgeführten Kennzeichnungen, die einer Entität attributiv zukommen, identifiziert werden.

Es ist deskriptiv von dem Befund auszugehen, dass die im globalen Gesellschaftssystem vorliegenden Rechtssysteme (-ordnungen) keine allgemeine Rechtsordnung und kein Universalsystem des Rechts sind. (Dazu: Krawietz 2004, 579-652) Es ist zudem hervorzuheben, dass die einzelnen Staaten ihre Dominanz eher verlieren. Insbesondere in der Europäischen Union verlieren durch das Europarecht die Mitgliedsstaaten ihre Rechtsautonomie. Dadurch werden fortlaufend Konflikte ausgelöst. Sie werden die Stellung der Gerichte nicht schwächen, sondern eher stärken. Das wird aber eine Inflationierung der rechtlichen Kommunikation nicht verhindern, da die gesteigerte Inanspruchnahme des Rechts seiner knappen Verwirklichung gegenübersteht. (Zu den inflationären Prozessen des Rechts und seiner empirischen Illustrierung: Münch 1995, 203-12) Das ist dadurch zu erklären, dass die Beschleunigung, Erweiterung, punktuelle Verdichtung von Kommunikation die Inanspruchnahme des Rechts vermehren wird. Das schließt wiederum einen deflationären Rückgang der Inanspruchnahme der rechtlichen Kommunikation nicht aus.

Das Problem der Rechtsordnung stellt sich aus der Sicht des *Systems von Rechtssystemen* ganz anders, da wir unter der Voraussetzung einer globalen gesellschaftlichen Kommunikation mit ganz unterschiedlichen Rechtsordnungen zu rechnen haben, wie z.B. mit traditionalem, regionalem und religiösem Recht. Die Positivierung und die staatliche Durchsetzung von Recht, wie sie uns aus der Systemgeschichte des politischen Systems, dem Rechtssystem und der Interpenetration beider Systeme vertraut ist, wird sich, trotz seiner Effektivität, nicht auf die globalisierte gesellschaftliche Kommunikation und ihre Restabilisierung übertragen lassen. Das globale *System von Rechtssystemen* bedeutet eine Differenzierung der Rechtsordnungen. Anzumerken ist dazu, dass auch innerhalb des westlichen Rechtssystems unterschiedliche Rechtsparadigmen vorliegen, z.B. das Gemeinrecht der Rechtstradition in Großbritannien und den Vereinigten Staaten. Fragen wir unter diesen Voraussetzung nach der *Leistung* des Rechts für die gesellschaftliche Kommunikation, so kann sie nur in Schadensbegrenzungen bestehen. Wir sollten aber nicht damit rechnen, dass die Eigenrationalitätsvermehrung des Rechts zu einer begrifflich-dogmatischen Vereinheitlichung des *Systems von Rechtssystemen* führt. Rechtstheoretiker können in diesem Punkt etwas von Soziologen lernen, da die Soziologie der Globalisierung bereits zu der Einsicht führte, dass die globalisierte gesellschaftliche Kommunikation keine hierarchische soziale Ordnung hervorbringt, in der es eine Spitze und ein Zentrum gibt. Es spricht auch nicht viel dafür, dass sich die rechtliche Kommunikation in einer Weltrechtsordnung vereinheitlicht.

Der *Forschungsschwerpunkt* der Soziologie des Rechts ist die Untersuchung der unterschiedlichen Rechtsordnungen, die sich im Zuge der strukturell zu unterscheidenden Modernisierung herausbildeten, z.B. in Japan, China, Indien, West- und Osteuropa, die sich im Zuge der Globalisierung der gesellschaftlichen Kommunikation begegnen.

Der Forschungsschwerpunkt ist es, die Struktur, Funktionen und Wirkungsweise des Rechts in den politischen, kulturellen, wirtschaftlichen und sozialen Kontexten zu untersuchen. Von besonderem Interesse könnten dabei die Auswirkungen der Paradoxien des modernen Rechts sein.[62] Zu dem Forschungsschwerpunkt gehört die Untersuchung, wie die rechtliche Verbindlichkeit und die soziale Wirklichkeit des Rechts reproduziert und dadurch überhaupt erst hergestellt werden kann oder sogar soll. Die Aufmerksamkeit ist demzufolge neben den formal-rechtlichen Direktiven auf die informale nichtstaatliche (gesellschaftliche) Rechtsbildung zu richten. Vor allem dürfen die primären nicht ausschließlich vom Blickwinkel der sekundären Rechtssysteme aus untersucht werden.

Von besonderem Forschungsinteresse sind bei den Schwerpunkten der Veränderung der *gesellschaftlichen Kommunikation und der kollektiven Identitäten*, der Struktur des *politischen* -, *Wirtschafts-* und *Rechtssystems* die Orientierungen der Trägerschichten und die Veränderung der Schichtung, die sie herbeiführen. Dabei fällt auf, dass eine Differenzierung zwischen Modernisierungsgewinnern und Modernisie-

62 Zu den Paradoxien des modernen Rechts, der Paradoxie des rechtlichen *Rationalismus*, rechtlichen *Individualismus*, rechtlichen *Universalismus* und des *Instrumentalismus* der Rechtsgestaltung: Münch, 1995, 193-97.

rungsverlierern eintritt. Das leitet neue Verteilungskonflikte im Kampf um freie Ressourcen ein. In diesem Rahmen wären die Untersuchungen zur Fortdauer der Patronage fortzuführen. Zu untersuchen sind die Kontrollmechanismen der Koalitionen und Eliten, die sich auf die Bestandteile der sozialen Ordnung und ihre Regelungen auswirken. Das soziologisch zu erforschende Problem sind die Feedback-Mechanismen zwischen der Struktur der Eliten, der veränderten sozial-strukturellen Semantik und der Steuerung der gesellschaftlichen Kommunikation. (Eisenstadt 2006/2022, 298-299) Angesprochen ist damit, *wie* und *ob* sich ein kontinuierliches Feedback erhält oder ob es in bestimmten Veränderungspfaden unterbrochen wird.

Die westliche Moderne ist kein Projekt mehr. Wir erleben aber nicht das Ende der Geschichte, sondern ihre Intensivierung. Die Foki der fortlaufenden Forschung werden die Strukturen sein, die durch die Multiplen Modernen nicht nur hervorgebracht wurden, sondern die sich durch sie zugleich fortlaufend verändern. Die westlichen Gesellschaften haben bereits ihr Monopol auf das kulturelle Programm der Moderne verloren. Dieser Vorgang leitet einen neuen Pluralismus und eine Differenzordnung von globalisierten kulturellen Netzwerken und Kommunikationen ein, die in der strukturellen Evolution des Gesellschaftssystems noch nicht bestanden haben.

2. Konstitutiver Liberalismus als soziale Ordnung der Europäischen Union: Zur Theorie und Soziologie des Rechts von Richard Münch

(a) Fragestellung: Recht als symbolisch generalisiertes Kommunikationsmedium

Das politische System der Europäischen Union ist ohne historisches Vorbild. Seine fortlaufende Reorganisation ist kein eigensinniger Vorgang der Organisation des politischen Systems, sondern ein konfliktreiches Zusammenwirken zwischen den Funktionssystemen des Gesellschaftssystems. Das betrifft das Wirtschafts- und Rechtssystem, aber auch die Art der Gemeinschaftsbildung der europäischen gesellschaftlichen Kommunikation. Diese Konflikte sind an der Konstruktion einer europäischen Verfassung, der europäischen Rechtsordnung und der rechtlichen Durchsetzung der Marktöffnung auf dem europäischen Binnenmarkt zu greifen.

Münch stellt seine rechtstheoretischen und rechtssoziologischen Untersuchungen in den Zusammenhang der Evolution des modernen Gesellschaftssystems, der Dialektik und Dynamik der Kommunikationsgesellschaft, der Prozesse der europäischen Vergesellschaftung und des Strukturwandels sozialer Integration in dem Spannungsfeld zwischen globaler Dynamik und lokaler Lebenswelt. (Münch 1991, 1993, 1995, 1998, 2002) Das moderne Recht gehört nach Münch zu der Grundstruktur des institutionellen Aufbaus der modernen Gesellschaften. Ohne die Analyse seiner Funktion der Regelung der gesellschaftlichen Kommunikation sind sie nicht angemessen zu erfassen. Gesellschaft kann es ohne Recht nicht geben. Im Anschluss an Weber beschreibt er das moderne Recht und seine Funktionsdifferenzierung als ein Zusammenspiel von kulturellen, gemeinschaftlichen, wirtschaftlichen und politischen Faktoren. Der formale Rechtsrationalismus besteht aus *Analytik, Formalismus, Widerspruchsfreiheit* und *Abstraktion.* Er gewährleistet erst die rationale Berechenbarkeit der rechtlichen Folgen in der gesellschaftlichen Kommunikation. Widerspruchsfreiheit ist vermutlich in der Rechtsprechung nicht zu erreichen.

Die moderne rechtliche Versachlichung des Gemeinschaftshandelns verbreitet die objektiv rechtliche Garantie von subjektiven Freiheitsrechten als einen Baustein der sozialen Ordnung. Funktionsdifferenzierung des Rechts ist ein evolutionärer Vorgang, durch den es sich vom Brauchtum und der religiösen Praxis besonderer Gemeinschaften differenziert. Das römische Prozessrecht ist dabei evolutionär wirksam geworden. Die Rechtsevolution ist durch die Unterscheidung von Text und Interpretation ausgelöst worden. Die Differenz zwischen Text und Interpretation als Auslöser der Rechtsevolution darf nicht missverstanden werden, da die rechtliche Kommunikation nicht nur in der Auslegung von Texten besteht. Die Textauslegung ist eine Sequenz der Rechtskommunikation. Zu ihr gehören auch die Rechtsberatung und Rechtspflege, die Rechtsprechung, das Rechtsverfahren und die Anwaltstätigkeit. Verfahren und Entscheidung sind die Einheitsformel des Rechtssystems.

Münch hebt hervor, dass modernes Recht keine Kadi- und Kabinettsjustiz ist. Es orientiert sich im Unterschied dazu an allgemein geltenden Rechtsnormen. Zu ihm gehören sozial-strukturell relativ autonome Professionen – juristische Theoretiker und Praktiker –, aber auch die Gewährung der subjektiven Freiheitsrechte, die durch die Rechtssätze des objektiv geltenden Rechts verbürgt sind.[63] Das Recht ist ein sym-

63 Zur Struktur des modernen Rechts und seiner inneren und äußeren Ver-

bolisches Kommunikationsmedium, das sozialen Wandel auslöst, aber durch die Erweiterung der gesellschaftlichen Kommunikation und der damit einhergehenden Inanspruchnahme des Rechts periodischen inflationären Prozessen unterliegt. (Münch 1995, 178-214)

(b) Der Europäische Gerichtshof als Brennpunkt des Kults des Individuums

i. Transnationale Integration und nationale Desintegration

Münch wertet in seiner neuen Untersuchung zur Konstruktion der europäischen Gesellschaft die soziologische, rechtswissenschaftliche, politikwissenschaftliche und historische Europaforschung aus und reinterpretiert sie in einer gesellschaftstheoretischen Einstellung. (Münch 2008) Dabei zeigt er, dass die Analyse der europäischen Integration und die durch sie ausgelösten Konflikte zwischen transnationaler Integration und nationaler Desintegration einer soziologischen Untersuchung bedürfen. Er erklärt diesen Strukturwandel der Solidarität im europäischen Wirtschafts- und Rechtssystem mit einem institutionalistischen, funktionalistischen und sozialkonstruktivistischen Ansatz. Die funktionalistische Erklärung besagt, dass die rechtliche Integration der EU für die wirtschaftliche Integration erforderlich ist. Sozialkonstruktiv ist die Erklärung, da die Rechtsprechung des EuGH (Europäischer Gerichtshof) und der europäische Verfassungsdiskurs zu der Konstruktion einer sozialen Ordnung durch die Europäisierung des Rechts beitragen.[64] Diese Untersuchungsdimensionen sind dadurch zu ergänzen, dass sich soziale Ordnungen durch Konflikte zwischen der Entwicklungsdynamik und den institutionellen Entwicklungspfaden herausbilden, wie z.B. *Beharrung, Absorption* oder *Abstoßung* institutioneller Innovationen. Diese Dynamik wird von dem Machtkampf zwischen den Nutznießern der *Veränderung* und den Nutznießern der *Beharrung* im diskursiven Bereich der semantischen Konstruktion der transnationalen gesellschaftlichen Kommunikation getragen. Insofern ist gesellschaftliche Kommunikation und die symbolische Konstruktion der europäischen Gesellschaft im Hinblick auf die Interdependenz zwischen dem Wirtschafts- und dem Rechtssystem unter Berücksichtigung der Verfassung zu analysieren. Der Strukturwandel (dynamische Pers-

flechtungen Münch 1984, 380-446, zum formalen Rechtsrationalismus: 394–396; vgl. dazu auch ders., 2008, 31-63. Zur Struktur des Rechtssystems: Preyer 2018c

64 Die Entscheidungen des Europäischen Gerichtshofes und des Bundesverfassungsgerichts sind aufgeführt: Münch (2008, 284-286).

pektive) der gesellschaftlichen Kommunikation vollzieht sich durch die Interpendenz zwischen der fortlaufenden Integration der europäischen Arbeitsteilung, der juristischen Konstruktion des Rechtssystems, dem intellektuellen Diskurs des Wissenschaftssystems und seiner selektiven Auswertung in den Massenmedien. (Münch 2008, 16-17) Der systematische Ausgang für die Analyse der Paradigmen (Semantik) einer legitimen sozialen Ordnung sind: die Semantik des *konventionellen Liberalismus* in Großbritannien, der von John Locke ausgeht, mit einer auf Konventionen beruhenden nicht schriftlich fixierten Verfassung, der *konstitutionelle Liberalismus* in den Vereinigten Staaten von Amerika mit einer, auch auf Locke zurückgehenden, schriftlich fixierten Verfassung, der *Republikanismus* in Frankreich in der Tradition Jean Bodins, Jean Jacques Rousseaus und des republikanischen Jakobinismus sowie der *Legalismus* in Deutschland, der auf die zwei soziale Ordnungsversionen von Kant und Hegel zurückgeht. Der konstitutionelle Liberalismus wird dabei als Vergleich zu den europäischen Paradigmen herangezogen.[65] Er ist in der vergleichenden Untersuchung deshalb relevant, da bei ihm eine Symbiose zwischen *Offenheit, Pluralismus* und einer *Individualisierung* der Lebensführung der Gesellschaftsmitglieder vorliegt.

ii. Funktion des Europäischen Gerichtshofs

Münch kommt zu dem Ergebnis, dass bei der sozialen Integration der europäischen Gesellschaft dem EuGH eine besondere Rolle bei der Gestaltung der europäischen Rechtsordnung zukommt. Der ihm zuerteilte große Anteil am Machtmedium der Steuerung der gesellschaftlichen Kommunikation geht auf den römischen Vertrag zurück und ist zudem durch die Schwäche der politischen Organe der EU (Kommission, Rat und Parlament) bedingt. Durch die transnationale Erweiterung des Wirtschaftssystems der EU fällt seine Rechtsprechung in die Interpenetrationszone zwischen dem Wirtschafts-, dem Rechts-, dem politischen System und der Gemeinschaftsordnung der gesellschaftlichen Kommunikation. Der EuGH bekommt dadurch den Status des Trägers der juristischen Argumentation, die sich nicht politisch, sondern rechtstechnisch ausgestaltet. Insofern übernimmt er eine Führungsrolle in der Einrichtung einer europäischen legitimen Rechtsordnung, die in das Recht

65 Münch 2008, zum konventionellen Liberalismus: 164-77, zum konstitutionellen Liberalismus: 349–59, zum Republikanismus: 177-83, zum Legalismus: 277–308. Zu Nation und Bürgergemeinschaft in Großbritannien, Frankreich, Deutschland und den Vereinigten Staaten: Münch (1993, 42-94). Zu den unterschiedlichen westlichen Modernisierungspfaden: Münch (1986).

der europäischen Nationalstaaten zunehmend eingreift. Der dadurch eintretende Konflikt besteht zwischen den formalen Grundlagen des Vorabentscheidungsverfahrens, der Vorrangigkeit und der Durchsetzung des europäischen Rechts und seiner Orientierung an Freizügigkeit und Nicht-Diskriminierung als auch dem national-kollektiv geteilten Schutz und der Ergebnisgleichheit. Vorabentscheidungsverfahren des EuGH sind die Entscheidungsgrundlagen der nationalen Gerichte, an die sie sich weitgehend halten. Auf sie haben die Nationalstaaten keinen Zugriff.

Zu einem gesellschaftstheoretischen Verständnis dieses Vorganges gelangt Münch dadurch, dass er die Anforderungen an die europäische Integration und die mit ihr einhergehenden Konflikte mit Durkheims Studie zur gesellschaftlichen Arbeitsteilung erklärt.[66] Die zentralen Konflikte bestehen zwischen der Institutionalisierung der europäischen Integration, den nationalen Interessen und Verteilungsansprüchen. Für sie ist die Verteilung in dem Machtgefüge der europäischen Institutionen grundlegend. Der Machtkampf zwischen den Institutionen gibt uns aber noch keine Kenntnis der legitimen politischen und sozialen Ordnung der EU. Eine Einsicht in diese Ordnung haben wir erst dann, wenn wir die funktionale Differenzierung des europäischen Rechtssystems, ihr Rechtsprogramm der Orientierung an Freizügigkeit und Nicht-Diskriminierung, den Beitrag des Rechts für das europäische Wirtschaftssystem und die Zunahme an individualistischen Lebensentwürfen als Teilnahmebedingung an der gesellschaftlichen Kommunikation berücksichtigen. Insofern sich die Gemeinschaftsordnung der EU auf die Gewährung individueller Rechte einstellt, trägt die Rechtsprechung zur Gewährung von Freiheitsrechten ihrer Mitglieder bei. Die Unionsverträge und die Konvention der Menschenrechte bekommen deshalb einen quasi-konstitutionellen Status. Da sich der EuGH in seiner Rechtsprechung an Freizügigkeit, Nicht-Diskriminierung und der Selbstverwirklichung der Gesellschaftsmitglieder orientiert, ist er der *Brennpunkt* des Kults des Individuums. (Münch 2008, 133) Damit begünstigt die Rechtsprechung strukturelle Änderungen und sie beschleunigt systemeigene Dynamiken.

Durch diese Faktoren wird eine grundsätzliche Veränderung der Mitgliedschaftsbedingungen der an diesen Vorgängen beteiligten Teilsysteme eingeleitet. Das wirkt sich auch auf die Gemeinschaftsordnung der gesellschaftlichen Kommunikation aus.

66 Durkheim (1977). Zur Übersicht der „Ursachen und Konsequenzen der europäischen Arbeitsteilung“: Münch 2008, 74)

iii. Dauerkonflikt

Der Dauerkonflikt, der zu erwarten ist, besteht zwischen der zunehmenden Individualisierung und Selbstorganisation der Gesellschaftsmitglieder in freien Vereinigungen und dem weiteren Fortbestehen der Segmentierung des europäischen politischen Systems in Nationalstaaten. Das wird auch zu einer schwer zu überbrückenden Differenzordnung und zu Anomalien zwischen Modernisierungsgewinnern, Modernisierungsduldern und Modernisierungsverlierern führen. Zu den Verlierern gehören vor allem die Minderqualifizierten. Dadurch bekommt der Nationalstaat die neue Aufgabe, die Integration der Randgruppen und nicht die kollektive Wohlfahrt zu bewirken. In der europäischen Gesellschaft entsteht eine neue soziale Schichtung. An der Spitze steht die transnationale Elite, die in den Metropolen zu Hause ist und sich global vernetzt. Die neue Mittelklasse in den hoch entwickelten Regionen, die sich im Unterschied zur alten Mittelklasse mehr behaupten muss, neigt zum Pessimismus, während die Mittelklasse in den aufstrebenden Regionen eher optimistisch eingestellt ist. Eine neue Unterschicht in den alten Zentren wird durch den Wettbewerb immer mehr an den Rand gedrängt. Zwar beseitigt die Marktöffnung die alten Zugangsgrenzen, sie bringt aber gleichzeitig neue Grenzen und Ungleichheiten mit sich. (Münch 2008, 380)

(c) Die Dilemmata der semantischen Konstruktion der politischen Ordnung

i. Semantische Ordnung

Münch geht von der gesellschaftstheoretischen Fragestellung aus, dass eine rechtliche und wirtschaftliche Integration der europäischen Gesellschaft sich nicht ohne eine Sinn und Legitimität gewährleistende semantische Ordnung einstellen wird. Dieses funktionale Erfordernis der gesellschaftlichen Kommunikation hängt von strukturellen Gegebenheiten ab. Sie sind durch die Offenheit, die Pluralisierung, und die Individualisierung der gesellschaftlichen Kommunikation zu beschreiben. Das Grundproblem der fortlaufenden Reorganisation des europäischen politischen Systems besteht nach Münch in den unterschiedlichen semantischen Konstruktionen der politischen Ordnung der Mitgliedsländer Großbritanniens, Frankreichs und Deutschlands.[67] Das Selbstverständnis von politischer Demokratie ist in diesen Staaten durch ihre

67 Münch 2008, Kap. 5, 186-228, Kap. 6, 229-276, Kap. 7. 277-308. Personenliste des intellektuellen Diskurses in Großbritannien, Frankreich und Deutschland: 387-390.

unterschiedlichen Modernisierungspfade, die sich bis in die Gegenwart auswirken, zu charakterisieren.

Großbritannien
Aus *britischer Sicht* soll die EU nicht mehr als eine Freihandelszone sein. Das europäische Recht hat die *Souveränität der Westminster-Demokratie* und die *Herrschaft des Rechts* (rule of law) nicht zu beeinträchtigen. Das britische Recht gewährleistet Rechtssicherheit und Rechtsgleichheit, es gilt für alle Briten unabhängig von der Standeszugehörigkeit. Die ungeschriebene britische Verfassung ist die Grundlage des Rechts, die in Einzelfallentscheidungen geschaffen und bekräftigt wird. Die britische Demokratie und Rechtsordnung ist deshalb nicht mit einem föderalen Europa zu harmonisieren. Der Demokratiemangel ist aus dieser Sicht durch die politischen Kompetenzen der EU entstanden, und er ist nur durch eine Zurückführung zu den Nationalstaaten zu beheben. Die parlamentarische Souveränität verwirft eine Souveränitätsteilung im Hinblick auf die supernationale, die lokale und regionale Ebene. (Zu den britischen Lösungsvorschlägen des Demokratiedefizits der EU: Münch 2008, 207-214) Darin artikuliert sich die britische Tradition des konventionellen Liberalismus, nach dem die kontinentalen Volkswirtschaften strukturell durch das politische System übersteuert sind.

Auf dieser Linie liegt auch die Zurückweisung einer europäischen kollektiven Identität. Sie besteht in Großbritannien über alle Klassen, Schichten und Gruppen hinweg und wird nicht in Frage gestellt. Eine europäische Identität wird als eine Bedrohung ihrer Souveränität und Lebensweise erlebt. Die EU ist für sie nichts anderes als der Zusammenschluss souveräner Nationalstaaten, die einen gemeinsamen Markt einrichten. (Zur britischen Ablehnung einer europäischen Identität: Münch 2008, 214-221) Insofern können sich die Briten auch nicht mit einer europäischen Verfassung anfreunden, die für sie eine politische Ermächtigung der EU bedeutet, welche die Mitgliedstaaten in ihrer Souveränität entmachten.

Der britische Weg aus der Krise der EU ist der konventionelle Liberalismus, der eine wirtschaftliche Stärkung Europas verfolgt. Dabei stellt sich ein Dilemma derart ein, dass die Durchsetzung des europäischen Binnenmarktes auch zu einer Ausweitung der Unionskompetenzen führt. Bereits auf dem Ist-Stand wirkt die europäische Rechtsprechung in die britische Gesellschaft hinein, und sie kann sich ihr gegenüber nicht abschotten. Gerade durch die Integration in den europäischen Binnenmarkt und die mit ihr einhergehende Transnationalisierung wird eine Öffnung Großbritanniens nach Europa zwangsläufig herbeigeführt. Gleichzeitig ist festzustellen, dass dies nicht dazu führt, dass der Anspruch auf britische Souveränität aufgegeben würde und die britische Identität an Beharrung verlöre.

Frankreich

Im Unterschied zu dem britischen Fall ist die *französische* institutionelle Konstruktion Europas durch den Konflikt zwischen der *republikanischen Tradition* und der Hinwendung der französischen Eliten nach Europa zu charakterisieren. Die Konflikte sind dadurch stärker ausgeprägt. Der ökonomische Liberalismus stößt in Frankreich auf einen ökonomischen Antiliberalismus. Das hat eine lange Tradition, da sich in der französischen Gesellschaft keine Wirtschaftsgesellschaft, sondern, motiviert durch die Version der französischen Aufklärung, eine zentralistische Planifikation durchsetzte. Vor allem ist den meisten französischen Intellektuellen eine liberalistische Wirtschaftsgesinnung fremd geblieben. Der *politische Föderalismus* steht einem *Antiföderalismus* entgegen. Im politischen Selbstverständnis ist der Begriff der Souveränität Jean Bodins (1530–1596) grundlegend wirkungsgeschichtlich geworden. Für ihn ist die Autorität des Staates die Quelle des Rechts. Ihm gegenüber hat sich das Staatsvolk unterzuordnen. Das gilt für die Nobilität und das gemeine Volk. Auf Bodins Souveränitätslehre und den republikanischen Jakobinismus geht das französische Verständnis des Politischen zurück. Insofern sind in Frankreich die Widerstände gegenüber dem globalen Wirtschaftssystem besonders stark, da es zunehmend die staatliche Souveränität begrenzt. Ein weiterer Konflikt liegt zwischen einem *liberalen Demokratieverständnis* und dem *politischen Republikanismus* vor.

In Frankreich ist die republikanische Tradition nicht mit dem Liberalismus zu vereinen. Das ist durch das republikanische Staatsverständnis begründet, für das die politische Gemeinschaft die Freiheiten der Gesellschaftsmitglieder verwirklicht. Aus liberaler Sicht bedeutet das aber eine Einschränkung von Freiheit. Das erklärt die Idiosynkrasien in Frankreich gegenüber dem angelsächsischen, vor allem dem amerikanischen Liberalismus, da in diesen Gesellschaften die Bürger vorrangig Mitglieder einer vorpolitischen zivilen oder religiösen Gemeinschaft sind. Die staatspolitische Ordnung ist demgegenüber nachgeordnet. Pluralismus und nationaler Republikanismus sind nicht miteinander zu vereinbaren.

Die französische semantische Konstruktion Europas führt zu einem Dilemma, da sich ohne eine politische Integration Europas der wirtschaftliche Liberalismus ohne eine Gegensteuerung durchsetzt. Wird dagegen die politische Integration weiter institutionell ausgestaltet, so geht das mit einem Souveränitätsverlust einher, ohne dass dadurch die wirtschaftliche Liberalisierung auf der Ebene der EU begrenzt würde. In Frankreich stehen sich Euroföderalisten und Euroskeptiker gegenüber. Die Föderalisten sprechen sich für die Erweiterung der politischen Kompetenzen der EU aus, um den Binnenmarkt zu regulieren, während die Euroskeptiker eine Begrenzung der Kompetenzen der EU anstreben und ein Modell der Subsidiarität als eine Konföderation von souveränen Nationalstaaten befürworten. Das grundlegende Problem der Version der semantischen Konstruktion Europas am Beispiel des französischen Falls ist die republikanische Tradition und das Selbstverständnis, eine Grand Nation zu sein, die es erschwert, eine angemessene Antwort auf das politische Ordnungsproblem einer bereits offeneren gesellschaftlichen Kommunikation zu geben. Es ist insofern nicht überraschend, dass die französischen Einstellungen in der Europafrage weit auseinandergehen. Vor allem die Wirtschaftseliten sind europäisch orientiert und befürworten eine europäische Integration ohne eine politisch starke EU. Empirisch wurde immer wieder bestätigt, dass sich in Frankreich die Mehrheit der Bevölkerung für eine Erweiterung der europäischen Zusammenarbeit in Wissenschaft (Forschung), der Einkommenssicherheit und des Umweltschutzes ausspricht, während sie dies für die Steuerhoheit, Kultur-, Beschäftigungs-, Sozial- und Bildungspolitik ablehnt.

Deutschland

Für den deutschen demokratischen Rechtsstaat ist ein *Legalismus* als die Gewährleistung von Freiheit und Gleichheit durch das Recht, ein *Neokorporatismus* als die Zusammenarbeit der Staatsorganisationen bei der Ausarbeitung der Gesetze mit den Großverbänden und ein in der Verfassung festgeschriebener *Föderalismus* zwischen Bund, Länder und Gemeinden charakteristisch. Für den deutschen Legalismus führt der europäische Binnenmarkt vor allem zu einem Geltungsverlust des nationalen Rechts, der durch die Marktöffnung herbeigeführt wird. Die zunehmende Verwirklichung der Rechtsprechung des EuGH setzt die nationalen Rechtsordnungen außer Kraft, und erhebliche Teile des nationalen Rechts büßen ihre Geltung ein. An ihre Stelle treten aber keine funktionalen Äquivalente. Insofern hat eine legalistische Sicht weitgehende Vorbehalte gegenüber der Durchsetzung des freien Wettbewerbs in der EU. Vor allem die sozialstaatliche Version des Legalismus fordert starke soziale Rechte. Dem entsprechen aber nicht das wirtschaftliche

Leistungsniveau und die unterschiedlichen Sozialrechtsinstitutionen in der EU.

Münch analysiert das deutsche Dilemma am Beispiel des Verfassungspatriotismus und der Volkssouveränität und stellt es in die Kantsche und Hegelsche Denktradition. Dabei geht es vor allem um die Frage, ob Europa eine Verfassung benötigt. Es wurde gegenüber einer europäischen Verfassung eingewandt, dass sie eine Verfassung ohne Staat ist, z.B. von Grimm. (Zur Verfassungsgerichtsbarkeit: Grimm 2021) Im Unterschied dazu wird von Habermas dem Verfassungspatriotismus eine integrative Rolle zugesprochen. (Zur Demokratie- und Rechtstheorie von Habermas: *Rechtstheorie* 2004, zweite Auflage) Sie ist aus seiner Sicht von den funktionalen Anforderungen einer europäischen Bürgergesellschaft, einer europaweiten politischen Öffentlichkeit und einer einheitlichen politischen Kultur abhängig. Das „Nein" zu einer europäischen Verfassung in Frankreich und den Niederlanden wird aus dieser Sicht als symptomatisch für die fehlende politische Perspektive gedeutet. Die politische Integration Europas sei deshalb durch die Harmonisierung des Steuer-, Sozial- und Wirtschaftsrechts zu untermauern. In der deutschen Auseinandersetzung zur Rolle der europäischen Verfassung wurde vor allem das Demokratiedefizit der EU, das Fehlen eines die Verfassung legitimierenden Staatsvolks, die Unterschiede der europäischen Traditionen und Sprachen als auch das Fehlen einer europäischen politischen Öffentlichkeit herausgestellt

ii. Bestehen bleibende Differenzordnungen

Das Bundesverfassungsgericht hat die EU als einen Staaten*verbund* eingestuft. Die Zusammenarbeit der Staaten ist aufgrund des Maastrichter Vertrags stärker als bei einem Staatenbund, aber die Nationalstaaten haben nach diesem Vertrag eine größere Souveränität als bei einem Bundesstaat. Zwar ist die Bereitschaft in Deutschland im Unterschied zu Frankreich und Großbritannien größer, einer EU mit geteilter Souveränität zuzustimmen, aber es sind auch zunehmend skeptische Stimmen zu vernehmen. Insgesamt fallen die Beiträge temperierter aus als in Großbritannien und Frankreich. Es wird versucht, sie durch Abstraktion zu harmonisieren, z.B. durch den Begriff des Verfassungspatriotismus (Habermas), der supranationalen und föderalen Republik (Armin von Bogdandy) und der europäischen Föderation der geteilten Souveränitäten (Joschka Fischer). In Deutschland sind auch die Skeptiker eher bereit, mehr Kompetenzen auf die EU als einer Rechtsgemeinschaft zu übertragen als in Großbritannien. Für den deutschen Fall ist typisch, dass sich durch die höhere juristische Abstraktion eine Distanz zu den politischen Konflikten einstellt. Insofern ergibt sich das Dilemma, dass sich die juristische Konstruktion Europas von der politischen Realität und den konkreten Problemlösungen entfernt, und die Interessen der Bürger harmonisieren nicht mehr mit der Konstruktion Europas. Nach Münch ist die deutsche Debatte durch die beiden unterschiedlichen Demokratieauffassungen, die eines offenen europäischen Weltbürgertums (Kant) und die einer postautoritären Volkssouveränität (Hegel) als Legitimation politischen Entscheidens, zu beschreiben.

(d) Humankapital-Individualismus und soziale Integration

i. Strukturelle Anomalie

Münch folgert aus seinen Untersuchungen, dass die Integration des Wirtschaftssystems der EU die soziale Integration der europäischen Gesellschaft von der Anlage her verändern wird. Sie wird zu einem Strukturwandel der nationalen Gesellschaften führen, da ihre kollektivistische Integration (Gemeinschaftsordnung) zunehmend durch eine individualistische Integration verändert und überlagert wird. Dies hat eine Nähe zu der Semantik und der institutionellen Ordnung des konstitutionellen Liberalismus der Vereinigten Staaten von Amerika. Offenheit, Pluralität und institutioneller Individualismus sind die Bestandteile dieses Modells sozialer Ordnung. Diese Strukturveränderungen führen zu größerer Konkurrenz mit einer Verringerung von kommunikativen Distanzen, durch die sich die Mängel der sozialen Ordnung in den Nationalstaaten vermehren. Es entsteht somit eine strukturelle Anomalie in der gesellschaftlichen Kommunikation.

Das grundsätzliche Problem der Modernisierung Europas besteht darin, ob sie sich auf dem Weg zu einer Semantik und der institutionellen Form des konstitutionellen Liberalismus befindet. Das betrifft vor allem die Zukunft und den Umbau des Wohlfahrtsstaates. Im Zuge der transnationalen Erweiterung des europäischen Wirtschaftssystems und seiner Einbindung in ein globales Wirtschaftssystem wird eine Marktöffnung den Austausch von Waren, Dienstleistungen, Personen und Kapital weiter fördern. In diesem Zuge erweitern sich die Netzwerke der Modernisierungselite. Sie besteht aus mobilen Gesellschaftsmitgliedern, die mit entsprechendem Humankapital ausgestattet sind. Es ist keine traditionelle Besitzelite. Die empirische Forschung hat immer wieder belegt, dass die Trägerschicht der europäischen Integration einen höheren Bildungsgrad, Berufsstatus und Einkommen hat. Die Erweiterung der negativen Integration durch diese soziale Gruppe leitet zunehmend einen Konflikt mit der positiven (solidarischen) Integration des Wohlfahrtsstaates ein. Es ist zwar immer wieder gefordert worden, dass mit dem europäischen Wirtschaftssystem auch der Aufbau eines entsprechenden Sozialstaates zu erfolgen hat, aber die Sozialpolitik bleibt weiterhin den Nationalstaaten überlassen. Der deutsche Wohlfahrtsstaat ist nicht auf die EU übertragbar. Das erklärt sich aus den Unterschieden in ihrer wirtschaftlichen Leistung, den Institutionen und den kulturellen Traditionen. (Münch 2008, 367-369) Insofern wird die soziale Integration der EU keine kollektivistische Besitz- und Wohlstandserhaltung sein. Der Ausgang dieses Konfliktes ist noch nicht abzusehen.

ii. Humankapital-Individualismus

Die veränderte Situation ist aber nicht durch das Problem der vorhandenen Verschuldung der Wohlfahrtsstaaten und im Gegenzug der Einrichtung von Experimentierfeldern des Neoliberalismus zu erklären, sondern es handelt sich um einen Strukturwandel der solidarischen Integration, der durch die Transnationalisierung, den Humankapital-Individualismus und die Inklusion der Gesellschaftsmitglieder durch höhere Bildung herbeigeführt wird. Es ist Münch zuzustimmen, dass sich die mobilen Eliten und ihre Leitbilder zunehmend durchsetzen. Das leitet eine Hybridisierung der Leitbilder ein. (Zu der durch Globalisierung herbeigeführten Hybridisierung als einem evolutionärer Langzeittrend: Nederveen Pieterse 2004) Die Untersuchungen belegen zunehmend, dass das Leitbild des Humankapital-Individualismus und damit einhergehend das Bildungsniveau in den europäischen Staaten gewachsen ist. Der Humankapital-Individualismus ist eine neue Mitgliedschaftsbedingung sozialer Systeme und der Teilnahme an der gesellschaftlichen Kommunikation. In diese Richtung wirkt auch die Rechtsprechung des EuGH, durch die eine Binnenmarktintegration befördert wird. Vor allem die deutsche und die französische Tradition wird sich auf die veränderten Voraussetzungen der gesellschaftlichen Kommunikation einzustellen haben. Das wird für sie einen Mentalitätswandel bedeuten, der von ihren Wirtschafts- und Wissenschaftseliten bereits vollzogen wurde. Die strukturellen Veränderungen der europäischen Gesellschaft sind nach Münch nur dann angemessen zu begreifen, wenn erkannt wird, dass die soziale Ordnung der europäischen Integration einem Kult des Individuums als dem Programm einer globalen Kultur des unternehmerischen Gesellschaftsmitglieds folgt. Das hat institutionell eine Annäherung an den konstitutionellen Liberalismus und individuell eine neue Mitgliedschaftsbedingung der Teilnahme an der gesellschaftlichen Kommunikation zur Folge. Es ist dies „die neue Subjektkultur des universellen Unternehmertums“, welche die Angestelltenkultur des

20. Jahrhunderts und das bürgerliche Unternehmertum des 18. und 19. Jahrhunderts ablöst. (Münch 2008, 379)

Der grundlegende Konflikt der europäischen Modernisierung besteht darin, dass eine Europäisierung des Wirtschafts-, Rechts- und des politischen Systems eingeleitet wurde, bei der dem europäischen Gerichtshof die Rolle zukommt, individuelle Rechte zu garantieren. Gleichzeitig ist die nationale Desintegration ein Auslöser von Gegenbewegungen der Renationalisierung. Wir sollten davon ausgehen, dass die Gegenbewegungen der kollektivistischen Tradition dem liberalen Konstitutionalismus auch in Zukunft Grenzen ziehen, da sich die Zusammengehörigkeitsgefühle und die Herkunftswelten nicht europäisieren lassen. (Zu der europäischen Identität oder den europäischen Identitäten: Münch 2008, 214–221, 258–266)

(e) Hegemoniale Liberalisierung

i. Veränderte Denkvoraussetzungen

Münch kommt in seiner Analyse der Europaforschung zu dem Ergebnis, dass die vorliegenden politischen und kulturellen Denkvorgaben uns nicht in die Lage versetzen, die europäische Modernisierung angemessen zu begreifen. Die Konflikte der Interessengruppen, die sich auf der nationalen Ebene als die gegenseitigen Verwerfungen zwischen Zentralismus und Gruppenpartikularismus, Republikanismus und liberaler Demokratie, starkem Staat und politischem Föderalismus, Liberalismus und Antiliberalismus artikulieren, wiederholen sich auch auf der europäischen Ebene. Die Begriffe Staat, Nation, Republik, Repräsentation und Legitimation sind für die Gestaltung und Organisation des politischen Systems der europäischen Gesellschaft ungeeignet. Sie verdanken sich der Geschichte und den Problemlösungen im Zuge der Bildung und Konsolidierung der europäischen Nationalstaaten. Die Modernisierung des alten Europas folgte in Großbritannien, Frankreich und Deutschland unterschiedlichen Entwicklungspfaden, die sich nicht in einem gemeinsamen Europa fusionieren lassen. In der europäischen Gesellschaft wird sich nicht dieselbe Homogenisierung wie im Nationalstaat herstellen lassen. Das wird einen Paradigmenwechsel in der Politik einleiten.

ii. Neue Mitgliedschaftsbedingung der hegemonialen Liberalisierung

Die hegemoniale Liberalisierung als Gesellschaftsmodell verweist auf die Nächste Gesellschaft. Sie verändert strukturell die gesellschaftliche

Differenzierung, da sie alle sozialen Systeme und die gesellschaftliche Kommunikation unter den Druck des Liberalisierungsprogramms setzt. Sie löst die nationale Wohlfahrtsdemokratie ab. Dieses Gesellschaftsmodell ist nach Münch dadurch charakterisiert, dass Kultur, Zivilgesellschaft und Politik keine Gegenstrukturen zum Wirtschaftssystem sind, sondern ein *organisches Ganzes* im Sinne Durkheims organischer Solidarität (Parsons: institutioneller Individualismus). Das verändert die Erwartungserwartungen der gesellschaftlichen Kommunikation. Das schließt Anomalien nicht aus. Die hegemoniale Liberalisierung löst die partikulare nationale Sozialpartnerschaft ab. Dadurch verändert sich die Struktur des politischen Systems, da es die Gouvernementalisierung des Staates und die Übertragung seiner Machtausübung an nichtstaatliche Funktionsbereiche befördert. Regieren ist dann immer weniger die Macht des Gesetzes in einem Territorium und es wird nicht mehr von staatlicher Souveränität getragen, sondern es besteht in der Beobachtung der gesellschaftlichen Kommunikation und der Wirkung der politischen Instrumente. Dadurch tritt der institutionelle Wettbewerb in das Zentrum der sozialen Integration, die immer beides ist, Inklusion und Exklusion. Dabei spielen zwar funktionale Probleme eine Rolle, wie z.B. Beschäftigung und berufliche Qualifikation, aber der institutionelle Wettbewerb drängt die politische Willensbildung zurück. Damit wird einhergehen, dass sich der Widerstand gegen dieses politische Regime auch weniger auf demokratische Formen stützt. Im Zuge dieser Veränderungen verlieren kollektivistische Integrationen ihre Bindungen. Die soziale Integration der europäischen Gesellschaft wird deshalb keine solidarische Integration der europäischen Nationen sein. Das Gesellschaftsmodell der EU nähert sich eher dem konstitutiven Liberalismus der Vereinigten Staaten an.

Aus Münchs Untersuchungen ist zu folgern, dass die EU von der Anlage her ein Demokratiedefizit haben wird, das nicht zu beseitigen ist, wenn wir den Maßstab der nationalstaatlichen Demokratie anlegen. Die Europäisierung von Wirtschaft, Politik und Recht begünstigt einen konstitutionellen Liberalismus. Das leitet eine weitere nationale Desintegration ein, ohne dass eine supranationale Integration und Organisation des politischen Systems der EU entsteht. Beim Austragen und der Regelung von Konflikten wird sich die Gesetzgebung zur Rechtsprechung verlagern. Insofern wird dem Europäischen Gerichtshof eine relevante Funktion zukommen, die mit dem amerikanischen Supreme Court zu vergleichen ist.

Münchs gesellschaftstheoretische Untersuchungen der strukturellen Veränderungen der Funktionssysteme leitet eine Neufassung der Theorie sozialer Integration ein. (Preyer 2018 a, b) Der nationale Wohlfahrtsstaat bildet sich im dritten Paradigma der Moderne immer mehr zu einem Wohlfahrtspluralismus um. Übertragen auf die Weltgesellschaft ist davon auszugehen, dass keine konvergente Evolution eintritt und sich ihre Regionen gleichmäßig entwickeln. Das führt zu dem Problem der Struktur des Rechtssystems der Weltgesellschaft. In ihm liegen zwar formale Übereinstimmungen vor, z.B. die Trennung von Straf- und Zivilrecht, es sind aber weitgehende Unterschiede zwischen den einzelnen Regionen zu belegen, die weiter fortbestehen, z.B. das Ausmaß der rechtlichen Gestaltung der gesellschaftlichen Kommunikation in China und Japan.

Der Humankapital-Individualismus ist eine neue Mitgliedschaftsbedingung der Teilnahme an der gesellschaftlichen Kommunikation, die eine Entsolidarisierung der nationalen Wohlfahrtskartelle herbeiführt. Dazu gehört, dass die kollektiven Identitäten abstrakter ausfallen und sich die Teilnehmer an der gesellschaftlichen Kommunikation auf eine kognitive Orientierung umstellen. Sie haben schneller zu lernen und halten weniger an Kontrafaktischem fest. Das ist dadurch zu erklären, dass die Mit- glieder sozialer Systeme nicht mehr einem einzigen Kollektiv angehören. Eine schwache soziale Integration, die reflexive Schleifen zulässt, ist stärker als die Zwangsmitgliedschaft in Kollektiven. Das kann aber auch dazu führen, dass sich die kollektiven Identitäten eruptiv Geltung verschaffen.

An Münchs Analyse des britischen, französischen und deutschen Dilemmas der semantischen Konstruktion Europas ist zu erkennen, dass die hegemoniale Liberalisierung durch den Ausbau des Wettbewerbs der Regionen, Unternehmen und Interessenverbände zwangsläufig eine nationale Desintegration einleitet. Die europäische Modernisierung und ihr Gesellschaftsmodell sollte aber nicht verallgemeinert werden. Es sind in den Gegenwartsgesellschaften unterschiedliche Modelle der Modernisierung zu erkennen, die nicht dem westlichen Muster folgen, z.B. China, Indien und Russland. Historisches Gegenbeispiel zur westlichen Modernisierung war die Modernisierung der japanischen Gesellschaft in der zweiten Hälfte des 19. Jahrhunderts. Angesprochen ist damit die Frage, ob „die neue Subjektkultur des universellen Unternehmertums“ für alle Versionen der Modernisierung eine Vorbildfunktion hat sowie das Problem der durch Globalisierung und Migration herbeigeführten Ethnienökonomie. (Zur Ethnienökonomie: Nederveen Pieterse 2007)

Weitere Fortschritte in die Einsicht des Strukturwandels der europäischen Gesellschaft im Zuge der Restrukturierung der Funktionssysteme sind dann zu erwarten, wenn die Europaforschung sich an dem Forschungsprogramm einer integrierten Gesellschaftstheorie orientiert, welche die Einsichten unterschiedlicher Forschungsstrategien auswertet und ihre Ergebnisse integriert. Dabei können wir an Münchs Ansatz anknüpfen und ihn fortschreiben.

3. Transformation in der modernen Theorie und Soziologie des Rechts

(a) Umbau und neue Sequenzierung der Theoriebildung in Gesellschaft und Recht

i. Ausgangssituation

In der Rechtstheorie und Rechtssoziologie war nach Luhmanns Ansatz keine die Resystematisierung ihres Gegenstandsbereichs wirklich fortführende Alternative zu erkennen. Krawietz hat demgegenüber einen *Multi-Level-Approach* des modernen Rechtsdenkens als eine allgemeine Theorie der Rechtssysteme ausgearbeitet, die im Unterschied zur konventionellen Jurisprudenz die Rechtstheorie nicht nur auf rechtssoziologische, sondern auch auf gesellschaftstheoretische Problemstellungen abstimmt.

Es betrifft dies, neben der fachspezifischen systemtypischen Systematisierung der rechtlichen Kommunikation durch die Jurisprudenz, (i) die Unterscheidung zwischen dem *informalen* und dem *formalen* Recht und die damit einhergehende Unterscheidung zwischen *primären* und *sekundären* sozialen Systemen des Rechts, (ii) die Analyse der Normativität der Rechtsgeltung, d.h. die rechtlich normierten Verhaltenserwartungen, welche die Erwartungserwartungen spezifizieren, und (iii) die gesellschaftstheoretische Problemstellung der Analyse der veränderten Grundsituation der Gegenwartsgesellschaft. Sie lässt sich charakterisieren als Durchsetzung der *multiplen Modernisierung des Rechts* und der *Rechtssysteme* in der weltgesellschaftlichen Kommunikation und als eine *multiple Heterarchie* diverser regionalgesellschaftlicher Systeme des Rechts. Krawietz führt damit das Forschungsprogramm der *Multiple Modernities* von Eisenstadt rechtstheoretisch und rechtssoziologisch fort.

Die Rechtskommunikation ist *formal* als Verfahrensrationalität zu charakterisieren, da durch die vorgeschriebenen Verfahren der Rechtsprechung mit ihren unterschiedlichen Instanzen, der Vertragsabfassung und der Satzung des Rechts die Rechtsprechung mit ihrer Kommunikation in der gesellschaftlichen Kommunikation Geltung beansprucht und erforderlichenfalls durchsetzt. Das Recht kennt aber auch jeden weder eingeschlossenen noch ausgeschlossenen Grenzwert der temporären Unentschiedenheit der Rechtsfrage. (Luhmann 1993, 211) Die Rechtskommunikation ist *informal*, da sie durch die Projektion der Erwartungserwartungen der Kommunikationsteilnehmer in formal und spontan organisierten sozialen Systemen ihre Funktion ausübt und für die Teilsysteme eine Leistung der Regelung von Konflikten erbringt. (Krawietz 1993, 87-88) Die Normativität des Rechts und der Rechtsgeltung besteht somit darin, dass die rechtliche Kommunikation operativ eine Selektion von Erwartungserwartungen der Teilnehmer an Kommunikationssystemen erbringt. Im Wege der Durchsetzung der rechtlichen Kommunikation macht sie fortlaufend weitere „Kommunikation" konfliktfähig, indem sie die Konflikte noch vermehrt. Die Rechtsprechung gibt somit eine zu erwartende *Vorgabe für die Restabilisierung der Regelung von Konflikten*, indem sie für *andere* entscheidet. (Krawietz 1993, 88-90) Sie ist eine Regelung für strukturellen Dissens und die Situation, in der die Erwartungsenttäuschung zum Normalfall wird. Die wird dadurch verstärkt, dass die Funktion und die Leistung der rechtlichen Kommunikation *nicht* rechtssystematisch und strukturell an der staatlich durchgesetzten Rechtsordnung durch ein Interpenetration zwischen dem Rechts- und dem politischen System, somit dem sekundären Rechtssystem, zu exemplifizieren ist. Die primären Rechtssysteme bleiben symbiotisch an die System-Umwelt-Differenz gekoppelt.

Durch die Aufnahme der Ergebnisse des Forschungsprogramms der *Multiple Modernities* hat der Ansatz eine *Interpenetration der Theoriebildung zwischen rechtstheoretischer und rechtssoziologischer Forschung* erfahren, durch welche die Beobachtung und Beschreibung der Rechtskommunikation auf die Beschreibung und Analyse von regionalgesellschaftlichen Mitgliedschaftsordnungen eingestellt wird. Der *Multi-Level-Approach* zieht forschungsprogrammatische und systematische Folgerungen für die Theorie und Soziologie des Rechts aus der zu beobachtenden veränderten Grundsituation der gesellschaftlichen Kommunikation und den erkennbaren unterschiedlichen Rechtsordnungen.

ii. Theorietransformation

Im *Multi-Level-Approach* ist eine *Theorietransformation der systemtheoretischen Gesellschaftstheorie* angelegt. Sie betrifft aus meiner Sicht vor allem drei grundlegende Probleme, die den Umbau der Theorie sozialer Systeme und der Gesellschaftstheorie Luhmanns einleiten:

1. *Abstimmung der allgemeinen Rechtstheorie mit der allgemeinen Mitgliedschaftstheorie und Mitgliedschaftssoziologie.* Die Theorietransformation betrifft die Überführung der Sinnkonstitution sozialer Systeme in ihre Mitgliedschaftskonstitution. Die kooperative Ergänzung zu dem Multi-Level-Approach könnte dahingehend weiter ausgearbeitet werden, dass das *System von Rechtssystemen* als regionalgesellschaftliche Mitgliedschaftsordnungen gesellschaftstheoretisch zu systematisieren ist.
2. Die Theorietransformation der *Neufassung von sozialen Normen aus der Perspektive der Mitgliedschaftstheorie* in der soziologischen Theorie. Dabei nehme ich ein Motiv des *Multi-Level-Approach* auf, der die Normativität der *Selektion* von Erwartungen an den faktischen Gültigkeitsunterstellungen von sozialen Erwartungen bemisst. Das gilt nicht nur für die rechtliche Kommunikation. Es handelt sich dabei um eine Unterstellung *gegenüber Dritten*, die nicht auf einer individuellen Übereinstimmung der Kommunikationsteilnehmer beruht. (Luhmann 1972, im Hinblick auf das Problem der Institutionalisierung: 64-80)
3. Die Theorietransformation der *Neufassung des Gesellschaftsbegriffs.* Sie begreift Weltgesellschaft als ein Mitgliedschafts- und Kommunikationssystem der „Gesellschaft von Gesellschaften" (Hondrich 2001, 146-147) und ihren Mitgliedschaftsordnungen. Sie leitet damit einen *Umbau der Gesellschaftstheorie* ein. Die „Gesellschaft von Gesellschaften" beschreibt die heterarchische *Ordnung von Mitgliedschaften in der Weltgesellschaft* als eine Differenzierung von sozialen Systemen und Organisationen regionalgesellschaftlich implementierter Mitgliedschaftsordnungen und Kommunikationssysteme (Münch: konstitutive Strukturen der Weltgesellschaft). Das betrifft vor allem die neuen regionalen Dominanzen, die gerade nach dem Ende des Kalten Krieges in der Gegenwartsgesellschaft in den Blick treten.

Damit sind grundlegende Probleme der soziologischen Theorie angesprochen. Die Theorietransformation leitet ein neues Forschungsprogramm der Systemtheorie ein. Damit wird eine andere Positionierung des soziologischen Beobachters der gesellschaftlichen Kommunikation vorgenommen und deren analytisch-begriffliche Ausstattung umgeschichtet.

(b) Soziale Systeme als mitgliedschaftsbestimmte Ordnungen des Erlebens und Handelns von Systemmitgliedern

i. Von der Sinnkonstitution zur Mitgliedschaftskonstitution

Nach Luhmann sind soziale Systeme und Bewusstseinssysteme kovariante, komplementäre sinnkonstituierende Systeme. Seine Neufassung des Systembegriffs ordnet er in der allgemeinen Theorie sozialer Systeme in der Beziehung zwischen Welt und Systembildung an. Welt ist der höchste Zustand an Komplexität und Kontingenz und der Letzthorizont allen sinnhaften Verweisens. Als eine selbstsubstitutive Ordnung ist Welt der Universalhorizont des sinnhaften Erlebens und Handelns, der in Bezug auf Negation und Position als *unmarked space* unqualifiziert vorgegeben ist. *Qualifikation* beruht auf der Differenzierung elementarer Orientierungen in der *sachlichen* Dimension als der Verweisungsstruktur für einen selektiven Weltzugang, beispielsweise des Innen- und Außenhorizonts gegenüber der Unendlichkeit des Und-so-weiter (der Regress wird durch Welt als Letzthorizont unterbrochen), der *zeitlichen* Dimension als der Herstellung von Dauer und Diskontinuität und der *sozialen* Dimension als der Mehrzahl von selektiv operierenden Systemen als den Zuschreibungsinstanzen von *ego* und *alter ego*. Die drei Dimensionen konstituieren sich dichotomisch. Systembildung vollzieht sich in dem Gefälle zwischen System und Umwelt, die dadurch ausgezeichnet ist, dass die Umwelt immer komplexer ist als das sinnkonstitutierte Bewusstseins- oder Sozialsystem.

Worin besteht der Problembezug der Konzeptualisierung zwischen dem Sinnbegriff und der Mitgliedschaftsbestimmung von sozialen Systemen?

1. Die Sinngrenzen haben die Differenz von System und Umwelt vorauszusetzen. Erst durch diese Voraussetzung kann es ‚Welt' geben. Wenn wir eine mitgliedschaftstheoretische (Re-)Strukturierung der Analyse der Systemgrenze vornehmen, so brauchen wir Sinngrenzen nicht zu bestreiten, sondern wir können sie in die *Mitgliedschaftsentscheidung als Selbstkonstitution sozialer Systeme* überführen. Der Schritt ist dadurch begründet, dass die Differenz zwischen System und Umwelt ein *durch* das System produzierter Unterschied und als

Unterschied *im* System zu beobachten und zu markieren ist. *Im System handeln und erleben sowie beobachten sich immer Mitglieder.*

2. Die Markierung kann deshalb nur durch die Mitgliedschaftsbestimmung vorgenommen werden. Das setzt eine symbolische Generalisierung und die Kommunikation der Mitgliedschaftsbedingung voraus. Erst die operative und symbolische Differenz löst eine Selbstreferenz der Mitgliedschaftsentscheidung als Kommunikation aus.[68] Die Zurechnung auf Individuen ist dabei nichts anderes als die Unterscheidung von Selbst-/Fremdreferenz und die Projektion eines Beobachters, der dadurch Zuschreibungsinstanzen in Kommunikationen markiert. Insofern ordne ich das Erleben und Handeln der Systemmitglieder der Sinnkonstitution vor: Wir handeln und erleben immer als Mitglieder sozialer Systeme, d.h., dass sich die Sinnselektion systemtypischer Kommunikation als eine Mitgliedschaftskommunikation vollzieht. *Die individuelle Sinnselektion ist, sofern sie kommunikativ relevant sein soll, sozial zu charakterisieren.* Die Sinnkonstitution fällt dann in den Differenzkorridor zwischen der Entscheidung über Mitgliedschaft und der Unterscheidung der Statuspositionen der Mitglieder und der Umwelt sozialer Systeme. Sie ist selbstreferenziell verfasst. Die Rede von Entscheidung und Mitgliedschaft darf auf der allgemeinen Ebene der Theoriebildung nicht durch die Standardentscheidung- und Spieltheorie sowie auch nicht im Sinne der Organisationstheorie (-soziologie) und Institutionenlehre als Hintergrundsemantik interpretiert werden. Sie ist im Unterschied dazu eine Selektion, d.h. Eigenleistung sozialer Systeme, durch die sie in ihrer Selektivität und Selektionsverstärkung in eine beobachtbare Umweltdifferenz eintreten. Es geht dabei nicht um eine Urentscheidung oder um einen evolutionären Anfang. Der Willkürlichkeit jedes Anfangs kann man sich nur dann entziehen, wenn man Beobachter beobachtet. Die Mitgliedschaftssoziologie ist insofern in den Bezugsrahmen der mehrstufigen Kybernetik zu überführen.
3. Die Mitgliedschaftsgrenzen sind Selektionen, die Sinngrenzen in der Kommunikation ziehen, da sie die Erwartungserwartungen der Teilnehmer an Kommunikationen festlegen. Dadurch gewinnen Kommunikationen eine nur ihnen zuzurechnende Komplexität, die es den Teilnehmern erlaubt, ihr Erleben und Handeln mit einem eigenen Möglichkeitshorizont in der Differenz von Innen und Außen, der immer eine Unterscheidung zwischen Zugehörigkeit und

68 Zum Symbolbegriff als Medium der Einheitsbildung und dem Begriff der symbolischen Generalisierung: Luhmann 1984, 135-139.

Nichtzugehörigkeit einschließt, auszustatten. Durch die Selektionen werden die Innengrenzen sozialer Systeme aus der Perspektive der Kommunikation der Systemmitglieder festgelegt, die als Außenseite den *unmarked space* haben. Das gilt für die allgemeine Theorie. Bei ihrer Spezifikation auf die Typen von Mitgliedschaftssystemen und Mitgliedschaftsordnungen sowie ihrer Differenzierung haben die Mitgliedschaftssysteme ihrerseits Mitgliedschaftssysteme zu ihrer Umwelt. Das betrifft ihre Abtragung auf der Problemstufenordnung.

ii. Mitgliedschaftstheorie und Mitgliedschaftssoziologie

Es empfiehlt sich, zwischen der Mitgliedschaftstheorie als der allgemeinen Theorie und der Mitgliedschaftssoziologie als der Typik von Mitgliedschaftsbedingungen, ihrer Codierung und Operationalisierung, abgetragen auf der Problemstufenordnung sozialer Systeme *Gesellschaft*, *Organisation* und *einfacher Interaktion*, zu unterscheiden.

1. Die allgemeine Theorie unterscheidet die Letztelemente sozialer Systeme. Dabei handelt es sich nicht um ontologisch vorgegebene Entitäten, sondern um eine operative *Relationierung der ungeordneten Systembestandteile eines Beobachters*, die erst durch ihre Relationierung identifizierbar sind. Die Ontologie sozialer Systeme ist deshalb zu dekonstruieren, da soziale *Systeme als Ereignisse nur durch ihre Operation* bestehen. Als ‚Ereignisse' verfügen sie nur über eine okkasionelle und zeitpunktbezogene Existenz. Das heißt nicht, dass sie fiktiv oder unwirklich sind. Sie können erinnert, übergangen, reinterpretiert oder auch als unwichtig erklärt werden. An sie kann angeschlossen, sie können aber nicht rückgängig gemacht werden. Insofern operieren soziale Systeme geschichtsabhängig, Der geschichtlichen Zeitdisposition der *nem sozialen System steht seine Geschichte zur Disposition.* In dem vorliegenden Kontext ist anzumerken, dass jede Mitgliedschaftsentscheidung, jede Kommunikation einen Beobachter voraussetzt und in eine höherstufige Beobachtung überführbar ist.
2. Der ontologisch selbstreferenzielle und okkasionelle Status von kommunikativen Ereignissen impliziert nicht, dass wir keine objektiven Aussagen über sie aufstellen können. Im Blick ist dabei zu behalten, dass die Selbstreferenz sozialer Systeme zwar ihr Sein an sich betrifft, d.h., dass sie gegenüber ihren Mitgliedern durch einen objektiven Status ausgezeichnet sind, ihre Reproduktion durch Kommunikationen ist jedoch als beobachtungsabhängig einzustufen.

3. Die Mitgliedschaftstheorie geht von einem anderen und weiteren Bezugsrahmen als die wirkungsgeschichtlich gewordene Systemtheorie Luhmanns aus, da aus ihrer Sicht Kommunikationen *nicht* die Letztelemente sozialer Systeme sind, sondern die Entscheidung über Mitgliedschaft als eine Selektion, deren Operationalisierung über die Teilnahme an Kommunikationen entscheidet. Durch sie vollzieht sich die doppelte Schließung sozialer Systeme nach Innen und Außen.

(a) *Entscheidung über Mitgliedschaft.* Es gibt kein soziales System ohne die Entscheidung über Mitgliedschaft und ihre Operationalisierung als Konditionalprogramm. Das schließt operative Zwecke nicht aus. Die Operationalisierung ist aber nicht als Zweckprogramm institutionalisierbar. Die Entscheidung über Mitgliedschaft schließt aus, indem sie einschließt. Sie ist im Negativfall auf die Mitgliedschaft durch Nicht-Mitgliedschaft bezogen. Darin besteht die Morphogenese sozialer Systeme als die Etablierung ihrer System-Umwelt-Differenz, die sie nicht überschreiten können. Es handelt sich dabei um keine individuelle Entscheidung, sondern um die Entscheidung einer Autoritätsinstanz. Die Asymmetrie zwischen System und Umwelt, somit die Interdependenzunterbrechung zwischen beiden, wird erst dann beobachtbar und feststellbar, wenn in sozialen Systemen über Mitgliedschaft entschieden wird. Die Mitglieder der sozialen Systeme registrieren diese Asymmetrie gerade dadurch, dass sich Mitgliedschaft nur durch Ausschluss einstellen kann. Das ist die Erklärung dafür, dass sie sich dadurch in den „Zustand der selbsterzeugten Unbestimmtheit versetzen". (Luhmann 2000 b, 151)

(b) *Binäre Unterscheidung.* Jede Mitgliedschaft ist *binär schematisiert* und *codiert*, damit sie entscheidbar ist. Durch diese Entscheidungen und die damit einhergehenden Selektionen sind sie selbstreferenziell konstituiert. Die Entscheidung kann nicht an die Umwelt delegiert bzw. externalisiert werden. Dadurch vollzieht sich die Selbstselektion sozialer Systeme. Die Einheit sozialer System ist diese Operation und zugleich die Unentschiedenheit der Mitgliedschaft als fehlende Interdependenzunterbrechung zwischen System und Umwelt. Durch die Entscheidung steht die Selbstkonstitution in der Zeit einen Augenblick still.[69] Man könnte das auch so ausdrücken: Die Entscheidung ist *prärekursiv.*

69 Hier hat der soziologische Entscheidungsbegriff anzusetzen. Dazu: Luhmann 1988, 272-90. Sein Vorschlag lautet: „... *eine Handlung immer dann als Entscheidung anzusehen, wenn sie auf eine an sie gerichtete Erwartung reagiert.* Wir können auch sagen: dass sie immer dann, wenn sie darauf reagiert, mit Hilfe von Erwartungen beobachtet wird; denn erst die Prognose

Erst dadurch wird den Mitgliedern sozialer Systeme die Unterscheidung zwischen Mitgliedschaft und Nicht-Mitgliedschaft bewusst. Damit wird die Rekursion der Mitgliedschaftsentscheidung und der Kommunikation unterbrochen. Nur durch das Eintreten dieser Unterbrechung und damit des Stillstands kann die Rekursion der Mitgliedschaftsentscheidung als das Vorher und Nachher der Operation fortgeführt werden. Das gilt auch für Kommunikationen. Auch sie sind nur durch ihre Unterbrechung in der Abfolge von Anfang und Ende fortführbar. Daran ist zu erkennen, dass sie durch die Zeitdimension strukturiert sind und auf der Seite des Bewusstseinssystems als ihrer Umwelt, das an Kommunikation beteiligt ist, ein Zeitbewusstsein voraussetzen. Wenn wir davon ausgehen, dass sich durch Mitgliedschaftsentscheidungen die sozialen Systeme und Kommunikationen selbst voraussetzen, so ist jede rekursive Fortbestimmung kommunikativer Ereignisse nur durch die Unterbrechung, d.h. durch ihren punktuellen Stillstand, möglich. Die soziale Zeit steht somit in der rekursiven Operation von Anfangen, Beenden und Fortführen der systemischen Operationen still, ohne dass sie ihre Dauer selbst negiert. Wäre dies nicht so, so könnte Kommunikation nicht fortgesetzt werden. Damit haben wir auch eine Erklärung dafür, dass in allen bekannten Gesellschaften liminale Situationen vorkommen und institutionalisiert sind, z.B. die Grenzsituationen der Initiationsriten, des Protests, aber auch solche Ereignisse wie Prüfungen, Scheidungen und Entlassungen. (Eisenstadt 1995, 309, 314-322, 352, 370.

iii. Zeitliche Dimension und Gedächtnis

Der Fortbestand in der Zeit ist das zentrale Bestandsproblem sozialer Systeme. Darauf ist etwas näher einzugehen.

1. Die Dominierung durch die *Zeitdimension als Grundverfassung sozialer Systeme* bedeutet, dass alle Mitgliedschaftsentscheidungen fortlaufenden Veränderungen unterworfen sind, die wir in unserer begrenzten Wahrnehmungswelt kaum bemerken. Das gilt auch für die sachliche und die soziale Dimension. Das macht Dauer zu einem

des Verhalten macht es möglich, *ihr zu folgen.*", 278. Damit geht einher, dass Erwartungen durch die Zeitdimension differenziert werden, um durch Kommunikation erfüllbar zu sein. Kommunikation setzt immer die Entscheidung über Kommunikation und Nichtkommunikation voraus, die ihre Rekursion, somit ihre zirkuläre Konstruktion, unterbricht. Sonst könnte sie nicht wieder anfangen. Die zirkuläre Konstruktion der Zeit, bei der Anfang und Ende zusammenfallen, ist selbst zu unterbrechen.

Bestandsproblem sozialer Systeme. Dieses Problem kann durch Kommunikation allein nicht gelöst werden, sondern es bedarf der Strukturen, um die Willkür der Kommunikationsteilnehmer einzuschränken. Im Grenzfall sind das negative informale und formale Sanktionen. Die Zeitdimension wirkt sich zugleich selektionsverstärkend auf die Strukturierung von Kommunikation und die Orientierung der Kommunikationsteilnehmer aus. Das verdichtet sich auf der Problemebene des formal organisationellen Entscheidungshandeln.

2. *Die Entscheidung über Mitgliedschaft ist ihrerseits nicht nur auf die sachliche und soziale, sondern auch auf die zeitliche Dimension zu spezifizieren.* Das ist dadurch begründet, dass diese Entscheidung zu einer Interdependenzunterbrechung führt und wir immer nur für eine bestimmte Zeit oder für zeitliche Intervalle Mitglied in sozialen Systemen sind. Gehen wir von der Zeitdimension sozialer Systeme aus, so erkennen wir, dass sie nur in der Gegenwart operieren. Insofern bedürfen sie der Erinnerung, da das Vergessen der Regelfall ist.
3. Wir stoßen dadurch auf ein allgemeines Abstimmungsproblem bei der Rekursion der Mitgliedschaftsentscheidung und von Kommunikationen. Das Strukturproblem der fortlaufenden Erinnerung an die Entscheidung über Mitgliedschaft wird durch das Gedächtnis kompensiert, das sich an dieser Stelle ausbildet, damit sie nicht dem Vergessen anheimfällt. Eine Entscheidung ist als „Entscheidung" kurzlebig. Sie ist zu kommunizieren und zu dokumentieren, damit sie erinnert werden kann. Individuelle Entscheidungen sind ihrerseits sozial zu charakterisieren, um für Kommunikationen relevant zu sein. Jede Entscheidung hat zudem die zeitliche Dimension zu verarbeiten. Sie ist immer durch sie strukturiert und hat ihre Folgen, gegebenenfalls auch ihre praktischen Prämissen, zu markieren, z.B. sind Rechtsfolgen praktische Prämissen für Rechtsansprüche in der Rechtskommunikation. Insofern sind Entscheidungen nicht nur durch die Präferenzordnung und Anwendung des Bayes'schen Entscheidungskriteriums zu systematisieren, sondern sie sind systemtypische Selektionen.[70]

iv. Negationsspielraum

Mit der Entscheidung über Mitgliedschaft können wir auch den grundlegenden Negationsspielraum sozialer Systeme beschreiben.[71] Ange-

70 Zur Kritik des Bayes'schen Konsequenzialismus: Nida-Rümelin 1995.

71 Luhmann 1984, 488-550, untersucht dieses Problem mit der Analyse der Immunologie und der damit einhergehenden Neufassung der soziologischen Konflikttheorie.

sprochen sind damit die Positionen der Negativität. Der Ausschluss übernimmt die Funktion der fortlaufenden Selbstirritation und Selbstbeobachtung sozialer Systeme. Das erklärt auch die Funktion von Widerspruch, Konflikt (Streit) und Protest. Durch die Negativereignisse tritt eine Beobachtungsintensität und eine Bindung der Kommunikationsteilnehmer ein.

1. Wir sind nirgends so stark gebunden wie im Konflikt und Streit (Simmel). Die Entscheidung über Mitgliedschaft ist das Negativereignis, das in der systemeigenen Geschichte gespeichert wird. Dadurch vollzieht sich keine Anpassung an die Umwelt, sondern die Fortführung der systeminternen Operation, durch die sich soziale Systeme selbst regulieren. Systeme bedürfen somit einer Instabilität, damit sie lernen können und lernfähig bleiben. Die Operationalisierung des Mitgliedschaftscodes übernimmt die Funktion, den Negationsspielraum auszuschöpfen, da jede Anschlussgestaltung von Kommunikation über die *Entscheidung über Mitgliedschaft und ihre Operationalisierung als Teilnahmebedingung* an Kommunikationen verläuft. Dadurch werden Erwartungsprojektionen von Mitgliedern sozialer Systeme vorgenommen.
2. Es ist immer im Blick zu behalten, dass die Operationalisierung des Mitgliedschaftscodes die Teilnahmebedingungen an Kommunikationen *selektiv* bestimmt. Das gilt auch unter der Voraussetzung, dass die Anschlussrationalität der gesellschaftlichen Kommunikation über die kommunikativen Medien und ihre wechselseitige Transformation reguliert wird. Unter der Voraussetzung funktionaler Differenzierung liegt ein *Verbund von Mitgliedschaften* für die Teilnahme an der Kommunikation in den Teilsystemen vor. So wird z.B. die Teilnahme am Wirtschaftssystem über das Geldmedium reguliert. Sie ist rechtlich normiert, politisch abgesichert und durch Organisationsmitgliedschaften selektiv gestaltet. Da das Inklusionsprogramm der Teilsysteme eine *Vollinklusion* vorsieht und ihnen Abweisungsmotive fehlen, werden durch ihre formale Organisation die Teilnahmebedingungen qualifiziert und spezifiziert, um auf diesem Wege Abweisungsmotive bereitzustellen.

v. Autoritätssystem

Wenn wir von der Annahme ausgehen, dass die basale und selbstreferenzielle Operation sozialer Systeme die Entscheidung über Mitgliedschaft und ihre Operationalisierung beinhaltet, dann ist die Autoritätsstruktur ein konstitutiver Bestandteil dieser sozialen Systeme.

1. Die Entscheidung über Mitgliedschaft ist asymmetrisch. Vergleichbar der Rechtsentscheidung entscheidet sie für andere. Das wird auch dadurch nicht geändert, wenn die Mitgliedschaft bei den davon Betroffenen auf einem gegenseitigen Einverständnis beruht. Die Autoritätsinstanz setzt durch ihre Entscheidung die Mitgliedschaft als kontingent, indem sie sie einen Augenblick offen lässt. Wir können das auch so ausdrücken, dass sich durch diese Nichtentschiedenheit soziale Systeme öffnen. Die Entscheidung betrifft die Inklusion-Exklusion der Gesellschaftsmitglieder, da die Mitgliedschaftsselektion über die Teilnahme an Kommunikationssystemen entscheidet und damit Nichtzugehörigkeit markiert und der Beobachtung aussetzt. Jedes soziale System hat eine Instanz, die diese Entscheidung autoritativ vornimmt. Dies ist die Gewährleistung dafür, dass Erwartungen in der Zeit projiziert werden können und die Obligationen der Mitglieder sozialer Systeme durch die Erwartungserwartungen reguliert sind. Damit geht einher, dass die Teilnehmer an Kommunikationen eine Zukunftsorientierung ausbilden können.
2. Die Autoritätsstruktur hat somit eine Entscheidungsinstanz, welche Regelungen in Kraft setzt, anwendet und durchsetzt, z.B. durch Häuptlinge, Könige des Rechts, hohe Priester, militärische Befehlshaber, Gruppenentscheidungen, Richter, Gesetzgeber und ihre Erzwingungsstäbe oder Instanzen der Entscheidung über Eintritts- und Austrittsregelungen von formalen Organisationen. Das gilt auch für die Entscheidungen des demokratisch verfassten politischen Systems. Sofern soziale Systeme durch die Entscheidung über Mitgliedschaft selbstbestimmt sind, gibt es in ihnen eine Instanz, somit eine Autorität, welche über den Verbleib in ihnen entscheidet. Dieser Instanz kommt auch die *auctoritas* zu, den Ausnahmezustand zu erklären. Die Instanz wird nicht im Bezugsrahmen der allgemeinen Theorie der Mitgliedschaft, sondern in der Mitgliedschaftssoziologie spezifiziert.

vi. Kollektive Identität

Die Entscheidung über Mitgliedschaft zeichnet die Schließungsfunktion, somit die Interdependenzunterbrechung, sozialer Systeme als vorrangig für ihre System-Umwelt Differenzierung aus.

1. Gehen wir davon aus, dass bei der Interdependenzunterbrechung eine *doppelte* Schließung vorliegt, so kondensiert sich diese Negation der kollektiven Identität der Mitglieder sozialer Systeme, seien es z.B. die ethnischen, verwandtschaftlichen, religiösen, nationalen oder lokalen kollektiven Identitäten.

2. Es sind die Zugehörigkeitsgrenzen, die über die Verbundenheit der Mitglieder entscheiden. Die kollektiven Identitäten reproduzieren die Selbstreferenz sozialer Systeme im Hinblick auf die Orientierung ihrer Selbstidentifikation. Sofern sie Negation und Konflikt in der Kommunikation durch die Grenzziehungen der Zugehörigkeit befördern, schöpfen sie ihren Negationsspielraum aus. Die kollektiven Identitäten sind aber keine Abschlussformel sozialer Systeme, sondern restabilisieren die Entscheidung über Mitgliedschaft und das Mitgliedschaftsgedächtnis.[72]

vii. Primäre soziale Systeme als symbiotische Mechanismen und sekundäre soziale Systeme

1. Die Entscheidung über Mitgliedschaft hat als Erfüllungsbedingung die Selektionen aus Populationen, die ihrerseits die Umwelt dieser Entscheidung sind. Die Menschen als psycho-physische Systeme (Populationen) sind die Sensoren, mit denen soziale Systeme einen Kontakt zu ihrer Umwelt aufnehmen, auf die sie angewiesen sind. Wenn wir davon ausgehen, dass die Interdependenzunterbrechung zwischen sozialen Systemen ihrer Umwelt durch die Entscheidung über Mitgliedschaft herbeigeführt wird, dann ist im Hinblick auf die nicht erreichbare Umwelt die Systemgrenze neu zu fassen, da sie über symbiotische Mechanismen verläuft. Wir existieren zwar als einzelne organische Entitäten, sind aber in unserer biologischen Reproduktion auf die anderen Populationsmitglieder durch besondere Selektionen verwiesen. Der geschlechtliche Vollzug ist z.B. für die Reproduktion der Population unverzichtbar.
2. Die sozialen Systeme sind künstliche Gebilde. Erst durch eine Grenze zu ihrer Umwelt treten sie durch die Beobachtung der Mitgliedschaftsentscheidung in eine Differenzordnung zwischen System und Umwelt ein. Die Systemgrenze verläuft über symbiotische Mechanismen. Durch die symbiotische System-Umwelt-Relation wird die Nichtüberschreitbarkeit der Differenzordnung zwischen System und Umwelt nicht beseitigt, sondern in eine Beobachtungsnähe gerückt.[73]
3. Die Kommunikation in *primären* sozialen Systemen vollzieht Kommunikation bei einem geringen selbstreferenziellen Komplexitätsgefälle in der System-Umwelt-Relation, da der symbiotische Bezug und die symbiotische Abhängigkeit die Kommunikation und Beobach-

72 Zur Relevanz kollektiver Identitäten in der gesellschaftlichen Kommunikation: Eisenstadt 2009b, 135-184.

73 Luhmann 1984, 286-344, untersucht diesen Systemkontext als zwischenmenschliche Interpenetration.

tung des jeweiligen sozialen Systems dominiert. Primäre soziale Systeme sind an die symbiotische Mechanismen der Wahrnehmung, der Bedürfnisbefriedigung, der Sexualität und der Gewalt als Ursymbole der Kommunikationsmedien rückgekoppelt, da alle symbiotischen Beziehungen in der Trennlinie zwischen System und Umwelt jeder Kommunikation verbleiben. Sie sind somit auf eine direkte Beobachtung von Kommunikationsteilnehmern und einen direkten Zugriff auf den Leib des Anderen angelegt.

4. Die *sekundären* sozialen Systeme sind im Unterschied dazu durch Generalisierung von sachlichen, zeitlichen und sozialen Erwartungserwartungen und ihre organisationelle Normierung durch Verfahren gekennzeichnet. Mit ihnen geht eine abstraktere Anschlussgestaltung von Kommunikation einher. Sie erlaubt die Differenzierung von teilsystemtypischen Kommunikationssystemen. Die Unterscheidung zwischen den beiden Systemtypen verschwindet aber nicht durch Differenzierung der großen Funktionssysteme Wirtschaft, Politik, Wissenschaft, Recht, Kunst, Religion und Erziehung. Die Rückbindung der Kommunikation an die primären sozialen Systeme wird in den Teilsystemen durch die symbiotischen Mechanismen der Medien gesellschaftlicher Mitgliedschaft und Kommunikation sichergestellt, aber auch durch die Wahrnehmung und Beobachtung von Beobachtern.

viii. Zuschreibungsinstanz

Die Mitgliedschaftsentscheidung ist einer Autoritätsinstanz zuzuschreiben. Sie hat die Erwartungserwartung in Kraft zu setzen, d.h. die Funktion der Restabilisierung von Kommunikation im Hinblick auf ihre mögliche Anschlussrationalität.

1. Das betrifft das alte soziologische Problem der Funktion sozialer Normen und ihrer Analyse. Insofern gehe ich auf eine Neufassung der Analyse sozialer Normen ein. Es ist dabei im Hintergrund zu berücksichtigen, dass die anderen Bestandteile der Konstitution sozialer Systeme an der Restabilisierung mitbeteiligt sind, z.B. durch die kollektiven Identitäten und die Ausnutzung des Negationsspielraums und ihre Selbstbeobachtung durch Konflikte. Der soziologische Sachverhalt bleibt aber bei dieser Problemstellung außer Acht, um die mitgliedschaftstheoretische Analyse von sozialen Normen und ihre Geltung in den Blick zu bekommen. Das Neue dieser Analyse besteht darin, dass die sozialen Normen nicht deontologisch, nicht

durch eine Solldimension und auch nicht in ihrem Beitrag zur sozialen Integration zu fassen sind.

2. An dem Bezugsrahmen der Mitgliedschaftstheorie erkennen wir, dass die sozialen Systeme als Mitgliedschaftsordnungen selbstkonstituiert sind. Ihre Bestandteile können sie nicht an die nicht soziale Umwelt externalisieren und schon gar nicht aus ihr entnehmen. Mit dem Anschnitt haben wir auch die Stelle benannt, an der die Mitgliedschaftstheorie an die Rechtstheorie und Rechtssoziologie angeschlossen werden kann, da Rechtssysteme Mitgliedschaftsordnungen sind und Rechtsentscheidungen für Mitglieder sozialer Systeme, somit für einen bestimmten Adressatenkreis, gelten. Wir haben aber durch den Bezugsrahmen der *allgemeinen* Theorie sozialer Systeme auch den Schüssel dafür, die Theorie sozialer Integration neu zu fassen. Inklusion und Exklusion als die Berücksichtigung von Personen vollzieht sich über die Entscheidung über und die Selektion von Mitgliedschaft in sozialen Systemen.[74] Wir können damit auch die theoretisch und empirisch unfruchtbare Kopplung zwischen Konsens und sozialer Integration auflösen.

(c) Analytisch-begriffliche Neufassung der Funktion sozialer Normen und des Rechts

i. Das Ende einer Tradition

In der Durkheim-Parsons-Tradition der Soziologie hat man sozialen Normen oder der jeweiligen normativen Kultur eine grundlegende Bedeutung zugesprochen. Der Punkt ist nicht, die Funktion von sozialen Normen für unwichtig zu erklären, sondern an welcher Stelle sie in der soziologischen Theorie zu platzieren sind. Es geht somit darum, die weit verbreitete Auffassung, dass das Soziale durch normative Reduktionen bestimmt ist, einer anderen Analyse zuzuführen.

1. Luhmann hat das Problem aus meiner Sicht grundsätzlich richtig erkannt, wenn er davon ausgeht, den Begriff der sozialen Norm „an theoretisch sekundärer, abgeleiteter Stelle" in die soziologische Theorie einzuführen. (Luhmann 1984, 44) Er verlagert die normative Strukturerhaltung in den Begriff der Generalisierung von Erwartun-

74 Person ist als eine Markierung der Adressaten von Kommunikation in der Situation zu verstehen, in der die Mitgliedschaft in sozialen Systemen nicht vorreguliert ist. Das betrifft die Grundverfassung funktionaler Differenzierung. Sie ist somit keine substanzielle Eigenschaft der Kommunikationsteilnehmer.

gen. (Luhmann 1984, 445-447) Durch diese Generalisierung wird aber das, was erwartet wird, in einem gewissen Ausmaß unbestimmt. Im Zuge der Transformation der systemtheoretischen Gesellschaftstheorie kann eine mitgliedschaftstheoretische Analyse der Trivialität, dass das Soziale nicht ohne Normen möglich ist, eine nicht triviale Interpretation und eine andere Antwort als Luhmann geben, die Motive seiner Einsicht aufnimmt.

2. Luhmann hat die Unterscheidung zwischen kognitiven und normativen (kontrafaktischen) Orientierungen eingeführt, um die Situation zu charakterisieren, dass unter der Voraussetzung funktionaler Differenzierung die Enttäuschung der Erwartungserfüllung zum Normalfall wird.[75] Dadurch wird die Erwartung von Erwartungen kontingent gesetzt. Das stellt zwangsläufig die Frage nach der Enttäuschungsabsorption und konfrontiert die Teilnehmer an der gesellschaftlichen Kommunikation mit dem erforderlichen Lernen im Fall der Erwartungsenttäuschung. (Luhmann 1972, 27-80, 1984, 437-440) Die Orientierung am Enttäuschungsfall heißt, die Orientierung an der Differenz zwischen Erwartungserfüllung und Erwartungsenttäuschung. (Luhmann 1984, 437) Luhmanns Sichtweise geht dahin, dass die Stabilisierung von Strukturen zur Absorption und Kanalisierung von Enttäuschungen gehört. Diese Stabilisierung wird durch die Mitgliedschaftsbedingungen herbeigeführt, die Erwartungserwartungen erwartbar machen und sie teilweise gegenüber der Enttäuschung immunisieren.

Der Normbegriff bezieht sich somit auf eine Seite der Unterscheidung zwischen kognitiven *versus* normativen Orientierungen. (Luhmann 1993, 134) Das heißt, die Erwartungserwartung wird durch die operativen Sequenzen konstant gesetzt. Unter Normativität ist somit die Konstantsetzung einer kontrafaktischen Verhaltenserwartung zu verstehen. Das schließt Interpretationsspielräume, Lernen und die Änderungen dieser Erwartungen nicht aus. Wenn wir davon ausgehen, das durch die Entscheidung über Mitgliedschaft soziale Systeme sich selbst irritieren, dann kann die normative Orientierung, ihre Beibehaltung und Änderung immer nur den strukturabhängigen Eigenzustand sozialer Systeme betreffen. Klärungsbedürftig sind dabei das Problem der Geltung der

75 Im Falle der kognitiven Orientierung passt man sich an den Enttäuschungsfall durch Lernen an, bei normativen Orientierungen hält man im Enttäuschungsfall an der Erwartung fest. Der Ansatz ist so angelegt, dass das Faktische das Normative umfaßt. Die Differenzierung tritt dann ein, wenn beide Erwartungsorientierungen eingespielt sind.

Erwartung, des Begriffs des Normensystems, der Entscheidungsinstanz (Autoritätssystem) und der normativen Macht.

ii. Mitgliedschaftstheoretischer Ansatz

Aus sozialontologischer Sicht ist danach zu fragen, ob die Mitgliedschaftsbedingungen einen deontologischen Status haben, da sie durch die Überführung in Erwartungserwartungen faktisch gelten. Wenn wir davon ausgehen, dass sie durch die mit ihnen einhergehende Form eine Stabilisierungsfunktion von Erwartungen haben, so ist ihre Geltung keine Norm, da sie nur durch ihre Entscheidung als eine Selektion gilt. Sie ist als die Vereinheitlichung dieser Stabilisierungsfunktion ein Symbol und eine Form (= Unterscheidung).[76] Das Symbol ist auf die Einheit des sozialen Systems als ein Kommunikationssystem zu spezifizieren. Die Einheit jeder Kommunikation besteht in ihrem Beginnen, Enden und der Gestaltung ihrer Fortführung. Das heißt nicht, dass das Symbol fiktiv ist. Im Anschluss an Luhmann empfiehlt es sich, zwischen der symbolischen und der operativen Ebene der Mitgliedschaftsentscheidung zu unterscheiden. Ihre Gültigkeit als ein Symbol gilt durch die autoritative Entscheidung. Diese Operationalisierung bringt die erforderliche Redundanz und ihre Streuung in Kommunikationssystemen zustande.

1. Eine notwendige Bedingung der Regelung von Kommunikation durch Mitgliedschaftsbedingungen besteht darin, dass eine Instanz (Autorität) diese Bedingungen in ein *normatives System* überführt. (Zu dem Begriff des normativen Systems: Raz 1975, 106-123) Im Hinblick auf das Rechtssystem heißt das, dass es keine *a priori* geltenden Rechtsprinzipien gibt, die den Rechtsnormen (Gesetzen) zu Grunde liegen bzw. aus denen sie abgeleitet sind. Wir haben damit auch eine Antwort auf die sogenannte „Quelle" des Rechts. Die Metapher der Rechtsquelle ist in der Rechtstheorie rätselhaft geblieben. Ein normatives System kann z.B. eine Prüfungsordnung, ein Gesetzestext, eine Hausordnung oder eine formulierte Eintritts- und Austrittsbedingung sein. Die Entscheidung über Mitgliedschaft wird

76 Zu diesem Ansatz Luhmann 1993, 98. Dieses Symbol hat keinen intrinsischen Wert: 98-99. Geltung ist immer dual codiert (Geltung-Nichtgeltung). Es läuft somit, wie es Luhmann ausdrückt, „... bei allen Symbolen ... ein diabolischer Gegenfall mit.", 104. Im Hinblick auf die Mitgliedschaftsbedingung ist immer darauf zu achten, daß das Geltungssymbol im Falle der Mitgliedschaft auf die Eigenanforderungen der Mitgliedschaft in sozialen Systemen reagiert.

somit durch dieses System spezifiziert, welches die Erwartungserwartungen selektiv festlegt. Die Einheit der Operationsweise sozialer Systeme ist somit vorausgesetzt, in der Anschlussrationalität der systemtypischen Kommunikationen und Operationen zum Ausdruck gelangt.

Sofern wir die Einheit der Systemoperation der Mitgliedschaftsselektion voraussetzen, so ist auf die Unterscheidung zwischen *primären* und *sekundären* sozialen Normen bzw. sozialen Systemen hinzuweisen. Die Unterscheidung ist von allgemeiner Relevanz, betrifft aber auch und vor allem die Analyse von Rechtsnormen. Ein Problem besteht darin, ob dem normativen System auch seine Durchsetzung zuzuschreiben ist. In der Rechtstheorie stellte sich dieses Problem z.B. bei der Bestimmung des Status des Völkerrechts. Wenn wir normen- und rechtstheoretisch die Unterscheidung zwischen primären und sekundären Normen treffen, so betrifft die Erzwingung gewöhnlich nicht die primären, sondern die sekundären Normen.[77] Damit einher geht eine Kritik an der Befehls-, Sanktions- und Zwangstheorie des Rechts (John Austin[78]). Die Erzwingungsnormen sind ihrerseits durch die Differenzierung der sie implementierenden Organisationen an die primären Normen gekoppelt. Die Rechtsgrundlage (Rechtsnormen) als normatives System ist z.B. die *Bestimmung* (Direktive).[79] Der Richter ist ermächtigt auf ihrer Grundlage zu entscheiden und schafft damit die Voraussetzungen für ihre zwangsweise Durchsetzung. Die Vollzugsbehörden sind ihrerseits ermächtigt, das Urteil zu erzwingen. Wir erkennen daran die Interpenetration der Rechtsentscheidung an ihre organisationelle Implementierung. Sie ereignet sich durch selektive Kommunikationen und Interaktionen nach Maßgabe z.B. von Vorschriften und Verfahrensregeln, die als bedingte Direktive zu charakterisieren sind. In der Systemtheorie spricht man diesbezüglich von Entscheidungsprogrammen.

2. Die durch die Mitgliedschaft festgelegten Obligationen sind aber keine gültigen individuellen Handlungsgründe, sondern von Rechtswegen geltende Entscheidungsgründe. Individuelle Handlungsgründe kann es viele geben, sie gelten aber immer *nur selbstreferenziell* für die jeweilige Person, die als Mitglied adressiert wird. Das Kriterium für diese Unterscheidung ist die Voraussetzung der Gültigkeit oder das „Symbol der Gültigkeit". Das „Symbol" ist dabei im Sinne einer

77 Auf die Relevanz der Unterscheidung in der Normen- und Rechtstheorie: Krawietz 1988. 315-369.

78 Zur Kritik an der Befehls-/Sanktionstheorie des Rechts: Hart 1961.

79 Zur „Bestimmung" siehe im Folgenden.

Gültigkeits- und *Einheitsformel des sozialen Systems* zu verstehen, die nur paradox als symbolische und diabolische Vereinheitlichung zu artikulieren ist. Jede Mitgliedschaftsbedingung wird – selbstverständlich auch änderbar – durch Entscheidung in Geltung und damit in Kraft gesetzt. Diese Entscheidung ist *kein Indikator für den Konsens der Mitglieder* und kann auch *nicht auf dem Konsens der davon Betroffenen* beruhen. Insbesondere für die Rechtsentscheidung gilt, dass die Zustimmung der davon Betroffenen nicht justiziabel ist. Rechtsentscheidungen „entscheiden" für Andere. Konsens ist nicht zeitunabhängig und ist in der fortlaufenden Genese und Geschichte von Kommunikationen immer wieder zu erneuern. Konsens bedarf der Vertiefung von Kommunikation, des Interessenausgleichs, des gegenseitigen Verständnisses und des Vertrauens. *Konsens ist nur für ein sehr begrenztes aktuelles gemeinsames Erleben und Handeln herstellbar*. Es ist auch nicht auszuschließen, dass durch die Kommunikation von Konsens in einem Kommunikationssystem mehr oder weniger drastisch Dissens hervorgerufen wird. Konsens ist nicht nur ein knappes Gut, sondern dient der Differenzartikulation und ist immer partikularisierend. Die Funktion von Konsens besteht somit gerade in der sozialen Schließung und Ausschließung. Beides etabliert somit eine Differenzordnung der wechselseitigen Beobachtung und selektiver Kommunikation. Das hat bereits Weber mit seinem Begriff des Einverständnishandelns, das immer partikular ist, erkannt.

3. Die Mitgliedschaftsbedingung, ihre Codierung und Programmierung ist ihrerseits als ein autonomes und dynamisch-funktionales Regelsystem zu beschreiben, das Erwartungen spezifiziert. Es ist autonom, da es in der sachlichen Dimension geschlossen ist; es ist dynamisch, da seine Operationalisierung in der zeitlichen Dimension Variationen mit sich führt. In der sozialen Dimension unterliegt es der (Re-)Spezifikation auf die typischen Mitgliedschaften in sozialen Systemen. Die Merkmale dieser Dimensionen sind auf die Mitgliedschaftsbedingungen und ihre Programmierung als Erwartungen und die Erwartungserwartungen bezogen.

(a) Alle Mitgliedschaftsbedingungen haben eine interne Relation zu den Erwartungen, die durch die in Kraft setzenden und anwendenden Entscheidungsinstanzen gekennzeichnet werden, und für jedes normative Regelsystem gilt ein Kriterium, das die Mitgliedschaftsbedingung und die Obligationen der Teilnahme an Kommunikationen festlegt.
(b) Die Regelung der Mitgliedschaft in einem sozialen System setzt voraus, dass die geforderten Verhaltenserwartungen mit den in einem

normativen System formulierten Erwartungen übereinstimmen und die Mitglieder die an sie adressierten Erwartungen befolgen. Das braucht nicht aus individueller Überzeugungen geschehen und schließt Ambivalenzen der Mitglieder gegenüber diesen Regelungen nicht aus.

Die verpflichtenden Regelungen bzw. ein normatives System sind verbindlich, sofern die Erwartungen gelten. Deren Geltung ist ihrerseits abhängig von der in Kraft setzenden und anwendenden Entscheidungsinstanz, welche die normativen Bewertungen und Beschreibungen definiert. Die Operationalisierung der Mitgliedschaftsbedingung wird somit durch ein normatives System gewährleistet, das Erwartungserwartungen formuliert. Es mag den Zweck haben, soziale Funktionen zu erfüllen, aber sie wird dadurch nicht identifiziert, da die Mitgliedschaftsbedingung durch das Kriterium ihrer Geltung identifiziert wird. Hierzu gehört auch die normierte Verfahrensrationalität, insbesondere das Verfahrensrecht, das zur systeminternen Geltungsbegründung beiträgt. Aus mitgliedschaftstheoretischer Sicht ist somit die Einheit und Identität des sozialen Systems von dem Kriterium abhängig, durch das über Mitglied und Nicht-Mitglied bzw. über den sozialen Status eines Mitglieds z.B. als Angestellter, Hochschullehrer, Verkäufer oder als Besitzer eines Führerscheins entschieden wird. Die Mitgliedschaftsinstanz entscheidet über Mitgliedschaft und legt dadurch die Erwartungserwartungen fest, die in sozialen Systemen gelten. Die Mitgliedschaftsgrenzen sind deshalb durch die Entscheidungsselektion der Mitgliedschaftsinstanz geregelt. Das schließt Grauzonen nicht aus. Sie sind dadurch begründet, dass die *Selbstbegrenzung der sozialen Kommunikation* keine totale Institution ist und auch gar nicht sein kann.

(c) Gehen wir bei der Operationalisierung der Mitgliedschaftsbedingung von der Unterscheidung von primären und sekundären Normen aus, so lassen sich zwei Schritte oder Phasen unterscheiden: (i) ihre Codierung in einem normativen System durch die Entscheidungsinstanz und (ii) ihre Operationalisierung durch die sekundären Normen durch die dafür in der entsprechenden Organisation zuständigen *Stellen (Ämter)*.[80] *Stelle* ist analytisch-begrifflich gesehen die Schnittstelle,

80 Der Begriff der „Stelle" ist allgemeiner als der des Amts. Von Amt spricht man in der Regel im Hinblick auf die (staatliche) Organisation (Verwaltung). Jede formale Organisation ist jedoch durch und in Stellen organisiert. Sie werden im Stellenplan dokumentiert. Sie strukturieren den Organisationsaufbau und die Kommunikation. Dabei handelt es sich um bestimmte Selektionen, die den Ablauf und die Verkettung der Kommunikation festlegen. Vorausgesetzt wird dabei die festgelegte Erreichbarkeit des Adressaten.

durch die das normative System und die von ihm formulierten Aufforderungen (Erwartungen) zur *Bestimmung* werden.

(d) Der Sprechakt der Bestimmung ist keine personenbezogene Äußerung. Der Sprecher verzichtet auf die fremdpersonale Äußerung und bestimmt, dass etwas getan werden oder nicht getan werden soll. Die Bestimmung ist im Rechtssystem ein Rechtsprogramm. Der Übergang zur Bestimmung wird dann vorgenommen, wenn sich der Anspruch auf Befolgung im Hinblick auf die Annahmebedingung von Seiten des Adressaten auf das in der Äußerung Postulierte normative Systems bezieht. Das in der Äußerung Postulierte bezieht den Adressaten als einen von dem Anspruch des kommunikativen Akts Betroffenen ein. Die Bestimmung erfasst den davon Betroffenen somit immer selektiv als Mitglied eines sozialen Systems, für das die Geltung des normativen Systems unterstellt wird. Die formale Charakterisierung dieser Kommunikation besteht in den Rechten, Pflichten und der Missbilligung, die – sehen wir von dem Fall der Gnade und des Mitleids ab – bei Nichterfüllung eine organisationell durchgeführte Reaktion, insbesondere Bestrafung nach sich kann. Die Rechtssätze, hier verstanden als ein vertretenes normatives System, sind aus dieser Sicht als Bestimmungen einzustufen, die „im Namen eines Dritten" geäußert werden. Sie können durch weitere Codierung unterschiedlich beschrieben und gerechtfertigt werden, z.B. „im Namen des Volkes" oder einer heiligen Ordnung. Damit wird aber, wie mit einer „invisible hand", die Selbstkonstitution des normativen Systems unsichtbar gemacht.

Krawietz nennt dies im Hinblick auf das Rechtssystem seine *Selbsthierarchisierung*, z.B. diejenige der Rechtsordnung und ihrer Organisation durch die Autoritäts- und Entscheidungsinstanzen. Hiermit wird der Asymmetrisierung der Sozialbeziehungen, wie sie im Stufenbau der Rechtsordnung erfolgt, Rechnung getragen. Durch die sekundären Normen wird die Bestimmung, d.h. das normative System von primären Normen, an ihre organisationelle Implementierung gekoppelt, z.B. die Rechtsentscheidung und ihren organisationellen Vollzug.

(e) Von diesem Gesichtspunkt aus ist die Analyse von Rechtsmacht verleihenden Normen (Kompetenznormen, Ermächtigungsnormen) durchzuführen. Wie sind normative Macht und Ermächtigungsnormen zu interpretieren? Es empfiehlt sich, zwischen physischer Gewalt, politischer -, kommunikativer Macht (Hanna Arendt) und normativer Rechtsmacht zu unterscheiden. Normative Rechtsmacht ermächtigt den Sprecher zu bestimmten Kommunikationen und Handlungen. Normative Rechtsmacht ist zu unterscheiden von bloß politischem Einfluss, politischer, kommunikativer Macht und physischer Gewalt. (Raz 1975,

104-105) Sie setzt Erwartungen in Kraft. Die normative Macht wird durch Macht verleihende Normen generiert und konstituiert, die eine Autoritätsinstanz in Anspruch nehmen kann, aber nicht in Anspruch nehmen muss. Dabei handelt es sich um Kompetenznormen (Zuständigkeitsgebiete, Aufgabenbestimmungen) und Ermächtigungsnormen. Diese Macht setzt den Vollzug von normativen kommunikativen Akten in Kraft, die besondere normativ bewertete Folgen in formellen und informellen Kommunikationen haben, z.B. die Rechtsfolge, die Beurteilung und Bewertung eines nicht eingehaltenen Versprechens oder auch von Unpünktlichkeiten (Fristenversäumnisse). Das schließt nicht aus, dass Abweichungen auch ungerügt übergangen werden. Die Kommunikation der Anwendung von normativer Macht setzt somit die Mitgliedschaftsbedingung in Kraft, die sich auf primäre und sekundäre Normen stützt. Sie ist an der Fortführung und der Koordination von Kommunikationen und somit gleichsam an Erwartungen orientiert.

iii. Normative Macht

Der Vollzug normativer Macht ist auf eine Autorität zu instanziieren, deren kommunikative Akte in einem angegebenen Kreis von Mitgliedern Geltung haben.

1. Das können Befehle, Aufforderungen, öffentliche und nicht-öffentliche Anweisungen sein. Die normative Gewalt (Befugnisse) dieser kommunikativen Äußerungen, somit die Ermächtigung, besteht in ihrer erfolgreichen Anwendung, die durch kommunikative Macht gestützt sein mag und durch formale Organisationen zu implementieren ist.
2. Es ist somit im Blick zu behalten, dass die erfolgreiche Anwendung sich auf die Anschlussrationalität in einem Kommunikationssystem bezieht, das Erwartungserwartungen erwartbar macht. Die Gewährleistung tritt jedoch nicht von selbst ein, sondern durch organisationell implementierte selektive Kommunikationen und Handlungen, die den Vollzug sicherstellen. Insofern erfordert jede Implementierung von normativen Systemen eine Organisationsmacht. Diese Eigenschaft wird gut erkennbar, wenn diese Ermächtigung nicht mehr greift, z.B. den Aufforderungen einer Regierung, eines Offiziers, eines Beamten oder eines Lehrers nicht mehr gefolgt wird. In diesem Fall verlieren diese Autoritäten ihre normative Macht. Wir erkennen daran aber auch, dass die Anwendung von Macht verleihenden Normen mit Erlaubnissen (Freistellungen, Einräumungen) verbunden ist. Diese Einräumungen sind nicht als ein Basiskonsens zu interpretie-

ren, da sie immer auch opportunistisch modifizierbar sind. Es ist damit aber auch die Stelle benannt, an welcher der Machtkampf von Statusgruppen zu beobachten ist und in instabilen Situationen auf Grund der Ambivalenz der Organisationsmitglieder gegenüber der etablierten Ordnung Protest und Widerstand ausbricht.

3. Wenn wir davon ausgehen, dass die Einheit sozialer Systeme durch die Entscheidung über Mitgliedschaft als eine Selektion von Teilnahmebedingungen an Kommunikationen hergestellt wird, dann stellt sich die Frage nach dem Erkenntniskriterium dieser Einheit. Die Erkenntnisregel (Identifikationsregel, rule of recognition) ist dazu heranzuziehen, um eine geltende von einer nicht geltenden Mitgliedschaftsbedingung zu unterscheiden. Die Einheit wird durch die Operationalisierung des Mitgliedschaftscodes festgestellt.
4. Jede Codierung einer Mitgliedschaftsbedingung hat nur eine *einzige* Erkenntnisregel. Das ist dadurch begründet, dass soziale Systeme eine Entscheidungsinstanz haben, welche durch die Operationalisierung des Mitgliedschaftscodes definiert ist. Das betrifft das Geltungssymbol. In der Regel sind dazu die Mitgliedschaft einschränkenden Verfahren vorgesehen.

(a) Das gilt auch dann, wenn eine Differenzierung von Mitgliedschaftsbedingungen vorliegt, sei es z.B. die Staatsbürgerschaft (staatsangehörig/nicht angehörig) im Hinblick auf die Adressaten einer nationalen Rechtsordnung, für die Zugehörigkeit zu einer Verwandtschaft oder zu einer subkulturellen Gruppe, aber auch bei der Unternehmenszugehörigkeit. Im Falle eines durch einen Vertrag eingegangenen Beschäftigungsverhältnisses. Insofern stellt sich die Frage nach den besonderen Merkmalen dieser Instanz. Die Mitgliedschaft operationalisierende Instanz ist durch ihre Funktion definiert, die Kommunikationen und Operationen (Handlungen) durch die dualen Codierungen von erwartet, geboten oder verboten, erlaubt oder freigestellt *normativ* zu beschreiben und entsprechend zu bewerten. Die Einheit (Identität) sozialer Systeme ist aber keine Norm, keine Grundnorm und auch kein Grundwert, sondern eine erfolgreiche Operation, ihre Kommunikation und ihre Beobachtung. Sie wird dadurch erzwungen, dass der funktionale Imperativ jeder Kommunikation die Reduktion von Erwartungserwartungen in der zeitlichen Dimension ist, die auch immer anders ausfallen kann, da die zeitliche Strukturierung von Kommunikation der nicht überbrückbaren *Unterscheidung zwischen gegenwärtiger Zukunft und zukünftiger Gegenwart* unterliegt. Unter dieser Voraussetzung wird der Mitgliedschaftscode gerade ohne eine normative Evaluation seiner Gül-

tigkeit angewandt, d.h., die Gültigkeit ist nicht mitgliedschaftstranszendent durch Menschenrechte, ein Naturrecht, eine partikularistische Volkssouveränität, durch Wohlstandsansprüche, eine letzte Metanorm oder Wertansprüche gerechtfertigt, sondern nur durch die Überführung des Codes in seine Operationalisierung als die Bestimmung dessen, wer davon (in welcher Hinsicht) betroffen ist oder nicht.
(b) Eine Hypernorm der Bewertung kann es nicht geben. Dadurch würde sich das soziale System selbst blockieren. Nur ein insoweit normfreier Begriff des Mitgliedschaftscodes ist operationalisierbar und in der strukturellen Evolution sozialer Systeme institutionalisierungsfähig. Das gilt auch für die moderne Rechtsordnung und die Ablösung des Naturrechts durch die Positivität des Rechts, das durch Entscheidungen kontingent gesetzt ist. Der Umstand, dass sich z.B. die Verfassungsrechtsprechung auf Grundwerte bezieht, ist nichts anderes als eine Vereinheitlichung institutionalisierter Verfassungsrechte, die auch immer unterschiedlich reinterpretiert werden können, z.B. als menschenrechtliche Ansprüche, liberalistische oder Wohlfahrtsansprüche. Es ist diesbezüglich informativ, dass Menschenrechte nur als Abwehrrechte und nicht als Wohlfahrtsansprüche (materiale Rechte) institutionalisierbar sind. Die Anomalie besteht darin, dass Wohlfahrtsansprüche in Rechtsform fixiert werden. In diesem Fall sind sie auch eine Vorgabe für die rechtliche Einklagung von Ansprüchen.
(c) Man kann diese Situation der Normgenese und Normgeltung in Variation einer Einsicht von Jean-Paul Sartre formulieren: Die sozialen Normen haben keine Transzendenz mehr, sondern sie sind das, was sie leisten: eine erfolgreiche Reduktion und Projektion von Erwartungserwartungen der Anschlussgestaltung von Kommunikation.[81] Auf nichts Anderes können wir vertrauen. Die sozialen Normen sind somit nicht durch ein kontrafaktisches Sollen zu charakterisieren. Wenn wir diese Einsicht ernst nehmen, so ist die Unterscheidung zwischen kontrafaktischem Sollen und faktischer Geltung eingeebnet. Das gilt nicht nur für das Recht, sondern auch für andere teil- und sozialsystemspezifische Mitgliedschaftsordnungen.

81 Jean-Paul Sartre bezieht das auf die Nichttranszendenz der Existenz des Menschen. Es könnte sich lohnen, Sartres frühe Sozialphilosophie in dem Kapitel „Le Pour-Autrui“ in *L'être et le néant. Essai d'ontologie phénoménologique* kommunikationstheoretisch neu zu interpretieren, da seine Beschreibung des Blicks des Anderen von der Beobachtung der Beobachtung ausgeht. (Sartre 1943)

Die zeitliche Stabilisierung des Mitgliedschaftscodes wird somit durch eine strukturelle Asymmetrie der Operationalisierung gegenüber den möglichen Mitgliedern und Nichtmitgliedern in Kraft gesetzt. In diesem Sinne ist die Operationalisierung gerade nicht demokratisch. Für die Operationalisierung des Codes wird als gültig vorausgesetzt, dass eine Menge von Normen durch eine Autoritätsinstanz in ein normatives System überführt wurde, indem sie die Mitgliedschaftsbedingung in Kraft setzt und anwendet. Sie ist eine basale Entscheidungssouveränität und regelt die Erwartungen von Mitgliedern eines sozialen Systems. Insofern handelt es sich um eine Mitgliedschaftsordnung, die in der zeitlichen Dimension zu restabilisieren ist. Das schließt Umbrüche und Veränderungen von Mitgliedschaftsanforderungen der Inklusionsordnung der sozialen Systeme nicht aus, sondern macht sie erst verständlich, z.B. die in den letzten zwanzig Jahren veränderten Anforderungen an die Arbeitsplatzprofile durch die neuen Kommunikationstechnologien.

Die Theorie und Transformation, die durch die Analyse der normative Strukturerhaltung von sozialen Systemen erfolgt, verlagert sich somit nicht nur in den Begriff der Generalisierung von Erwartungen, sondern auf die Kommunikation und Operationalisierung sozialer Normen durch ein Autoritätssystem. Jedes soziale System verfügt über eine solche Instanz.

(d) Von der Weltgesellschaft zur „Gesellschaft von Gesellschaften“

i. Gesellschaftsbegriff

Luhmanns Lebenswerk war von Beginn seiner wissenschaftlichen Karriere daran orientiert, eine Gesellschaftstheorie zu entwickeln. Das war etwas, das es noch nicht gab. Er hat dieses Programm theoretisch und in Einzelstudien zu den Teilsystemen Wirtschaft, Politik, Recht, Religion, Wissenschaft, Kunst und Erziehung eingelöst und in diesem Zuge die Wissenssoziologie und Wissenschaftstheorie unter dem Titel „Semantik und Sozialstruktur“ neu positioniert. Die Theorietransformation im Hinblick auf die Umstellung des Blickwinkels von der Weltgesellschaft zur ‚Gesellschaft von Gesellschaften' als ein System von Mitgliedschaftsordnungen, hat deshalb vom Gesellschaftsbegriff auszugehen.

1. Luhmanns Ansatz in der Gesellschaftstheorie geht dahin, Gesellschaft als eine selbstsubstitutive Ordnung zu fassen. Damit löst er die überlieferten Gesellschaftsbegriffe wie z.B. „Gesellschaft“ als Geselligkeit, als Zivilgesellschaft (societas civils) und einer Gesellschaft jenseits des Horizonts in der soziologischen Theorie ab.

(Lichtblau 2010, 279-285) Dies ist dadurch begründet, dass wir seit dem 19. Jahrhundert in unserem Gesellschaftsverständnis von den Gesellschaftsbeschreibungen der Teilsysteme dominiert waren. Eine angemessene Theorie der modernen Gesellschaft war von diesen Ausgangspunkten her nicht möglich. Der Gesellschaftsbegriff wird von Luhmann deshalb eingeführt, weil in der Soziologie ein Begriff für die „Einheit der Gesamtheit des Sozialen“ als das umfassende soziale System erforderlich ist. (Luhmann 1984, 555) Die Einheit des Gesellschaftssystems besteht aus dieser Sicht in seiner selbstreferenziellen Geschlossenheit. (Luhmann 1984, 555) Die gesellschaftliche Kommunikation kann expandieren, z.B. durch die Erweiterung der Kommunikationskreise, und es kann Neues hinzukommen, aber alle Veränderungen sind als Anschlussrationalität gesellschaftlicher Kommunikation zu gestalten, fortzuführen oder zu beenden. Das Gesellschaftssystem ist deshalb ein selbstreferenzielles System *in* und *mit* einer Umwelt. Luhmann hat dabei einen Abstraktionsgewinn in der soziologischen Theorie im Blick, der sie anspruchsvoller, aber weniger intuitiv einsichtig macht.

2. Eine Evolution von Gesellschaft, hier verstanden als Kollektivsingular, kann es nicht geben, da Gesellschaft eine selbstsubstitutive Ordnung ist. Evolution ereignet sich auf der Systemebene. Sie umfasst alle anderen Kommunikationssysteme. Ihre Analyse erfolgt am Leitfaden der Differenzierungsformen, die auch die Inklusion und Exklusion der Gesellschaftsmitglieder in sich schließt. Funktionale Differenzierung ist dadurch gekennzeichnet, dass Gesellschaft nur im umfassenden abstrakten Sinne eine einzige Weltgesellschaft als der Ort aller füreinander erreichbaren Kommunikation ist, aber evolutionäre gesamtgesellschaftliche Ausdifferenzierungen in sich einschließt. (Luhmann 1975, 23-25) Greifbar wird dieser Ansatz in seinem evolutionären Ergebnis mit der Pluralisierung und Differenzierung von sozialen Systemen und Organisationen, in denen sich die weltgesellschaftliche Kommunikation kondensiert. Damit ist zugleich das Problem der Regionalgesellschaften angesprochen, deren Bestehen Luhmann zwar nicht bestreitet, aber diese der Durchsetzung der funktionalen Differenzierung in der Weltgesellschaft unterordnet. (Zum Begriff der Regionalgesellschaft: Luhmann 1997 Bd. 2, 806-812) Wenn wir die Mitgliedschaftstheorie auf den Ebenen der Problemstufenordnung und der Differenzierung von *Gesellschaft*, *Organisation* und *Interaktion* in die Mitgliedschaftssoziologie überführen, so führt das zwangsläufig zu einer Transformation der Gesellschaftstheorie als einer *Theorie* der *multiplen Heterarchie regionalgesellschaftlicher*

Mitgliedschaftsordnungen. Den theoretischen Anschnitt möchte ich soweit andeuten, dass der Schritt zu dieser Theorietransformation erkennbar wird.

3. Die Mitgliedschaftstheorie wird in die Mitgliedschaftssoziologie als einer Typisierung der Mitgliedschaftsbedingungen sozialer Systeme, formaler Organisationen und einfacher Interaktionen überführt. Dabei erfolgt die Anordnung am Leitfaden der Unterscheidung zwischen *offenen* informalen versus *geschlossenen* formal regulierten Mitgliedschaftsbedingungen. Die Ordnungsleistung der sozialen Regelungen verdichtet sich dabei durch formale Organisation. Die Spezifikation der Typik von Mitgliedschaftsbedingungen sozialer Systeme auf der Problemstufenordnung von *Gesellschaft*, *Organisation*, *Interaktion* kann mit Hilfe der von Krawietz getroffenen Unterscheidung zwischen „sozial" und „sozietal" verfahren. Unter „sozial" versteht er die direkte Teilnahme an Interaktionssystemen der Mitglieder von sozialen Systemen und unter „sozietal" die gesellschaftliche Verwiesenheit der Teilnahme an Kommunikationen dieser Interaktionssysteme. Die Interaktionssysteme und die gesellschaftliche Verwiesenheit sind in der Zeitdimension verbunden. Die kommunikativen Ereignisse der Teilnahme an Interaktionssystemen sind sozietale Episoden. Die Unterscheidung setzt einen Beobachter voraus, der die gesellschaftliche Kommunikation unter diesem Gesichtspunkt beobachtet.

Auf die gesellschaftliche Verwiesenheit der Teilnahme an Interaktionssystemen stoßen wir dann, wenn wir uns die Frage stellen: „Woher wissen wir, dass die gesellschaftliche Kommunikation nicht aufhört, wenn sich zwei Personen verabschieden?" Die Antwort darauf ist, dass die gesellschaftliche Kommunikation nicht aufhört, weil es Gesellschaft gibt. Insofern verweist jede Kommunikation in ihrem Beginn, Beenden und ihrer möglichen Fortführung auf die *Rekursion der gesellschaftlichen Kommunikation*. Eine nur einmalige Kommunikation kann es deshalb nicht geben. Die Teilnahme an Interaktionssystemen, auch wenn sie sich über die Verbreitungsmedien der Sprache, der Schrift, des Buchdrucks, des Funks, des Telefons oder der neuen Kommunikationstechnologie vollzieht, reproduziert immer auch sozietale Kommunikation. Die einfachen Interaktionssysteme erfordern eine direkte Anwesenheit der Kommunikationsteilnehmer, die auf wechselseitiger Wahrnehmung und Beobachtung basiert. Durch die Verbreitungsmedien wird sie in eine indirekte Anwesenheit des Adressaten umgewandelt. Die Teilnahme an Interaktionssystemen wird in diesem Kontext gegenüber der symbiotischen Kommunikation durch verallgemeinerbare Verhaltenserwartungen gekennzeichnet, obwohl die Grenzziehung der Interaktionssysteme auch symbiotische Voraussetzungen hat. Wir können das so formulieren: Soziales reproduziert immer auch Symbiotisches, aber Symbiotisches ist erst rudimentär sozial.

ii. Zwei Systemtypen

Die Unterscheidung zwischen *offenen* informalen versus *geschlossenen* formal regulierten Mitgliedschaftsbedingungen strukturiert die Teilnahme an Interaktionen in sozialen Systemen unterschiedlichen Zuschnitts, z.B. durch Programme in formalen Organisationen. Dies geschieht auch durch die sozietale Reproduktion der Kommunikationen als Verweisungszusammenhang von Mitgliedschaften im Hinblick auf die Anschlussgestaltung von Kommunikationen, z.B. durch die Statusposition und die besonderen Zugehörigkeiten, sei es die Staatsbürgerschaft, die Zugehörigkeit zu Ethnien, zu Religionsgemeinschaften, zu Wirtschaftsunternehmen oder auch zu Subkulturen. Die Anordnung der Problemstufenordnung unter dem Gesichtspunkt *offen* informal versus *geschlossen* formal ist somit eine Anordnung von Interaktionssystemen der sozietalen Kommunikation. Sie betrifft eine unterschiedlich starke *Regelung der Teilnahmebedingungen an Kommunikationen.* Die Ordnungsleistung verdichtet sich dabei auf Bildung und Differenzierung von formalen Organisationen, die Mitgliedschaft formal regeln und dadurch die Kommunikationsoptionen schließen.

1. Die mitgliedschaftstheoretische Fassung des Gesellschaftsbegriffs besagt, dass Gesellschaft als selbstsubstitutive Ordnung durch die Entscheidung über Mitgliedschaft(-en) selbstreferenziell geschlossen ist. In die Gesellschaft kann man nicht ein- und austreten. Wir sind immer nur *Mitglied als Mitglied sozialer Systeme* und nur insofern auch von Gesellschaft.[82] Die Einheit der Gesamtheit des Sozialen besteht somit formaliter in *Mitgliedschaft und der Spezifikation der*

82 Luhmann hat sich an der Bestimmung der Beziehung zwischen dem übergreifenden Gesellschaftssystem und den Teilsystemen an der Semantik von Ganzem und Teil abgemüht. Sie wird zwar der alteuropäischen (Aristotelischen) ontologischen Semantik zugeordnet, aber die Beziehung des übergreifenden Gesellschaftssystems zu den Teilsystemen wird durch eine Dekonstruktion dieser Semantik in der konstruktiven Perspektive der mehrstufigen Kybernetik durchgeführt. Sie besagt vereinfacht, dass jedes Teilsystem seine Beziehung zur sozialen Umwelt selbst zu konstruieren hat und jedes soziale System gleichzeitig gesellschaftliche Kommunikation vollzieht. Zur Ganzes-Teil-Semantik: Luhmann 1997 Bd. 2, 912-931.

Mitgliedschaftsbedingung. Die gesellschaftliche Kommunikation kann deshalb fortlaufend eine interne Schließung und Exklusion herbeiführen. Sie ist aber keine totale Institution, da die Differenzierung des gesellschaftlichen Mitgliedschaftssystems porös und durchlässig ist. Gehen wir davon aus, so ist das Gesellschaftssystem als ein *Mitgliedschaftssystem* von funktional differenzierten Mitgliedschaftssystemen zu fassen, das der Evolution unterliegt.

2. Die Weltgesellschaft als eine Differenzierung von mehr oder weniger organisierten sozialen Systemen ist in der Gesellschaftstheorie als eine regionalgesellschaftlich strukturierte Mitgliedschaftsordnung zu systematisieren. Für sie gilt, wenn es überhaupt angebracht ist, im Anschluss an Luhmann von der Ganzes-Teil-Unterscheidung aus zu argumentieren, d.h. dass „das Ganze weniger ist als die Summe seiner Teile".

Bei der Rede von der „Gesellschaft von Gesellschaften" darf Gesellschaft aber nicht als ein Behälter oder als nationalstaatliche Gesellschaft missverstanden werden. Für diese Umorientierung spricht auch empirisch die unterschiedliche Modernisierung, die wir z.B. in Thailand, Indonesien, Indien, Südkorea, Südost- und Ostasien, Brasilien sowie in Lateinamerika beobachten. Zu erwähnen ist in diesem Zusammenhang, dass Gesellschaften einerseits globale Netzwerke sind, andererseits auch global ausgreifende Metropolen und Megastädte. Ihre Netzwerke haben bei einem bestimmten Ausmaß der Vergesellschaftung den Status von Gesellschaften. Von dem reformulierten Gesellschaftsbegriff ist der Schritt zu den *Multiple Modernities* nicht weit.

(e) Multiple Heterarchie der Mitgliedschaftsordnungen

i. Gesellschaften als Mitgliedschaftsordnungen

Krawietz charakterisiert die Struktur der gegenwärtigen *multiplen Heterarchie* der unterschiedlichen regionalgesellschaftlichen Mitgliedschaftsordnungen durch zwei „global" und „lokal" gegenläufige Tendenzen, nämlich strukturelle Vernetzung „großer, global operierender Organisationseinheiten" und als symbiotische Identitätskollagen der Teilnehmer an sozialen Netzwerken, d.h. an einem Kompromiss zwischen der Herkunftswelt und den Anforderungen an die Teilnahme an globalen Kommunikationssystemen. Die ‚Gesellschaft von Gesellschaften' als ein System von Mitgliedschaftsordnungen ist gesellschaftstheoretisch in den Kontext der Dimensionen von Globalisierung zu stellen. Fassen wir die Weltgesellschaft als *Gesellschaft von Mitgliedschafts-*

ordnungen, so sind die sozialen Systeme, die sie einschließt, nicht in eine hierarchische Ordnung zu bringen, sondern sie treten eher in einen *strukturellen Drift* ein. Es gibt in ihr keinen Vorrang eines sozialen Systems gegenüber den anderen sozialen Systeme. An dieser Struktur zerbrechen die alteuropäischen Weltrechts- und anderen Ordnungsvorstellungen, welche die gesellschaftliche Kommunikation durch globale Organisationen und Institutionen zu regulieren beanspruchen.

Die Mitgliedschaftsordnungen als soziale Systeme sind durch die Entscheidung über Mitgliedschaft, ihre Strukturierung in der Zeitdimension, durch das Mitgliedschaftsgedächtnis, die Negationsspielräume, das Autoritätssystem, die kollektive Identität ihrer Mitglieder und durch die primären symbiotischen sozialen Systeme selbstkonstituiert. Das Rechtssystem ist dafür ein guter Beleg. Es ist hervorzuheben, dass sich unter der Voraussetzung der globalisierten gesellschaftlichen Kommunikation und ihrer medialen Beobachtung die westliche Interpenetration zwischen dem Rechtssystem und dem Politischen System nicht auf den sozialen Austausch zwischen beiden Subsystemen übertragen wird, z.B. durch die Verfassung. Der besonderen Selektion rechtlich normierter Erwartungen fehlt es an Trennschärfe, um sie in den für die Rechtsprechung und Rechtsdurchsetzung zuständigen Organisationen mit einem universellen (globalen) Geltungsbereich institutionalisieren zu können. Sie stößt dabei auf die Nichtabstimmmbarkeit (mangelnde Verallgemeinerbarkeit) der Interessen der unterschiedlichen sozialen Statusgruppen in den Funktionssystemen.

Für die Kopplung zwischen dem politischen System und dem Rechtssystem in der Modernisierung der westlichen Gesellschaften ist daran zu erinnern, dass auf dem westlichen Modernisierungspfad wegen der Ablösung des Naturrechts durch die Positivierung des positiven Rechts die *Leistung* des Rechtssystems in der System-System-Beziehung auf die Nachfrage nach neuen Regelungen der Kommunikation in den Teilsystemen ausgelöst wurde. Sie waren in ihrer Implementierung auf die westlichen Gesellschaften begrenzt. Nicht nur der Völkerbund ist nach dem Ersten Weltkrieg gescheitert, auch die Geschichte der UNO ist nach dem Zweiten Weltkrieg gerade keine Erfolgsgeschichte und konnte es letztlich auch nicht sein. Viele Belege sprechen dafür, dass mit der Globalisierung des Wirtschafts- und des Wissenschaftssystems eher eine Lokalisierung des Rechtssystems und gerade keine universelle Rechtsordnung und Rechtsgemeinschaft einhergeht. Sie wäre durch formale Organisationen mit Globalzuständigkeit zu implementieren. Das würde vermutlich eher auf einen globalen Bürgerkrieg hinauslaufen. Sofern wir davon ausgehen, dass das Recht der Gesellschaft von Gesellschaften ein sozietales Rechtssystem ist, so wird es ein *System von regionalen Rechtssystemen* mit unterschiedlichen Mitgliedschaftsordnungen sein, die sich in Regionalgesellschaften fragmentieren.

ii. Neue Konfrontationen

In der Gegenwartsgesellschaft bedeutet die Konfrontation mit nicht westlichen Rechtstraditionen und Zivilisationen, die den westlichen Legalismus in Frage stellen, eine neue Erfahrung, z.B. die islamische Rechtsordnung. Für die Rechtstheorie sollten wir daraus folgern, dass die Annahme von *a priori* gültigen und vernünftigen Rechtsgrundsätzen und die Annahme eines Naturrechts eine rechtstheoretische Fiktion ist, die wir aufgeben sollten. Im Hinblick auf das Recht der Weltgesellschaft als einer Gesellschaft von Gesellschaften ist deskriptiv von dem Befund auszugehen, dass die sozietal vorliegenden Rechtssysteme (-ordnungen) keine allgemeine Rechtsordnung und kein Universalsystem des Rechts sind bzw. sein werden. Zwar wird sich durch die Beschleunigung, die Erweiterung und die punktuelle Verdichtung von Kommunikation die Inanspruchnahme des Rechts vermehren; das schließt wiederum einen deflationären Rückgang der Inanspruchnahme der rechtlichen Kommunikation nicht aus.

Das globale *System von Rechtssystemen* als ein System von Mitgliedschaftsordnungen bedeutet eine Differenzierung der Rechtsordnungen. Anzumerken ist dazu, dass auch innerhalb des westlichen Rechtssystems unterschiedliche Rechtsparadigmen vorliegen, z.B. die Rechtstradition des *Common Law* in Großbritannien und in den Vereinigten Staaten. Es spricht nicht viel dafür, dass sich die rechtliche Kommunikation in einer Weltrechtsordnung rechtsinhaltlich vereinheitlicht. Vermutlich erfassen wir die erkennbare Situation dann, wenn wir von einer „Glokalisierung der Rechtskommunikation" (Krawietz) ausgehen. Es findet somit eine institutionelle Regelung der rechtlichen Kommunikation in der globalen Dimension bei gleichzeitiger Lokalisierung statt. Forschungsschwerpunkte der gesellschaftstheoretisch orientierten Rechtssoziologie sind diesbezüglich die Untersuchungen der unterschiedlichen Rechtsordnungen, die sich im Zuge der strukturell unterschiedlichen Modernisierung herausbildeten, z.B. in Japan, China, Indien, West- und Osteuropa, und die im Zuge der Globalisierung der gesellschaftlichen Kommunikation einander begegnen.

iii. Primäre und sekundäre Systeme des Rechts

Der *Multi-Level-Approach* unterscheidet zwischen *primären* und *sekundären* sozialen Systemen des Rechts, da rechtliche Kommunikation und die Rechtsordnungen des Funktionssystems der Rechtskommunikation nicht mit der strukturellen Kopplung zwischen dem Rechts- und dem Politischen System gleichgesetzt werden darf.

1. Der Staat (*Rechtsstaat)* als die moderne Selbstbeschreibung der Organisation des politischen Systems wird als sekundäres Sozialsystem des Rechts (staatlich organisiertes Recht) eingestuft. Die Unterscheidung war der Rechtstheorie des 19. Jahrhunderts durchaus geläufig, z.B. bei Rudolf von Jhering. Dieser Rechtstradition war noch das gelebte symbiotische Recht der primäre Rechtssysteme vertraut. Es bezieht sich auf die Adressaten des Rechts. Die primären sozialen Systeme des Rechts sind symbiotisch an die System-Umwelt-Differenz ihrer Kommunikationssysteme gekoppelt. Sie sind, um hier einen Begriff von Krawietz einzusetzen, *soziale* Interaktionssysteme. Diese Systeme sind durch für sie typische Negationen, Optionen und kollektive Identitäten ihrer Mitglieder bestimmt, für die sie gelten, da sie auf regionale (lokale) Bereiche und Adressatengruppen zu spezifizieren sind. Die sekundären sozialen Systeme sind dagegen durch die Verallgemeinerung von Erwartungserwartungen in der sachlichen, zeitlichen und sozialen Dimension sowie durch die Technisierung der organisationellen normierten Verfahren zu charakterisieren.
2. In der rechts- und gesellschaftstheoretischen Beschreibung und (Re-) Konstruktion dienen die sekundären dem Schutz und der Implementation der primären sozialen Rechtssysteme. Sie sind durch die für sie typischen Autoritätssysteme zu rekonstruieren. Damit sollte für die Rechtstheorie einhergehen, dass die Gleichsetzung von Verfassungsstaat und Rechtsstaat als verfehlte Selbstidentifikation zurückgenommen wird. Der Staat, aber auch der Rechtsstaat, ist nur ein Organisationssystem unter anderen, mit denen er konkurriert. Insgesamt ist das ein Beleg dafür, dass in der Weltgesellschaft als einer ‚Gesellschaft von Gesellaften' von Mitgliedschaftsordnungen unterschiedliche Modernisierungen vorliegen.[83]

83 Vergleiche dazu die neueren Veröffentlichungen des Projekts „Globalisierung, Modernisierungstheorie, Multiple Modernities", z.B. ProtoSociology Vol. 26, 27: Modernization in Times of Globalization I (2009), II (2010). Vgl. ferner China's Modernization I (2011), II (2012). Edited by Georg Peter/Reuß-Markus Krauße und Gerhard Preyer/Reuß-Markus Krauße, Chinas Power-Tuning. Modernisierung des Reichs der Mitte, Wiesbaden 2013.

(f) Einsichten der Systemtheorie

Das rechts- und gesellschaftstheoretische Forschungsprogramm einer Transformation der systemtheoretischen Gesellschaftstheorie im Theorieverbund mit dem *Multi-Level-Approach* und der Mitgliedschaftstheorie ist ein Forschungsprogramm, das die Gesellschaftstheorie von der Weltgesellschaft (im Singular) zur *Weltgesellschaft als einer Gesellschaft von Gesellschaften und ihren Mitgliedschaftsordnungen* umstellt. Die ‚Gesellschaft der Gesellschaft' ist somit zugleich als eine *Gesellschaft diverser Mitgliedschaftsordnungen* zu beobachten. Damit ist das Forschungsprogramm der Transformation in der modernen Theorie und Soziologie des Rechts umrissen.

Vier Einsichten der Systemtheorie sind aber festzuhalten:

1. Die Kritik an dem energetischen Austauschmodell der System-Umwelt-Beziehung der klassischen Systemtheorie (Parsons) als theoretisches „initial system" des Umbaus der Systemtheorie. Die sozialen Systeme verdanken sich der Selbstselektivität ihrer Konstitution und können ihre Operationen nicht externalisieren. Man braucht aber nicht zu bestreiten, dass es kausale Einflüsse von Seiten der Umwelt auf soziale Systeme gibt.[84] Aus mitgliedschaftstheoretischer Sicht ist die selbstreferenzielle Operation in der Entscheidung über Mitgliedschaft und ihre evolutionäre Variation, Selektion und (Re-) Stabilisierung zu erblicken.
2. Menschen als physio-psychische Entitäten gehören zur Umwelt sozialer Systeme. Wir handeln und erleben in sozialen Systemen nicht als Menschen, sondern in unseren jeweiligen Systemmitgliedschaften.
3. Die gesellschaftliche Kommunikation lässt sich nicht perfektionieren. Soziale Systeme und Gesellschaft sind nicht nach Maßgabe eines Bildes vom Menschen zu verstehen und zu beschreiben, z.B. nicht durch dessen aufrechten Gang; sie können auch nicht hören und sehen. Das ist deshalb erwähnenswert, weil dies immer wieder von Soziologen und Philosophen fehlinterpretiert wurde. Es wird damit nicht behauptet, dass Menschen als psycho-physische Systeme und Bewusstseins-Systeme keine notwendige Voraussetzung der Emergenz (Co-Evolution) von sozialen Systemen sind. Das menschliche

84 Das Problem ist jedoch, welchen Kausalitätsbegriff wir für tragfähig halten. Zur Humeschen Regularitätstheorie, der wahrscheinlichkeitstheoretischen, der kontrafaktischen und dem modallogischen Interpretation des Kausalitätsbegriffs: Franz von Kutschera, Die falsche Objektivität, Berlin 1993, 41-51.

Bewusstsein ist auch an Kommunikationen beteiligt, z.B. kann es sie stören.

4. Die Allinklusion der Gesellschaftsmitglieder und eine gerechte Gesellschaft ist eine vormoderne soziale Struktur, die den Gesellschaftsmitgliedern ihre Plätze zuweist. Die Mitgliedschaft in der Gesellschaft und die gesellschaftliche Kommunikation sind a priori durch die Differenzierungsform geregelt. Das gilt auch für den Entwurf einer gerechten Gesellschaft als einer vormodernen Herrschaftsordnung. Ihr Problem war charakteristischerweise der gerechte Herrscher, dem, nach der Selbstbeschreibung, ein göttliches Recht übertragen wurde. Auch das thomistische Naturrecht ist ein göttliches Recht, das in ein Vernunftrecht und in der Folge in die Grundnorm des positiven Rechts als Selbstreferenz des Rechts umgewandelt wurde (Kelsen). Die an einer Gerechtigkeit orientierte Darstellungen der rechtlichen Kommunikation beschreiben das positive Recht nicht als Recht, das nur durch Entscheidung gilt, sondern ordnet ihm a priori Rechtsprinzipien vor. Damit verkennen sie die Offenheit der Rechtsprechung. Rechtsentscheidungen haben sich immer auf bereits vorliegende Entscheidungen zu beziehen. Das positive Recht gilt durch Entscheidung und nicht durch Prinzipien. Es kann aber zu Prinzipien stilisiert werden, die als Einheitsformeln für Rechtsentscheidungen einzustufen sind. Das heißt nicht, dass willkürlich entschieden würde, sondern die Entscheidungen sind in ihrer Selbstreferenz *formal* und in ihrer Fremdreferenz *substanziell* orientiert.

Es gehört zu den großen Anomalien in der Geschichte des Rechtssystems, dass z.B. in Deutschland, aber auch in den Vereinigten Staaten, in der Folge der Etablierung des Sozialstaats das Privatrecht verfassungsrechtliche Vorgaben zu erfüllen hat. In den Vereinigten Staaten hat sich jedoch im Unterschied zu Deutschland das Abgrenzungsmodell des Privatrechts und nicht die Güterabwägung durchgesetzt.[85] Eine Veränderung dieser Situation wird nur dann erwartbar sein, wenn sie nicht nur von außen, sondern auch aus dem Rechtssystem, somit von innen, ausgelöst wird. Das wird unumgänglich sein, da der alte Sozialstaat in einen neuen liberalen Sozialstaat umzuwandeln ist. Daraus folgt ein

85 Zu diesen Veränderungen des Vorrangs der Verfassung gegenüber dem Privatrecht im Zuge des Umbaus des liberalen politischen zu sozialstaatlichen Steuerungsregimen und dem deutschen Abwägungs- und dem amerikanischen Abgrenzungsmodell der Verfassungsrechtsprechung: Maultzsch 2012, 1039-1050.

Innovationsregime und der Wechsel zu einer produktiven Sozialpolitik unter der transnationalen Expansion des Wirtschaftssystems.[86]

Gehen wir noch einmal zu der Platzierung des Menschen in der Soziologie zurück. Als „Menschen“ sind wir Monaden, die aus ihrem Bewusstsein nicht heraustreten können. Wir können das auch so formulieren: Nach Leibniz hat die Monade keine Fenster, der Mensch als Monade kann aber durch das Fenster seines Bewusstseins hinaussehen und dem Blick des Anderen begegnen, ohne aus dem Fenster heraustreten zu können.[87]

Die Dehumanisierung des Gesellschaftssystems als eines Mitgliedschaftssystems steht in der Evolution nicht mehr zur Disposition und wird durch die Differenzierung der Mitgliedschaftsordnungen herbeigeführt. Es ist auch nicht zu erwarten, dass gesellschaftliche Kommunikation unter der Voraussetzung funktionaler Differenzierung eine neue *Einheitsformel ihrer Selbstbeschreibungen* finden wird. Sie schließt es aber nicht aus, dass sich bei den Teilnehmern an Kommunikationen immer wieder Illusionen über diese Umstände einstellen. Es verweist auf symbiotisch strukturierte System-Umwelt-Relationen und die mehrstufige kybernetische Beobachtung der Unterscheidung zwischen System und Umwelt.

Ohne die Beobachtung von Beobachtern, auf die sich die Kommunikation unter der Voraussetzung funktionaler Differenzierung umgestellt hat, haben wir kein angemessenes Verständnis der Struktur gesellschaftlicher Kommunikation. Das gilt auch für die Weltgesellschaft als eine Gesellschaft von Mitgliedschaftsordnungen. Es ließe sich in einer Abwandlung von Luhmann fragen: Was machen wir mit dem Beobachter, der die Entscheidung über Mitgliedschaft beobachtet? Bei Luhmann bezieht sich die Frage auf den Teufel, der Gott beobachtet.

86 Vgl. zu diesem Strukturwandel und weiterführenden Literatur: Münch 2009, 2013.

87 Nach Leibniz repräsentiert die Monade als Einzelnes in sich das ganze Universum. Perzeption ist die Produktion ihrer selbst und damit des Universums. Sie ist zugleich Vorstellung und aktiver Prozess. In der prästabilisierten Harmonie wird das Verhältnis von Perzeption und Rezeption begründet. Die Monade als einfache Substanz bringt vor sich, was sie an sich ist. Von einer Übereinstimmung von Mikro- und Makroordnung ist nach der Physik des letzten Jahrhunderts nicht mehr auszugehen.

4. Recht ohne moralische Bindung – Entscheidung als Selbstreferenz des Rechtssystems

(a) Zur Fragestellung

In der theoretischen Beschreibung der rechtlichen Kommunikation wird von Rechtstheoretikern immer wieder vorgebracht, dass die universale Frage der Rechtstheorie, die nach der guten und gerechten Ordnung des Gemeinwesens sei. Es bleibt dabei unbemerkt, dass dies eine vormoderne Orientierung ist, die rechtsförmiges Entscheiden auf eine Harmonie mit der gesellschaftlichen Ordnung als Ganzes und mit der kosmischen Ordnung abstellt (Legeshierarchie). Es fehlt auch nicht an Versuchen, Recht und Moral in einen Einklang zu bringen. Dafür gibt es in der Rechtstheorie seit den 1950er-Jahren prominente Vertreter, wie z.B. Hart. (1979[10], 181-207). In der gegenwärtigen Rechtstheorie sind diesbezüglich grosso modo Habermas, Höffe und Dworkin zu erwähnen. (Informativ dazu sind z.B. Ladeur 385-414, Weinberger 427-437, 2004 zweite Auflage). Wenn wir danach fragen, worauf diese Überlegungen hinauslaufen, so kommt dabei der Anspruch ins Spiel, die rechtliche Entscheidung und Kommunikation mit einer Supernorm oder einem Gerechtigkeitswert im Hinblick auf die soziale Dimension oder eine andere höhere Instanz zu validieren, z.B. der sozialen Gerechtigkeit, dem göttlichen, Natur- oder Vernunftrecht. In der Berufung auf das Vernunftrecht – in welcher Version auch immer – wird die Paradoxie selten ausgesprochen, dass sich dabei die transzendentale Vernunft ihre Vernünftigkeit selbst demonstriert. Zudem hat sich unter den wohlfahrtsstaatlichen politischen Regimen die Anomie eingestellt, dass an das Recht Ansprüche herangetragen werden, die es nicht erfüllen kann. Auf sie hat das politischen System seit den 1950er-Jahren mit einer inflationären Gesetzesüberproduktion reagiert. Vor allem in der Bundesrepublik Deutschland wird von den Parteien nicht nur die Verfassungsgerichtsbarkeit politisch instrumentalisiert, sondern der Ruf nach gesetzlichen Regelungen soll sozialpolitische Wunder vollbringen, die das evolutionär Unwahrscheinliche zum Wohl aller wahrscheinlich werden lassen.

Diese Perspektive verfehlt jedoch die *Funktion* und *Leistung* des Rechts unter der Voraussetzung der funktionalen Differenzierung des Gesellschaftssystems. Das mag keine neue Einsicht sein, aber sie ist rechtstheoretisch und rechtssoziologisch in den Blick zu nehmen, um Rechtstheorie und Rechtssoziologie unter der Voraussetzung der Strukturprobleme der Gegenwartsgesellschaft neu zu positionieren. Dabei brauchen wir nicht bei Null anzufangen.

In einem ersten Schritt skizziere ich die veränderte Situation der Beobachtung gesellschaftlicher Kommunikation, die sich im Zuge der Durchsetzung von funktionaler Differenzierung eingestellt hat. Sie betrifft die Ausgangslage, welche eine Kooperation zwischen Rechtstheorie als Reflexionstheorie des Rechtssystems und anderen Disziplinen zu berücksichtigen hat. (b) Im nächsten Schritt gehe ich auf meine mitgliedschaftstheoretische Reinterpretation der gegenwärtigen Systemtheorie ein, die so angelegt ist, dass sie auch die Stelle benennt, an der die Reflexionstheorie des Rechts und die Rechtssoziologie in die Theorie sozialer Systeme einzufügen ist. (c) Angesprochen ist dabei die Funktion des Negationsspielraums und das Autoritätssystem sozialer Systeme. Aus der mitgliedschaftstheoretischen Sicht ist der Negationsspielraum sozialer Systeme und die Instanz der Entscheidungsautorität aufeinander abzustimmen. Diese Autorität ist nicht nur als ein Letztentscheider zu charakterisieren, sondern sie ist eine Instanz, die befugt, ist Entscheidungen und Erwartungen als kontingent und außer Kraft zu setzten. (d) Wählen wir diesen theoretischen Anschnitt, so können wir angeben, unter welchen Voraussetzungen das Funktionssystem Recht als ein Teilsystem des Gesellschaftssystems institutionalisiert werden kann. Das führt mich zu der strukturellen Relevanz der rechtstheoretischen und rechtssoziologischen Unterscheidung zwischen primären und sozialen Systemen des Rechts, wie sie der *Multi-Level-Approach* von Krawietz vornimmt. (e) Die Vorgehensweise hat einen systematischen Grund für die Bestimmung der Beziehung zwischen Recht und Moral. Wenn die Selbstreferenz des Rechts erfasst ist und wir die *Funktion* der Moral in der gesellschaftlichen Kommunikation platziert haben, so fällt es leicht, die Beziehung zwischen Recht und Moral zu bestimmen. (f) Als Schlussschritt liegt eine Überlegung zur Selbstbeschreibung des Rechtssystems nahe, die zugleich das Forschungsprogramm einer Kooperation zwischen Rechtstheorie und Soziologie erleichtern könnte. (Zum Begriff der Selbstbeschreibung: Luhmann Bd. 2, 1997, 866-868) (g)

(b) Funktionale Differenzierung und Beobachtung

i. Innen- und Außenbeschreibung

Es gehört zu unserer Alltagserfahrung als Mitglied sozialer Systeme in unterschiedlichen Rollen, dass wir Überlegungen über Innen- und Außenbeziehungen in den unterschiedlichen sozialen Kontexten anzustellen haben. Darin drückt sich ein allgemeiner Grundzug der Teilnahme an den Kommunikationssystemen des modernen Gesellschaftssystems aus. Seine Funktionssysteme können von der *Innen-* und der *Außenperspektiven* aus beobachtet und beschrieben werden. Die *Außenbeschreibung* erfolgt unabhängig von der Bindung an die Funktion, den Code und die Erwartungen der Systemmitglieder. Das Wirtschaftssystem kann man z.B. vom politischen, Rechts- und Wirtschaftssystem aus beschreiben. Je nach Systemperspektive wird es dann als System beschrieben, in das politisch eingreifbar ist, das rechtlich normierbar ist und in dem wissenschaftliches Wissen angewandt wird. Die Außenbeschreibung ist ihrerseits immer von der Perspektive des Systems abhängig, von dem aus andere Systeme sich beobachten und beschreiben. Insofern liegt eine Bindung der Beobachtung an die Systemreferenz des Beobachters vor, z.B. das Wirtschaftssystem wird unter dem Gesichtspunkt des politischen Systems mit dem Anspruch auf Mitbestimmung als ein politisches Programms der Partizipationsdemokratie beschrieben.

Wird das jeweilige Teilsystem jedoch aus der *Innenperspektive* beschrieben, so ist dies eine Selbstbeschreibung des Teilsystems, welche die Geltung des Codes des Systems für andere Teilsysteme als verbindlich unterstellt und gegebenenfalls einfordert, z.B. Knappheitsbewältigung im Wirtschaftssystem und Durchsetzung politischer Entscheidungen im politischen System. Dabei stellt sich aber die Frage, ob und in welchem Ausmaß der Code und Umweltentwurf des Funktionssystems Anspruch auf Verbindlichkeit hat und durchsetzbar ist oder ob es sich nur um einen Code unter anderen handelt. Es gehört zur soziologischen Aufklärung, dass wir die Frage mittlerweile dahingehend beantworten, dass auf einen *einzigen* Umweltentwurf kein Teilsystem zu verpflichten ist.

Die bewusste Unterscheidung zwischen *Fremd-* und *Selbstbeschreibung* und das damit einhergehende Problem der Unterscheidung zwischen der *Fremd-* und *Selbstbeschreibung* tritt erst ein, wenn sich die Struktur funktionaler Differenzierung durchgesetzt hat. Luhmann (1993) hebt hervor, dass „Die Selbstbeschreibung (eines Systems d.V.) selbst ist ein paradoxes Unterfangen, weil sie die interne Beschreibung so behandelt, als ob es eine externe Beschreibung wäre, die über objektive Sachverhalte berichten könnte." (545) Wir sollten davon ausgehen, dass dieses Paradox nicht durch logische Wahrheiten (Tautologien) aufzulösen ist. Der Autor geht in diesem Text nicht dem Problem nach, wie wir dieses Paradox handhaben. Wir sollten aber davon ausgehen, dass es keine logisch-semantischen Paradoxa (Antinomien) sind, wie z.B. der Barbier Russels, der alle rasiert, die sich nicht selbst rasieren.

Die Kommunikation der Fremd- und Selbstbeschreibung und die Beobachtung der Anfertigung der Beschreibungen von der jeweiligen Systemperspektive aus bringt zwangsläufig eine Beobachtung zweiter Stufe mit sich. Sie gehört zu der Struktur funktionaler Differenzierung und tritt erst durch sie ein. Dafür ist typisch, dass sich beide Beobachtungen nicht ausschließen, sondern einschließen. Das ist dadurch zu erklären, da funktionale Differenzierung solche Kommunikationssequenzen einrichten, die einen Wechsel der beiden Beschreibungen evolutionär durchsetzten. Wir können schlicht davon ausgehen, dass die Beobachtung der Beobachtungen der Fremd- und Selbstbeschreibung zu dem Schicksal der Teilnehmer an den Kommunikationssystemen funktionaler Differenzierung gehört. Sie können sich ihr nicht entziehen, solange sie an diesen Systemen teilnehmen, da sich in der Fortführung ihrer Kommunikation Beobachter zu beobachten haben. Mit der Durchsetzung von funktionaler Differenzierung geht einher, dass sich die Teilsysteme gegenseitig beobachten. Die Beobachtung der Beobachtung wird deshalb zu einem funktionalen Imperativ der Teilsysteme, da sie sich durch die Systemkommunikation mit der Redundanz und Varietät von Information zu sorgen haben, die ihrerseits zu beobachten ist. Nur dadurch ist ihnen die für die Systemkommunikation erforderliche Information zugänglich. Dabei stellt sich, da die Aufstufung der Beobachtungen unendlich ist, nicht nur die Frage nach ihrer Fruchtbarkeit, sondern auch die nach dem Abbruch in der Iteration der Reflexionsstufung.

ii. Beobachter

Bei jeder Beobachtung wirken sich zugleich die blinden Flecken der Beobachtung aus. Das führt zu entsprechenden Verzerrungen bei der Beobachtung aus der Systemperspektive, da in inkongruenten Einstellungen beobachtet und kommuniziert wird. Das sind zugleich die Grenzen jeder Verständigung. Verständigung kann es nicht geben, da wir nicht davon ausgehen sollten, dass die Überzeugungen der Gesellschaftsmitglieder einen einheitlichen Zuschnitt haben. Der wurde z.B. von Parsons als die Differenzordnung der „belief systems“ notiert. In dem Ausmaß, wie sich funktionale Differenzierung durchsetzt, wird zunehmend bewusst, dass es in der modernen Gesellschaft keine Position gibt, von der aus festgestellt werden könnte, was für ein Funktionssystem erforderlich oder sogar richtig ist. Es fehlt für die Erfüllung der *Funktion* der Teilsysteme ein Maßstab für die Bewertung ihrer optimalen Aktivität. Das hat eine strukturelle Auswirkung auf die Reflexionstheorien der differenzierten Teilsysteme, die im Wissenschaftssystem entworfen werden, da sie nicht umhinkommen, sich auf die Umweltbeobachtung einzustellen und gleichzeitig darauf, dass sie von der Umwelt beobachtet werden. Dadurch verändert sich die sozio-strukturelle Semantik, die Erkenntnistheorie und die Wissenschaftstheorie. Mit funktionaler Differenzierung geht einher, dass wir erkennen, dass es keinen allwissenden Beobachter gibt. Dadurch erweist sich der ontologische Status der Erfahrungswelt als eine Umweltselektion des Erlebens und Handelns der Mitglieder sozialer Systeme. Die Beobachtung der gesellschaftlichen Kommunikation wird auf die mehrstufige Kybernetik der Beobachtung der Beobachtung umgestellt.

Die Leitorientierung der Erkenntnistheorie ist somit die Frage: Wer ist der Beobachter? Ohne die Bezugnahme auf die Unterscheidungen des Beobachters kennen wir nicht die Selektion des Umweltgesichtspunkts, der für ihn in den Blick kommt. Da soziale Systeme nur als umweltbezogene Systeme operieren können, wirkt sich die Umweltbeziehung – auch des Wissenschaftlers – selektiv aus. Um diesen blinden Fleck der selektiven Umweltbeziehung sichtbar zu machen, sollte die erkenntnis- und kommunikationstheoretische Anweisung lauten: Beobachte den Beobachter! Im Wissenschaftssystem rückt deshalb die Theoriebildung in eine andere Position ein, da sie einen selbstreferenziellen Ausgangspunkt und damit einen umweltbezogenen Problembezug (= Funktion) hat.[88] Wenn wir diesen Ausgangspunkt ernst nehmen, so lässt sich die Theorie und Soziologie der Funktionssysteme dahin gehend einstufen, dass „*Theorie* selbst als *Form struktureller Kopplung (Interpenetration d. V.) des Wissenschaftssystems mit den Reflexionstheorien der Funktionssysteme einzusetzen*" ist.[89] Die Reflexionstheorien bekommen dadurch eine größere Variabilität, da die Funktionssysteme nicht auf die Einbeziehung einer *bestimmten* Theorie zu verpflichten sind. Das eröffnet auch für die Rechtstheorie eine neue Variabilität in ihren Forschungsprogrammen, ohne dass sie die Analyse ihrer Selbstreferenz in ein anderes Funktionssystem zur Untersuchung externalisiert. Das gilt

88 Der hier zum Zuge kommende Funktionsbegriff darf nicht mit den Funktionsbegriffen der Sozialanthropologie und des systemtheoretischen Funktionalismus in der Tradition Parsons verwechselt werden, da der Problembezug (= Funktion) in dem Umweltbezug im Hinblick auf die Suche nach funktionalen Äquivalenten gefasst ist.

89 Luhmann (1993, 543). Unter Theorie sollten wir kein uninterpretiertes Kalkül, sondern das Treffen einer Unterscheidung als take off der Beobachtung von Beobachtern verstehen. Es darf aber dabei nicht vergessen werden, dass jede Unterscheidung eine Identität voraussetzt. Die Prädikatenlogik mit Identität ist als eine Systematisierung durch das Treffen einer Unterscheidung nicht widerlegt.

für alle Reflexionstheorien der Funktionssysteme. Wir weisen damit aber auch der „Theorie" einen anderen Status zu, da sie in diesem Kontext als eine Kommunikation im Wissenschaftssystems einzustufen ist. Das schließt unterschiedliche Forschungsprogramme und Paradigmen im Wissenschaftssystem nicht aus. Die erkenntnistheoretische und ontologische Konsequenz ist, dass sich der wissenschaftliche und metaphysische Realismus überlebt hat und als ein sich selbst undurchsichtiger Umweltbezug erkannt wird. Es handelt sich dabei immer um eine Transparenz des Nichttransparenten, da jedes Sichtbare etwas Unsichtbares enthält. Husserl würde in diesem Fall von Appräsentation als einer Mitvergegenwärtigung sprechen.

(c) Recht in der mitgliedschaftstheoretischen Version der Theorie sozialer Systeme

i. Allgemeine Theorie

Die gegenwärtige Systemtheorie geht davon aus, dass Systeme umweltbezogene Entitäten sind, denen nicht etwas in der Umwelt entspricht. Sie sind durch ihre Innen-Außen-Differenzierung *selbstreferenzielle* und *selbstdeterminierte* Systeme, d.h., sie sind keine probabilistischen Automaten, sondern nichttriviale Maschinen. Die sozialen Systeme sind insofern künstliche Gebilde. Ihre Bestandteile systematisieren wir nicht als unteilbare Einheiten, sondern sie kommen durch ihre Relationierung und selbstreferenzielle Konditionierung zustande (Schließung). *Differenzierung* ist die *Wiedereinsetzung der Unterscheidung von System-Umwelt im System.* Sie ist keine Zerlegung des Ganzen in Teile, sondern jedes Teilsystem rekonstruiert die anderen sozialen Systeme (Teilsysteme) als umfassendes soziales System, dem es angehört, durch seine *eigene* System-Umwelt-Differenz. Es ist insofern im Blick zu behalten, dass die System-Umwelt-Differenz nicht mit der System-System-Beziehung zu verwechseln ist. Jedes System ist ein System *in* einer Umwelt. Das hat weitgehende epistemologische Folgen, da jede System-Umwelt-Differenz ihre Weltselektion als eine selbstreferenzielle Umweltselektion am Leitfaden einer besonderen Unterscheidung vornimmt, z.B. durch Begriffe.[90]

Die allgemeine Theorie sozialer Systeme geht davon aus, dass jedes soziale Ereignis als ein *System* zu untersuchen ist und jedes soziale System sich durch kommunikative Ereignisse zu reproduzieren hat. Es han-

90 Daraus ist zu folgern, dass Rationalität nicht durch Konsens zu begründen ist. Das ist noch nicht selbstverständlich, vgl. dazu: Luhmann (2008, 219-220).

delt sich dabei um Ereignisse, die mit ihrem Eintreten sofort wieder verschwinden. Insofern stellt sich für jedes soziale System der Problembezug der Restabilisierung in der Zeit. Das erfordert eine Konditionierung der Anschlussselektion (-rationalität). Soziale Systeme kann es nur geben, wenn ihre Mitglieder die Unterscheidung von Selbst- und Fremdreferenz handhaben können. Kommunikation hat so konditioniert zu sein, dass sie die Chance ihres Anschlusses und ihrer Fortführung erlaubt und eröffnet. Die elementare Unterscheidung ist dabei die Unterscheidung zwischen früher und später, Anfang und Ende. Insofern sind soziale Systeme nicht nur durch die Zeitdimension dominiert, sondern sie können sich auch nur als zeitpunktbezogene Ereignisse reproduzieren. Die Leitunterscheidung der Systemdifferenzierung betrifft somit 1. die *System-Umwelt-Relation* und die davon zu unterscheidende 2. *Intersystembeziehung*. Die allgemeine Theorie sozialer Systeme ist so anzulegen, dass wir mit einfachen Unterscheidungen komplexe soziale Strukturen analysieren und erfassen können.

ii. Mitgliedschaftstheoretische Version

Die *mitgliedschaftstheoretische* Version der Theorie sozialer System löst das Problem der Einführung einfacher Unterscheidungen in die soziologische Theorie dadurch, dass soziale Systeme sich durch ihre Mitgliedschaftsbedingungen (Entscheidung über Mitgliedschaft) als selbstselektive (selbstreferenzielle, strukturdeterminierte, selbstkonstitutive) Systeme von ihrer Umwelt differenzieren. Mit dieser theoretischen Unterscheidung wird die Spezifikation und Beobachtung des *vorausgesetzten Objektbereichs* der Theorie angegeben, welcher zu der Komplexität der sozialen Wirklichkeit passt. Er ist die *Morphogenese sozialer Systeme*, der ich *die Selbstkonstitution sozialer System durch die Entscheidung über Mitgliedschaft zuordne.*[91] Dafür gibt es in der Umwelt sozialer Systeme keine Entsprechung. Für die allgemeine Theorie sozialer Systeme heißt das: Es gibt kein soziales System ohne Mitgliedschaftsbedingung und ihre Programmierung. Die allgemeine The-

91 Bei der Analyse der mitgliedschaftstheoretischen Analyse der allgemeinen Theorie sozialer Systeme ist nicht die Frage zu stellen „Wer entscheidet (ist der Entscheider)?“. Die Entscheidung wird erst durch die systemeigen Strukturbildung spezifiziert, z.B. durch das Verwandtschaftssystem, die Prestigeordnung der sozialen Schichtung oder die Inklusionsordnung funktionaler Differenzierung und ihre Begrenzung durch formale Organisationen. Die Analyse dieser Strukturbildung fällt in die Gesellschafts- und Evolutionstheorie als die Untersuchung der sozio-strukturellen Evolution. (Dazu: Preyer 2018 c)

orie erfordert jedoch die Berücksichtigung besonderer Annahmen über die *Grenzziehung* und den *Strukturaufbau* sozialer Systeme. Das betrifft ihre Spezifikation auf die Problemstufenordnung *Gesellschaft*, *Organisation* und *Interaktion* als Bezugsrahmen der Gesellschaftstheorie.

Die Selbstkonstitution sozialer Systeme durch die Entscheidung über Mitgliedschaft ist die basale Souveränität sozialer Systeme. Insofern ist die fortlaufende Entscheidung über Mitgliedschaft die Selbstreferenz sozialer Systeme, indem sie als ihr eigener Souverän auftreten. Gehen wir von der Unentschiedenheit und Kontingenz der Entscheidung über Mitgliedschaft aus, so ist die Differenz zwischen System und Umwelt unentschieden. Erst durch die Entscheidung über Mitgliedschaft, ihre Kommunikation und Beobachtung tritt die Selbst- und Fremdreferenz sozialer Systeme ein. Die Selbstreferenz sozialer Systeme besteht somit in der mitgliedschaftstheoretischen Version der Theorie sozialer Systeme in der Entscheidung über Mitgliedschaft. Sie ist ihre Kontingenzformel. Dabei handelt es sich um eine Operation (Unterscheidung), die keine Bestandteile eines Systems verbindet, sondern sie selbstreferenziell hervorbringt. Die Entscheidung ist ein zeitliches Ereignis und kommuniziert eine Selektion, welche die Teilnahmebedingung an den Kommunikationssystemen des Gesellschaftssystems spezifiziert. Die mitgliedschaftstheoretische Fassung des Systembegriff ist derart zu fassen, dass die Entscheidung über Mitgliedschaft die System-Umweltdifferenz bestimmt, indem sie die Selbstreferenz des Systems als die Unterscheidung zwischen Mitglied-Nichtmitglied im System vornimmt und in der Zeit durch ihre Wiedereinsetzung prozessiert.

Die Unentschiedenheit (Unbestimmtheit) der Entscheidung über Mitgliedschaft, d.h. über die Zugehörigkeit zu sozialen Systemen und über die Teilnahme an Kommunikationen, hält die Entscheidung offen. Die Unentschiedenheit der Mitgliedschaft in sozialer Systeme ist auf die Entscheidung über Mitgliedschaft bezogen. Dadurch versetzten sich soziale Systeme in den Zustand *selbsterzeugter Ungewissheit*. Der Mitgliedschaftscode ist somit die Kontingenzformel sozialer Systeme, durch den sie selbstdeterminiert sind. Auch jede Kommunikation prozessiert Unentschiedenheit, da sie immer über Kommunikation und Nichtkommunikation zu entscheiden hat. Ohne diese Entscheidung gäbe es keine Kommunikation. Dabei handelt es sich um eine Situation der *Limitationalität*.[92] Insofern kann die Erfüllung von Erwartungserwartungen der Mitglieder sozialer Systeme nur diese Paradoxie prozessieren. Sie

92 Von der soziologischen Forschung sind in allen Gesellschaften Situationen (Situationssequenzen) der *Limitationalität*, d.h. der Unentschiedenheit der Mitgliedschaft, gut belegt, z.B. Initiationsrituale.

kann durch ihre Unentschiedenheit (Unbestimmtheit) suspendiert werden, ohne die Beziehung auf ihre Erfüllung zu verlieren. Die Unentschiedenheit bleibt in die Erfüllung von Erwartungen eingeschlossen, obwohl ihre Erfüllung die Unentschiedenheit nicht enthält. Die Unentschiedenheit, die mit den Erwartungserwartungen einhergehen, ist auf die Erwartungsenttäuschung bezogen. Jede Erwartungserwartung kann nicht zeitunabhängig gewährt werden. Es ist aber in der Gegenwart prüfbar, ob sie noch hält. Wir haben damit auch eine Erklärung dafür, warum soziale Systeme fortlaufend mit der Projektion von Regularitäten (Erwartungen) beschäftigt sind. Die Unentschiedenheit der Erfüllung von Erwartungen wird in der systemtypischen Kommunikation immer wieder in der Entscheidung über Inklusion und Exklusion bewusst.[93]

iii. Mitgliedschaft und Funktion des Rechts

Wir können vor diesem Hintergrund die Funktion des Rechts bestimmen und die Frage beantworten, welcher Problembezug durch die Ausdifferenzierung der rechtlichen Kommunikation, der rechtlichen Erwartungserwartung und ihrer Normierung durch das Funktionssystem gelöst wird. Erwartungserwartungen sind nicht psychologisch, sondern im Hinblick auf die Zeitdimension zu erfassen bzw. zu charakterisieren. Sofern wir den Problembezug (= Funktion) des Rechts auf die Zeitdimension spezifizieren, gehen wir auf Distanz zu seiner Spezifikation auf die Sozialdimension, z.B. Recht als eine Verhaltenskontrolle und als ein Beitrag zur sozialen Integration. (Luhmann (1993, 125-126) Seine Funktion besteht in der Restabilisierung der Projektion eines besonderen Typs von Erwartungen im Hinblick auf die zeitliche, soziale und sachliche Generalisierungen oder auch Partikularisierung. (Luhmann 1993, 124-164)

Die rechtliche Kommunikation dient nicht der sozialen Integration und der Harmonisierung von Konflikten, sondern sie befördert die Konfliktvermehrung. Die Konflikte der Mitglieder sozialer Systeme bekommen durch das Recht eine Kommunikationsform, die in der Unterscheidung zwischen Recht und Unrecht vorliegt. Die rechtliche Kommunikation kann negieren, ohne soziale Systeme in ihrer Struktur zu gefährden. Wir können insofern Recht als eine Kommunikation systematisieren, die durch formale Organisation gestützte Selektionen kommuniziert. Für diese Selektion gibt es kein funktionales Äquivalent. Insofern kann es Gesellschaft ohne Recht nicht geben. Wenn wir davon

93 Die Analyse von Inklusion-Exklusion fällt in die Gesellschaftstheorie und ist den Differenzierungsformen zuzuordnen.

ausgehen, dass die Selbstreferenz sozialer Systeme in der Entscheidung über Mitgliedschaft besteht, so können wir den Negationsspielraum sozialer Systeme und das Autoritätssystem als Bestandteile sozialer Systeme in die Rechtstheorie einbeziehen und ihre Relevanz für die rechtliche Kommunikation bestimmen.

Für die Rechtstheorie sind aus der Sicht der Mitgliedschaftssoziologie zwei Punkte hervorzuheben:

1. Einen mitgliedschaftstheoretischen und mitgliedschaftssoziologischen Zugang zum Rechtssystem haben wir dann, wenn wir davon ausgehen, dass der Rechtsträger als Mitgliedschaftsstatus in sozialen Systemen gesellschaftliche Kommunikation reproduziert. Erst dann können an einen Kommunikationsteilnehmer rechtliche Erwartungen adressiert werden und nur unter dieser Voraussetzung ist rechtliche Kommunikation zu beobachten.
2. Die Entscheidung über Mitgliedschaft bestätigt durch die Prozessualisierung ihrer Unentschiedenheit (Unbestimmtheit) die Erwartungserwartung. Die Unentschiedenheit unterscheidet sich nicht von der Erwartungserwartung, die als Erwartungsprojektion im Hinblick auf ein zukünftigen Ereignis das Unbestimmte in Bestimmtes, somit Unwahrscheinliches in Wahrscheinliches, überführt. Bei der rechtlichen Kommunikation handelt es sich um eine *selektive* Erwartungserwartung, welche die Teilnehmer an den Kommunikationssystemen kontrafaktisch unterstellen, die aber auch enttäuscht werden kann. Die rechtliche Erwartungserwartung betrifft die Interpenetration des Rechtssystems mit anderen sozialen Systeme, die ihre Leistung sicherstellen sollen.[94] Jede Erwartungserwartung kann enttäuscht werden, sind besondere Restabilisierungen für ihre Erwartbarkeit erforderlich. Das verweist auf die Organisationsbildung, die Erwartungserwartungen durch die formale Regelung des Eintritts und Austritts auf Dauer stellt und Erwartungen durch ihre Bindung an Stellen sicherstellt. Dazu gehört, dass sich Organisationen auf Zwangsmittel stützen, um ihre Erwartungen durchzusetzen.

Jede Erwartungsprojektion kann die Unterscheidung zwischen der gegenwärtigen Zukunft und der zukünftigen Gegenwart nicht beseitigen. Recht kann sich somit nur durch Entscheidung und ihre organisationelle Implementierung (Rechtsordnung) selbst binden. Dabei

94 Bei dieser strukturellen Kopplung findet eine Transformation der kommunikativen Medien statt, die alle Medien betreffen. Dabei darf ihre selbstsubstitutive Ordnung nicht zerstört werden.

reduziert es Kontingenz und setzt, da auch anders entschieden werden kann, Unbestimmtheit der Erwartungserwartung der Systemmitglieder frei. Nur so kann es seine *Leistung* erbringen, dass Teilnehmer an dem Kommunikationssystem *Gesellschaft* ihre Erwartungserwartungen in der Zeit projizieren und die Teilnahme an ihm regeln.

(d) Der Negationsspielraum sozialer Systeme und das Autoritätssystem

i. Negationsspielraum

Den Zusammenhang zwischen der Entscheidung über Mitgliedschaft und der Funktion des *Negationsspielraums* (Widerspruch) der Selbstreferenz von sozialen Systemen besteht darin, dass diese Entscheidung im Hinblick auf die Projektion von Erwartungen von Mitgliedern und die Anschlussrationalität von Kommunikationen getroffen wird.[95] Der Ausschluss aus der gesellschaftlichen Kommunikation übernimmt dabei die Funktion der Restabilisierung und der Selbstbeobachtung sozialer Systeme. Das ist im Blick zu behalten, da die Entscheidung über Mitgliedschaft einen Anschluss an *erlaubt-verboten* erlaubt. Das liegt nahe, da Mitgliedschaften die Erwartungserwartungen in Kraft setzten. Aus mitgliedschaftstheoretischer Sicht betrifft dies nicht die Codierung der Unterscheidung zwischen Recht und Unrecht, sondern den Mitgliedschaftscode. Der Rechtscode und seine Operationalisierung spezifiziert dann den Mitgliedschaftscode durch eine Kommunikationsunterbrechung, da er über die Teilnahme an den Kommunikationssystemen entscheidet. Das ist aus der Sicht der Operationalisierung des Mitgliedschaftscodes dadurch begründet, dass die Entscheidung „Nicht-Mitglied" die *Funktion* des Widerspruchs gegenüber den Mitgliedern übernimmt und dadurch mitteilt, dass die Teilnahme an dem jeweiligen Kommunikationssystem unterbrochen oder beendet wird. Damit erkennen wir die gesellschaftsstrukturelle Funktion des Rechts, d.h., auf welche Situation und Selektion rechtliche Kommunikation zugeschnit-

95 Luhmann (1984, 503-509) untersucht den Negationsspielraum sozialer Systeme aus der Sicht des Immunsystems. Ihm kommt die Funktion zu, die Selbstreproduktion selbstreferenzieller Systeme zu erklären. „Der Widerspruch (ist) eine Form, die es erlaubt, ohne Kognition (Umweltkenntnis, Analyse, d.V.) zu reagieren (operieren d.V.)", 507-50. Er nimmt damit eine Neufassung der soziologischen Konflikttheorie vor, dazu 488-550. Die Kommunikation von Widerspruch spricht eine Selbstreferenz aus. Er nimmt seine Einstufung des Immunsystems aus der Perspektive der Gesellschaftstheorie vor und exemplifiziert seine Funktion am Rechtssystem: 509-510. Das wäre im Einzelnen zu analysieren.

ten ist. Es ist dies der Enttäuschungsfall, der in jeder Kommunikation eintreten kann. Im Enttäuschungsfall ist die Erwartung kontingent und als unbestimmt gesetzt.

Die rechtliche Kommunikation kann nur funktionieren, wenn Konfliktparteien selbst ihr Anliegen nicht mehr regeln können und sie in die Situation der Unbestimmtheit der Entscheidung über die Fortführung der Kommunikation eintreten. Die Erkenntnis der Unbestimmtheit im Enttäuschungsfall beinhaltet, sofern die Kommunikation die Chance hat, fortgeführt zu werden, dass die Unbestimmtheit für einen Augenblick die strukturelle Anschlussfähigkeit zerstört. Darin besteht der Zusammenhang zwischen Selbstzerstörung und Selbstreproduktion sozialer Systeme durch die Entscheidung über Mitgliedschaft und die Begründung dafür, dass es Gesellschaft ohne Recht nicht geben kann, da es ohne die Entscheidung über das Verbleiben in der Gesellschaft und die Teilnahme an der gesellschaftlichen Kommunikation keine sozialen Systeme gibt.

Jede Kommunikation als Operation eines sozialen Systems gibt es nur dann, wenn sie den Kommunikationsanschluss als auch eine Projektion von Erwartungen im Hinblick auf die Fortführung von Kommunikation herstellen kann. Genau dazu erbringt die rechtliche Kommunikation als eine besondere Selektion der Erwartungsprojektion einen Beitrag. Insofern kommuniziert die rechtliche Kommunikation immer eine Selektion von Erwartungserwartungen.

Der Negationsspielraum des Mitgliedschaftscodes als Modell des Rechtscodes funktioniert mangels kognitiver Einsichten. Der Rechtscode und seine Operationalisierung hat das Anschlussverhalten in den Kommunikationssystemen zu gewährleisten, indem er fortlaufend eine strukturelle Stabilität in der Instabilität der Reproduktion sozialer Systeme begünstigt. Ob wir das Recht nennen oder anders, ist irrelevant. Das erkennen wir dann, wenn wir davon ausgehen, dass „das Recht im Vorgriff auf mögliche Konflikte gebildet wird". (Luhmann, 1984, 109-110) Die Selbstbeschreibung des Willens des Gesetzgebers oder im Namen des Volkes, was auch immer, ist eine Metaerzählung, die diesen Vorgang unsichtbar macht. Das ist im Blick zu behalten, dass wir erst dann, wenn wir davon ausgehen, das Problem der Selbstbeschreibung des Rechtssystems erkannt wird. Wir können nur unter dieser Voraussetzung seine Reflexionstheorie auf diesen Zusammenhang einstellen. Aus dieser Perspektive liegt es nahe, das Autoritätssystem der allgemeinen Theorie sozialer Systeme zuzuordnen, da über die Teilnahme an Kommunikationssystemen zu entscheiden ist.

Der Negationsspielraum sozialer Systeme hat viele Helfer. Die operative Schließung sozialer Systeme durch die Entscheidung über Mitgliedschaft kopiert nicht die Umwelt in soziale Systeme, sondern bildet systemeigene Negationen aus. Soziale Systeme schützen sich somit durch Negationen und Konflikt vor Annihilation. Diese Entscheidung hat die Funktion der fortlaufenden Selbstirritation sozialer Systeme. An einzelnen Fällen bilden sie dabei Strategien für die Lösung von internen Konflikten aus. Das erklärt die Funktion von Widerspruch, Konflikt (Streit) und Protest. Insofern schützen sich soziale Systeme durch Konflikte gegen Annihilation. Sie dienen nicht der Korrektur von Irrtümern und der Dämpfung von Krisen. Es wird durch den Negationsspielraum der sozialen Systeme nicht etwas hinzugelernt. Gleichzeitig erbringt der Negationsspielraum einen Beitrag zur Stabilität sozialer Systeme, da der Konflikt dazu beiträgt, dass sie konfliktreich ihre Selbstreproduktion fortsetzen können.[96] Das erklärt uns auch, warum das Gesellschaftssystem als soziales System ein selbstregulatives System ist und sich selbst steuert. Die Eingriffe in die Selbstregulierung sind dabei nicht erfolgsversprechend. Sie scheitern an der Selbstkonstitution sozialer Systeme.

ii. Autoritätssystem

Wenn wir davon ausgehen, dass die Entscheidung über Mitgliedschaft die grundlegende Operation sozialer Systeme ist, die sie als selbstreferenzielle Systeme bestimmen, die dadurch einen selbstreferenziellen Negationsspielraum ausbilden, dann können wir das *Autoritätssystem* in seiner Leitorientierung für die Operationsweise sozialer Systeme bestimmen. Jedes soziale System hat eine Instanz, die Entscheidungen autoritativ durchsetzt und ihr kommt die Autorität zu, Entscheidungen und Erwartungen für ungültig zu erklären. Das gilt unabhängig davon, wie diese Autorität unsichtbar gemacht wird. Angesprochen ist damit nicht die Willkür von Personen, sondern die Funktion von Negation und Konflikt in sozialen Systeme. Diese Funktion wird in der Kommunikation unsichtbar gemacht und personalisiert, da soziale Systeme für ihre kommunikative Reproduktion die Zuschreibung auf die Instanzen der Kommunikationsteilnehmer vorzunehmen haben. Kommunikation bedarf einer Adresse.[97] Erst dadurch sind Kommunikationsteilnehmer zu beobachten.

96 Von dieser Einsicht ausgehend ist die Theorie sozialer Integration neu zu fassen.

97 Nach Luhmann betrifft dies im Falle des Inklusionsprogramms funktionaler Differenzierung eine konstruierte Zuschreibungsinstanz als *Autor*, *Adresse* und *Thema* in Kommunikationssystemen; vgl. dazu Luhmann 1995, 142-

Das Autoritätssystem wird nur dann angemessen erfasst, wenn wir davon ausgehen, dass es eine Instanz ist, die Entscheidungen und Erwartungen als kontingent außer Kraft setzt. Darin vollzieht dieses System eine selbstreferenzielle Operation. Das betrifft das Verständnis von sozialen Normen und Rechtsnormen, da durch die Unbestimmtheit der Entscheidung über Mitgliedschaft die Mitgliedschaft zur Disposition gestellt wird. Sie enthält aber zugleich die Beziehung zur Mitgliedschaft. Die auf die Mitgliedschaft bezogene Entscheidung ist generell die Verfassung des Autoritätssystems als Instanz einer Entscheidungsautorität, welche die Regelung von Erwartungen setzt, anwendet, außer Kraft setzt und Verfahren zur Regelung der Aufnahme und des Austritts in soziale Gruppen etabliert, z.B. Häuptlinge, Könige als Richter (Herr des Rechts) oder auch Leitungsteams in Organisationen. Es handelt sich dabei um Führungslinien, die Systemgrenzen abstecken. Diese Instanz verfügt über *normative Macht*, die den Mitgliedschaftscode und die entsprechenden Regelungen in Kraft setzt. (Zum Begriff des Autoritätssystems und der normativen Macht: Preyer (2018 a, 81-86) Das wird an der Rechtsentscheidung besonders deutlich, da die Selbstreferenz der rechtlichen Kommunikation eine Entscheidung ist, die nur als *Entscheidung* kommunikationsrelevante Folgen hat. Insofern hebt z.B. Luhmann hervor: „Für die *juristische* Interpretation/Argumentation gilt eine Besonderheit, die diesen Zusammenhang verstärkt. Sie muss eine Entscheidung über Recht und Unrecht vorschlagen bzw. begründen können. Denn im Rechtssystem können Entscheidungen erzwungen werden, Gerichte (und das begründet ihre Zentralstellung im System) dürfen sie nicht verweigern. Alle juristische Argumentation, die Textinterpretation vorträgt, hat daher einen *Entscheidungs*bezug, und zwar einen auf Entscheidungen in Angelegenheit *anderer*. Sie muss daher an Kommunikation orientiert sein." (Luhmann 1993, 364-365) Die rechtlichen Entscheidungen sind gültige Entscheidungsgründe für Andere, die sich auf die Rechtsgeltung beziehen und keine Handlungsgründe, wie z.B. Überzeugungen, Wünsche und Absichten. Das Recht wird durch Entscheidung gesetzt und gilt – auch veränderbar – durch Entscheidung. Wir erfassen diesen Zusammenhang in seiner ganzen Tragweite, wenn wir soziale Normen als Erwartungserwartungen mit der Unterscheidung zwischen kognitiver und kontrafaktischer Orientie-

154. Die Instanz (Form als Unterscheidung) Person dient dazu *„individuell attribuierte Einschränkung von Verhaltensmöglichkeiten"* vorzunehmen, 148, *„Personen dienen der strukturellen Kopplung von psychischen und sozialen Systemen"*, 253. Empfehlenswert dazu ist die Darstellung von *Lehmann* (2002, 123-134).

rung untersuchen. Dadurch wird die Normtheorie von der Analyse der Rechtfertigung der Normgeltung auf das Eintreten des Enttäuschungsfalls und seine Verarbeitung umgestellt. Die Rechtsgeltung, die sich durch Entscheidungsgründe reproduziert, ist selbstreferenziell, da die rechtliche Kommunikation eine Kommunikation von Entscheidungen ist, die auch anders ausfallen kann. Nur dadurch kann Recht seine Funktion der zeitlichen Generalisierung von Erwartungen erfüllen.

iii. Leistung des Rechts

Die *Leistung* des Rechts als die Restabilisierung von Erwartungserwartungen in der Zeitdimension wird somit durch die strukturelle Asymmetrie der Rechtsentscheidung gegenüber den Betroffenen sichergestellt. Nur deshalb ist eine Projektion von Erwartungserwartungen in der Zeit ex ante plausibel. Daran erkennen wir, das die Funktion des Rechts nicht in der sozialen Integration bestehen kann. Die Rechtsprechung (-entscheidung) als Zentrum des Rechtssystems ist somit dadurch zu charakterisieren, dass sie Erwartungserwartungen durch Rechtsnormen normativ als *erlaubt* und *verboten* charakterisiert.[98] Die Entscheidung ist in der Kommunikation zu beobachten und hat resonanzfähig zu sein. Das gilt auch für die Operationalisierung des Mitgliedschaftscodes, der Abweichungen und Spielräume zulässt. Die „Entscheidung" ist eine Entscheidung über Inklusion und Exklusion und somit über die Teilnahme an der gesellschaftlichen Kommunikation. Es ist eine Entscheidung darüber, wer in den Kommunikationssystemen des Gesellschaftssystems berücksichtigt wird oder nicht, wer teilnehmen darf oder ausgeschlossen wird und wer dazu und wer nicht dazu gehört. Somit handelt es sich um eine Entscheidung, die das gesellschaftliche Kommunikationssystem mit Widersprüchen und Konflikten ausstattet. Ihre Funktion besteht darin, dass sich dadurch die sozialen Systeme selbst beobachten und selbst irritieren.

Das Recht und die rechtliche Kommunikation können sich nur durch Entscheidung selbst binden, die durch die formale Organisation des Rechtssystems ausgeführt wird. *Die Einheit des Rechtssystems ist keine Norm oder ein Prinzip, sondern eine erfolgreiche selbstreferenzielle Operation.* Nur so kann der Rechtscode Recht-Unrecht funktionieren. Seine Selbstvalidierung ist nicht die normative Einstufung der Rechtsgeltung. Nur ein normfreier Geltungsbegriff der Rechtsgeltung ist institutionalisierbar. Konsens kann dabei nicht die Bedingung der

98 Die Peripherie ist für das Rechtssystem die Gesetzgebung. Im Zuge der Durchsetzung funktionaler Differenzierung liegen für die Funktionssysteme unterschiedliche Zentrum-Peripherie Differenzierungen vor.

Rechtsgeltung sein. Angesprochen ist damit die Evolution von Kompetenznormen und die sie einschränkenden Verfahren. Für die Differenzierung des Rechtssystems ist dabei die Stellung der Gerichte entscheidend.

Die sozialen Systeme bestehen nur dann, wenn sie sich selbst beobachten. Für das Rechtssystem heißt das, dass es sich nur durch Entscheidung selbst binden kann. Dadurch ist es ein selbstreferenzielles System, das seine Strukturen nur durch seine eigenen Operationen aufbaut und ändert. Ohne diese Selbstbeobachtung gibt es kein Rechtssystem. Die Selbstbeobachtung hat aber, wie jede Beobachtung, ihren blinden Fleck. Sie kann ihr Sehen nicht sehen. Rechtliche Kommunikation kommuniziert Entscheidung, die sich im *Urteil* und seiner Begründung unsichtbar macht. Jedes Urteil ist nur als Entscheidung zu beobachten. Die Entscheidung legt im Rechtssystem den historischen Zustand des Systems fest. Von ihm geht die nächste Operation aus. Sie ist die Selektion, die ein Wiedererkennen und eine Wiederholung als die Restabilisierung der rechtlichen Kommunikation gewährleisten kann. Die Einheit des Rechts – die Selbstreferenz der Rechtsentscheidung – ist solange operationsfähig, wie sie nicht von anderen Funktionssystemen absorbiert wird.

Die angesprochenen Zusammenhänge erkennen wir dann, wenn wir von der Kybernetik erster auf die Kybernetik zweiter Stufe übergehen. Wir erkennen dann, dass die Selbstbindung der rechtlichen Kommunikation keine Norm, kein vorgeordnetes Prinzip, keine Werteordnung, kein Naturrecht und kein Konsens ist, sondern seine selbstreferenzielle Operation, die wir in der gesellschaftstheoretischen Beschreibung den Negationsspielraum des Gesellschaftssystems zuordnen. Insofern ist davon auszugehen, dass die rechtliche Kommunikation sich evolutionär im Hinblick auf mögliche Konflikte bildete.

(e) Primäre und sekundäre Rechtssysteme

i. Blinder Fleck

Die primären Rechtssysteme sind der blinde Fleck der Beobachtung des staatlich organisierten Rechts und der daran orientierten Rechtstheorie. Der *Multi-Level-Approach* von Krawietz resystematisiert rechtliche Kommunikation aus der Perspektive der primären und sekundären Rechtssysteme. Die Unterscheidung steht in dem breiteren rechtstheoretischen und soziologischen Kontext, dass eine „... *multiple Modernität der Rechtssysteme* ... besagt, dass die Moderne in der Evolution von Gesellschaft und Recht *kein allgemeingültiges*, normativ fixes, institutionell auf Dauer gestelltes *Muster der rechtlichen Modernisierung* hervorgebracht hat, wie von manchen westlichen Rechtstheoretikern und Philosophen angenommen wird". (Krawietz 2009 b, 60) Primäre Rechtssysteme sind Systeme mit besonderen (regionalen) Teilnahme- und Mitgliedschaftsbedingungen und der Regelung von Konflikten, z.B. durch informelle Regelungen und Schiedsgerichte. Die Unterscheidung zwischen primären und sekundären Rechtssystemen wird im Bezugsrahmen der System-Umwelt-Beziehung vorgenommen und ist struktureller Art. Wir können diese Unterscheidung durch die Entgegensetzung von *symbiotischer* Kommunikation versus *formal-organisierter* Rechtsentscheidung systematisieren. Gesellschaftstheoretisch geht der Ansatz von der evolutionären Differenzierung von *Gesellschaft*, *Organisation* und *Interaktion* und der Trennung zwischen dem politischen und dem Rechtssystem unter der Voraussetzung funktionaler Differenzierung aus. Er gewichtet aber die *Leistung* des Rechts nicht ausschließlich in der System-System-Beziehung zwischen den Funktionssystemen Wirtschaft-Recht-Politik-Wissenschaft-Religion, sondern verallgemeinert seine Leistung auf ihren besonderen Beitrag für die Kommunikationssysteme des Gesellschaftssystems, da diese „Systeme" durch unterschiedliche rechtliche Regelungen symbiotisch strukturiert sind, z.B. hat sich im Falle des islamischen (religiösen) Rechts kein sekundäres Rechtssystem differenziert. Das schließt die Kopplung an die sekundären sozialen Systeme nicht aus. Primäre Rechtssysteme können im Unterschied dazu durch informelle Verfahren der Streitschlichtung geregelt sein, die nicht über die formale Organisation des Rechtssystems, seiner Verfahrensordnung und seine organisationelle Umsetzung durch das politische System verlaufen.

ii. Symbiotische Mechanismen

Das Kommunikationsmedium Recht bleibt in primären Rechtssystemen an die symbiotischen Mechanismen der Wahrnehmung, der Bedürfnisbefriedigung, der Sexualität und der Gewalt als Ursymbole der Kommunikationsmedien rückgekoppelt, da alle symbiotischen Beziehungen in der Trennlinie zwischen System und Umwelt jeder Kommunikation verbleiben. Es ist somit auf eine direkte Beobachtung von Kommunikationsteilnehmern und einen direkten Zugriff auf den Leib des Anderen angelegt. Das ist systemtheoretisch dadurch begründet, da die System-Umwelt-Differenzierung über symbiotische Mechanismen verläuft. Dadurch wird die Nichtüberschreitbarkeit der Differenzordnung zwischen System und Umwelt nicht beseitigt, sondern in die Beobachtungsnähe gerückt.[99] Die Kommunikation in primären sozialen Systemen vollzieht Kommunikation bei einem geringen Komplexitätsgefälle in der System-Umwelt-Relation, da der symbiotische Bezug und die symbiotische Abhängigkeit die Kommunikation und Beobachtung des jeweiligen sozialen Systems dominiert. Primäre Rechtssysteme sind aus dieser Sicht auch unter der Voraussetzung der evolutionären Differenzierung zwischen *Gesellschaft*, *Organisation* und *Interaktion* als Struktur der funktionalen Differenzierung keine residuale Größe. „Jedes Rechtssystem (ist) eine Einheit primärer und sekundärer Systeme." (Krawietz 2009 b, 196) Es kann sich nur als Entscheidungs- und Autoritätssystem restabilisieren. Damit eröffnet sich eine Analyse der Funktion des Rechts, die seine Leistung nicht von der modernen strukturellen Kopplung zwischen dem politischen System und dem Rechtssystem abhängig macht. Die sekundären staatlich organisierten Rechtssysteme erbringen im Fall der Differenzierung von *Gesellschaft*, *Organisation* und *Interaktion* die *Leistung* der Kontrolle und des Schutzes der primären sozialen Systeme. (Krawietz 2009 b, 269-270) Insofern bekommt die Analyse regionaler Rechtsordnungen innerhalb des Funktionssystems des Rechts eine andere Relevanz, da die Differenzierung regionaler Rechtsregelungen der Funktionsdifferenzierung des Rechtssystems nicht einfach widerspricht, sondern sie insofern bestätigt, da rechtliche Kommunikation ihre *Leistung* durch unterschiedliche Systemreferenzen erbringen kann. Sie kann auch an die religiöse Kommunikation und ihr Autoritätssystem gekoppelt sein (religiöse Rechtsordnung, traditionales Recht). Hinzuweisen ist darauf, dass auch innerhalb der deutschen Rechtsprechung islamisches Recht im Privatrecht angewandt wird. Primäres Recht ist somit ein Symbol dafür, dass symbiotisch verfasste soziale Systeme ihre Ansprüche anmelden und eine Differenzordnung des Umweltbezugs von kollektiven Identitäten und Ethnien artikulieren. Das führt zu dem Problem und der rechtlichen Verarbeitung von Sonderrechten von sozialen Gruppen und von Kollektivrechten. Es handelt sich dabei um Forderungen, die von multikulturellen sozialen Systemen gestellt werden.[100]

Aus der Perspektive der soziologischen Theorie der Gegenwartsgesellschaft beobachten wir mit der Unterscheidung zwischen primären

99 Luhmann (1984, 286-344) untersucht diesen Systemkontext als zwischenmenschliche Interpenetration.

100 Vgl. dazu: Münch (1998): 7.3. Multikulturalismus als Antwort auf das Scheitern des individualistischen Inklusionsprogramms, 7.4. Multikulturalismus versus universalistischer Individualismus Zwei Inklusionsprogramme im Widerstreit: 235-243.

und sekundären Systemen des Rechts die Differenzierung des transnationalen Gesellschaftssystems in informelle (symbiotische) und formelle organisierte Kommunikationen und ihrer Erwartungserwartungen. An dieser Differenzierung zerbricht die *Logik der Perfektion,* und sie kann nicht mehr erneuert werden.

(f) Recht und moralische Kommunikation

i. Moral als Achtungserweis und Missachtungskommunikation

Wenn man beansprucht, überhaupt etwas Substanzielles über die Beziehung zwischen Recht und moralischer Kommunikation sagen zu können, bedarf es einer Klärung der moralischen Kommunikation und ihrer Funktion. Gehen wir von Luhmanns Neufassung der moralischen Kommunikation aus, so sind diesbezüglich weitgehende Korrekturen an dem überlieferten Verständnis von Moral vorzunehmen.[101] Unter Moral sind die Bedingungen zu verstehen, die in sozialen Systemen *Achtung* und *Missachtung* festlegen. Die verallgemeinerte Zustimmung zu einem bestimmten Tun und seiner Wertschätzung wird deshalb befürwortet oder abgelehnt, da es bestimmte Erwartungen erfüllt, die eine Fortführung von Kommunikation begünstigen. Die Grenzen mögen dabei nicht sehr bestimmt gezogen sein. Es kommen bei solchen Bewertungen auch immer Nichtübereinstimmungen auf, da oft unterschiedliche Gesichtspunkte für die Zuschreibung zu berücksichtigen sind, sei es z.B. der des Standpunkts des Beobachters, der des zu berücksichtigenden Hintergrunds, der der unterschiedlichen Bewertungen und Toleranzen. Der Achtungserweis wird durch Mitgliedschaft von selbst hervorgebracht und unter Mitgliedern von sozialen Systemen gewährt oder entzogen. Das trifft für alle sozialen Systeme zu. Man könnte auch von einem Achtungszwang sprechen, da man zwar unterschiedliche Einstellungen zu den Mitgliedern des sozialen Systems, dem man angehört, haben kann, aber es schwer ist, grundsätzlich „gegen einen von uns" zu sein, ohne sich selbst in Frage zu stellen.

Die Zuschreibung von Achtung bedarf ihrerseits einer Instanz, damit sie von den Mitgliedern von sozialen Systemen identifiziert werden kann. Die Wertschätzungen für ein bestimmtes Verhalten, eine Leistung oder ein Engagement ist ein Beitrag zur Erhaltung der Funktion von

101 Luhmann (1984, 319, 318-25). Die gesammelten Artikel zur Moralphilosophie und Moralsoziologe liegen in Horster (2008) vor. Zur Analyse von moralischer Achtung als Medium gesellschaftlichen Kommunikation und zur Neufassung des Problems der moralischen Kommunikation: Münch (1995, 214-39), Preyer Bd. 2, 146-169.

sozialen Systemen, der Mitgliedern zugeschrieben wird. Wir schätzen z.B. den Kollegen auf Grund seiner Kooperationsbereitschaft und die Kassiererin beim Einkauf im Großmarkt, da sie zügig und freundlich ihre Aufgabe bewerkstelligt. Die Ausübung einer Rolle ist somit die Instanz, der wir Billigung und auch Missbilligungen zuschreiben. Dadurch können sich die Teilnehmer an Kommunikationssystemen in ihren Positionen im Systemgeschehen verorten und für andere Kommunikationsteilnehmer, auch von anderen sozialen Systemen aus, Orientierungen bereitstellen, auf die diese wiederum ihr Verhalten einstellen. Die Instanz der Mitgliedschaft informiert uns darüber, *wer welche* Position einnimmt und strukturiert dadurch die Erwartungserwartungen und die Kommunikation. Die Personalisierungen, die wir dabei beobachten, sind die Rituale für die Zuschreibung, die einen Zugriff auf die Motive der Mitglieder zulässt. Erst diese Instanz erlaubt den kommunikativen Ausschluss, aber auch Lob und Anerkennung. Der Mechanismus der Zuerteilung besteht gerade darin, dass davon die Person als Ganze betroffen ist. Das erklärt sich aus der Personalisierung, da bei der Zuerteilung von Achtung und Missachtung die Differenz zwischen Person und Mitglied unsichtbar gemacht wird, wir würdigen z.B. eine bestimmte Person für ihre berufliche Leistung bei einer Pensionierung und weniger als Mitarbeiter des Unternehmens.

ii. Beziehung von rechtlicher und moralischer Kommunikation

Gehen wir von dieser Neufassung von moralischer Kommunikation aus, dann können wir die Beziehung zwischen rechtlicher und moralischer Kommunikation anders bestimmen. Die rechtliche Kommunikation ist eine selbstreferenzielle Kommunikation gerade dann, wenn sie fremdorientiert ist (*Leistung* des Rechts). Sie kann keine moralischen Entscheidungen prozessieren. Würde das eintreten, so bräche die rechtliche Kommunikation zusammen. Insofern ist hervorzuheben, dass sich rechtliche Entscheidungen nicht moralisch und ethisch bewerten lassen. Alle Versuche, Rechtsentscheidungen an den Moralcode anzuschließen, sind schon im Ansatz als verfehlt einzustufen. Letztlich sollte man sie, so wie das Naturrecht, vergessen. Läge ein Moralrecht vor, so würde das auf Terror hinauslaufen. Es ist hervorzuheben, dass bei rechtlichen Entscheidungen nur *Fehler* bewertbar sind, die in der Selbstbeobachtung des Rechtssystems zu Tage treten.

In den sozialen Rollen und Statuspositionen im Rechtssystem nehmen die Teilnehmer, seien es z.B. Richter, Staatsanwälte, Anwälte und Angeklagte und Gefangene, aber auch an der moralischen Kommunikation teil. Sie kommunizieren als Teilnehmer an sozialen Systemen immer auch auf einem moralischen Achtungsmarkt. Insofern liegt es nahe, dass sie ihre Selbstachtung möglichst nicht in Frage stellen möchten. Das ist aber kein wesentliches Merkmal der rechtlichen Kommunikation, sondern es trifft auch auf die Teilnahme an der Kommunikation in anderen sozialen Systemen zu. Es gilt für Gefängnisse genauso wie für Geschäftsverhandlungen. Wer möchte schon seine Selbstachtung bei der Teilnahme an Kommunikationen in Frage stellen lassen!? Das dadurch herbeigeführte Risiko der Fortführung der Kommunikation wäre für den Betreffenden zu groß, da er auf dem Achtungsmarkt des für ihn relevanten sozialen Systems die Fortführung seiner Kommunikation gefährden würde. Angesprochen ist damit nicht die zwischenmenschliche Interpenetration im Differenzkorridor zwischen System und Umwelt, sondern die Anschlussrationalität der Fortführung der Kommunikation. Ohne die Gestaltung der Anschlussrationalität können sich soziale Systeme, die von der Zeitdimension dominiert sind, nicht reproduzieren. Dazu gehört auch die moralische Kommunikation. Sie ist aber kein Funktionssystem des Gesellschaftssystems, da es keinen übergeordneten moralischen Code der gesellschaftlichen Kommunikation gibt.[102]

(g) Zur Selbstbeschreibung des Rechtssystems

i. Pars pro toto-Setzungen

Luhmann hat darauf aufmerksam gemacht, dass das moderne Gesellschaftssystem seit dem 19. Jahrhundert seine Selbstbeschreibung nicht gefunden hat. Wirkungsgeschichtlich wurden die Pars-pro-toto-Setzungen der Teilsysteme, sei es z.B. im Sinne der Wirtschaftsgesellschaft, der staatszentrierten Gesellschaft und der Wissensgesellschaft. Es ist nicht zufällig, dass es keine inhaltliche Selbstbeschreibung finden konnte. Vom Standpunkt der Soziologie aus ist nicht zu erwarten, dass sie eine Selbstbeschreibung der Gesellschaft anbietet, die mit einer Abschlussformel operiert. Aus Luhmanns (1997 Bd. 2, 1139-1140) Sicht sind für die soziologische Selbstbeschreibung des Gesellschaftssystems zwischen der *Sachdimension*, d.h. der Zuordnung von unterschiedlichen Systemreferenzen, der *Zeitdimension*, d.h. der Zuordnung der Diskontinuität der ereignishaften Selbstreferenz sozialer Systeme, und der *Sozialdimension*, d.h. der Zuordnung der Ja/Nein-Bifurkation, die jede Kommunikation eröffnet oder schließt, zu unterscheiden. Vom Standpunkt

102 Zur Instabilität des globalen moralischen Achtungsmarkts: Münch (1995, 214-240).

der mehrstufigen Kybernetik ist die Selbstbeschreibung der Gesellschaft nicht mehr an Hand von inhaltlichen Vorgaben vorzunehmen, sondern im Übergang zur Kybernetik zweiter Stufe ist Beobachtung (Beschreibung) auf die Beobachtung von Beobachtung (Beschreibung von Beschreibung) einzustellen. Das hat zur Folge, dass „Gesellschaft als selbstmodifikationsfähige Einheit begriffen werden muss." (Luhmann 1993, 1141) Sie führt die Unentschiedenheit über Mitgliedschaft und über Kommunikation und Nichtkommunikation immer mit, die ihr als einer selbstmodifikationsfähigen Einheit ein nur diesem Kommunikationssystem typische Struktur und Stabilität gibt.

Auf dem Ist-Stand ist nicht davon auszugehen, dass die Rechtstheorie seit dem 19. Jahrhundert Reflexionstheorien formuliert hat, die den blinden Fleck ihrer selbstreferenziellen Beobachtung berücksichtigten. Das mag auch mit der Umstellung auf das positive Rechts als Geltungsgrundlage rechtlicher Kommunikation und die damit einhergehende Ablösung des Naturrechts zusammenhängen. Die Begriffs- und Interessenjurisprudenz konnten diese Umorientierung nicht erfassen. Während die Begriffsjurisprudenz selbstreferenziell im Hinblick auf die Abstimmung der rechtstechnischen Begriffserklärung verfährt, so artikuliert im Unterschied dazu die Interessenjurisprudenz den Umweltbezug, somit die Leistung der Rechtssystems für andere soziale Systeme. Die Einheit der Operation des Funktionssystems bleibt dabei ungeklärt. Das gilt unabhängig davon, welche Relevanz wir den beiden Ansätzen rückblickend für die Rechtsdogmatik in der rechtstechnischen Systematisierung und in ihrer Sensibilität bei der Umweltbeobachtung, somit der Leistung des Rechts, zuschreiben.

ii. Entscheidungskommunikation

Wenn wir davon ausgehen, dass das Rechtssystem als Entscheider kommuniziert und seine Selbstreferenz die Entscheidung ist, so ist die Selbstbeschreibung seiner *Funktion* und *Leistung* als Entscheidungssystem vorzunehmen. Dabei hat es sich fortlaufend seinen blinden Fleck der Beobachtung des Blickwinkels seiner Selbstkonstitution bewusst zu machen. Durch Entscheidung vollzieht es seine Selbstreferenz, die durch das Verbot der Justizverweigerung erzwungen wird.[103] Dadurch wird

103 Zum Verbot der Justizverweigerung Luhmann (1993, 310-319): „Während das römische Recht und noch das mittelalterliche Recht nur für bestimmte definierte Klagen (actio, writ) Rechtsschutz gewährte, ist es im Übergang zur Neuzeit selbstverständlich geworden, dass jede Klage durch eine Entscheidung zu beantworten ist, auch wenn dies gesetzlich nicht ausdrücklich vorgeschrieben ist (wie z.B. im berühmten Art. 4. des Code civil).

die Selbstbeschreibung auf die Erwartungen der Umwelt des Rechtssystems eingestellt (*Leistung* des Rechts) und an die rekursive Schließung der rechtlichen Kommunikation strukturell gekoppelt. Wenn wir bei der Selbstbeschreibung des Rechtssystems auf die Zeitdimension umstellen, die den Negationsspielraum sozialer Systeme einbezieht und seine Leistung als Entscheidungssystem erfassen, so gewinnen wir dadurch einen neuen Spielraum für die Reflexionstheorie des Rechtssystems, da wir ein anderes Verständnis der Einheit der rechtlichen Operation ausbilden. Da Entscheidung nur als Konditionalprogramm durchführbar ist, geht damit zwangsläufig einher, dass das System keine Entscheidung für die Betroffenen fällen kann, die „*auf alle Fälle* Recht ... bekommen" können. (Luhmann 1993, 549) Das wird jede Selbstbeschreibung des Rechtssystems zu berücksichtigen haben.

Die Selbstvalidierung des Rechtssystems ist auf seinen Code beschränkt. Das gilt auch bei allen anderen Funktionssystemen. Es ist rechtstheoretisch davon auszugehen, dass wir die Selbstreferenz des Rechts durch Entscheidung, wie es durch die Positivität des Rechts zum Ausdruck gebracht wird, von der Selbstbeschreibung seiner Funktion und seiner Leistung zu unterscheiden haben. Die Entscheidung als Selbstreferenz des Rechtssystems verweist auf die Zeitdimension, in der es seine *Funktion* und *Leistung* für die gesellschaftlichen Kommunikationssysteme als ein Entscheidungssystem erfüllt oder daran scheitert. Das sollte seine Selbstbeschreibung berücksichtigen. Das Rechtssystem hat, wie jedes andere soziale System, zu verarbeiten, dass Vergangenheit zur Geschichte wird, über die es nicht mehr disponieren können. Die sozialen Systeme sind von der Zeitdimension dominiert. Das dramatisiert sich durch die funktionale Differenzierung dahingehend, dass alle theoretischen Unterscheidungen ihren Charakter des Neuen verlieren. Das gilt für alle Ereignisse. Gegenwart kann nur als etwas in einer vergangenen Zukunft beschrieben werden. Gehen wir davon aus, dass Gegenwart als eine Unterscheidung der Nichtübereinstimmung von Vergangenheit und Zukunft zu begreifen ist, dann sind in der Gegenwart nur noch Entscheidungen zu kennzeichnen. Es kann und mag offen bleiben, wann und wem sie zugerechnet werden.

Ein weiterer Punkt ist für die Selbstbeschreibung des Rechtssystems zu erwähnen, da es in der Gegenwartsgesellschaft zunehmend durch Ansprüche anderer sozialer Systeme und ihre Organisationen irritiert

Erst mit dieser Maßgabe, Rechtsprechung eigenverantwortlich *gewähren zu müssen*, konnte der Richter aus der alten Reichsaufsicht in die politische Unabhängigkeit entlassen werden.", 310-311. Erst dann kann sich die rechtliche Kommunikation selbstreferenziell schließen.

und überfordert wird. Recht und die Nachfrage nach Recht führt eine Komplexität herbei, die für das Recht zunehmend intransparent geworden ist.[104] Das setzt seine Leistung herab. Davon ist nicht nur das Rechtssystem, sondern auch die gesellschaftlichen Kommunikation betroffen. Gleichzeitig rückt es, z.B. in der Europäischen Union, durch die zunehmende Relevanz der Rechtsprechung in eine neue Regelungsinstanz der systemtypischen Kommunikation ein. Das leitet zu einem zentralen Thema der rechtstheoretischen und rechtssoziologischen Forschung über, die anderen strukturellen und operativen Interpenetrationen dem Rechtssystem und den übrigen Funktionssystemen, die wir mittlerweile beobachten, zu erforschen.

iii. Gültigkeit der Rechtsgeltung

Der Erkenntnisgewinn der Neufassung der Beziehung zwischen rechtlicher und moralischer Kommunikation ist darin zu sehen, dass Moral die Geltung von Rechtsnormen nicht begründen kann. Die rechtstheoretischen Ansätze, die der Rechtsgeltung systematisch Prinzipien und Idealisierungen vorordnen, durch die sie begründet und gerechtfertigt seien, können sie nicht begründen. Die Gültigkeit der Rechtsgeltung kann auch nicht durch die Zustimmung aller Betroffenen begründet und gerechtfertigt werden, da diese Zustimmung nicht justiziabel ist. Es ist nicht zufällig, dass sich die Selbstbeobachtung der rechtlichen Kommunikation vor allem auf die Beobachtung der Rechtsmittel konzentriert. Dabei folgt sie der Selektion der Selbstreferenz der rechtlichen Operation. Es ist jedoch hervorzuheben, dass die Funktion des Rechts darin besteht, Konflikte zu verarbeiten, die durch die moralische Kommunikation nicht zu lösen sind. Moralische Kommunikation als das Entgegenbringen von Achtung kann selektive Kommunikationsanschlüsse herstellen. Das gilt für die Kommunikation in allen sozialen Systemen, aber moralische Kommunikation kann „Gott sei Dank“ die gesellschaftliche Kommunikation nicht steuern.

Wir sollten uns endlich nicht nur daran gewöhnen, sondern bei allen Reflexionstheorien der gesellschaftlichen Kommunikation zum Zuge bringen, dass kein Teilsystem mehr für die Gesellschaft sprechen kann. Angesprochen ist damit auch die Moral und die moralische Empörung, von wem sie auch immer geäußert wird. Das gehört zur Soziologischen Aufklärung als einer *Abklärung*. (Luhmann 1974[4], 66-91) Rückblickend ist erwähnenswert, dass die Aufklärung bereits aus der Perspek-

104 Zu den Paradoxien des rechtlichen Rationalismus, Individualismus, Universalismus und des instrumentellen Aktivismus der Rechtsgestaltung: Preyer Bd. 1 2018 a, vgl. dazu auch Münch (1995, 178-214).

tive von Hegels *Phänomenologie des Geistes* (1806) eine historische Position und Epoche war. Der Berufung auf sie kam in der Folge keine philosophische und theoretische Relevanz mehr zu. Die Aufklärung des 18. Jahrhunderts war ein Symptom der beginnenden, aber noch nicht durchgesetzten funktionalen Differenzierung. Ein Erkenntnisfortschritt im Verständnis von Aufklärung liegt erst bei Luhmann (1974) und Koselleck (1973, 2006) vor.

Zum guten Schluss: Wir sollten davon ausgehen, dass die Selbstreferenz des Rechts nicht an Moral anzuschließen ist. Diejenigen, die das versuchen, erfassen beides nicht! Weder Recht noch Moral!

Teil III
Grenzen der gesellschaftlichen Integration

1. Zivilgesellschaftlicher Pluralismus in der Weltgesellschaft: Neue Problemstellungen der Theorie sozialer Integration

(a) Umschichtung

In der gegenwärtigen soziologischen Theorie findet eine weitgehende Umschichtung der Theorie der sozialen Integration statt, die uns in der Tradition von Durkheim und Parsons überliefert ist, die aber auch in anderen Traditionen der Soziologie vorliegt. Sie besagt vereinfacht, dass gesellschaftliche Kommunikation durch eine Übereinstimmung in ihren grundlegenden Regelungen bestimmt ist. In diesem Zusammenhang wurde auch von einem verbindlichen Basiskonsens und von einem normativen Einverständnis aller Mitglieder sozialer Systeme gesprochen. Bereits in den 1970er-Jahren wurde dagegen vom Blickwinkel der Systemtheorie Luhmanns aus eingewandt, dass das funktional differenzierte Gesellschaftssystem und seine Inklusionsordnung eine Umstellung der kontrafaktischen auf kognitive Orientierungen erzwingt, da die Enttäuschung von Erwartungen zum Normalfall wird, z.B. wird das wissenschaftliche Wissen entwertet, die Rentabilität der wirtschaftlichen Investitionen ist ungewiss und das Recht inflationiert sich, da an es Erwartungen gestellt werden, die es nicht einlösen kann.[105] Es stellt sich somit das Folgeproblem der „Abwicklung im Enttäuschungsfall" in der gesellschaftlichen Kommunikation, da sich ihre Teilnehmer auf die Vorwegnahme von Verhaltensalternativen einzustellen haben. Damit wurde bereits ein Umbau der Theorie sozialer Integration eingeleitet, da soziale Integration nicht von einer in der Zeitdimension feststehenden Übereinstimmung über soziale Normen zu systematisieren ist, sondern von der Entscheidung über das Festhalten oder der Aufgabe von kontrafaktischen Erwartungen als

105 Luhmann (1972, 40-53). Zu erwähnen ist in diesem Kontext, dass Luhmann die übliche Unterscheidung zwischen Faktischem und Normativem aufgibt. Der Gegenbegriff zum Normativen ist nicht das Faktische, sondern das Kognitive, 43 f. Die Trennung von Sein und Sollen ist somit keine ontologische Unterscheidung, sondern eine evolutionäre Errungenschaft.

einer Teilnahmebedingung an der gesellschaftlichen Kommunikation. Die Umschichtung der Theorie sozialer Integration wurde seit den 1990er-Jahren durch die Beobachtung von Globalisierungsvorgängen des Wirtschafts- und Wissenschaftssystems sowie der zunehmenden schwindenden Steuerungsleistung des politischen Systems dahingehend systematisiert, dass die heterarchische Sozialordnung der Weltgesellschaft eine Erzwingung von normativ gewünschten Zukunftszuständen ins Leere laufen lässt. (Willke, 2003) Die damit einhergehenden soziologischen Forschungsprogramme betreffen auch die Analyse der Funktion und Leistung der rechtlichen Kommunikation und Entscheidung, da zunehmend in den Blick kommt, dass Globalisierung keine Institutionalisierung eines Universalsystems des Rechts und einer freien Bürgergemeinschaft einleitet.

(b) Verändertes Forschungsprogramm

Münch gehört zu den Soziologen, die bereits seit Anfang der 1990er-Jahre Analysen und Forschungen zur „Vermehrung, Beschleunigung, Verdichtung und Globalisierung von Kommunikation“ und ihren sozial-strukturellen Auswirkungen durchführten. (Münch 1991) Seine Forschungsschwerpunkte waren die Entfaltung der gesellschaftlichen Kommunikation und ihre Paradoxien, die Rolle des Journalismus in der Kommunikationsgesellschaft, der Strukturwandel der Berufsarbeit, der Weg in die europäische Gesellschaft und ihre ökonomische, politische, solidarische und kulturelle Konstruktion, das Dilemma der Umweltpolitik und die neuen Verteilungskonflikte, die internationale Arbeitsteilung als Auslöser der transnationalen Vergesellschaftung sowie die durch Globalisierung eingeleitete Glo*k*alisierung der lokalen, regionalen und nationalen Kulturen und ihr Fortbestand durch ihre Symbiose zu globalen Veränderungen. (Münch 1995, 1998, 2009, Robertson 1995) In den letzten zehn Jahren hat er seine Untersuchungen am Beispiel der Konstruktion der Europäischen Gesellschaft und der Inklusion und Exklusion im neuen liberalen Wohlfahrtsstaat fortgeführt. Dabei verfolgt er über die objekttheoretischen Untersuchungen hinaus, z.B. dem Vergleich zwischen Deutschland, Frankreich, Großbritannien, den Vereinigten Staaten von Amerika und der Untersuchung des sozial-strukturellen Wandels der Europäischen Union, eine gesellschaftstheoretische Fragestellung. Erkennbar ist in seinen Untersuchungen das Leitmotiv der Umschichtung und der Neufassung der Theorie der sozialen Integration. Sie geht dahin, dass die soziale Integration im Wohlfahrtsstaat als eine wechselseitige Stützung nationaler Solidarität, wirtschaftspolitischer

Steuerung und des Wirtschaftswachstums nicht mehr zu erneuern ist. Von sozialer Integration sollten wir nur dann sprechen, wenn ein soziales System auf der Basis seiner Mitgliedschaftsbedingungen und seiner Operationalisierung in der Innen-Außen-Differenzierung geschlossen ist, z.B. die Verwandtschaft, die Schichten, die Vereinigungen sowie die Teilsysteme der Wirtschaft, des Rechts, der Religion und der Wissenschaft. Angesprochen ist damit auch die begrenzte affektive Solidarität in der Weltgesellschaft. Eine Mitleidsethik z.B. vom Zuschnitt Schopenhauers, kommt nicht ohne die metaphysische Annahme der Einheit von Brahman und Atman aus.

(c) Neuer Wohlfahrtstaat

Durch die Umschichtung der sozialen Integration und damit einhergehend von Inklusion und Exklusion im „neuen Wohlfahrtsstaat“ tritt ein Strukturwandel zwischen Solidarität und Gerechtigkeit derart ein, dass ein Zerfall der Repräsentationsdemokratie und der Vertretung von gemeinsamen Interessen durch Großverbände zu beobachten ist. Durch die Marktöffnung und die eingeleitete wirtschaftliche Globalisierung verlieren die Institutionen des Nationalstaats ihren Steuerungsspielraum in der Wirtschafts- und Sozialpolitik immer mehr. Die Untersuchungen führen zu der Einsicht, dass die soziale Integration kein Endzustand, sondern ein dynamischer gesellschaftlicher Vorgang ist, der eine Umwandlung des keynesianischen Wohlfahrtsstaats in einen „Wohlfahrtspluralismus“ erfordert. Für die soziologische Theorie zieht Münch daraus die Folgerung, dass sie ihre Forschungsprogramme auf die Folgeprobleme des Übergangs zu der nächsten Gesellschaft jenseits von „Wohlfahrtsstaat und Nationalstaat in einem System globaler Interdependenzen“ einzustellen hat. (Münch 1997, 117) In diesem Kontext verändert sich auch die Leistung der rechtlichen Kommunikation, da sie nicht mehr durch sekundäre Rechtssysteme in die Tiefe reguliert ist. Das wird vermutlich auch die Reflexionstheorie des Rechts umgestalten.

Münch (2010) führt seine Untersuchung des Strukturwandels der sozialen Solidarität eines glo*k*alisierten Gesellschaftssystems in einer Fallanalyse der „Zivilgesellschaft im Kontext der Globalisierung“ fort. Die Soziologie der europäischen Vergesellschaftung hat forschungsprogrammatisch von zwei Blickwinkeln auszugehen, dem der globalen Öffnung der gesellschaftlichen Kommunikation sowie dem der Beharrung der Nationalstaaten und der ethnischen Herkunftswelten. Angesprochen ist damit die hybride kollektive Identität der Mitglieder der Europäischen Union, da die vernetzte Erweiterung der Kommunikation nicht mit einer Stabilisierung der partikularen kollektiven Identität der Europäer durch eine Abgrenzung zu den Nichteuropäern einhergeht, sondern mit einer weltweiten Pluralisierung und Differenzierung von Systemmitgliedschaften, durch die sich Globales und Lokales vernetzt. Münch identifiziert das grundlegende Problem der zivilgesellschaftlichen Differenzierung und Inklusion der europäischen Vergesellschaftung. Es besteht darin, dass die Organisation des politischen Systems und seine Austauschbeziehungen mit anderen sozialen Systemen nicht in der Organisation des Nationalstaates und der europäischen Repräsentativdemokratie durch den neokorporatistischen Interessenausgleich zwischen Verbänden und der Staatsorganisation zu regeln ist. Dagegen spricht die sich ausbreitende Pluralisierung der kollektiven Identitäten, die nicht mehr durch eine „heilige Tradition" (Weber) dominiert sind.

(d) Politische Legitimation und religiöser Pluralismus

i. Freie Vereinigungen

Münch skizziert die Differenzierung des modernen politischen Systems, seine politische Legitimation und den religiösen Pluralismus des Verfassungsstaates mit dem Gewaltmonopol des Nationalstaates und der Volkssouveränität als Legitimation des politischen Entscheidungshandelns. Dabei stellt sich für ihn das Problem der Institutionalisierung des Verfassungsstaates und seiner Durchsetzung gegenüber den segmentären, den ständischen und den konventionellen Grenzen der traditionalen Sozialordnung sowie die rechtliche Regulierung der Politik. Sie leitet aber in der Gesellschaftsgeschichte keine Befriedung der nationalstaatlichen Konkurrenz ein, sondern kulminierte in den beiden Weltkriegen des 20. Jahrhunderts. Münch hebt jedoch hervor, dass die Institutionalisierung des Verfassungsstaates als eine Interpenetration zwischen Politik und Recht und die Pluralisierung der Gemeinschaftsbildung diese destruktiven Dimensionen und Ereignisse der Moderne überlebten. Von Interesse ist für ihn die Rolle des sakralen Kerns der Zivilreligion und die unterschiedlichen Versionen der Institutionalisierung der Beziehung zwischen Staat und Kirche sowie auch die damit einhergehenden Konflikte. Sie untersucht Münch am Beispiel der Institutionalisierung des religiösen Pluralismus in Frankreich, Deutschland, Großbritannien und den Vereinigten Staaten. Dabei erhalten sich die Spannungen zwischen den gewährten Ansprüchen der formalen verfassungsrechtlichen Mitgliedschaft von Minderheitsreligionen, ihrer Marginalisierung und der Abwertung ihres sozialen Status.

Aus der Sicht Parsons sind die zivilgesellschaftlichen freien Vereinigungen im Zusammenhang mit der rationalen Wirtschaft, dem modernen Recht, der Verwaltung und der konstitutionellen Demokratie eine evolutionäre Errungenschaft der modernen Gesellschaft. Dafür ist für Münch die Mitgliedschaftsordnung der freien Assoziationen prototypisch. Sie relativieren die primordialen Mitgliedschaften und übernehmen die Funktion der sozialen Integration unter der Voraussetzung der funktionalen Differenzierung des Gesellschaftssystems. Münch stuft die Differenzierung der freien Vereinigungen als einen sozialen Bereich jenseits der segmentären Gemeinschaftsgrenzen ein. Er greift dabei auf den Ansatz der pluralistisch verfassten modernen „gesellschaftlichen Gemeinschaft" von Parsons zurück, die im Fortgang als Zivilgesellschaft bezeichnet wurde. Im Anschluss an David Schneider wird diese Gemeinschaft durch eine diffuse enduring solidarity charakterisiert. Sie übernimmt die Funktion der partiellen Integration der differenzierten Funktionssysteme der Wirtschaft, des Rechts, der Politik und der Wissenschaft.

ii. Französischer Republikanismus

Was sind die Folgeprobleme in der Mitgliedschaftsordnung der sozialen Integration der Gegenwartsgesellschaft unter der Voraussetzung eines größeren Pluralismus und Individualismus der Gesellschaftsmitglieder? Nach Münch scheitert die Mitgliedschaftsordnung des *französischen Republikanismus* an der primordialen Ungebundenheit und der Dominanz der Herkunftswelten der durch Migration umgeschichteten Gesellschaft. Das politische sozial-integrative Programm des *deutschen Verfassungspatriotismus* und auch die deliberative Demokratie mit der argumentativen Verständigung (Habermas) sind eine Mitgliedschaftsordnung eines idealisierten Inklusionsprogramms im Hinblick auf die Berücksichtigung der Interessen aller Betroffenen. Der Republikanismus und der Verfassungspatriotismus haben aber eine geringe Absorptionsfähigkeit der askriptiven Differenzierungen der sozialen Systeme. Diesen Integrationsprogrammen wirkt die Dominanz der Herkunftswelten entgegen (Hondrich).

Es tritt zunehmend ein Konflikt zwischen den funktionsspezifischen Inklusionsansprüchen und den unterschiedlichen askriptiven Zugehörigkeiten und ihren Bindungen ein. Der französische Republikanismus fordert eine Assimilation der Migranten und scheitert an ihren Herkunftswelten, und die deliberative Politik und die argumentative

Verständigung einer offenen Zivilgesellschaft scheitern an dem Konflikt zwischen Multikulturalismus und den Forderungen nach einer Leitkultur. Das ist dadurch begründet, dass die sprachliche Verständigung an der Individualisierung der Lebensformen und den Mitgliedschaften der ethnischen Gruppen ihre Grenze hat. Die Mitgliedschaftsordnung des *Kommunitarismus* (Etzioni) und die Rückkehr zum Gemeinsinn als einem alternativen Integrationsprogramm erweist sich dagegen als unzulänglich. Der Kommunitarismus kann den schnellen sozialen Wandel und die Migration nicht absorbieren, da er auf den Vorrang der gewachsenen Gemeinschaft zur Herstellung der sozialen Integration setzt.

iii. Commercial Society und kompetitiver Voluntarismus

Die britische Mitgliedschaftsordnung der *Commercial Society* und die Inklusion sich überschneidender Mitgliedschaften räumt den ethnischen Minderheiten ihren Platz in der gesellschaftlichen Kommunikation ein. Sie toleriert ihre religiösen Ausdrucksweisen. Die Mitgliedschaftsordnung der sozialen Integration stellt dabei nicht auf eine Assimilation, sondern auf eine Berücksichtigung und Sichtbarmachung ethnischer Differenzen und einen fairen Anteil ab. Die Achtung der ethnischen Differenzierung schließt aber nicht aus, dass große Ungleichheiten in den Lebenschancen in der britischen Gesellschaft fortbestehen. Die Dominanz der Elitekultur wird nicht in Frage gestellt. Zudem neigte der Kompromiss zwischen den Interessengruppen zu einem Konservativismus, der Reformen verhinderte. Er wurde erst durch Margaret Thatcher in der Folge ihres Wahlsieges 1979 durch die Einschränkung des Einflusses der Gewerkschaften zerbrochen.

Die Mitgliedschaftsordnung des *kompetitiven Voluntarismus* des Pluralismus freiwilliger Vereinigungen der amerikanischen Zivilgesellschaft ist im Unterschied zu der britischen Mitgliedschaftsordnung der *Commercial Society* aus Münchs Sicht eine tragfähigere Version der Zivilgesellschaft. Er unterscheidet sich von den europäischen Versionen durch seine vertragliche Gründung, einen Pluralismus und einen institutionellen Individualismus der gesellschaftlichen Gemeinschaft. Es betrifft dies auch die Selbsthilfegruppen *caring for others and helping ourselves,* die Bürgerrechtsbewegung und das ehrenamtliche Engagement. Die Mitgliedschaftsordnung einer liberalen Zivilgesellschaft ist deshalb eine flexiblere Version von sozialer Ordnung. Sie hat einen größeren Spielraum, um sich auf sozialen Wandel einzustellen, als der Kommunitarismus, der Republikanismus und die deliberative Version der Zivilgesellschaft. Das gilt auch bei

Berücksichtigung eines wachsenden Gruppismus (Parsons), Multikulturalismus und der Diagnose des Verlustes des Gemeinsinns in der Folge der Einschätzung in dem von Bellahs und seinen Kollegen herausgegebenen Band *Habit of the Heart* (1985). Die empirisch erhobenen Daten lassen aber auch eine anderslautende Interpretation zu, da zwar die Mitgliedschaften in den Organisationen in den Vereinigten Staaten rückläufig sind, nicht aber die Teilnahme an den freiwilligen Aktivitäten (*Volunteering*) und die Spenden für Wohltätigkeitszwecke. Das schließt nicht aus, dass mit diesem Modell sozialer Integration auch harte Konflikte einhergehen.

Die Untersuchung der symbolischen Ordnung Europas stellt Münch in den Zusammenhang der geschichtlich unterschiedlichen Beziehungen und der Regelungen zwischen Staat, Kirche und Zivilreligion. Er ist an Durkheims Analyse der symbolischen Ordnung in seiner Moralsoziologie orientiert, für den die Autorität dieser Ordnung nicht Gott, sondern die Gesellschaft ist. Die Teilnahme an den zivilgesellschaftlichen Assoziationen und ihren Ritualen ist demnach der Maßstab für die Stärke der Zivilreligion. Die soziologische Fragestellung geht dahin, ob und welche Version der zivilgesellschaftlichen Integration sich in Europa einstellen wird. Auf dem Ist-Stand waren die unterschiedlichen Blickwinkel Großbritanniens, Frankreichs und Deutschlands nicht abzustimmen gewesen.

Die Grundsituation jenseits der Interessen der europäischen Nationalstaaten hat sich dahin gehend verändert, dass sich durch die etablierte wirtschaftliche Arbeitsteilung und die Rechtsprechung des Europäischen Gerichtshofs der Kern einer europäischen Zivilreligion abzeichnet. Sie stellt den Marktbürger, somit die neue Humankapitalelite, in den Mittelpunkt und nicht die sozialstaatliche Definition des Gemeinwohls. Insofern wird sie eine schwache symbolische Ordnung und Mitgliedschaftsordnung sein, die eher mit der britischen liberalen Version der Zivilgesellschaft als mit dem Republikanismus und der deliberativen Politik harmoniert. Ihr ethnischer und kultureller Inklusionsspielraum ist deshalb nicht sehr hoch einzustufen. Der öffentlich ausgetragene Streit über den Beitritt der Türkei ist dafür ein gutes Beispiel.

iv. Integration durch Selbstorganisation

Auf der globalen Ebene kommt Münchs Untersuchung zu dem Ergebnis, dass die solidarische Integration nicht durch eine Weltregierung herstellbar ist, sondern nur durch die spontane Ordnungsbildung der zivilgesellschaftlichen Selbstorganisationen. Darin konvergiert sie mit der nationalen Ebene. Sie kann, so seine Gesamteinschätzung, immer weniger durch die staatliche Gewährleistung von relativ gleichen Lebenschancen für die Weltbevölkerung hergestellt werden, sondern nur in Einzelprojekten der zivilgesellschaftlichen Selbstorganisation. Die Identität des europäischen Bürgers wird im Kontext der transnationalen Vergesellschaftung nicht durch eine Einheitsformel zu beschreiben sein, wie es die Rhetorik der politischen Kommunikation oft nahelegt, sondern sich aus Mehrfachmitgliedschaften in sozialen Systemen zusammensetzen. Sie erfordert eine Umstellung auf die kognitive Orientierung als Teilnahmebedingung an den differenzierten Kommunikationssystemen. Die zivilgesellschaftlichen Selbstorganisationen sind somit soziologisch als eine Restrukturierung der askriptiven Solidarität zu reinterpretieren. Das harmoniert mit Hondrichs (2001) Sicht der Folgeprobleme der durch Globalisierung herbeigeführten strukturellen Veränderungen der solidarischen Integration des Wohlfahrtskartells der nationalstaatlichen Organisation des politischen Systems.

Münch romantisiert nicht die Verständigung und die pluralistische Gruppenbildung der Zivilgesellschaft. Sie sind für ihn auch nicht die sozialen Orte der Perfektionierung der gesellschaftlichen Kommunikation. Sie übernehmen die Rolle eines Ausgleichs in der solidarischen Integration der differenzierten Kommunikationsbereiche, die diese nicht von sich aus einleiten können. Seine Version der Neufassung der Theorie der sozialen Integration ist durch die herbeigeführten strukturellen Veränderungen aller sozialen Systeme motiviert, die sich im Zuge der Globalisierung einstellten. Nehmen wir dabei den Blickwinkel des Gesellschaftssystems der Weltgesellschaft für die Analysen der soziologische Theorie ein, so erkennen wir, dass die Weltgesellschaft nichts anderes ist, als eine Pluralität von sozialen Systemen und Organisationen, ohne dass einem Funktionssystem ein funktionales Primat zukommt. Kein soziales System und keine Organisation kann mehr für die Gesellschaft als Ganze sprechen. Die hybridisierte und synkretistische Weltkultur wird nicht durch die universalistischen Orientierungen der westlichen Modernisierung geprägt sein, für die der Universalismus der *christiana catholica* das Vorbild und das Organisationsmodell war, sondern durch einen hybriden globalen Multikulturalismus. (Nederveen Pieterse 2007)

(e) Unterschiede der Entwicklungspfade

Vom Blickwinkel der Gesellschaftstheorie aus wird man dabei berücksichtigen, dass unterschiedliche Entwicklungspfade der Modernisierung (Multiple Modernities) zu unterscheiden sind. Daraus ist zu folgern, dass die Nächste Gesellschaft die Regelung der sozialen Integration der Selbstregulierung der gesellschaftlichen Kommunikation überlassen wird. (Baecker 2007 b, Preyer, Krauße 2020) Damit wird einhergehen, dass nicht mehr ein soziales Zentrum darüber entscheidet, was für alle sozialen Systeme als richtig zu beanspruchen ist und was die gemeinsamen Anliegen sind, die Anspruch auf allgemeine Achtung erheben sollen und können. In diesem Sinne ist der politische Entscheidungsprozess in den entsprechenden Beschlussorganen und Verfahren neu zu fassen, da er durch einen Vorlauf und eine Nachbearbeitung in den davon betroffenen Interessengruppen zu gestalten ist. Angesprochen ist damit auch das Rechtssystem der Weltgesellschaft. Recht als Kommunikationsmedium harmonisiert nicht die gesellschaftliche Kommunikation, sondern Recht bildet sich im Hinblick auf Konflikte und wirkt sich konfliktintensivierend aus. Auch die rechtliche Kommunikation kann Gesellschaft nicht perfektionieren, sondern bestenfalls die Unzulänglichkeit der Kommunikation im Hinblick auf die Normierung von Verhaltenserwartungen reparieren. Es ist nicht zu erwarten, dass sich ein einheitliches Weltrecht und ein Weltrechtssystem vergleichbar dem vormodernen Natur- und Vernunftrecht einstellt. Das Rechtssystem der Weltgesellschaft wird ein regionales und inhaltliches Rechtssystem sein, das sich in primäre und sekundäre Rechtssysteme differenziert. Das wird keine normative Rechtsordnung sein, die sich an Prinzipien als Einheitsformeln orientiert. Wir sollten nicht mehr davon ausgehen, dass die rechtliche Kommunikation eine ultimative Grundlage hat, wie es das Naturrecht oder die politische Rhetorik der sozialen Gerechtigkeit nahelegt. Lehrreich sind diesbezüglich die Modernisierung z.B. in Japan in der Folge der *Meiji Isshin* und die Modernisierung Chinas seit den 1990er-Jahren. In beiden Fällen gilt in der gesellschaftlichen Kommunikation nicht der Rechtsstreit als der exemplarische Fall der Konfliktaustragung und Konfliktregelung. Er ist die ultima ratio, die es zu vermeiden gilt. Die rechtlichen Ansprüche und Konflikte zwischen Vertragsparteien werden vor allem informell in den sozialen Netzwerken oder durch Schiedsgerichte geregelt.

Das Studium der Komplexitätssteigerung der gesellschaftlichen Differenzierung führt zunehmend dazu, dass die Kommunikationserwartungen sich nicht so wie in traditionalen Sozialordnungen gegenseitig stützen. Die Umstellung des Rechts, das auf kommunikative Selbstverständlichkeiten und soziale Statuspositionen gestützt ist, zu einem symbolischen Kommunikationsmedium, das inflationären und deflationären Prozessen unterliegt, ist dadurch begründet, dass eine vermehrte Inanspruchnahme des Rechts und der Anspruch auf Rechtsgleichheit von nahezu allen sozialen Gruppen beobachtet werden kann. Je komplexer ein Gesellschaftssystem ist, umso mehr werden in ihm auch Inkohärenzen und Komplexitätszusammenbrüche vorkommen. Mit einer hohen Komplexität eines sozialen Systems geht auch einher, dass es nicht mehr evolutionär anschlussfähig ist. Auch im Rechtssystem ist vermutlich durch die erhöhte Komplexität seiner Entscheidungsvoraussetzungen eine Kohärenz der Entscheidungen nicht zu erreichen. Das betrifft vor allem die an es gerichteten sozial-staatlichen Ansprüche und die Gesetzesflut, die wir in den letzten fünfzig Jahren beobachten. Das könnte aber leicht missverstanden werden, da man diese Zustände als grundsätzlich zu beseitigen erachtet und davon ausgeht, dass Gesellschaft und gesellschaftliche Kommunikation zu perfektionieren sei. Das Gegenteil ist jedoch der Fall.

Münchs Untersuchungen stellen die Weichen für eine, auch empirisch gehaltvolle Neufassung der Theorie der sozialen Integration. Wir können jedoch noch einen Schritt weiter gehen. Philosophen und Soziologen neigen bis heute immer wieder dazu, das Integrationsproblem vom moralischen Standpunkt aus zu beschreiben und zu interpretieren. Das mag je nach kulturellem Hintergrund auch naheliegend sein. Es liegen mittlerweile aber auch andere Einsichten vor. Man hat sich immer wieder gefragt, worin die Stabilität des modernen Kapitalismus besteht. Der Begriff des „Kapitalismus" ist selbst ein historischer Begriff, mit dem man die Struktur funktionaler Differenzierung nicht erfassen kann. Darauf mag man unterschiedliche Antworten geben, z.B., dass durch Marktmechanismen gelernt wird und ein sozialer Kompromiss institutionalisiert wurde. Ein anderer Gesichtspunkt ist, dass sich „seine Stabilität dem Einbau seiner beständigen Destabilisierung, seiner begrenzten Negation in das System" verdankt, z.B. durch Krisen, Konkurse und Streiks. (Ortmann 2003) Eine verbindliche gesamtgesellschaftliche, wie es immer wieder ausgedrückt wird, normative Ordnung der gesellschaftlichen Kommunikation kann es nicht geben. Das wäre nicht nur Jakobinismus, sondern das Ende der gesellschaftlichen Kommunikation. Die sozialen Systeme versetzten sich strukturell und fortlaufend in den *Zustand der selbsterzeugten Unbestimmtheit*. Insofern kann es keine soziale Ordnung ohne die Selbstirritation sozialer Systeme geben. Das gilt für alle Teilsysteme. Das schließt nicht aus, dass sie Interdependenzen nutzen, sie können aber auch in einen nicht mehr zu regulierenden Drift geraten. Diese Problemstellung geht bereits über die normative Fassung des Problems der sozialen Ordnung hinaus. Aus dieser Sicht ist ein anderes Verständnis von sozialen Normen auszubilden. Das gilt nicht nur für die soziologische Theorie, sondern auch für die Rechtstheorie und die Rechtssoziologie. Angesprochen sind damit die Negationsspielräume der sozialen Systeme. Das bedeutet, dass solche begrenzten Negationen eine Kohäsion in sozialen Systemen herbeiführen. Sie wird durch die Beobachtung, die Interessen, die Ambivalenzen der Kommunikationsteilnehmer und die Bewältigung der Folgeprobleme der jeweiligen Problemfelder mit verursacht. Diese Zustände lösen die Selbstbeobachtung der gesellschaftlichen Kommunikation aus und veranlassen das erforderliche Lernen im Umgang mit der Unzulänglichkeit der Kommunikation und der Zerbrechlichkeit der sozialen Ordnung.

2. Kollektive Identität Europas und seine politische Integration

(a) Zur veränderten Ausgangssituation

Das wirtschaftliche Zusammenwachsen des europäischen Binnenmarktes stellt die europäischen Staaten nicht nur vor wirtschaftliche und technische Probleme. Es wurden und werden immer noch an die einmal vollendete Europäische Union in der öffentlichen Meinung weitgehende Erwartungen gestellt. Diese Erwartungen sind nicht nur wirtschaftlicher Art, sondern betreffen auch die Einrichtung von entsprechenden politischen Institutionen. Die seit den 1980er-Jahren heranwachsende Generation in der Bundesrepublik Deutschland, aber auch politisch Interessierte aller parteipolitischen Schattierungen in den europäischen Staaten, erhoffen sich von dem Zusammenwachsen Europas eine neue positive Identität. Die von der Politik entfachte Europabegeisterung, die in den Jahren seit die „Einheitliche Europäische Akte“ 1985 zunächst einen ungeahnten Aufschwung genommen hat, weicht seit Anfang der neunziger-Jahren immer mehr den Bedenken der Machbarkeit einer Politischen Union Europa, z.B. bei der Lösung der Probleme der politischen Normsetzung und Normumsetzung.

Die Weichen sind durch die Einführung des Euro zwar dahingehend gestellt worden, dass das ins Visier genommene Ziel einer wirtschaftlichen Vereinheitlichung, Rationalisierung und Konzentration im Fortgang weitgehend bewerkstelligt werden wird. Das wird aber auch zu einer verschärften Standortkonkurrenz in Europa führen. Ob dadurch aber die sozialpolitischen und kulturellen Hoffnungen in Erfüllung gehen werden, wurde immer wieder bezweifelt. Gleichzeitig entstanden Befürchtungen und Ängste darüber, wie die wirtschaftliche Entwicklung der Europäischen Gemeinschaft verlaufen wird. Die Verwaltung in Brüssel und die nationalen Politiker und Modernisierungseliten haben unter Umständen Erwartungen und Hoffnungen – zwecks Engagement für wirtschaftliche Erfordernisse – geweckt, die dazu beigetragen haben, dass die Fragen falsch gestellt werden. Aus der geschichtlichen Sicht ist das Interesse an der Europäischen Union sicherlich aus den Veränderungen zu erklären, die seit der Mitte der 1980er-Jahre eingetreten sind. Es betrifft dies den Niedergang des Keynesianischen Gesellschaftsmodells, die neuen Technologien und die Umschichtungen in der globalen Wirtschaft, z.B. durch den wirtschaftlichen Aufstieg Chinas. Die durch ein globales Wirtschaftssystem erzwungene Standortkonkurrenz und Marktöffnung führt zu einem neuen Gewicht der Regionen und ihrer Infrastrukturpolitik, die zu einer Aushöhlung von nationaler Solidarität beiträgt. In diesem Zusammenhang ist die Frage nach der Integration Europas anders zu stellen. Bei einer stärker distanzierten Sicht auf das Problem hängt alles davon ab, *wie* wir die Frage nach der politischen Integration Europas stellen und *was* wir darunter verstehen. Die Kritik an einer demokratischen Vereinheitlichung der Europäischen Union, an ihrem Demokratiedefizit und ihrer Bürgerferne ist mittlerweile selbstverständlich und dient der politischen Rhetorik. Hat diese Kritik aber die Frage nach der Demokratisierung des politischen System der Europäischen Union wirklich richtig gestellt?

Zunächst ist hervorzuheben, das ist auch nicht weiter strittig, dass die Europäische Union zur Liberalisierung und Deregulierung ihrer Mitgliedsländer beigetragen hat. Man ist sich vom Grundsätzlichen her gesehen auch darin einig, dass weiterhin Wettbewerb und Markt nicht durch Protektionismus und Umverteilung ersetzt werden dürfen. Durch die Erweiterung der Europäischen Union nach Mittel- und Osteuropa wird in Zukunft ein strukturelles Problem in ihrem politischen System entstehen. Es betrifft dies nicht nur die politische Interessenabstimmung, wie z.B. die Irakkrieg-Krise belegt, sondern auch das mit der Erweiterung einhergehende ökonomisches Gefälle. Die bisherige Umverteilungspolitik wird nicht in dem vorliegenden Ausmaß weitergeführt werden können.

Der Fehler, den wir bei dem Beklagen der mangelnden Demokratisierung immer wieder begehen, besteht darin, dass wir die nationalstaatliche Repräsentationsdemokratie auf die Europäische Union übertragen und ihren Mangel an Demokratie an diesem Modell beurteilen. Das ist der falsche Ansatz, der gerade zu den Enttäuschungen führt, die immer wieder artikuliert werden. Aber auch die Frage nach der europäischen Identität in der kulturellen Vielheit der nationalen Traditionen ist falsch gestellt.

(b) Die Suche nach der europäischen Identität

Die soziologische und kulturtheoretische Forschung kommt zu dem Ergebnis, dass sich eine europäische Identität nicht durch Differenzierung von regionalen und nationalstaatlichen Identitäten herausbilden wird. Dagegen sprechen die sprachlichen, ethnischen, regionalen und nationalen Unterschiede sowie die unterschiedlichen Erinnerungsgemeinschaften. Geschichtlich war für Europa eine Differenzierung von Gemeinschaften typisch, die sich gerade nicht übergreifend homogenisierten, sondern durch die Nationalstaaten nur marginalisiert wurden. Insofern kommt es bei diesem Problem, der Frage nach der Identität Europas, vor allem darauf an, die Frage richtig zu stellen. Sie wird dann *falsch* gestellt, was die Europa-Rhetorik nahelegt, wenn man eine europäische Identität durch eine gemeinsame geschichtlich überlieferte Werte- und Ordnungskonzeption zu begründen beansprucht, z.B. durch das Christentum und die Aufklärung als Leitkultur. Das heißt aber, sie wird sich nicht durch den Konsens über gemeinsame Werte herausbilden.

Was heißt es, die Frage nach der europäischen Identität richtig zu stellen? Es ist nicht zu erwarten, dass die vorhandenen regionalen und nationalen Identitäten durch eine europäische kollektive Identität ersetzt werden. Das galt letztlich auch nicht für die regionalen und ethnischen Homogenisierungen durch Nationalstaaten. Wir werden davon auszugehen haben, dass sich eine europäische Identität in einem globalen Wettbewerb nach außen schärfer profilieren wird. Dieser Vorgang wird sich aber zugleich nach innen gegen die Nationalstaaten wenden. Damit ist ein Konfliktpotenzial vorhanden, das schwer zu beseitigen sein wird. Im selben Zug werden sich Konflikte zwischen den Nationalstaaten und den nach Selbstständigkeit strebenden Regionen vermehren. Die Globalisierung der europäischen Gesellschaft nach innen und außen wird dazu führen, dass wir in Kommunikationssystemen leben werden, die uns nicht mehr über ihre Geschlossenheit eine stabile soziale

Identität gewähren. Die Frage nach einer europäischen Identität lässt sich insofern nicht inhaltlich beantworten, d.h. in dem Sinn, dass wir Europäer eine kollektive Identität ausbilden, die der Inklusionsidentität der Nationalstaaten entspricht. Die Identität der Europäer wird somit nach innen durch einen Wettbewerb bestimmt sein, der wiederum quer zu den sozialen Milieus verlaufen wird. Sie wird gleichzeitig auch durch Berufs- und Schichtungszugehörigkeit beeinflusst sein. Der Fluchtpunkt kann vermutlich nur darin bestehen, dass durch Wettbewerb das Kollektivbewusstsein abstrakter wird. Gehören die Mitglieder der sozialen Systeme nicht mehr nur einem einzigen Kollektiv an, so verlieren primordiale kollektive Identitäten ihr definierendes Gewicht. Das kann aber auch bedeuten, dass sie sich eruptiv Geltung verschaffen. Der strukturelle Konflikt, der die Europäisierung der nationalen Gesellschaften weiter herbeiführen wird, ist darin zu sehen, dass sich im Ausbau des Wettbewerbs der Regionen, Unternehmen und Interessenverbände zwangsläufig eine nationale Desintegration einstellt.

(c) Modelle der Beseitigung des Demokratiedefizits

Die bekannten Modelle der Beseitigung des Demokratie- und Legitimationsdefizits der Europäischen Union sind nicht dazu geeignet, die entsprechenden Mängel zu beseitigen. Das Modell Europa als einem Wirtschaftsverband für die Gewährleistung des europäischen Wirtschaftsverkehrs wird den veränderten politischen Rahmenbedingungen nicht mehr gerecht. In diese Kritik ist auch die Europäische Kommission mit einzubeziehen. Sie hat bisher zwar die Verrechtlichung befördert, zugleich aber auch eine erhebliche Unübersichtlichkeit herbeigeführt. Mit der Einführung des Euro ist eine qualitativ neue Situation des europäischen Binnenmarkts eingetreten, die im Fortgang auch eine strukturelle politische Bedeutung zukommt. Hierfür darf man nicht blind sein und einfach einer unsichtbaren Hand oder der Europäischen Kommission vertrauen, durch welche die erforderlichen politischen Regelungen überflüssig machen würden. Es liegt auf der Hand, dass die Organisation dieses Marktes nicht durch den Markt allein herbeigeführt werden kann. Er ist von der Anlage her mit anderen Politikfeldern verbunden. Es erfordert dies wirtschaftliche Normierungen, rechtliche Regelungen und Infrastrukturpolitik in den Regionen. Die Politiken, die dies erfordert, können auf Dauer nicht mehr durch die repräsentationsdemokratische Willensbildung der Nationalstaaten gestaltet werden. Die damit einhergehenden Unzulänglichkeiten sollten immer wieder durch die politischen Legitimation vermittels Experten beseitigt werden. Dieses

Legitimationsmodell kann aber die strukturell veränderte Legitimationssituation nicht bewältigen und erfolgreich umsetzen. Die berufenen Experten entscheiden im Auftrag der nationalen Regierungen oder der Kommission der Europäischen Union. Strukturell bleiben sie ihrerseits zur Legitimationsabsicherung auf die Zusammenarbeit der Regierungen der Nationalstaaten verwiesen.

Vergleichbares trifft auch für das Modell des Intergouvernementalismus zu. Es hat sich zur Analyse von Regierungskonferenzen und zur Erarbeitung von Verträgen der Europäischen Union bewährt, es ist aber nicht für die normalen Entscheidungsprozesse geeignet, wie sie in Regionen und Gemeinden anfallen. Auch das Modell der Doppelstruktur von supranationalen und zwischenstaatlichen Entscheidungsverfahren als einer Verbindung von zwei repräsentativdemokratischen Verfahren wird der veränderten Situation nicht mehr gerecht.

In Deutschland wurden von Teilen der politischen Modernisierungseliten weitgehende Erwartungen an eine europäische Verfassung gestellt. Die geplante Verfassung ist an den Referenden von Frankreich und den Niederlanden gescheitert.[106] Zum Glück, kann man diesbezüglich sagen. Es war ein Monster von Verfassungstext. Es wurde die Einsicht von Abbé Sieyes vergessen, dass eine Verfassung so abstrakt wie möglich und so konkret wie nötig abzufassen ist. Sie unterliegt zudem einer fortlaufenden Interpretation, insofern ist der Verfassungstext gerade nicht selbstevident. Es ist aber auch zweifelhaft, ob eine solche Verfassung so ohne weiteres eine solidarische Integration gewährleistet. Speziell in Deutschland ist es fast aussichtslos, der Anomie der Instrumentalisierung des Bundesverfassungsgericht durch die Parteien entgegenzuwirken. Zudem bleibt die in der Vergangenheit gehegte Erwartung einer politischen Integration durch eine Verfassung und die Verfassungsgerichtsbarkeit weitgehend an der nationalstaatlichen Demokratie orientiert. Es ist nicht zu erkennen, wie sie auf europäischer Ebene mehr leisten und Fehlprogrammierungen des politischen Systems vermeidet könnte.

Die Modelle des Bundesstaats, des Staatenbundes und des Nationalitätenstaates haben vergleichbare Schwächen. Diese Modelle bestimmen noch weitgehend das politische Denken. Das Modell des Bundesstaats geht davon aus, dass die politische Legitimation durch das europäische Parlament erfolgt und die Europäische Kommission als eine dem Parlament verantwortliche Regierung institutionalisiert wird. Das Modell

106 Ein Ersatz war der Vertrag von Lissabon, der am 1. Dezember 2009 in Kraft trat.

des Staatenbundes ist demgegenüber eher an der Souveränität der Nationalstaaten und einer Übertragung nationalstaatlicher Willensbildung auf die europäische Politik orientiert. Dabei kommt dem Europäischen Rat (Ministerrat) die entscheidende politische Gestaltungsaufgabe zu. In einer nationalstaatlichen Version dieses Modells wäre die demokratische Legitimation an die nationalen Parlamente und ihre Regierungen rückgekoppelt.

Zu bemerken ist in diesem Zusammenhang, dass neokorporatistische, verbändestaatliche und exekutiv-konsensuale Praktiken der Politik oft die erforderlichen Sachentscheidungen zugunsten einer Besitzstandswahrung verhindern. Es ist bereits Gemeingut, dass eine zunehmende Entparlamentarisierung des politischen Entscheidungshandelns in Sachen des Gemeinwohls vorliegt. Die Kräfteverschiebung dokumentiert sich vor allem in der Verlagerung staatlicher Politik in Kommissionen, Räte (Vertreter der Verwaltung und Exekutive), Expertenrunden, Sachverständigengremien, wie z.B. den Nationalen Ethikrat, die Hartz-Kommission und die Rürup-Kommission. Damit wird eine Selbstentmachtung des Parlaments befördert.

(d) Prozesse der Entsolidarisierung

Das grundlegende Problem dieser Modelle und der fortlaufenden europäischen Einigung ist darin zu sehen, dass Europa nicht eine Nation werden wird und es auch immer weniger aus Nationen bestehen wird. Die veränderten strukturellen Bedingungen der politischen Integration in Europa sind durch die veränderten Wettbewerbsbedingungen, nicht nur durch das europäische, sondern auch durch das globale Wirtschaftssystem, hervorgerufen. Die Unternehmen werden sich immer konsequenter an dem komparativen Kostenvorteil orientieren. Das entsolidarisiert die Interessengruppen innerhalb der Nationalstaaten. Eine europäische Politik wird deshalb ihre Legitimation nicht mehr aus dem Modell der konstitutionellen Demokratie der Nationalstaaten beziehen können. Erforderlich ist demgegenüber die Institutionalisierung von *Checks and Balances,* der Kontrolle von technokratischer Macht, privilegierten Interessenorganisationen und ihrem Einfluss und verfehlten Zentralisierungen. Auf dem Ist-Stand ist die europäische Regierungspraxis ein technokratisches Regime mit einer korporatistischen Struktur, d.h. der Kompromissbildung zwischen Regierungsvertretern und privilegierten Interessenverbänden. Insofern ist die immer wieder vorgetragene Kritik, dass es ihr an Offenheit und Transparenz fehlt, berechtigt. Es ist auch zutreffend, dass es diesem politischen System nach traditionalen

Maßstäben an einer Gemeinwohlorientierung fehlt. Die sachliche Auseinandersetzung von Experten kann sie nicht ersetzen. Es lässt sich aber auch nicht ausschließen, dass sich eine inhaltliche Gemeinwohlorientierung unter den Voraussetzungen des Interessenpluralismus nicht mehr verbindlich bestimmen lässt. Innerhalb des Parteiensystems werden die konkurrierenden Interessen dahingehend bemerkbar, dass sich durch sie die Bindungen von Stammwählern an die Parteien tendenziell auflösen. Es ist deshalb zu fragen: Welche Strategien führen aus dieser Sackgasse heraus, wenn wir nicht mehr darauf vertrauen, dass eine unsichtbare Hand das Gemeinwohl befördert?

Der durch die Globalisierung herbeigeführte Strukturwandel des Wirtschaftssystems und des Wohlfahrtsstaats führt bereits erkennbar dazu, dass das Ausmaß der uns geläufigen Wohlfahrtsökonomie nicht mehr auf der europäischen und der nationalen Ebene beibehalten werden kann. In einem globalen Wirtschaftssystem haben sich die politischen Rahmenbedingungen für Wachstum grundsätzlich verändert. Unter den Voraussetzungen einer nationalen Begrenzung der Märkte führten z.B. in Deutschland bundeseinheitliche Gesetze zu ökonomischen Vorteilen, da sie einheitliche Wettbewerbsbedingungen sicherstellten. Es bedarf der landespolitischen Spielräume in der Wirtschafts- und Infrastrukturpolitik. Das kann nicht von Brüssel aus geregelt werden. Das Strukturproblem besteht darin, dass die Schwächung des Nationalstaates nicht mehr auf der europäischer Ebene behebbar ist, da sich die Interessen nicht mehr auf dieser Ebene im Hinblick auf ein fiktives Gemeinwohl ausgleichen lassen. Das kann aber nur bedeuten, dass als Kompensation dazu die Selbstorganisation in den sozialen Systemen zu stärken ist. Vermutlich wird dadurch das wohlfahrtsstaatliche Gemeinwohlmodell substanziell verändert werden, da soziale Gerechtigkeit nicht mehr als Resultatsgerechtigkeit definiert werden kann, sondern als ein fairer Interessenausgleich. Auch die Identitätskonstruktion eines Europas als Rechtsgemeinschaft sollte man nicht zu hoch veranschlagen, da das materiale Recht, z.B. die Ansprüche an den Wohlfahrtsstaat, nicht das Modell einer europäischen Identität stärken wird. Allerdings könnte ein wichtiger Beitrag zur sozialen Integration Europas durch seine rechtliche Integration herbeigeführt werden.

Sie ist jedoch nicht durch seine nationalstaatliche Struktur durchführbar. Eine rechtliche Integration wird sich dabei von der Rechtsetzung nach der Maßgabe verschiedener Interessen und Werte zu einer Rechtsprechung durch die Gerichte verändern müssen. Die public interest groups und die Öffnung des Rechts für ihre Anliegen könnten dabei einen unterstützenden Beitrag erbringen.

(e) Vom Wohlfahrtsstaat zum Wohlfahrtspluralismus

Mit der Umstellung des Wohlfahrtsstaates auf einen Wohlfahrtspluralismus wird sich vermutlich auch die nationalstaatliche Repräsentationsdemokratie in unterschiedliche Bereiche der politischen Entscheidungsfindung differenzieren. Die Orientierung an einem Demokratiedefizit der Europäischen Union verstellt die dafür notwendige Einsicht. Bewerten wir die Europäische Union nach den nationalstaatlichen Repräsentationsdemokratien, so wird sie auch in Zukunft einen Demokratiemangel aufweisen. Diejenigen, die aber daraus die Folgerung ziehen, dass an der nationalen Demokratie festzuhalten sei, verkennen die europäische und globale Wirtschaftsverflechtung. Eine nationale Demokratie hat gar nicht mehr den Entscheidungsspielraum, um nach Vorgaben einer demokratischen Willensbildung ihre entsprechenden politischen, wirtschaftlichen und wissenschaftlichen Programme verwirklichen zu können. Schon in der Vergangenheit konnte man Zweifel daran haben, ob es sich bei der repräsentativen Demokratie um die Verwirklichung eines Gemeinwohls handelte, da Interessen- und Machtkonstellationen ihre Entscheidungen beeinflussten. Damit soll nicht behauptet werden, dass Parlamente keine Rolle mehr spielen. Je differenzierter die Interessen sind, umso wichtiger ist eine Demokratisierung der Entscheidungsverfahren, d.h. die Offenheit von Verfahren, ihre Mehrstufigkeit, eine Revidierbarkeit von Entscheidungen und eine Vielzahl von Teilöffentlichkeiten. Demokratisierung der Europäischen Union kann nur durch eine liberale Konkurrenzdemokratie in diesem Sinne herbeigeführt werden.

Der europäische Binnenmarkt und die Europäische Union (1991) sind aus geschichtlichen Konstellationen nach dem Zweiten Weltkrieg und durch eine Abfolge von Verträgen entstanden. Sie entsprachen auch immer aktuellen Interessenkonstellationen. Das gegenwärtige europäische Vertragswerk wäre im Hinblick auf eine Orientierung an einem Wettbewerbsföderalismus, der ordnungspolitischen Machtbegrenzung und Subsidiarität fortzuschreiben. Sowohl die Kommissionen der Europäischen Union und der Ministerrat befördern keine Subsidiarität und keine sachgerechte Kompetenzenbeschränkung. Von beiden ist eher ein Zentralisierungsbestreben zu erwarten, das durch Pseudoeffektivitätsbegründungen gerechtfertigt wird. Demgegenüber sind die Kernkompetenzen der Europäischen Union restriktiv zu definieren. Das betrifft die Vorrangigkeit des Gemeinschaftsrechts, z.B. Sicherung der in den Römischen Verträgen (1957) beschlossenen Freizügigkeiten für die Mitglieder und den Wirtschaftsverkehr, die Geld- und Währungspolitik, die Außenpolitik und die europäische Wettbewerbspolitik.

(f) Neuordnung

Eine institutionelle Neuordnung wird somit auch Kompetenzen der Europäischen Union an ihre Mitgliedsländer zurückzugeben haben. Das betrifft Teile der Sozial-, Arbeitsmarkt-, Bildungs-, Verbraucher- und Steuerpolitik. Da es sich dabei um die verteilungsstarken Bereiche handelt, könnte durch einen Wettbewerb der Mitgliedsländer auch die Chance bestehen, die Staatsquote zu verringern. Für eine Reform des Ministerrats sollte man sich daran orientieren, seinen exekutiven Teil weiter unter Ausschluss der Öffentlichkeit operieren zu lassen. Eine Mehrebenendemokratie wird Subsidiarität und damit die Selbstständigkeit der Teilgliederungen befördern. Es ist nicht zu erwarten, dass ein europäisches Parlament die dafür erforderlichen Anschübe erbringen wird. Diesbezüglich wären die nationalen Parlamente durch passive Mitbestimmung und Verteidigungsrechte zu stärken. Es sollte ihm auch kein legislatives Initiativrecht zukommen. Vor allem sollte man sich daran orientieren, dass man keine einheitlichen Regelungen erzwingt, wo sie nicht erforderlich sind. Diesbezüglich sollte die Zusammenarbeit der Mitgliedsstaaten einen möglichst großen Spielraum haben. Insgesamt bedarf es einer Stärkung aller Kräfte innerhalb der Institutionen der Europäischen Union, die einer Zentralisierung entgegenwirken. Die Erfahrungen z.B. in den Vereinigten Staaten und Deutschland gehen dahin, dass jedem föderalen System eine Tendenz zum Zentralismus eigen ist. Eine klare Abgrenzung der Zuständigkeiten von Union und Mitgliedsstaaten ist daher von entscheidender Bedeutung. Das betrifft die Effizienz der Entscheidungsstrukturen und die Verteilung von Verantwortlichkeit.

Das Ziel einer Demokratisierung der Europäischen Union kann unter den erkennbaren Voraussetzungen nur sein, eine an Subsidiarität orientierte pluralistische *Mehrebenendemokratie* zu befördern, welche die repräsentative Meinungs- und Willensbildungsdemokratie ablöst. Von einer an Subsidiarität orientierten Mehrebenendemokratie ist man in Europa noch weit entfernt. Ob sie verwirklicht werden kann, wird von vielen Faktoren abhängen. Für den Ausbau der Europäischen Union sollte man im Blick behalten, dass man sie nicht an Modellen orientiert, die notgedrungen zu Enttäuschungen führen. Die Zukunft der Integration Europas betrifft ein grundsätzliches Umdenken. Man darf sich dabei nicht mehr an dem nationalstaatlichen demokratischen Konstitutionalismus orientieren. Es wird dies ein Prozess sein, in dem es fortlaufend zu Konflikten zwischen Modernisten und Traditionalisten, Europäern und Nationalisten kommen wird. Sie werden durch die

Unterschiede in ihrer Bildung, ihrem Einkommen und ihrem Berufsstatus noch verstärkt werden. Für das erforderliche Umdenken könnte es sich als hilfreich erweisen, politische Legitimation nicht vorrangig an der politischer Repräsentation zu orientieren, sondern sie durch eine gegenseitige Kontrolle der politischen Instanzen, durch starke Gerichte, durch Dezentralisierung und durch Minderheitenschutz zu ergänzen.

Teil IV
Moralsoziologie, moralische Gemeinschaft, Religionsphilosophie, Religionssoziologie

1. Neufassung des Problems der moralischen Kommunikation

Es gibt nichts Gutes, es sei denn, man tut es.
Erich Kästner

(a) Fragestellung

Luhmann hat im Rahmen seiner Systemtheorie eine Reinterpretation der moralischen Kommunikation vorgenommen, die er von einem soziologischen Standpunkt aus beobachtet. Von ihm aus gewinnen wir Einsichten in die Grenzen moralischer Kommunikation, da Moral die gesellschaftliche Kommunikation nicht perfektionieren kann. Aus Luhmanns Anschnitt ist die Folgerungen zu ziehen, die Neufassung der Beziehung zwischen Moral und gesellschaftlicher Kommunikation und Gesellschaft (Mitgliedschaft) in den Blick zu nehmen.[107] Die alteuropäische Tradition seit Platon und Aristoteles hat das Soziale human finalisiert. Sie ging davon aus, dass die selbstgenügsame Gesellschaft als politische Gemeinschaft aus Personen besteht, die als Teile eines sozialen Ganzen beschrieben wurden. Der Mensch galt als Maß der gesellschaftlichen Einrichtungen (Institutionen). Ihr Ziel war seine Perfektion. Das schloss nicht aus, dass er an der Korruptibilität aller gesellschaftlichen Kommunikation auch scheitern konnte. Diese Tradition hat mittlerweile ihre Plausibilität verloren. Das gilt aber auch für die neuzeitlichen Reflexionstheorien, die „Flucht ins Subjekt" und die Verlagerung der Moralprinzipien in die Vernunft als die Gesamtheit unserer Erkenntnisvermögen. Das schloss es nicht aus, dass immer wieder versucht wurde, an diese Traditionen anzuschließen, sie umzu-

107 Luhmann (2008, 96-405), (1997, 1036-1045), (1984; 317-259: Zu einer Übersicht über Luhmanns Ansatz Horster (2008, 375-392) Zu vergleichbaren Einsichten in die Paradoxien moralischer Kommunikation; Münch 1995, 214-240.

schreiben und zu reinterpretieren, ohne dass dabei neue Erkenntnisse für die Strukturprobleme des modernen Gesellschaftssystems und die Gegenwartsgesellschaft gewonnen wurden.

Gegenüber den Versuchen, den Vernunftbegriff durch Rekonstruktionen zu erneuern, z.B. mit Kants Vernunftbegriff oder einem diskurstheoretischen Vernunftbegriff (Habermas), empfiehlt es sich, die Fragestellung zu ändern. Dies betrifft die soziologische Beschreibung der Funktion der moralischen Kommunikation (b) unter der Voraussetzung funktionaler Differenzierung und das Thema der Ethik als Reflexionstheorie der Moral (c). In der alteuropäischen Tradition geht die Theorieform der Ethik auf Aristoteles zurück. Wenn wir in der Gesellschaftstheorie davon ausgehen, dass die alteuropäische Tradition nicht mehr zu erneuern und Soziales nicht human finalisierbar ist, dann wird das die Auflösefähigkeit der Theoriebildung fördern und erhöhen. Da weder das alteuropäische Ethos noch die Prinzipienethik zu erneuern sind, stellt sich die Frage nach der „Ethik der nächsten Gesellschaft“ (d). Darauf wird es keine triviale, vor allem keine moralische Antwort geben. In der Moralsoziologie steht eine Neufassung der Beziehung zwischen Moral, gesellschaftlicher Kommunikation und Gesellschaft (Mitgliedschaft) an. Das könnte auch die Erkenntnisinteressen der Ethik als Reflexionstheorie der Moral beeinflussen.

(b) Moralische Kommunikation

i. Achtungserweis

Die mitgliedschaftstheoretische Fassung der Theorie sozialer Systeme geht davon aus, dass die Binnenselektivität des Menschen als organisch-psychische Einheit kein Teil sozialer Systeme ist, somit anders verläuft als die Selektivität der Mitgliedschaft in sozialen Systemen. Insofern wird die Differenz von System und Umwelt neu gefasst. Mitgliedschaft ist eine Selektion, die anders geartet ist als die Selektionen organisch-psychischer Systeme. Damit geht aber nicht einher, dass die organisch-psychische Einheit nicht eine Voraussetzung sozialer Systeme ist. Die Selektivität zwischen beidem kann ihrerseits Abhängigkeiten und Unabhängigkeiten steigern. Soziale Systeme haben Kontingenz zu verarbeiten und diese Verarbeitung zu temporalisieren. Das führt zu einem Anschlussproblem der gesellschaftlichen Kommunikation, da die Fortführung nicht alternativlos ist. Es stellt sich insofern das Problem der Begrenzung der Willkür der Teilnehmer an dem Kommunikationssystem der Gesellschaft. Die Systemtheorie geht davon aus, darin besteht das Neue ihres Zugangs zu der Funktion der Moral, dass Moral als

Kommunikation aus den Bedingungen besteht, nach denen in ihr über Achtung und Missachtung entschieden wird. Die entgegengebrachte Achtung ist eine generalisierbare Zustimmung und Wertschätzung. Sie erkennt an, dass ein Mitglied eines sozialen Systems den Erwartungen entspricht, die für die Fortsetzung der Kommunikation angenommen werden. Der Achtungserweis ist eine kommunikative Selektion. Sie ist keine Eigenschaft, sondern eine Zuerteilung. Ego achtet Alter und erweist ihm Achtung, wenn sich Ego als Ego im Alter wiederfindet. Dasselbe gilt für Alter. In der Abstimmung dieser Einstellungen stabilisiert sich im Fortgang der Kommunikationsgeschichte die Achtungszuweisung oder es tritt gegebenenfalls Missachtung ein.

ii. Moralische und gesellschaftliche Kommunikation

Hervorzuheben ist, dass dieser Anschnitt die moralische Kommunikation nicht an Konsens bindet, nicht von einem Vorverständnis des moralischen Sollens und von moralischen Normen ausgeht, sondern an den gelungenen Einbau der Perspektive *Alters* in das eigene Ich. Man kann Achtung zuerteilen, ohne dass man den Einstellungen und dem Verhalten desjenigen, dem man sie erweist, auch zustimmt. (Luhmann 2008, 109-11) Zwar setzt Moral keinen Konsens voraus, aber das Ausmaß der Zustimmung ist für ihre Funktionsweise relevant. Dabei ist Konsens-Dissens auf soziale Systeme zu spezifizieren und nicht auf die Gesellschaft. Moral setzt keine Gleichheit voraus, da es Moralen gibt, bei denen Achtung auf Über- und Unterordnung beruht, und Achtung und Missachtung ist nicht als begründet vorauszusetzen. Achtung ist somit eine Symbolisierung, die eine Moralbildung erlaubt. In der Gesamtheit der Bedingungen wechselseitiger Achtung besteht somit die Moral einer Gesellschaft. Die Moral ist eine symbolische Generalisierung. Diese Generalisierung eröffnet einen Spielraum für Konditionierungen und die Anwendung des binären Schematismus in der doppelten Kontingenz der Ego/Alter-Beziehung. Wer immer moralisch kommunizieren möchte, hat somit Achtungserfolge zu kalkulieren und sich als jemand zu präsentieren, dessen moralische Ansprüche in der gesellschaftlichen Kommunikation anerkennungswürdig sind. (Luhmann 2008, 101-3, 1984, 320) Er darf dabei seine Selbstachtung nicht kommunikativ in Frage stellen.

Die Achtung wird der Person als Ganzer zugewiesen. Sie bezieht sich somit nicht auf besondere Fertigkeiten, Fähigkeiten und Verdienste, aber auch nicht darauf, wie jemand wirtschaftlich gestellt ist. Sofern Personen Achtung und Nichtachtung zugewiesen wird, ist zugleich die Zugehörigkeit (Mitgliedschaft) in der Gesellschaft angesprochen, somit die Inklusion und Exklusion von Personen in die Gesellschaft. Aus der Gesellschaft kann man aber, solange man lebt, nicht austreten. Auch dann, wenn man z.B. im Kloster lebt, nimmt man an der gesellschaftlichen Kommunikation teil. Insofern kann Moral nicht über Inklusion und Exklusion entscheiden, sie kann nur verachten und moralisch verwerfen. (Luhmann 2008, 176, 178-79) Schon dieser einfache Umstand stattet die moralische Kommunikation mit überzogenen Ansprüchen aus. Sie geben ihr auch die entsprechende Intoleranz, da sie ihre Ansprüche nicht erzwingen und ihren dauerhaften Erfolg nicht sicherstellen kann. Insofern kommt sie gar nicht umhin, dass sie absolute Ausdrücke gebraucht, die keine Abschwächung zulassen, wie z.B. „gut", „schlecht" und „moralisch verwerflich". Das Problem des moralischen Codes „gut" und „schlecht" („böse") legt zwar die Form (Unterscheidung) des Moralcodes fest, aber der Code erlaubt keine Systembildung und operative Technisierung. Das liegt schon deshalb nahe, da moralische Kommunikation die Funktion der Interaktionsbindung hat und sie für die gesellschaftliche Kommunikation zentral ist. Die Unterscheidung (Form) des Codes des Mediums der Moral Achtung/Missachtung ist somit stabil, und er kann mit der Personenreferenz lose gekoppelt werden, die Konditionen sind aber eher instabil und weniger konsensfähig. Manager, Richter, Studenten, Mitglieder ethnischer Gruppen und Raucher haben weitgehend unterschiedliche Einstellungen zu der Operationalisierung des Moralcodes. Sie konditionieren den Moralcode in inkongruenten Einstellungen. Die Systemmitgliedschaft bedingt unterschiedliche Relevanzen für ihre Mitglieder, die der Moralcode nicht operationalisieren kann. Insofern können auch die guten Gründe, die jemand haben mag, nicht direkt motivieren, da die unterschiedlichen Relevanzen nicht ohne weiteres homogenisierbar sind. Das gilt für die Differenzierung der Systemmitgliedschaft, aber auch für Privatpersonen; z.B. es mag auch unterschiedliche gute Gründe dafür geben, mit Freunden in den Urlaub zu fahren, aber sie sind für den Betreffenden nicht relevant. Insofern liegt bei der moralischen Kommunikation eine Gleichzeitigkeit von Konsens und Dissens als auch von Stabilität und Instabilität vor. (Luhmann, Bd. 1, 1997 400-401)

Die Kontingenzformel der Moral ist Freiheit, da Achtungszuerteilung „Freiheit" voraussetzt. Sie ist keine Eigenschaft des Willens und keine natürliche Eigenschaft des Menschen. Als solche ist sie nicht erforschbar, sondern sie steht für die Kontingenz des Handelns, die Folgen und Wirkungen der Kommunikation von Erwartungen, Normierungen und Voraussagen. Dabei ist davon auszugehen, dass das Verhältnis von Moral und Freiheit ambivalent bleibt. (Luhmann 2008, 118-22)

Die Teilnehmer an Kommunikationen sagen unausweichlich in ihren Rollenvollzügen auch immer etwas über sich selbst aus, z.B. über Einstellungen, Urteilsfähigkeit, Kennerschaft und Wünsche. Insofern grenzen sie zugleich Willkür ein, und sie neigen zu einer Feinregulierung, da man nicht ohne weiteres anders sein kann, als man sich dargestellt hat. Die moralische Kommunikation bindet zwar ihre Teilnehmer und sie kann eine Solidaritätsvermehrung zur Folge haben, sie kann aber genauso gut abstoßen, Differenzen, Distanzen und Konflikte bewirken als auch moralische „Steppenbrände" legen.

iii. Achtungsmärkte

Die auftretenden Moralfragen in der gesellschaftlichen Kommunikation können ganz unterschiedlich gehandhabt werden. Man kann gleiche Fälle ungleich und ungleiche Fälle gleich beurteilen. Sie setzen keinen Konsens voraus, sondern Achtung wird auf Achtungsmärkten erteilt und entzogen. Wir halten z.B. ein Versprechen, einen Vertrag und fühlen uns einem Freund gegenüber moralisch verpflichtet. Das mag rational oder irrational sein, das mag uns Achtung eintragen, da wir z.B. das Versprechen unter widrigen Umständen erfüllt haben, aber das hat weniger mit Moral zu tun, als man es uns immer wieder nahegelegt hat. Wir vollziehen dadurch gesellschaftliche Kommunikation, die sich dadurch selbst bindet und eine Anschlussrationalität der Kommunikationsteilnehmer erlaubt. Durch Selbstbindung und Anschlussrationalität wird Gesellschaft weder perfektioniert noch das Gute befördert. Sie kann auch destruktive Wirkungen nach sich ziehen. Es wird dadurch eine systemeigene Komplexität reduziert, durch die wir Mitgliedschaft in sozialen Systemen und die Teilnahme an der gesellschaftlichen Kommunikation reproduzieren. Wir haben uns z.B. im Beruf als vertrauenswürdig und als kollegialer Mitarbeiter erwiesen und werden deshalb von den Kollegen als Person geachtet. Dadurch wird die Mitgliedschaft im Unternehmen und im Freundeskreis als wertvoll angesehen, und auch das Unternehmen als soziales System verbessert auf dem Achtungsmarkt seine Wertschätzung. Das ist aber wiederum keine eigene Leistung der Moral, sondern der Kommunikation auf dem systemtypischen Achtungsmarkt.

Die Moral ist kein soziales System, sondern nur in ihm kann durch Achtungszuweisung und ihren Entzug moralisch kommuniziert werden. Dadurch vollzieht sich gesellschaftliche Kommunikation, die den Mitgliedern der Funktionssysteme nicht zur Disposition steht. Sie kann nur fortgeführt und beendet werden. Im Alltag der Systemkommunikation ist Achtung und Missachtung ebenso unentbehrlich, wie die objektsprachliche Orientierung an mittelgroßen Gegenständen.in unserer Alltagserkenntnis. Der Achtungserweis wird zwar Personen als Ganzen erteilt, aber er gilt nur für Mitglieder von sozialen Systemen, welche die Anschlussrationalität der gesellschaftlichen Kommunikation zu gestalten haben. Nur in sozialen Systemen, die gesellschaftliche Kommunikation vollziehen, kann Achtung und Missachtung erteilt werden. Da diese Systeme aber umweltabhängige Systeme sind, bedarf es der Markierung ihrer Differenz zur Umwelt durch die Identitätskennzeichnung der Mitgliedern sozialer Systeme als Person. Dadurch können die Mitglieder sozialer Systeme auf konformes und abweichendes Verhalten beobachtet werden; sie sind unter dieser Voraussetzung belohnbar und bestrafbar, achtbar und missachtbar. Die Markierung als Person erlaubt den Zugriff auf ihre Motivation, die als eine „Motivation“ von organisch-psychischen Einheiten nicht erforschbar ist. Schärfer ist der Zugriff auf die Motivation bei der organisationellen Stelle. Das erklärt auch die weitgehenden Personalisierungen in formalen Organisationen.

iv. Ethik als Reflexionstheorie

Von Moral als der wechselseitigen Achtung und Missachtung ist Ethik zu unterscheiden. Unter ihr versteht man seit dem 18. Jahrhundert die „Reflexionstheorie der Moral“. Wir fragen mittlerweile danach, inwieweit sie ihre Aufgabe bis jetzt angemessen wahrgenommen hat, da sie es weitgehend nicht zu ihrem Thema gemacht hat, vor der Moral zu warnen. (Luhmann 2008, 371-72) Da sich Moraltheorie zunehmend auf die Begründung und die Semantik moralischer Urteile konzentrierte, z.B. kognitive, emotive, expressive und präskriptive Interpretationen, verlor sie aus dem Blick, welche Autorität moralisches Verhalten gebietet und verbietet. Sofern magische, religiöse und vernunfttheoretische Absicherungen entfallen, so bleibt nur der Fluchtpunkt der goldenen Regel übrig. Es ist aber nicht davon auszugehen, dass die Einhaltung der Reziprozität der Verhaltenserwartungen durch eine unsichtbare Hand gewährleistet wird. Kants kategorischer Imperativ ist deshalb für eine Fehlentwicklung informativ, da er die Form moralischer Urteile zugleich moralisiert, in dem uns die Metaphysik der Sitten darüber Auskunft zu geben hat, wie wir Handeln sollen. Dazu ist anzumerken, dass „Die Ethik fordern (mag), das Sittengesetz um seiner selbst willen zu beachten. Für Soziologen wird solche Extravaganz aber eher ein Krisensymptom sein als eine wissenschaftliche Erleuchtung.“ (Luhmann 2008, 319) Die Ausweglosigkeit dieser Art von Begründungen wird dann an dem kategorischen Imperativ als Vernunftfaktum ersichtlich, ein „Faktum“, durch das sich die Vernunft ihrer eigenen Moralität selbstvergewissert.

Das ist in dieser Version in der Folgezeit nicht mehr erneuert worden. Durch die Aufklärung des Historismus ist uns ein naiver Anschluss an diese Tradition verstellt. (Schnädelbach 1974)

Das Problem der moralischen Kommunikation besteht darin, dass sie immer Selbstachtung (Selbstbindung) kommunizieren muss, ohne dadurch die Objektivität des moralischen Urteils begründen zu können. Wenn ein Sprecher eine moralische Überzeugung äußert, so ist es nicht erforderlich, dass er sie auch begründen kann.[108] Mit diesen Überzeugungen und ihrer Äußerung kann ich aber unter Umständen auch sehr schnell auf einem Achtungsmarkt scheitern. Insofern liegt durch die immer mitzukommunizierende Selbstachtung eine reflexive Schleife der moralischen Kommunikation vor, ohne die sie überhaupt nicht zustande kommen würde. Die moralische Kommunikation ist somit immer riskant, sie kann leicht Widerspruch evozieren und wird im politischen System in der Regel rhetorisch eingesetzt. Die Ethik als Reflexionstheorie der Moral wird, denken wir sie konsequent zu Ende, zu dem Ergebnis kommen, dass moralische Dilemmata nicht zu beseitigen sind und moralische Prinzipien in einen nicht lösbaren Konflikt geraten können, der nicht moralisch zu entscheiden ist. Es ist z.B. nicht moralisch begründbar, warum eine Person sterben soll, damit andere, unabhängig davon, wie viele das sind, überleben. Diese Konflikte sind auch nicht durch die Verallgemeinerung von Interessen zu beseitigen, da die Reichweite dieser Verallgemeinerung begrenzt ist. Auch für den Geltungsanspruch des ethischen Tötungsverbots sind Ausnahmesituationen vorgesehen, z.B. Krieg, Todesstrafe und finaler Rettungsschuss. Das sollte dazu motivieren, dass die Beziehung zwischen Moral, gesellschaftlicher Kommunikation und Gesellschaft (Mitgliedschaft) in sozialen Systemen anders zu fassen ist. Für die Moraltheorie heißt das, sie hat nicht von Gründen und Prinzipien auszugehen, sondern von dem Problem des Risikos. Damit wird sich die Moraltheorie anders ausrichten. Sie wird im Unterschied zur überlieferten Moraltheorie von Problemen ausgehen, die uns die Frage aufdrängen, ob man gesellschaftliche Kommunikation und Problemlösungen moralisch beurteilt oder nicht. (Luhmann 2008, 362-74) Das Beharren auf den Menschenrechten als letzte moralisch Instanz bzw. als Naturrecht wird man mittlerweile als eine politische Rhetorik beschreiben. Wir wissen nicht, was der Mensch ist, noch was es heißt, dass irgendeine „Natur“ Rechte haben soll. Das sind bestenfalls Naivitäten, die im Banalen enden.

108 Nida-Rümelin (2002, 16-19). Die Begründung gewährleistet aber noch nicht die Selbstbindung der jeweiligen Personen. Dafür ist das Mitgliedschaftsmedium der Commitments zu berücksichtigen.

v. Der Leib und die existentielle Differenz

Die Motive von Personen und Systemmitgliedern sind eine Konstruktion, die der Orientierung dienen. Als organisch-psychische Ereignisse sind sie nicht erforschbar. Sie plausibilisieren Verhalten und erlauben Zuschreibungen. Dabei ist davon auszugehen, dass die Selbst- und Fremdzuschreibung die davon Betroffenen unter einen Kohärenzdruck setzt. Kein Kommunikationsteilnehmer kann sich fortlaufend anders darstellen und mitteilen, ohne seine Glaubwürdigkeit zu verlieren. Wäre das so, so kämen gar keine Achtungszuweisungen zustande. Dadurch würde er sich aus der gesellschaftlichen Kommunikation selbst exkludieren. Das schließt Grauzonen in der Kommunikation nicht aus. In diesen Fällen bestätigt aber die Ausnahme die Regel.

Wird Achtung und Missachtung der Person als Ganzer zuerteilt, die sich auf eine Selektion von Einstellungen stützt, dann betrifft sie das Grundproblem der Kommunikation und der Mitgliedschaft in sozialen Systemen. Sie erfassen wir von ihrem Umweltbezug aus, somit von der Binnenselektivität des Menschen als organisch-psychische Einheit, die kein Teil sozialer Systeme ist. Wir wissen nicht was unser Körper ist, da er sich unterschiedlich beobachten und beschreiben lässt. Um zu wissen, was der Mensch ist, hätten wir erst die Frage zu beantworten, was unser Körper als Leib ist. Damit sind die Grenzen zwischen Körper (Leib), Bewusstsein, gesellschaftlicher Mitgliedschaft und Kommunikation angesprochen. Der Leib ist immer als solcher bewusst.[109] Henrich hebt z.B. hervor, dass meine Position in der Welt mit meinem Leib verbunden ist. Die Gegenwart meines Leibes ist ein Pendant zu der (unmittelbaren) Selbstbeziehung des Wissens von mir Selbst. Die Gegenwart meines Leibes, die nicht durch andere Zustände vermittelt ist, ist die Voraussetzung dafür, dass ich eine Welt habe, die ich mir von meiner Position in ihr erschließe. Der Leib als eine Instanz unserer eigenen Position in der Welt ist für die Beziehung zu Anderen relevant. Ad extra schreiben wir Anderen ihr unmittelbares Sein in ihrem Leib zu, aber wir sind gleichzeitig von diesem unmittelbaren Sein des Anderen unterschieden. Ego

109 Zur Rolle des Leibes: Henrich 2007, 177-187. Das Problem von Henrichs Ansatz ist, dass er zwar den Gebrauch des Indexwortes „ich" nicht trivialisiert, z.B. die Instanz des Gebrauchs ist der Sprecher, aber er verlässt seine ‚ursprüngliche Einsicht' dadurch, dass er den Gebrauch des Wortes „Ich" als eine reflexive Beziehung zu dem Wissen von mir Selbst zu fassen beansprucht. Das ist aber kein überzeugender Ansatz, da jede Relation nur zwischen Entitäten besteht. Das unmittelbare Bewusstsein der mentalen Zustände ist aber keine Relation. Zu Henrich I und II: Frank 2022, Preyer 2020.

und Alter erreichen weder ihr Bewusstsein noch ihr inneres Erleben. Die Beziehung zwischen beiden ist beides zugleich, unmittelbar und eine Beziehung einer existenziellen Differenz. Der eigene Leib als Ausdruck des Individual- und Sozialpsychischen ist zwar so wie das Bewusstsein durch Beobachtung und Irritation an Kommunikation beteiligt, aber er ist kein Kommunikationsmedium, sondern die Grenze der Kommunikation. Damit hängt zusammen, dass durch das existenzielle Erleben und den Leib (Körper) die Kommunikation selbst nicht prozessualisiert werden kann. Wir können das Problem der gesellschaftlichen Kommunikation und das Problem der Anwesenheit von Alter in Ego und Ego in Alter nennen. Der Leib ist zwar kein Kommunikationsmedium, aber der Körperausdruck und seine Gestaltung kann ein Medium sein, durch das persönliche Anziehung und Ablehnung beeinflusst werden. Wir beobachten mittlerweile in der gesellschaftlichen Kommunikation einen Zwang zum Selbstdesign, über das die Wahrnehmung des Körperausdrucks verläuft.

Das Bewusstsein (Selbstbewusstsein) der existenziellen Differenz, in der wir uns unserer eigenen Identität und Nichtidentität bewusst sind, stellt uns zugleich in die Nähe des Todes, den wir selbst nicht erleben können. Wir gehen von seiner Faktizität aus, aber er ist selbst nicht erlebbar. Damit ist zugleich die Freiheitsdimension dieses Bewusstseins angesprochen, da wir uns selbst töten können. Da wir den eigenen Tod wählen können, sind wir auch frei und bringen unsere Unabhängigkeit von der Umwelt zum Ausdruck. Das ist für die Relationierung von Körper (Leib), Bewusstsein und gesellschaftlicher Kommunikation, in der Achtung erteilt und entzogen wird, informativ, da die Stellungnahme zum eigenen Leben nicht relativ ist. In unserem Leibsein, dem Körper als Ganzem, erleben wir uns als nicht vermittelt durch andere Zustände, und er ist eine Voraussetzung dafür, dass wir eine Welt haben. Er ist die absolute Grenze zu Anderen. Die einfachen Interaktionen kann es nur geben, da wir einen Leib haben und wir durch ihn diese Grenze erleben (wahrnehmen). Ihn können wir nicht verlassen und wir stehen zugleich in Beziehungen zu Anderen, deren Bewusstsein nicht erreichbar ist. Das erklärt auch, dass die Selektionen der Zuweisung von Achtung und die moralische Kommunikation nur in sozialen Systemen vorgenommen werden kann.

Das Abstimmungs- und Stabilitätsproblem gesellschaftlicher Kommunikation durch Achtungserweise kann gerade nicht über die Selbstwahrnehmung des Leibes, die nur ad intra vorliegt, vorgenommen werden, da sich das Bewusstsein von mir selbst nicht mit dem Bewusstsein von einer unbestimmten Vielheit anderer fusionieren lässt. In dieser

Selbstwahrnehmung (Selbstbeziehung) ist jeder ein Solitär. Das gilt auch dann, wenn sie nur in Symbiosen mit Anderen erworben wird. Die grundsätzliche Differenz, die jeder einfachen Interaktion zugrunde liegt, führt zu dem Problem des Schmerzes und seiner postmodernen Interpretation. Er ist existenziell, da er unmittelbar bewusst ist. Es gibt keinen Unterschied zwischen dem Schmerzbewusstsein und dem Schmerz selbst. Das Schmerzerlebnis erinnert uns daran, dass wir als organisch-psychische Systeme (Ereignisse) die Umwelt sozialer Systeme sind, die wir nur von außen beobachten können, die unser Bewusstsein aber nicht erreichen kann. Das Bewusstsein von mentalen-physischen Entitäten ist an soziale Systeme gekoppelt. Sie können nur an Bewusstsein gekoppelt sein und nicht an neurologische Ereignisse. Das Bewusstsein kann z.B. Kommunikationen stören, aber es ist kein Bestandteil sozialer Systeme. Die Selektionen organisch-psychischer Systeme durch ihre existenzielle Differenz und Befindlichkeit ist eine andere als die Selektion der Mitgliedschaft als Strukturdeterminierung der sozialen Systeme. Keine Moral kann den Schmerz einholen, durch den wir uns unmittelbar selbst-bewusst sind. Insofern wäre die richtige Moral eine „Moral“, die wir nicht aussprechen. Es wäre eine Moral des Schweigens. Es ist vermutlich in der westlichen Modernisierung verlernt worden, dass Lebenskunst auch immer die Kunst des Sterbens einschließt. Das ist die Schattenseite der Perfektibilität als kulturellem Programm der westlichen Moderne im 18. Jahrhundert. Tod und Sterben werden deshalb in dieser Tradition zu einem Übel.

Man darf aber bei diesem Anschnitt nicht den Fehler begehen, den Holismus der Selbstwahrnehmung des Leibes zu einem sozialwissenschaftlichen Forschungsprogramm zu erklären. Angesprochen ist damit die System-Umwelt-Relation in der Grenzbestimmung zwischen Leib (Körper), Bewusstsein und gesellschaftlicher Kommunikation und Mitgliedschaft. Das soziologische Wissen ist selbst asymptotisch und nicht holistisch zu resystematisieren.[110]

(c) Funktionale Differenzierung und moralische Kommunikation

i. Moralsoziologischer Problembezug

Sofern in der strukturellen Evolution des Gesellschaftssystems unterschiedliche Funktionsbereiche differenziert werden, ist die Analyse der

110 Zur Kritik des kritischen Holismus von Tucker als ein Forschungsprogramm der Soziologie, der von der Selbstwahrnehmung des Leibes ausgeht und diesen Holismus auf den sozialen Bereich überträgt: Nederveen Pieterse 2002, 129-49.

Funktion der moralischen Kommunikation in den Kontext der Analyse der Medien der gesellschaftlichen Mitgliedschaft und Kommunikation zu stellen. Sie hat zu berücksichtigen, dass die Medien z.B. Geld, Macht und Argumente für Spezialprobleme der Fortführung der gesellschaftlichen Kommunikation differenziert sind und Gesellschaft keine moralische Anstalt ist. Erst wenn wir die Funktion der Moral in diesem Kontext analysieren, ist zu erwarten, dass man über sie aufschlussreiche Informationen gewinnt, die zu einer Reinterpretation der gemeinsamen und unterschiedlichen Erkenntnisinteressen der Moralsoziologie und Ethik als Reflexionstheorie der Moral überleiten.

Die funktionale Differenzierung hat die soziale Integration der stratifikatorischen Differenzierung außer Kraft gesetzt. Im evolutionären Rückblick ist sie eine eher unwahrscheinliche Differenzierungsform, und es ist nicht selbstverständlich, dass sie in der strukturellen Evolution des Gesellschaftssystems überlebt. Wir erkennen mittlerweile ihre Künstlichkeit. Die Inklusionsordnung der Sozialordnung der durch Stratifikation bestimmten Gesellschaft war vorreguliert, da jedes Mitglied sozialer Systeme seinen festgeschrieben Ort hatte. Ihre Mitgliedschaftsordnung war nicht variabel. Das Gesellschaftsmitglied gehörte den Haushalten oder den Korporationen (Klöster, Universitäten) an. Die Moral konnte Verhalten unter festen Vorgaben regulieren, da Herkunft und Verhalten die Achtungszuweisung festlegten. Die Versnovelle Meier Helmbrecht von Wernher von Gärtner aus dem Ende des 13. Jahrhunderts ist in der europäischen Literaturgeschichte eines der ersten Dokumente dafür, was einem widerfährt, wenn man diesen zugewiesenen Ort verlässt. In der Übergangsgesellschaft Europas des 17. und 18. Jahrhunderts bricht die stratifizierte Gesellschaft zusammen, und es setzt sich die Differenzierung von Gesellschaft, Organisation und Interaktion unter Anwesenden durch. Damit wird die Legeshierarchie der stratifikatorischen Differenzierung, in der Recht und Moral zusammenfielen, aufgelöst. Die Einheit von Moral und Manieren verliert ihren sozialstrukturellen Rückhalt. Das führt zu einer Entkopplung des Interaktionssystems. Gesellschaft kann im Zuge der Durchsetzung von funktionaler Differenzierung nicht mehr am Modell des einfachen Interaktionssystems unter Anwesenden begriffen werden. Das hat weitgehende Folgen für die moralische Kommunikation.

ii. Veränderte Achtungsmärkte

Das Primat funktionaler Differenzierung hat durch freien und gleichen Zugang zu den Funktionssystemen eine evolutionäre neue Stabilität und Instabilität der gesellschaftlichen Kommunikation institutionalisiert. Damit geht einher, dass die Inklusionsfunktion der Moral selbst keinen sozialen Ort mehr hat. Das hat eine weitgehende Folge für die Fassung der Beziehung zwischen Moral, gesellschaftlicher Kommunikation und Gesellschaft (Mitgliedschaft), da in der gesellschaftlichen Kommunikation eine Indifferenz unter den Gesellschaftsmitgliedern dominiert. Die Funktionssysteme können nicht von einem übergeordneten Code, z.B. der Moral, dem Gemeinwohl und der Gerechtigkeit, gesteuert werden, da sie dadurch ihren Funktionsbezug destruieren würden. Mit der Durchsetzung von funktionaler Differenzierung wird aber eine anthropologische Beschreibung, die auf ein politisches Ethos oder auf wirtschaftlichen Nutzen abstellt, zunehmend unplausibler. Davon ist die moralische Kommunikation und ihre Funktion betroffen, welche die gesellschaftliche Kommunikation nicht perfektionieren kann. Damit wird aber nicht behauptet, dass in den Funktionsystemen die moralische Kommunikation keine Rolle mehr spielt. Die soziologische Theorie geht davon aus, dass die zwischen einer Ersten Moderne, dem offenen Wettbewerb um Einkommen und Status (individualistische Berufsethik), einer Zweiten Moderne, der Wohlfahrtsökonomie und der Dritten Moderne, der Umweltökonomie, als Interpenetrationen (strukturelle Überschneidungen) zwischen dem Wirtschaftssystem und dem Achtungsmarkt zu unterscheiden sind. Durch Globalisierung verändern sich auch die Achtungsmärkte. Die Errungenschaften der Ersten und der Zweiten Moderne werden zunehmend durch neue Risiken in Frage gestellt. Es ist ein größerer Dissens darüber zu erwarten, welche gesellschaftliche Kommunikation moralisch beurteilt wird. Dadurch entsteht insofern eine neue Situation, da die Auswirkungen von Risiko nicht mehr durch den Liberalismus, die Wohlfahrtsökonomie und den Nationalstaat kanalisierbar sind. Zudem stellt sich das Problem der ökologischen Kommunikation, der Kommunikation über die Umwelt sozialer Systeme, die von ihren Mitgliedern nicht erreichbar ist, und des Umgangs mit knappen Ressourcen, der evolutionär noch nicht gelernt wurde. Sofern sich die gesellschaftliche Kommunikation immer mehr über Netzwerke vollzieht und dadurch auch expandiert, werden vermutlich die Achtungsmärkte stärker partikularisiert, da Achtungserweise und ihr Entzug von der kommunikativen Teilnahme an dem Netzwerk abhängt. Bei Nichtteilnahme wird man nicht mehr wahrgenommen und ist eine Privatperson. Man tritt, mehr oder weniger komfortabel, in die Peripherie der gesellschaftlichen Kommunikation. Dort mag man sich mehr oder weniger wohl fühlen, aber es stellt sich nicht das Problem der Achtungskommunikation.

Die funktionale Differenzierung von Mitgliedschaftssystemen hat dazu geführt, dass das Gesellschaftssystem für die Mitglieder der Teilsysteme nicht mehr durch eine Mitgliedschaftsordnung im Sinne einer vorgängigen Regulierung der gesellschaftlichen Kommunikation transparent ist. Mit der Differenzierung von Gesellschaft, Organisation und Interaktion unter Anwesenden ist evolutionär eine Grundsituation herbeigeführt worden, in der die gesellschaftliche Kommunikation nicht mehr moralisch integrierbar ist. Die Individualethik ist von der Religion, der Politik, der Wissenschaft und dem Recht differenziert, und es ist nicht zu erkennen, wie in der Weltgesellschaft die moralische Perspektive sozial abgestimmt werden könnte. Mit der Komplexitätssteigerung des Gesellschaftssystems geht einher, dass Moral die gesellschaftliche Kommunikation nicht mehr dominieren und feinregulieren kann. Sie bringt es mit sich, dass die Toleranzzonen erweitert werden. Das schließt wiederum die Moralisierung von Themen und Verhaltensweisen nicht aus, sie kann die gesellschaftliche Kommunikation aber nicht mehr in der zeitlichen Dimension binden. Soziologisch sind dabei nicht die psychischen Beschädigungen relevant, sondern wie die gesellschaftliche Kommunikation ihre Anschlussrationalität durch die Beschränkungen der Willkür gestaltet.

iii. Moral und Funktionsdifferenzierung

Unter der Voraussetzung von funktionaler Differenzierung kann die gesellschaftliche Kommunikation nicht mehr durch Moral integriert sein, da sich im Zuge ihrer Durchsetzung auch die Achtungsmärkte differenzieren, die nach Interessen der Mitglieder der Teilsysteme organisiert sind. Dabei stellt sich ein Grundproblem moralischer Kommunikation unter der Voraussetzung von funktionaler Differenzierung ein. Die Funktionsdifferenzierung des Gesellschaftssystems geht damit einher, dass Gesellschaft, Organisation und einfache Interaktion unter Anwesenden auseinandertreten. Die gesellschaftliche Kommunikation kann unter dieser Voraussetzung nicht mehr durch einfache Interaktionen unter Anwesenden geregelt werden. Interaktionssysteme unter Anwesenden kontinuieren gesellschaftliche Mitgliedschaft und Kommunikation durch die Bereitstellung von Wahrnehmungsmöglichkeiten und reflexivem Wahrnehmen, ohne dass durch sie Gesellschaft erreichbar wäre. Die Erteilung von Achtung und Missachtung vollzieht zwar gesellschaftliche Kommunikation, sie ist aber nur in einfachen Interaktionssystemen erteilbar und entziehbar. Abwesende können an dem Achtungsmarkt nicht teilnehmen, oft macht man die Erfahrung, dass über sie eher negativ gesprochen wird oder sie übertrieben idealisiert werden. Insofern neigt der Moralmarkt zu einer Überattribution von Achtungszuweisung und Achtungsentzug. Fremdenfeindlichkeit ist dafür ein gutes Beispiel. Es häufen sich Schuldzuweisungen, Diskriminierungen und Neinsagebereitschaften, die auf Strukturveränderungen der Gesellschaft hinweisen. Gerade die moralische Kommunikation eignet sich dann dazu, die dazugehörenden Konflikte zu konditionieren. Man entdeckt die neue Unterschicht, und vor allem die deutschen Journalisten profilieren sich durch Moralisierungen als Priester der Moral und verbessern dadurch ihre Wertschätzung bei den ihnen nahestehenden Interessengruppen.

Die Differenz von Gesellschaft, Organisation und Interaktion unter Anwesenden führt zu einer strukturellen Selektion von Konflikten, die ihrerseits in einfachen Interaktionen nicht mehr geregelt werden können. Sie werden dann von besonderen Organisationen aufgegriffen und aufgewertet, z.B. durch Gewerkschaften und Menschenrechtsorganisationen. Man klagt Korruption an und verkennt, dass sie der normale Zustand sozialer Ordnung ist, da soziale Ordnung immer auch klientelistisch verfasst ist. Es stellen sich „Entwertungswellen der moralischen Kommunikation" ein. Die öffentliche Kommunikation wird journalistisch aufgeheizt, und als Folge davon wachsen die Enttäuschungen. Die moralische Kommunikation wird inflationiert, und es verbreitet sich z.B. eine Politikverdrossenheit. Das wird von einer Vermehrung des moralischen Redens begleitet, die eine Abwertung der Rede und der Beschreibung der gesellschaftlichen Kommunikation bewirken. Gehen wir davon aus, dass die strukturellen Konflikte durch die Differenzierung von Gesellschaft, Organisation und Interaktion unter Anwesenden nicht mehr durch einfache Interaktionen geregelt werden können, so erkennen wir das grundsätzliche Problem der Moralisierung der gesellschaftlichen Kommunikation unter der Voraussetzung von funktionaler Differenzierung, da Achtung nur interaktionsnah erweisbar ist.

Das Problem der moralischen Kommunikation im Falle der funktionalen Differenzierung des Gesellschaftssystems besteht darin, dass es nicht mehr möglich ist, die gesellschaftliche Kommunikation in derselben Weise wie einfache Interaktionen durch Achtung zu regeln. Moralische Kommunikation rückt dadurch in eine neue Funktion ein, da sich durch sie nicht das Gesellschaftssystem, sondern Interaktionen fortlaufend stabilisieren. Das vereinfacht zugleich ihre Anwendung und ihre Utopisierung, da es sich aus der Perspektive der Interaktion unter Anwesenden so darstellt, dass sich Moral durch Interaktion auf das Gesellschaftssystem erweitern könnte. Die sich seit dem 18. Jahrhundert durchsetzende Universalisierung des Moralcodes harmonisiert zwar mit der sich durchsetzenden funktionalen Differenzierung und ihrer Inklusionslogik, aber sie setzt zugleich das Medium Moral auf dem globalen Moralmarkt inflationären und deflationären Vorgängen aus. Der globale Moralmarkt ist deshalb von der Anlage her instabil.

Wir erkennen daran gleichzeitig, das Moral wirkungslos geworden ist. Sie kann nicht als Moral institutionalisiert werden. Sie kann dem Protest dienen, sie kann anderen aufgenötigt werden, und moralische Kommunikation profiliert sich durch eine besondere Rhetorik, sei es für die Dritte Welt, für die neuen Unterschichten u.a., aber sie scheitert zugleich immer wieder dadurch, dass sie in den Funktionssystemen nicht übergreifend institutionalisierbar ist. Gesellschaft ist keine moralische Anstalt. Wäre das zu verwirklichen, so würde die moralische Kommunikation schnell verschwinden, sei es durch Terror oder durch wirtschaftlichen Niedergang. Fragen wir aber danach, weshalb es Gesellschaft ohne moralische Kommunikation nicht geben kann, so ist die Antwort, Moral reproduziert sich durch die Bildung sozialer Systeme. Ihre Mitglieder erweisen sich Achtung/Missachtung und stabilisieren damit das Interaktionssystem, da dadurch auch, aber nicht nur, Erwartungen erwartbar sind.

(d) Die Ethik der nächsten Gesellschaft

i. Begrenzte Geltung der moralischen Kommunikation

Der Gesellschaftsbegriff ist abstrakt zu fassen und durch die Negationsmöglichkeiten von Gesellschaft zu bestimmen. Über einen abstrakten Gesellschaftsbegriff verfügen wir dann, wenn wir Gesellschaft als selbstsubstitutive Mitgliedschaftsordnung fassen. Die Kontinuität der Gesellschaft ist die Voraussetzung der Diskontinuität sozialer Systeme. Die Interaktionen unter Anwesenden können beendet werden und sie sind zu beenden, sofern sie „Interaktionen" bleiben; formale Organisationen sind auflösbar und können wieder gegründet werden. Die Gesellschaft und die gesellschaftliche Kommunikation reproduzieren die Entscheidung über Mitgliedschaft, die erst über die Teilnahmebedingungen an sozialen Systemen differenziert und formal geregelt wird. Sofern Gesellschaft sich als Gesellschaft selbst zu beobachten hat, so wird sie auch Interaktionssysteme reproduzieren, in denen sich die Teilnehmer die entsprechende Achtung zuschreiben und entziehen. Insofern kann es auch Gesellschaft ohne die Erteilung und den Entzug von Achtung nicht geben. Die Gesellschaft, auch als eine Mitgliedschaftsordnung, ist aber keine moralische Anstalt. Durch die Zuerteilung und den Entzug von Achtung reproduziert sich gesellschaftliche Kommunikation, indem sie

Anschlussrationalitäten von Kommunikationssequenzen bereitstellt. Insofern bleibt der moralische Achtungserweis ein Erfordernis der Stabilisierung von Interaktionen. Er mag entzogen werden, Achtungsmärkte mögen auch zusammenbrechen und das Medium der Moral mag inflationieren oder deflationieren, aber sofern Gesellschaft nicht aufhört, wird sich auch die Selbstbindung der gesellschaftlichen Kommunikation reproduzieren. Sofern moralische Kommunikation als zwischenmenschliche Interpenetration interaktionsnah und interaktionstief angelegt ist, wird sie aber Inklusion und Exklusion nicht regeln können. Sie mag mit dem Anspruch der globalen Moralisierung der gesellschaftlichen Kommunikation auftreten, aber gerade darin kann sie ihre Funktion nicht wahrnehmen. Die Inklusion und Exklusion der Berücksichtigung von Personen ereignen sich im Grenzbereich der Organisation der Funktionssysteme. Daran kann die moralische Kommunikation nichts ändern, sie kann sich demgegenüber nur empören. Das grundsätzliche Problem jeder moralischen Modernisierung ist es, dass sie paradoxe (gegenläufige) Auswirkungen hat, z.B. führt die Wohlstandsökonomie gerade zu höheren Anforderungen an das Wirtschaftswachstum und den damit einhergehenden negativen Auswirkungen, da sonst keine Transferzahlungen an Leistungsschwache vorgenommen werden könnte; insofern nimmt die optimale Nutzung von Ressourcen unter der Voraussetzung knapper Mittel durch die Wohlfahrtsökonomie zu und nicht ab. Durch diese Neufassung der Beziehung zwischen Moral, gesellschaftlicher Kommunikation und Gesellschaft (Mitgliedschaft) verfügen wir über ein anderes Verständnis von moralischer Kommunikation.

ii. Kontingente moralische Beurteilung

In der Soziologie spricht man bereits von der „Nächsten Gesellschaft", auf die wir uns zubewegen und deren Ouvertüre bereits beendet ist. (Baecker, Ducker, Preyer und Krauße) Gesellschaft ist ein soziales System, das sich zeitpunktbezogen reproduziert. Deshalb kann diese Reproduktion die Selbstbeobachtung der gesellschaftlichen Kommunikation auslösen. Es ist ein System mit Zeitdimension, das nur in der Gegenwart operiert. Insofern stellt sich die Frage, wie die gesellschaftliche Kommunikation ihre Identität und Stabilität sichert. Die Paradoxie der Kommunikationsgesellschaft und ihre Dynamik führen erkennbar dazu, dass moralische Kommunikation in einer Netzwerkgesellschaft keine normativen Zukunftszustände erzwingen wird. Die teilweise Globalisierung der Funktionssysteme führt nicht zu einer globalen Gesellschaft im Singular, sondern zu einer Differenzordnung von Gesellschaften. Man wird im Zuge dieser Restrukturierung zunehmend darüber zu entscheiden haben, was man beobachtet und was nicht. Dadurch werden die Achtungsmärkte neu formiert. Achtung wird zunehmend über Netzwerke erteilt. Netzwerke als soziale Systeme können nicht die gesellschaftliche Kommunikation integrieren, sondern sie partikularisieren ihre Teilnehmer, d.h., sie können sich zwar schnell vergrößern, verkleinern und große Distanzen überwinden, aber sie sind interessenabhängig, schnell abbrechbar, schwer kalkulierbar und binden die Teilnehmer nicht langfristig in eine Kollektivorientierung ein. Das unterscheidet sie z.B. von der nationalstaatlichen Gemeinschaft.

In der Nächsten Gesellschaft haben sich ihre Mitglieder dem Problem der digitalen Kommunikation, der Vernetzung der gesellschaftlichen Kommunikation und der fortlaufenden Neufassung der Mitgliedschaftsbedingungen von sozialen Systemen zu stellen. Die Nächste Gesellschaft wird sich nicht auf das Bewusstsein seiner Mitglieder stützen können, um die durch die Netzwerkkommunikation herbeigeführten kommunikativen Überschüsse und Möglichkeiten zu absorbieren. Das wird eine neue Inklusions-Exklusionsordnung einrichten, die nicht mehr durch die Organisation des politischen Systems (Staat) regulierbar sein wird. Die gesellschaftliche Kommunikation, die über ein Netzwerk von Computern verläuft, wird die Grenzen zwischen Körper (Leib), Bewusstsein und gesellschaftlicher Mitgliedschaft neu kennzeichnen. Diese Kommunikation schließt es nicht mehr aus, dass die Dinge anders sind, als man erwartet hat, dass sich die Motive und Interessen ändern und dass der Überschuss an Kommunikation die Teilnehmer und den Beobachter strukturell überfordern. Wir können nicht ausschließen, dass die Nächste Gesellschaft durch Katastrophen eine uns noch unbekannte Stabilität gewinnen wird und sich dadurch fortlaufend regeneriert, da das Bewusstsein der Mitglieder der sozialen Systeme die Überschüsse, wenn es das je konnte, nicht mehr absorbieren kann. Insofern stellt sich die Frage nach den kognitiven Mustern und den Systemstrukturen, mit denen dieser Überschuss in der gesellschaftlichen Kommunikation absorbiert wird.

Wenn man überhaupt so etwas wie „Die Ethik der Nächsten Gesellschaft“ als Reflexionstheorie der Moral in den Blick nehmen möchten, so wird man sich nicht mehr an der Problemaufbereitung der überlieferten Reflexionstheorie der Moral orientieren. Man wird weder das alteuropäische Ethos noch die Prinzipienethik erneuern. Die Umstellung auf die Beobachtung des Risikos gesellschaftlicher Kommunikation bedarf der moraltheoretischen Beschreibung, ob wir die Probleme, die durch risikoreiche Kommunikation hervorgerufen werden, moralisch beurteilen möchten oder nicht. Das ist der Gesichtspunkt, der eine Neufassung der Beziehung zwischen Moral, gesellschaftlicher Kommunikation und Gesellschaft (Mitgliedschaft) fast zwangsläufig herbeiführt. Es gibt keine letzte Instanz (Autorität), auf die wir uns dabei berufen könnten. Das ist im Blick zu behalten, da eine Moralisierung der gesellschaftlichen Kommunikation nicht zu erwarten und nicht wünschbar ist. Das heißt aber, dass wir uns an der Differenzordnung der gesellschaftlichen Kommunikation und der sozialen Integration orientieren werden. Die Ethik der nächsten Gesellschaft wird deshalb, von diesem Blickpunkt aus, nicht universalistisch sein, sie wird aber eine kognitive Orientierung begünstigen. Das wird auch Heuchelei nicht ausschließen.

Worin besteht die Neufassung des Problems der moralischen Kommunikation und damit der Ethik als Reflexionstheorie der Moral unter der Voraussetzung von funktionaler Differenzierung? Die Ethik kann nicht mehr vom Ethos her verstanden werden. Wir haben uns nicht nur auf die Paradoxien (Gegenläufigkeiten) und die Entwertungswellen der moralischen Kommunikation einzustellen, sondern sie wird ihre Stärken nur einsetzen können, sofern sie ihre Grenzen kennt. Die Anschlussrationalität von Kommunikation, Recht und Liebe sind funktionale Äquivalente zur moralischen Kommunikation. Sie können Moral zwar nicht ersetzen, aber sie entlasten. Die Moral hat unter der Voraussetzung funktionaler Differenzierung eine besondere Funktion, aber sie ist nicht als ein soziales System differenzierbar. Moral hat nicht die Funktion, die gesellschaftliche Beobachtung und die Gesellschaftsmitglieder zu integrieren, sie kann sie auch verfeinden. Auch dadurch wird die gesellschaftliche Kommunikation gebunden. Die Moral hat eine ganz andere Funktion, da sie die Frage der Achtung betrifft. Sie kann auch asymmetrisch erteilt werden. Somit geht es um die Entsprechung von Erwartungen, die für die Fortführung der Kommunikation von Mitgliedern sozialer Systeme angenommen wird. Die aufgeworfenen Moralfragen können umstritten sein, und sie setzen keinen Konsens voraus.

Eine verbindliche Begründung der Moral kann es unter dieser Voraussetzung nicht geben, da sie ihre magische, religiöse und vernunftreflexive Absicherung verloren hat. Die Soziologie (soziologische Theorie) verfolgt ein abstraktes Theorieinteresse, das nicht auf den Vergleich von Kommunikation und moralischer Kommunikation einzuschränken ist und auch nicht auf die Probleme, die sich aus diesem Vergleich ergeben mögen. Dabei wird sie bei der Beobachtung von Kommunikation Unterscheidungen verwenden, die den Teilnehmern an Kommunikationen nicht zugänglich und bewusst sind. Insofern ist die Leitdifferenz ihrer Beobachtung eine „Beobachtung“ in einer inkongruenten Perspektive. Die Ethik als Reflexionstheorie der Moral wäre dann darauf einzustellen, dass sie vor den moralischen „Steppenbränden" warnt, die auch durch Moralisierung ausgelöst sein können.

Wir sollten nicht erwarten, dass es eine globale Moral, Gerechtigkeit und Politik geben wird. Das beruht auf einem falschen Verständnis von Globalisierung. Auch die von einigen Soziologen nahegelegte kosmopolitische Orientierung ist ein Irrtum. In der nächsten Gesellschaft werden sich auch die Formen des Helfens ändern. Hondrich hat darauf aufmerksam gemacht, dass wir einer Weltgewaltordnung bedürfen. Wir gehen zwar davon aus, dass das politische System auch in Zukunft segmentär in Staaten differenziert sein wird, aber es spricht viel dafür, dass es überwiegend nicht nach dem Modell des modernen Konstitutionalismus organisiert sein wird. Eine Gewaltordnung wird aber auch immer eine Ordnung der moralischen Gefühle der Mitglieder sozialer Systeme sein. Die zu erwartenden destruktiven Potenziale werden eher durch die „Präventivwirkung des Nichtwissens" zurückgedrängt als durch Moralisierungen. Was den Achtungsmarkt betrifft, so sollte man viel mehr den sozialen Systemen selbst zur Regelung überlassen.

Die Soziologie kann einen Beitrag zur Neufassung des Verhältnisses von moralischer Kommunikation und Gesellschaft (Mitgliedschaft) bereitstellen, die davon ausgeht, dass die Einschränkung von Negationspotentialen des Gesellschaftssystems sich nicht moralisch gewährleisten lässt. Das hat zur Folge, dass die Gesellschaftsmitglieder in der Gestaltung von Kommunikation mehr Willkür und Selbstmoralisierung ausüben. Diese Situation hat sich in der westlichen Gesellschaft seit dem 19. Jahrhundert durchgesetzt. Damit ging aber nicht einher, dass Kommunikation weniger moralisiert wurde. Die moralische Kommunikation ist eine Beobachtung der gesellschaftlichen Kommunikation unter der Voraussetzung funktionaler Differenzierung und ihrer Inklusionslogik, die auf Konflikte und auf Risiken reagiert, ohne sie selbst beheben zu können.

Luhmann hat in seiner Moraltheorie und Moralsoziologie die Geltungsansprüche der moralischen Kommunikation entzaubert. Wir können ihn den Ibsen der Moraltheorie nennen, der in der „Wildente" das durch den Moralisten herbeigeführte Unglück dargestellt hat. Insofern sollte uns die Ethik als Reflexionstheorie der Moral vor der Moral, ihrer Intoleranz, ihrer Konfliktanfälligkeit und ihrem Rigorismus warnen. Ethik wird nicht umhinkommen, sich auf Systemreferenzen einzustellen und die Folgen dieser Umstellung zu thematisieren. Damit wird aber einhergehen, dass sie zu lernen hat, ihre Enttäuschungen zu verarbeiten. Es gibt aber auch eine gute Nachricht: „Die Gesellschaft ist, zum Glück, keine moralische Tatsache". (Luhmann 1984, 318)

2. Durkheims Begriff der moralischen Gemeinschaft und des sozialen Milieus

Einleitung

Die sozialphilosophischen und sozialontologischen Untersuchungen zur kollektiven Intentionalität waren seit Ende der 1980er-Jahre deshalb relevant, da mit ihnen die Fragestellung einherging, den ontologischen Status des sozialen Grundbereichs zu klären. Gilberts *plural subject account of collective beliefs* argumentiert für ein Durkheimianisches Verständnis des Sozialen als etwas Objektives, das gegenüber den Mitgliedern Zwang ausübt. Insgesamt sind die Ansätze von Gilbert, aber auch von Tuomela, antiindividualistisch angelegt.[111] Eine Soziologie der Mitgliedschaft geht zwar davon aus, dass das soziale Grundbereichs operativ und relational zu fassen ist, d.h. aber nicht, dass er nicht objektiv ist. Das gilt auch dann, wenn eine Objektivität von Aussagen im Hinblick auf Vergangenheit und Zukunft nicht zu erreichen ist. Der Problembezug der soziologischen Theorie ist dabei, mit welchem Bezugsrahmen wir den soziologischen Beobachter ausstatten und wo wir ihn platzieren.

Aus der Sicht des Soziologen erfassen wir das Objektive des sozialen Grundbereichs durch seine positiven und negativen Sanktionen. Die Teilnahme an Kommunikationen und die Mitgliedschaft in sozialen Systemen unterliegen Beschränkungen, die ihren Mitgliedern nicht frei zur Disposition stehen. Das mag trivial sein. Es geht aber darum, dieser trivialen Einsicht eine nichttriviale Interpretation zu geben. Nur durch die Begrenzung von Willkür können sich soziale Systeme reproduzieren und dadurch für ihre Teilnehmer und ihre Mitglieder systemtypische Freiheitsspielräume eröffnen. Im Hinblick auf die Individualismus-Holismus-Debatte seit den 1950er-Jahren ist hervorzuheben, dass die Gegenposition des Individualismus in der Sozialtheorie ein Durkheimianischer Ansatz ist. Die kollektiven Einstellungen und die kollektive Ordnung bleiben unverständlich, wenn wir sie mit einem methodischen Individualismus in der Soziologie interpretieren. Der methodische Individualismus ist die Projektion eines Beobachters. Es empfiehlt sich des-

111 Zu Gilbert: Preyer 2012, 261-277, Preyer and Peter eds. 2018 , zu Tuomela: Preyer and Peter eds. 2017. Zu einer Übersicht über die Ansätze in der Sozialontologie seit den 1990er-Jahren: Preyer and Peter 2018, 7-18. Zu Individualismus und Holismus in der Soziologie: Preyer 2012 (zweite Auflage), 278-288.

halb, auf Durkheims Soziologie einzugehen. Zuerst wird der Entstehungszusammenhang des wissenschaftlichen Fachs Soziologie skizziert, um dann auf Durkheims Konzeptualisierung der sozialen Dimension einzugehen. Das betrifft seinen Begriff der sozialen Normen, des sozialen Milieus, der Internalisierung, den Gesellschaftsbegriff und die moralische Ordnung sowie die Religionssoziologie.

Von Interesse ist die Soziologie Durkheims (1857-1917) nicht nur deshalb, weil sie ein Forschungsprogramm der soziologischen Theorie ist. Er ist der erste Autor, der die Konzeptualisierung des Sozialen auf die Religions- und Moralsoziologie bezieht. Rückblickend ist hervorzuheben, dass die Entstehung der Soziologie als ein eigenständiges Fach zu einer veränderten Einstellung zur Religion führte. Schluchter hat diese Veränderung durch den Schritt „Von der Religionskritik zur Religionssoziologie“ charakterisiert. Das betrifft sowohl Durkheim als auch Weber. Unabhängig davon, was uns in der Geschichte der soziologischen Theorie von Durkheim trennt, wird er als der erste Soziologe angesprochen. Das gilt unabhängig davon, auf wen man geschichtlich die Worterfindung „Soziologie“ zurückführt, z.B. auf Comte oder jemand anderen. Es geht nicht um das Erfinden von Wörtern, sondern um die Begründung des eigenständigen Gegenstandsbereich der Forschungsprogramme der Soziologie. Im Rückblick hat die Rede von Sozialem erst seit den 1830er Jahren eine Karriere und löst eine Selbstbeobachtung von gesellschaftlicher Kommunikation aus. (Kaufmann 2003) Die überlieferte praktische Philosophe seit Platon und Aristoteles ist keine Soziologie und ist auch nicht an einem solchen Anspruch zu bemessen.

Der harte Kern von Durkheims Soziologie ist eine Analyse der *moralischen Gemeinschaft (Ordnung)* und des *sozialen Milieus*. Er war der Soziologe, der als erster eine Analyse der moralischen Ordnung als die Grundlage der Struktur von Gesellschaft vorgelegt hat. (zu Durkheim vgl. Münch 1982, Schluchter 2006, Bellah 1973)[112] Wenn man sich noch einmal zur Soziologie Durkheims als einem historischen Forschungsprogramm zurückwendet, so sollte man schon am Anfang den bewahrenswerten Problembezug hervorheben, der zur Religions*soziologie* motiviert. Es wäre bei dem mittlerweile vorliegenden Forschungsstand überraschend, wenn dieser Problembezug nicht schon bereits identifiziert worden wäre. Vor allem ist die Interpretation von Münch (1988, 281-426) hervorzuheben. Der Problembezug seiner Reinterpretation von Durkheims Soziologie ist, dass die Integrations von Indi-

112 Zur Kritik an Habermas' Durkheim-Interpretation: Preyer 2018b, 95-101.

viduum und Gesellschaft nicht als eine Aufgabe des Individuums zu rekonstruieren sei. Durkheim ist aus dieser Sicht gerade kein soziologischer Kollektivist und ein Theoretiker des sozialen Zwangs. Diese Lesart mag für den frühen Durkheim zutreffen, aber sie trifft nicht auf seine Entfassung der Beziehung von Individuum und Gesellschaft in seiner Werkgeschichte zu. Durkheims Beitrag besteht vielmehr darin, dass sich aus seiner Sicht die individuelle Handlungsautonomie (Autonomie des Willens) der Gesellschaftsmitglieder und die Erfüllung ihrer Rollenerwartungen nicht ausschließen.

(a) thematisiert den Schritt zur Soziologie als positive Wissenschaft. Mit einem Hinweis auf Durkheims Werkgeschichte schließt die kleine Studie ab. (b) wendet sich dem harten Kern der Soziologie Durkheims zu und zwar im Hinblick auf die Funktion von sozialen Normen i., des Begriffs des sozialen Milieus ii., der Internalisierung iii., des Gesellschaftsbegriffs und der sozialen Ordnung iv. und von Durkheims Religionssoziologie v. (c) wendet sich der Werkgeschichte Durkheims zu.

Durkheims Soziologie wird sicher zu Recht als ein soziologischer Kantianismus charakterisiert. (Münch, Schluchter) Das gilt auch dann, wenn Durkheim bestimmte dualistische Annahmen der Philosophie Kants zurückweist, z.B. die vollständige Disjunktion zwischen Autonomie und Heteronomie.

(a) Soziologie als positive Wissenschaft

Die wissenschaftliche Disziplin der Soziologie hat keinen eindeutig belegbaren Anfang, den wir nur einem bestimmten Gründungsautor zuschreiben. Es ist für sie aus unserer heutigen Sicht auch typisch, dass sie keinen theoretischen Abschluss finden wird. Wir können dennoch davon ausgehen, dass es sie vor dem 19. Jahrhundert in unserem heutigen Verständnis nicht gegeben hat. Auf Auguste Comte geht die Wirkungsgeschichte der Bezeichnung „Soziologie“ als eine positive (neue) Wissenschaft zurück, und er weist dem Soziologen eine in die Zukunft weisende Rolle zu. Die in der Folge eingetretene Entwicklung der Soziologie wäre aber nicht möglich gewesen ohne die Ideen, Unterscheidungen und Verfahren, die aus der Philosophie- und Wissenschaftsgeschichte der Neuzeit überliefert waren.

Comte hatte den Anspruch, Soziologie als eine positive Wissenschaft zu etablieren, die ein Teil der Beherrschung von Natur und Gesellschaft sein sollte. Auf ihn geht die Wirkungsgeschichte des Begriff zurück. Das Programm der positiven Wissenschaft besagte, dass sie sich von Religion und Philosophie befreien solle. Paradigmatisch war für ihn die

Erkenntnisgewinnung der Naturwissenschaften. Die Soziologie sollte als eine Gesetzeswissenschaft etabliert werden, die soziale Ereignisse erklärt und vorhersagt. Im Fortgang finden wir bis heute eine Kontroverse über die Unterschiede in den Arten der Erklärungen zwischen den Natur- und Sozialwissenschaften. In der gegenwärtigen Philosophie sind hier z.B. Davidson, von Wright und McDowell zu nennen, die vereinfacht gesagt hervorheben, dass z.B. die Charakterisierung von Mentalem durch propositionale Einstellungen, aber auch unsere begrifflichen Fähigkeiten, nicht in den Bereich naturwissenschaftlicher Begriffsbildung und des Gesetzeswissens fallen. Das grundlegend erörterte Problem dieser Kontroverse war und ist die Beschreibung der unterschiedlichen Verfassung der beiden Gegenstandsbereiche und die Frage danach, ob und wie sich z.B. die Handlungserklärungen in das allgemein anerkannte wissenschaftliche Erklärungsschema einordnen lassen.

Comtes (1798–1842) *Cours de philosophie positive* (1830–42) und Spencers (1820–1903) *A System of Synthetic Philosophy* (1862–96) gaben den Anstoß für die Soziologie als ein wissenschaftliches Fach, aber als Gründungsväter werden rückblickend Durkheim und Weber angesprochen. Ironischerweise beginnt die Soziologie in einer Zeit, in der dem privaten Unternehmertum eine Führungsrolle im Zuge der funktionalen Differenzierung des Wirtschaftssystem zukommt. Dadurch wurden frühere Auffassungen von Individualismus erweitert und zu einer Selbstbeschreibung von Gesellschaft stilisiert. Die Selbstbeschreibung des Wirtschaftsliberalismus als Gesellschaftsmodell und Selbstverständnis einer neuen Epoche, machte aber durch das Organprinzip der „unsichtbaren Hand" (Adam Smith) seine eigene Funktionsweise unsichtbar. Man könnte das so umschreiben, dass dieses Prinzip Gesellschaft aus der Perspektive der Teilnehmer als nutzenorientierte Entscheider, dem homo oeconomicus, darstellt und nicht der Mitgliedschaft in der sich seit dem 19. Jahrhundert durchsetzenden funktionalen Differenzierung des Gesellschaftssystems. Es war vor allem Durkheims Verdienst, dass er zeigte, dass der moderne Individualismus durch eine soziale Struktur zu erklären und er selbst nicht etwas Ursprüngliches ist. Er spricht deshalb vom Kult des Individuums, dem sich die Gesellschaftsmitglieder nicht entziehen können: „Niemand bestreitet heute mehr den verpflichtenden Charakter der Regel, die uns befiehlt, eine Person und immer mehr eine Person zu sein." (Durkheim 1988: 445) Nach Gehlen ist ein Individuum eine Institution in einem Fall. Was das Individuum ist, blieb allerdings ein Rätsel, und die Soziologie hat sich unglücklicherweise auf die grundbegriffliche Unterscheidung zwischen

Individuum und Gesellschaft festgelegt. (Luhmann 1993: 149-258) Der Begriff des Individuums gehört zwar in die moderne Gesellschaft, die, sofern sie sich an ihm zu orientieren vorgibt, über sich selbst noch keine Klarheit gewonnen hat. (Zur Begriffssemantik: Luhmann 1993 a)

Für die Entstehungszeit der Soziologie ist hervorzuheben, dass sich die Industrialisierung und Urbanisierung – auch mit ihren Folgeproblemen – in Europa und den Vereinigten Staaten durchsetzte. Insofern war ihr Erkenntnisinteresse auf das Neue in der Gesellschaft gerichtet. Das hat sich theoretisch dahingehend bemerkbar gemacht, dass die technische und soziale Arbeitsteilung und die Reorganisation des Schichtungssubstrats zu einem soziologischen Forschungsprogramm und der Gesellschaftstheorie erklärt wurde. Die Ergebnisse sind aber bis in die Gegenwart nicht sonderlich ergiebig und überzeugend. Rückblickend ist dazu anzumerken, dass man sich damit theoretisch zu früh auf bestimmte Gesichtspunkte von Modernisierung festlegte, die sich im Fortgang für die Systematisierung des soziologischen Wissens und auch für Teile der sozialwissenschaftlichen Forschung als blockierend und unfruchtbar herausgestellten. Im 19. Jahrhundert war keine Theorie der modernen Gesellschaft möglich, sondern wir erkennen rückblickend teilsystemspezifische Vereinseitigungen, sei es des Wirtschafts-, Rechts-, Wissenschaftssystems und der Gemeinschaftsorientierung. Rückblickend ist festzuhalten, dass die moderne Gesellschaft ihre *Klassik* noch nicht gefunden hat. Vielleicht kann sie das auch nicht. Das könnte auch damit zusammenhängen, dass sich die soziologische Theorie zeitlich zu früh auf den Klassenbegriff als Konzeptualisierung der sozialen Schichtung von funktionaler Differenzierung festlegte. (Zur Kritik am Klassenbegriff und dem Vergessen seiner linguistischen Bedeutung im 18. Jahrhundert: Luhmann 2008 f)

(b) Harter Kern von Durkheims Soziologie

i. Soziale Normen

Die Leitidee von Durkheims Soziologie besagt, dass die Befolgung von sozialen Normen (Erwartungen; moralische, rechtliche und religiöse Regeln) als eine Art Tiefenstruktur von Sozialorganisationen zu beschreiben ist. An dieser Einsicht ist lehrreich, dass die Internalisierung moralischer Normen ein grundlegender Vorgang der Etablierung einer Gesellschaft und ihrer Solidaritätsformen ist. Zu den sozialen Normen gehören *soziale* Regeln (technisch und normativ), *normative* Regeln (sittlich und rechtlich) und *rechtliche* Regeln (restitutive und repressive Sanktionen; zu dem Umfang, der Intensität und der Festigkeit des gemeinsamen Bewusstseins Schluchter 2006: 153). Durkheim gilt zurecht, was König hervorgehoben hat, als der erste Sozialpsychologe. Leitbegriff seiner Soziologie ist die Unterscheidung zwischen dem *Sakralen* und dem *Profanen*. Im Unterschied zur Religionskritik der Aufklärungsphilosophie und ihrer Wirkungsgeschichte kommt damit – vergleichbar mit Weber – der Religion eine neue Rolle bei der Analyse des Verständnisses von Sozialem zu, die aus seiner Sicht zur conditio humana gehört. Das gilt auch dann, wenn Durkheim einen anderen Begriff von Magie und Religion als Weber hat.

In seiner Religionssoziologie *Le formes élémentaire de la vie religieuse: Le système totemique en Australie* (1912, dt. 1981) ist für Durkheim der Begriff der moralischen Gemeinschaft grundlegend. Er geht davon aus, dass die universell geltende Kategorie des Sakralen eine Verbindung oder Matrix von zwei anderen vorrangig universell geltende Kategorien ist, das Verstehen der kognitiv gehaltvollen Äußerungen und des empirischen Wissens sowie der Moral. Die Verbindung dieser beiden Kategorien und die ihnen entsprechenden Eigenschaften der instrumentellen und sensorischen Erfahrungen im profanen Handlungsfeld sind auf einer frühen Stufe der sozialen Evolution von Sozialem ungeschieden, d.h. Kultur, Gesellschaft und die Mitgliedschaft sind in ihr nicht differenziert. Für archaische Gesellschaften ist es nach diesem Ansatz typisch, dass sie über den Ritus nach innen geschlossen und dadurch integriert sind.

Die sakralen Dinge sind für Durkheim *Symbole*, die das Soziale darstellen. Die vorrangige Funktion der religiösen Rituale besteht dabei darin, die gesellschaftliche Solidarität (Verbundenheit) in Kraft zu setzen und hervorzubringen. Unter Religion versteht Durkheim eine Menge von Überzeugungen und Praxen, die ihrerseits vereinheitlicht sind und die in einer moralischen Gemeinschaft praktiziert und institutionalisiert sind. Seine Untersuchung zur Religions- und Moralsoziologie beansprucht zu belegen, dass eine enge Verbindung zwischen Vertrauen und Solidarität besteht, da das Vertrauen, das sich die Gesellschaftsmitglieder untereinander entgegenbringen, die moralische Gemeinschaft bestimmt. Sein theoretisches Denken hat dieses Problem von seinen ersten Veröffentlichungen an beschäftigt.

ii. Soziales Milieu

Das soziale Milieu spielt seit den ersten Versuchen Durkheims, die Probleme der Soziologie zu bestimmen, eine entscheidende Rolle. Vor allem wendet er auf seinen Begriff der sozialen Tatsache Cartesianische Kriterien an. Die *sozialen Tatsachen* werden von ihm durch ihre *Allge-*

meinheit, ihre *Exterritorialität* (Bewusstseinstranszendenz, Über- und Unpersönlichkeit, d.h. sie sind außerhalb des individuellen Bewusstseins und nicht durch Introspektion zu erkennen), ihre *Unabhängigkeit* vom individuellen Willen, d.h. sie sind nicht willentlich veränderbar und ihren *Zwang*, den sie ausüben, charakterisiert. In der Werkgeschichte Durkheims kommt zur Äußerlichkeit die *Innerlichkeit* und zur *Zwangshaftigkeit* das *Erstrebenswertsein* hinzu (dazu Schluchter 2006: 135-142). Durkheim ergänzt die Moralphilosophie Kants als einer Pflichtenethik (Idee der Pflicht) durch eine Güterethik (Idee des Guten). Der *kollektiven Ebene* „Idee der Pflicht" wird auf der *individuellen Ebene* der Zwang als Transformation von Fremdzwang in Selbstzwang, der von der *kollektiven Ebene* ausgeht, und der *kollektiven Ebene* der „Idee des Guten" wird auf der *individuellen Ebene* der Wunsch als Transformation von Erstrebenswertsein in Erstrebenswertsein sui generis, der von der *individuellen Ebene* ausgeht, zugeordnet (dazu Schluchter 2006: 142).

Eine Gesellschaft besteht nach Durkheim wesentlich aus einer Menge von Ideen, die von ihren Mitgliedern geteilt wird, und aus sozialen Tatsachen außerhalb der physischen Natur. Sie existieren aber als Dinge nur im Verstand ihrer Mitglieder. Dieses Forschungsprogramm wird von ihm vom Standpunkt der Relation von individuellen Aktoren zu ihrer sozialen Umwelt beschrieben. Insofern legt er seiner Soziologie die System-Umwelt-Beziehung zu Grunde.

Der Bruch mit der Cartesianischen Tradition besteht weniger in diesem Forschungsprogramm selbst, sondern in seiner Konzeption der sozialen Tatsachen, mit der er Gesellschaft als eine *Realität sui generis* zu erfassen sucht. In Durkheims Soziologie ist das *soziale Milieu* der zentrale Begriff. Darunter versteht er die Umwelt der Gesellschaftsmitglieder, an der sie gemeinsam teilhaben und an der sie in unterschiedlichen sozialen Positionen teilnehmen. Dieses *Milieu* ist kognitiv zugänglich und instrumentell beeinflussbar. Gleichzeitig bestimmt es die moralische Gemeinschaft. Dies nennt Durkheim Gesellschaft als eine *Realität sui gerneris*, die er von der vorgängigen physischen Umwelt unterscheidet. Durkheim versteht aber andererseits den Begriff der Realität durchaus Cartesianisch als res extensa, d.h. als einen Gegenstand oder eine Menge von Gegenständen. Durkheims Erkenntnistheorie ist Kantianisch, da er die strenge Dualität der Sinnesdaten und ihrer Quellen auf der einen Seite, und der kategorialen Struktur des Wissens auf der anderen Seite hervorhebt. Andererseits ist auch seine Auffassung durch Kant inspiriert, dass die Begründung unseres kognitiven Wissens und der moralischen Urteile durch ihre universale Geltung verbunden sind, wobei beides von den Sinnesdaten und der Lust/Unlust zu unterscheiden sind. Er ergänzt aber die Moralphilosophie Kants durch die Idee des Guten, d.h. die Pflicht- durch eine Güterethik.

iii. Internalisierung

Durkheims Begriff des Sozialen hat in seiner Werkgeschichte seinen Höhepunkt in der Analyse der *Innenseite der Internalisierung der moralischen Autorität* und der Bedeutung des sozialen Zwangs als einem Zwang, der von der moralischen Autorität ausgeübt wird. *Die moralische Kommunikation beginnt nach Durkheim in der Gruppe.* Zu ihr gehört die Autonomie und Freiheit des Willens, die Bindung an andere Personen und der Zwang, den die Gruppe als Autorität auf die Gesellschaftsmitglieder ausübt. Die moralische Achtung, die sich die Mitglieder einer Gruppe entgegenbringen, ist nicht durch die intrinsischen Eigenschaften der Ideen, die sie teilen, veranlasst, sondern sie verdanken sich der Tatsache, dass sie diese Ideen *teilen*. Durkheim vertritt eine nicht-utilitaristische Erklärung der moralischen Achtung. Die Kraft der Ideen wird aus seiner Sicht durch den Widerhall (Resonanz) der Ideen im Denken der einzelnen Personen in größeren Gruppen mit einer hohen Kommunikationshäufigkeit hervorgerufen. Die Überlieferung der geteilten Ideen vollzieht sich in vielen Fällen durch die Vergegenständlichung des Sprechers und seiner Beziehung zu der Gruppe als Grundlage des Gruppenkonsens. Die Vergegenständlichung, z.B. des Ahnen, ist dadurch in unterschiedlichen Zeiten der wahrnehmbare Orientierungsgegenstand, an dem sich die Gruppenmitglieder orientieren und dessen Gebote sie internalisieren. Man könnte das mit dem Begriff des Ich-Ideals bei Freud vergleichen. Die Gesellschaft als eine *Realität sui generis* ist ein besonderer Typ von Kausalität, die dennoch in den Gedanken und im Fühlen (und nur dort) der Gesellschaftsmitglieder gegenwärtig ist. Diese Beziehung führt Durkheim zu der Untersuchung der Internalisierung der moralischen Autorität. Das Verständnis von Moral und gesellschaftlicher Kommunikation kann aber dabei nicht stehen bleiben, sondern bedarf einer anderen Fassung.

Übersicht:
Begriff des sozialen Milieus

Formation / Verhältnis	strukturell (morphologisch)	prozessual (physiologisch)
	inneres soziales Milieu	
innen (besonders)	*inneres materielles Milieu* a) Zahl der strukturellen Elemente und ihre Verteilung im Raum b) Verkehrs- und Kommunikationswege	*inneres moralisches Milieu* a) Zahl der moralischen Beziehungen b) Grad der Verschmelzung der strukturellen Elemente
außen (allgemein)	*äußeres materielles Milieu*	*äußeres moralisches Milieu*
	äußeres soziales Milieu	
	materielle Dichte oder Volumen	moralische Dichte oder dynamische Dichte

(Schluchter 2006, Bd. 1: 146)

Die Zentrierung des Religiösen in der Kategorie des Sakralen, die Moral und die begrifflichen Strukturen als ein apriorischer Bestandteil des kognitiven Systems werden von Durkheim in einer Triade eines grundlegenden menschlichen Handlungssystems angeordnet, das er in *Le formes élémentaire de la vie religieuse. Le système totemique en Australie* (1912) skizziert. »Alle bekannten religiösen Überzeugungen, wie einfach oder komplex sie auch seien, haben den gleichen Zug: sie setzen eine Klassifizierung der realen oder idealen Dinge, die sich die Menschen vorstellen, in zwei Klassen, in zwei entgegengesetzte Gattungen voraus, die man im allgemeinen durch zwei unterschiedliche Ausdrücke bezeichnet hat, nämlich durch *profan* und *heilig*. Heilig können dabei auch Gegenstände sein, wie z.B. Quellen, Bäume, ein

Fels, eine Person oder ein Gott.« (Durkheim 1982: 62) Das *Heilige* ist ein eigener Wirklichkeitsbereich. Die Religion wird zu einem solchen Bereich aber erst dann, wenn er auch (formal) organisiert ist. „Eine Religion ist ein solidarisches System von Überzeugungen und Praktiken, die sich auf heilige, d.h. abgesonderte, verbotene Dinge beziehen, von Überzeugungen und Praktiken, die diejenigen, die ihnen anhängen, in einer moralischen Gemeinschaft, die man Kirche nennt, vereinigen." (Durkheim 1982: 75) Die beiden Bereiche des *Heiligen* und des *Profanen* werden nach Durkheim über *Rituale* überbrückt, da sie den Weg festlegen, wie mit dem *Heiligen* Kontakt aufzunehmen ist. Hervorzuheben ist, dass erst die Organisation als eine Kirche die Verbindlichkeit zwischen den Gesellschaftsmitgliedern herstellt. Er trennt deshalb *Magie* und *Religion*. *„Es gibt keine magische Kirche.* Zwischen dem Magier und den Individuen, die ihn befragen, wie unter den Individuen selbst, gibt es keine dauerhaften Bindungen, die aus ihnen Mitglieder desselben moralischen Körpers machten, der dem zu vergleichen wäre, den die Gläubigen desselben Gottes und die Anhänger desselben Kultes bilden." (Durkheim 1982: 72) Nach Durkheim hat das religiöse Ritual zwei Wurzeln. Das *Totemtier* ist ein Darstellungssymbolismus der Clangesellschaft, und der *Ritus* setzt die Solidarität (Verbundenheit) der Gesellschaftsmitglieder in Kraft. (Durkheims Analyse des Totemismus ist aus unserer heutigen Sicht umstritten. Zur Kritik am Totemismus C. Lévi-Strauss 1965)

(iv) Gesellschaftsbegriff und moralische Ordnung

Der Gesellschaftsbegriff Durkheims besagt, dass Gesellschaft eine *Realität sui generis* ist und zwar unabhängig von den Individuen, die sie bilden. Gesellschaft ist – vergleichbar der Religion – abstrakt, normativ und emotional. Als Forschungsgegenstand wird sie von ihm als von physischen Gegebenheiten, der Größe der jeweiligen Gemeinschaften, den existenziellen Werten, des Ausmaßes und der Komplexität der Arbeitsteilung und der individuellen Psychologie beeinflusst untersucht. Die Gesellschaft als Forschungsgegenstand lässt sich aber aus seiner Sicht auf keinen der genannten Faktoren allein zurückführen. Ein weiterer neuer Gesichtspunkt wird von ihm herausgestellt. Er betrifft die soziale Natur von Individuen als Mitglieder von Gesellschaft, die zur conditio humana gehören. Er macht darauf aufmerksam, dass, sofern Gesellschaft keine hinreichende Steuerung über ihre einzelnen Mitglieder (als Individuen) hat, dies zu Anomie und psychischem Leid führt. Durkheim untersucht dies z.B. am anomischen Selbstmord, da dem Gesellschaftsmitglied in diesem Fall jeder verbindliche Halt fehlt.

Durkheim hat auf Grund der Analyse des anomischen Selbstmords nicht nur in *De la division du travail social* (1893, dt. 1988) ein neues Forschungsprogramm der Analyse der sozialen Arbeitsteilung eingeführt, sondern er hat auch in der Fortschreibung des Problems der anomischen Arbeitsteilung in seiner Untersuchung *La suicide* (1897, dt. 1973) die soziologische Anomieforschung begründet. Die Analyse der Tatsache des Selbstmords ist mit dem Rätsel des Alkoholismus und der Kreuzvetternheirat vergleichbar. In allen drei Fällen ist zwischen der *Rate* und der einzelnen *Fallgeschichte* zu unterscheiden. Es bedarf der Unterscheidung zwischen den Typen, durch die wir die Kategorien der Ereignisse festlegen, und es sind die bestimmenden sozialen Beziehungen und ihre Organisation für die (ungleiche) Verteilung der Suizide z.B. bei Protestanten, Katholiken, Juden und Anglikanern zu unterscheiden. Durkheim unterscheidet zwischen dem *egoistischen* (exzessiver Individualismus), dem *altruistischen* (exzessiver Kollektivismus), dem *anomischen* (Unterregulierung) und dem *fatalistischen* (Überregulierung) Selbstmord.

Es ist jedoch hervorzuheben, dass wir Anomie anders zu konzeptualisieren haben. (Münch 1988, 421, Fn. 65) Nicht nur die Normschwäche und mangelnde Commitments unter den Mitgliedern von sozialen Systemen, sondern das Zusammentreffen von Normschwäche und unentwickelten, zu einer autonomen Rollendefinition nicht fähigen Mitgliedern von sozialen Systemen, soll Anomie heißen. Das ist insofern lehrreich, da das Problem der Anomie nicht unabhängig von der Verfassung der Umwelt der Mitglieder sozialer System zu bestimmen ist. Es liegen somit dabei Erfüllungsbedingungen der Persönlichkeitsstruktur der Mitglieder von sozialen Systemen vor. Wir stoßen dabei auf das grundsätzliche Problem, dass wir in der soziologischen Theorie eine andere Konzeptualisierung des Anomieproblems vorzunehmen haben, da das Nomische und das Anomische immer zusammenwirken (Agamben 2004).

In der Analyse der moralischen Gemeinschaft platziert Durkheim den Begriff des *Kollektivbewusstseins* der Gesellschaftsmitglieder. Durkheim stellt zwei Merkmale der moralischen Autorität heraus:

1. ihre Unpersönlichkeit, die moralischen Forderungen gegenüber den Gesellschaftsmitgliedern beziehen sich auf die bindende Kraft aus dem Bereich des Heiligen und
2. die moralische Autorität, die Gefühlsambivalenzen auslöst.

Die kollektive Identität von sozialen Gruppen besteht demnach in einer nicht in Frage gestellten Übereinstimmung in der Befolgung von sozialen Normen, die sich über das Medium kollektiver Repräsentationen bilden und erhalten. Nach Durkheim hat jede Gesellschaft eine kollektive Repräsentation, welche die Gesellschaft in der Gesellschaft darstellt.

Durkheims Analyse der Internalisierung der moralischen Autorität betrifft die Innenperspektive der Sozialisation in eine gesellschaftlichen Gemeinschaft. Das erklärt insbesondere sein bereits erwähntes soziologisches Interesse an der Pädagogik und der Moral in *Education et sociologie* (1922), *L'education moral* (1925) und *L'evolution pédagogique en France* (1938). Die emotiven Äußerungen sind nach Durkheim nicht nur mental, sondern auch sozial bestimmt. Die Beziehung zwischen dem moralischen Bestandteil und dem sozialen Bereich besteht darin, dass der moralische Bestandteil gemeinsam geteilte Einstellungen etabliert. Darin besteht die moralische Achtung in einer Gruppe. Durkheim vergleicht diese Gemeinschaft auch mit einer Kirche. Nach Durkheim unterscheidet sich der Mensch vom Tier durch die Gesellschaft, d.h. die Teilnahme am kollektiven Leben (der gesellschaftlichen Kommunikation). Die Gesellschaft ist aus seiner Sicht die höhere Macht. Insofern durchlaufen wir als Mitglieder einer Gesellschaft in ihrer Sozialisation eine *zweite Geburt*. Das ist derart zu lesen, dass sich individuelle Autonomie und soziale Ordnung nicht ausschließen. Das betrifft den Problembezug der Versionen der Desintegration von Individuum und der Mitgliedschaft in der Gesellschaft (Münch 1988, Diagramm 33, 416

(v) Religionssoziologie

Parsons und Bellah versuchten z.B. im Anschluss an Durkheim nachzuweisen, dass auch für die moderne Gesellschaft, für die eine Differenzierung von Kirche und Staat charakteristisch ist, Religion eine grundlegende Bedeutung für die moralische Gemeinschaft der Nation hat (Stichwort: Säkularisierung, der civil religion/staatsbürgerliche Religion). Dem kann hier nicht im Einzelnen nachgegangen werden. Es betrifft dies aber von der intellektuellen Lage her gesehen in der Philosophie nach Hegel, den Schritt »Von der Religionskritik zur Religionssoziologie«, wie es Schluchter genannt hat. (Schluchter 1991, Bd. 1: 339-63, zur Struktur des Religionssystems Preyer 2008: 220-26, dazu Teil IV 3., in diesem Buch) Der Schritt von der Religionskritik im 18. und 19. Jahrhundert zur Religionssoziologie besteht vor allem darin, dass Religion nicht mehr, wie z.B. bei Comte und Spencer, nur zur Unwissenheit in Beziehung gesetzt wurde.

(c) Werkgeschichte

Durkheims Denkweg, vom Faktischen des sozialen Milieus zu der Idee der Erzwingung des Moralbewusstseins durch die moralische Autorität, ist kein Schritt von einer mehr oder weniger elementaren theoretischen Position zu einer entwickelten, sondern es ging ihm um die Ausarbeitung eines theoretischen Bezugsrahmens, durch den beide Konzeptionen verbunden sein sollten. Aus unserer gegenwärtigen Sicht ist sicherlich vieles von dem, was uns von Durkheim über Raum und Zeit, die Idee der Kraft und der Kausalität überliefert ist, aus seiner Zeit heraus und von der Wissenschaftstheorie der zweiten Hälfte des 19. Jahrhunderts her zu erklären. Das betrifft auch die Funktion von sozialen Normen, die wir mittlerweile einer anderen Analyse zuführen. Wir können aber Durkheims Ansatz mitgliedschaftssoziologisch reinterpretieren. Die *Allgemeinheit*, ihre *Exterritorialität*, die *Unabhängigkeit* der sozialen Tatsachen vom individuellen Willen der Gesellschaftsmitglieder und dem Zwang, den soziale Tatsachen ausüben, besteht in der Entscheidung über Mitgliedschaft in sozialen Systemen, die ihren Mitgliedern nicht frei zur Disposition steht. Es handelt sich dabei nicht ontologisch um Tatsachen als Bestandteile der Welt, sondern um operative Ereignisse. In diesem Sinn hat die soziale Dimension kein fundamentum in re, sondern ist ein künstliches Gebilde. Sie erlauben die Projektion von Erwartungserwartungen in der Zeit, somit kontrafaktische Orientierungen, die wir nicht ohne weiteres aufgeben, wenn die Zukunft nicht kontingent sein soll.

Wir erkennen am „Aufbau der Natur" Durkheims „methodologischen Holismus" (Schluchter). Schluchter (2006 Bd. 1, 136-137, dazu das Durkheim-Zitat Fn. 139) unterscheidet im Frühwerk Durkheims einen methodologisch starken und in seinem Spätwerk einen schwachen methodologischen Holismus. Das leitet zu dem Motiv der Durkheim-Interpretation über, dass seine Werkgeschichte nicht als eine Soziologe des sozialen Zwangs zu interpretieren ist. Es wurde bereits erwähnt, dass in der Werkgeschichte Durkheims zur Äußerlichkeit die *Innerlichkeit* und zur *Zwangshaftigkeit* das *Erstrebenswertsein* hinzukommt. Damit verändert sich die Konzeptualisierung von sozial ausgeübtem Zwang und der Freiheit der Gesellschaftsmitglieder.

Durkheims Argumentationsstrategie ist es, zu begründen, dass die Soziologie weder zur Philosophie noch zur Psychologie gehört. Das soll der Begriff der sozialen Tatsache wissenschaftstheoretisch und in der soziologischen Theorie belegen. Der Problembezug von Durkheims Konzeptualisierung ist, dass der Grundbereich der sozialen Dimension nicht ohne die Sinnselektion der Mitglieder sozialer Systeme und den Soziologen als Beobachter festzulegen ist.

Übersicht: Aufbau der Natur

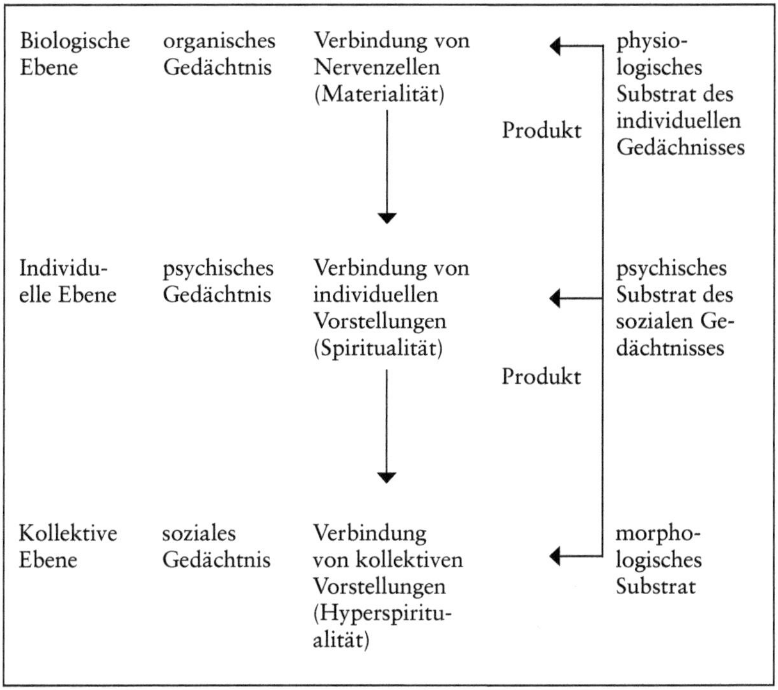

(W. Schluchter 2006, Bd. 1, 134)[113]

113 Schluchter (2006, 134-135, Fn. 45) orientiert seine Darstellung an dem Durkheim-Zitat (1967, 45 ff): „Das Substrat der Gesellschaft ist die Gesamtheit der assoziierten Individuen. Das System, das durch ihre Vereinigung sich herausbildet und das je nach ihrer Verteilung über die Oberfläche des Landes, der Beschaffenheit und der Anzahl der Verkehrswege variiert, stellt die Grundlage dar, aus der das soziale Leben entsteht. Die Vorstellungen, welche die Fäden des sozialen Lebens sind, lösen sich von den Beziehungen los, die sich zwischen den derart vereinigten Individuen oder auch den sekundären Gruppen, die sich zwischen das Individuum und die Gesamtgesellschaft schieben, herstellen. Wenn man nun aber nichts Ungewöhnliches darin erblickt, dass die individuellen Vorstellungen, die von den Wirkungen und Gegenwirkungen der nervösen Elemente hervorgebracht werden, diesen Elementen nicht inhärent sind, was kann dann

Die Beschränkungen, die Erwartungserwartungen den Mitgliedern von sozialen Systemen und ihrer Kommunikation auferlegen, ist eine Art „Tiefenstruktur" (nicht im Sinne von Chomskys Grammatiktheorie). Sie werden durch Interaktionsrituale in Kraft gesetzt. Von Tiefenstruktur können wir deshalb sprechen, da sich die Restabilisierung einer sozialen Struktur über einen längeren Zeitraum und mehrere Generationen erstreckt. Das führt uns zu der charismatischen Dimension der gesellschaftlichen Kommunikation, ohne die es keine Gesellschaft geben kann. (Shils, Eisenstadt) Die Erzwingung der moralischen Autorität verweist auf die Instanz der Autorität und der *auctoritas* als Bestandteil von sozialen Systemen, welche die Mitgliedschaft in Kraft setzt. Sie gibt es nicht ohne die Selbstbeobachtung und Selbstirritation sozialer Systeme. Dabei ist im Blick zu behalten, dass die Sozialisation von Erwartungserwartungen immer dual als Befolgung und Abweichung angeboten wird. Vor allem ist hervorzuheben, dass Durkheim im Fortgang seiner Werkgeschichte an der Analyse eines Bezugsrahmens der sozio-strukturellen Evolution orientiert war. An seinem Ansatz ist auch rückblickend bewahrenswert, dass Soziales strukturell durch nicht-rationale Bestandteile, wie z.B. Gefühlsäußerungen und Rituale, bestimmt ist. Das hat der Soziologe in der Ausübung seiner Rolle und einer Bindung an als rational anerkannte Verfahren zu berücksichtigen. Durkheim ist aber nicht der einzige Soziologe, der auf diese Bestandteile gestoßen ist, sie wurden auch von Weber, Pareto und Parsons als grundlegende Bestandteile des sozialen Grundbereichs hervorgehoben und in ihren theoretischen Bezugsrahmen eingeordnet, z.B. bei Weber der Charismabegriff und die Veralltäglichung von Charisma oder bei

daran überraschend sein, dass die kollektiven Vorstellungen, die von den Wirkungen und Gegenwirkungen der elementaren Psychen hervorgebracht werden, aus denen die Gesellschaft sich aufbaut, nicht unmittelbar von diesen herrühren und somit über sie hinausgreifen? Die Beziehung, die bei dieser Auffassung das soziale Substrat mit dem sozialen Leben verknüpft, ist in allen Punkten derjenigen analog, die man zwischen dem physiologischen Substrat und dem psychischen Leben annehmen muss, will man nicht jede Psychologie im eigentlichen Sinn leugnen. Hier wie dort müssen sich also die gleichen Konsequenzen ergeben. Die Unabhängigkeit der sozialen Tatsachen: dass sie den Individuen relativ äußerlich sind, liegt sogar noch unmittelbarer zutage als die der psychischen Tatsachen in Bezug auf die Gehirnzustände". Das Bezugsproblem dieses Zitats ist die Unterscheidung zwischen starkem und schwachem methodologischen Holismus. Das Substrat-Produkt-Modell legt einen soziologischen Objektivismus nahe (Schluchter 2006, 135).

Parsons, der Gefühle als Medium des Sozialsystems innerhalb der allgemeinen Handlungssysteme einstuft.

Hinzuweisen ist auch auf Durkheims Erörterung des Sozialismus, des Individualismus, der Rolle der Intellektuellen, des sozialen Orts der Eliten in der Demokratie, des Charakters der deutschen Mentalität und der Bedeutung des Ersten Weltkriegs und des Pragmatismus. Leitende Fragen waren:

1. Wie kann die gegenwärtige komplexe Gesellschaft (seiner Zeit) die Gefahr vermeiden, ihre Entwicklungsrichtung und ihre Bedeutung zu verlieren?
2. Wie passt das vermehrte Wissen über Gesellschaft zu den verschiedenen Formen des (damaligen) Sozialismus?

Nach Durkheim ist die Erziehung der Schlüssel dafür, wie sich Gesellschaft selbst erneuern kann. Seine werkgeschichtliche Hinwendung zur Erziehungssoziologie erfolgt nicht aus einem persönlichen Interesse an Pädagogik und erklärt sich nicht aus seiner Rolle als akademischer Lehrer, sondern aus seiner Soziologie und d.h. seiner Konzeptualisierung der sozialen Dimension und von Gesellschaft. Zu erwähnen ist, dass Einsichten von Durkheims Soziologie, nicht nur bei Parsons, sondern z.B. auch bei Shils, Eisenstadt, Goffman und Münch in der soziologischen Theorie wirkungsgeschichtlich wurden. Schluchter entscheidet sich in seiner Theoriegeschichte der Soziologie in systematischer Absicht für Weber. Es ist aber auch zu bedauern, dass Durkheims Moralsoziologie von der philosophischen Ethik nicht angemessen bearbeitet wurde. Damit hätte es sich die Metaethik vermutlich etwas einfacher gemacht. Vergleichbares gilt auch für Parsons Begriff der sozialen Ordnung des institutionellen Individualismus. Es ist nicht erforderlich, das an dieser Stelle weiter zu vertiefen. Die Durkheim-Interpreten sind sich darin einig, dass Durkheim ein engagierter Republikaner und ein Antiklerikalist war. Die französische dritte Republik hatte aus seiner Sicht das Religionsproblem und das Erziehungsproblem zu lösen. Die Republik wurde aber durch das Zusammenspiel von Klerikalen, Monarchisten und Militärs bedroht. Die Dreyfus-Affäre ist dafür symptomatisch. Sie differenzierte die französische Gesellschaft in zwei sich bekämpfende Gesinnungsgruppen.[114] Durkheim war aber sicher nicht nur der Sozio-

114 Für diejenigen, die sich für die Dreyfus-Affäre interessieren, sind die Teile dazu in Prousts *Suche nach der verlorenen Zeit* zu empfehlen. Das ist zwar eine literarische Darstellung, sie ist aber als Stimmungsaufnahme und als Milieustudie informativ.

loge der dritten Republik, da seine Soziologie eine allgemeine Geltung beanspruchte.

Im Rückblick auf die Soziologiegeschichte als eine Begriffsgeschichte in systematischer Absicht sollte aber erwähnt werden, dass die Durkheim-Parson-Tradition im Hinblick auf ihre Konzeptualisierung von sozialen Normen nicht zu erneuern ist. Diese Konzeptualisierung spielt auch in anderen Traditionen der Sozialontologie eine Rolle, sie verdeckt aber das grundsätzliche Bezugsproblem der Restabilisierung sozialer Systeme. Die soziologische Theorie sollte sich mit dem Problembezug konfrontieren, dass die Restabilisierung dahingehend zu bestimmen ist, dass Nomisches und Anomisches immer zusammenwirken. Damit haben wir das Ende einer Tradition erreicht, die gesellschaftliche Kommunikation am Leitfaden eines Konsens der Gesellschaftsmitglieder, eines Grundkonsens, eines Basisvertrauens und an der Lernfähigkeit konzeptualisiert. Die gesellschaftliche Kommunikation basiert nicht auf Verständigung und einem Einverständnis. Beides ist immer als partiell zu fassen. Das sollte auch der Erfahrung der Leser entsprechen.

3. Religion als Kommunikation
Ein Neuanfang

> Die Rückbindung des Unbezeichenbaren an das Bezeichenbare – das ist, in welcher kulturellen Ausformung immer, im weitesten Sinne „religio".
> Luhmann (1998, 232)

Einleitung

(a) Problembezug

Die Erwartungen der Aufklärungsphilosophie haben sich in ihrer Wirkungsgeschichte nicht erfüllt. Die religiöse Kommunikation ist im Zuge der Durchsetzung der funktionalen Differenzierung des Gesellschaftssystems nicht verschwunden. Der blinde Fleck der Beobachtung des säkularen Humanismus ist die Persistenz der religiösen Kommunikation. Er verdankt sich deshalb seiner Selbstreferenz, da seine Selbstbeschreibung seit dem Renaissance-Humanismus von der Priorität des Menschen gegenüber Gott ausgeht. Es ist auch nicht von weit hergeholt, die Philosophie Hegels als eine, um es einmal etwas merkwürdig auszudrücken, atheistische Metaphysik der absoluten Idee zu interpretieren. Es gibt aber keine logisch-semantische Rekonstruktion von Hegels Dialektik. Das gilt vor allem für die bei Fichte und Hegel vorliegende Idee, Individuierung als die negative Selbstbeziehung und damit die Einschränkung eines Allgemeinen zu beschreiben. Es gehört zur Selbstbeschreibung des Standpunkts des Subjekts des Cartesianismus, dass die Transzendenz in die Immanenz verlegt wird und dadurch in eine Unendlichkeit der Bewusstseinserforschung überführt ist. Es ist deshalb auch nicht ganz zufällig, dass Hegel die wissenschaftliche Austreibung des Welträtsels nicht gelungen ist. Sie verbleibt im Bereich der Phänomenologie des Bewusstseins bzw. des absoluten Wissens als eine Phänomenologie des Bewusstseins *von sich* und nicht von äußeren Gegenständen.

Das betrifft ein noch grundsätzlicheres Problem. Es ist nicht davon auszugehen, dass die Dekonstruktiobn der Bewusstseinsphilosophie als eine „Flucht ins Subjekt“ (Luhmann) überzeugend ist. Die Zurückweisung der Bewusstseinsphilosophie als unverständlich hat ihre Geltungstheorie nicht angemessen genug verarbeitet. (Cartesianische Meditation als methodischer Zweifel) Das wurde als das Problem der externalen Welt im Cartesianismus bezeichnet. Von der *res cogitans* aus gibt es keinen Weg zur externalen Welt. Das Argument wurde gegenüber dem Cartesianismus immer wieder hervorgehoben. Das gilt bis in die Philosophie der Gegenwart, z.B. von Searle. Searle vertritt aber unabhängig davon, eine Zweibestandteilsansatz in der Philosophie des Mentalen. Der subjektive Bestandteil ist keine Illusion und kein neuronaler Reflex. Descartes stellt die Adaequation von *intellectus* und *res* durch den ontologischen Gottesbeweis sicher. Das wurde auch der Gott der Philosophen genannt. Dem würden wir in der Philosophie nicht mehr folgen. Das ist nicht nur durch die Widerlegung der Gottesbeweise von Kant begründet, sondern, dass die Physik des letzten Jahrhunderts keinen Platz mehr für einen Schöpfer hat. Das gilt auch für die Quantenphysik als die erste Physik, die für eine kausal geschlossene unterstellte Welt keinen Platz mehr hat. Es wird seit dem letzten Jahrhundert sicher kein Physiker mehr geben, der behauptet, dass die Physik abgeschlossen ist. Das nahmen die Physiker des 19. Jahrhunderts noch an.

Ein anderer Punkt ist, dass sie den Regress und Zirkel der Reflexionsphilosophie nicht stoppen und unterbinden kann. Anzumerken ist dazu, dass Luhmann nicht die bewusstseinsphilosophische Subjektphilosophie durch das System ersetzt. Das wird immer wieder behauptet. Dabei ist nicht nur unklar, was das für eine Ersetzung sein soll. Luhmanns ist kein philosophisch blinder Soziologe. Die transzendentale Phänomenologie wird von ihm in dem Differenzkorridor zwischen System und

Umwelt platziert. Er ist auch hellsichtig genug, dass eine intersubjektivistische Wende durch die phänomenologische Soziologie ein naiver Ansatz ist, da es das Subjekt nur im Singular und nicht im Plural geben kann. Im Hinblick auf seine Werkgeschichte ist dazu anzumerken, dass für ihn diese Platzierung einen Beobachter voraussetzt, der seinerseits Beobachter beobachtet.

Die Religion ist keine Residualkategorie, die im Zuge der Ausweitung des kulturellen Programms der westlichen Modernisierung verschwunden wäre. Es ist aber weniger selbstverständlich, was wir daraus für Folgerungen ziehen sollten. Die Rede von einer „Revitalisierung der Religion" ist deshalb etwas irreführend, da die religiöse Kommunikation bei den weitgehenden Veränderungen der gesellschaftlichen Kommunikation im Zuge der Durchsetzung der funktionalen Differenzierung nicht verschwand. Insofern ist es treffender von der Persistenz religiöser Kommunikation zu sprechen. Sie bedarf einer besonderen Erforschung und Erklärung. Das ist ein inter- und transdisziplinäres Forschungsprogramm.

Um die strukturellen Veränderung der religiösen Kommunikation zu erfassen, ist der Begriff der Säkularisierung weniger geeignet. Mit ihm werden zu unterschiedliche Vorgänge klassifiziert.[115] Der Begriff bezieht sich sowohl auf sozial-strukturelle Veränderungen im Allgemeinen, z.B. die Strukturdifferenzierung der modernen Gesellschaft und die christliche Tradition als Hintergrund des Programms der modernen Kultur, auf institutionelle Vorgänge, z.B. die Enteignung von Kirchenbesitz, als auch auf die Funktionalisierung der modernen Wissenschaft als politischer und kultureller Kampfbegriff der säkularen humanistischen Eliten. Der Umstand, dass sich die moderne Gesellschaft als säkularisiert beschreibt, verweist auf ihre funktionale Differenzierung und somit auf die Zeitdimension (Temporalisierung). Die Funktionsdifferenzierung setzt unterschiedliche und nicht mehr zu synchronisierende Zeithorizonte der Funktionssysteme voraus, in denen Zukünftiges in der Gegenwart zu beachten ist. Das löst zwangsläufig Irritationen unter den Mitglieder von sozialen Systemen aus.[116] Die religiöse Kommuni-

115 Zu einer Bestandsaufnahme: Luhmann (2000, 278-319). Er kommt zu dem Ergebnis, dass der Begriff der Säkularisierung vermutlich die strukturellen Veränderungen von funktionaler Differenzierung nicht angemessen genug erfasst. Zur Säkularisierung als Verzeitlichung: Kosellek (2000, 792-809), Matthes (1971, 7-20). Zur Fehlplatzierung der Säkularisierung: Robertson 2010, 63-77)I. Hinzuweisen ist auch auf Parsons (1978, 300-322) und Schulte (2020).

116 Zur Umstellung der Zeitsemantik: Luhmann (1980/1993b, Bd. 1, 235-

kation differenziert sich als Funktionssystem, und Religion kann nicht mehr als corpus christianum gefasst werden. In dieser Funktion gab es sie historisch vorher nicht.[117] Das erlaubt es der religiösen Kommunikation auch, sich entgegen den Erwartungen der säkularen intellektuellen Eliten zu stabilisieren. (Dazu: Lehmann 2002, 27-41) Durch diese Differenzierung religiöser Kommunikation ist sie gerade nicht residual, sondern sie kann die gesellschaftliche Kommunikation und die Mitglieder sozialer Systeme symbiotisch in religiösen Gruppen binden. Das gilt unabhängig davon, welche Reputation den religiösen Gruppen auf ihrem Achtungsmarkt zukommt. Die Bindung der religiösen Kommunikation verläuft wiederum über ihre formale Organisation, durch die religiöse Kommunikation beobachtet und erst für Außenstehende und innerhalb des religiösen Mitgliedschaftssystem der religiösen Gruppe zu beobachten ist. Wir sollten das so formulieren, dass formale Organisation die religiöse Kommunikation in Kraft setzt. Weber hat mit seinem Begriff der Gnadensanstalt diesbezüglich etwas erkannt.

(b) Historische Ausgangssituation

Die Rhetorik und der Kampf des säkularen Humanismus verdankt sich der besonderen Situation im Zuge der politischen Auseinandersetzungen des 19. Jahrhunderts vor allem gegen das Programm des Antimodernismus der katholischen Kirche. Die Religionsphilosophie sollte sich an dieser Konstellation nicht mehr orientieren. Diese Vorgehensweise hat sich für sie als blockierend ausgewirkt. Das gilt für die Religionskritik des 19. Jahrhunderts und ihre Wirkungsgeschichte, die sich nicht durch neue Einsichten auszeichnet, sei es in der Folge der Religionskritik von Feuerbach (Projektionserklärung) oder Nietzsches Diagnose des Nihilismus und seiner suggestiven Formulierung am Ende des Ersten Teils seines *Zarathustra* „Tot sind alle Götter: nun wollen wir, dass der Übermensch lebe." – Dies sei einst am großen Mittag unser letzter Wille! –".[118] Ihre zeitgeschichtliche Relevanz bestand in den politischen

300). Was die Dominanz der Zeitdimension für das funktional differenzierte Gesellschaftssystem bedeutet, ist noch nicht angemessen genug geklärt. Die verbreiteten Redeweisen von „Beschleunigung", „Entschleunigung", „Kommunikation in Realzeit", „Stress" und „Zeitknappheit" weisen darauf hin, dass die Reflexion über die Zeitdimension noch nicht ihre angemessene Erfassung gefunden hat.

117 Der Funktionsbegriff klassifiziert einen Problembezug, der mehrere Lösungen (funktionale Äquivalente) zulässt (Luhmann 1984, 83-84).

118 Seit der Mitte der 1970er-Jahre hat Nietzsche eine auch philosophie-akademische weltweite Renaissance erfahren, die weiter anhält. Er ist oft ein

Interessenkonflikten nach der Französischen Revolution. Nach Comte, der im 19. Jahrhundert das Programm des säkularen Humanismus formulierte, wird Religion vollständig durch die Wissenschaft ersetzt. Die Aufregungen und Erregungen, die sich z.B. mit der Veröffentlichung von Darwins *On the Origin of Species by Means of Natural Selection* (1859) ergaben, sind auch dadurch zu erklären, dass T. H. Huxley mit dem Ansatz ein politisches Kampfprogramm formulierte und die anglikanische Kirche provozierte. Wäre Darwins Untersuchung zwanzig Jahre früher veröffentlicht worden, hätte es nicht eine derart spektakuläre öffentliche Wirkung nach sich gezogen.

(c) Theoretische Orientierung

Die Religionsphilosophie, Religionstheorie und Religionssoziologie sollten sich in ihren Forschungen und Systematisierungen am strukturellen Problem religiöser Kommunikation und Mitgliedschaft orientieren. Die Mitgliedschaft in sozialen Systemen ist deshalb relevant, weil religiöse Kommunikation, so wie jede Kommunikation, als nur ein einmaliges Ereignis sofort wieder verschwinden würde und ihr keine evolutionäre Relevanz zukommen würde.

Angesprochen ist damit die Differenzierung der religiösen Kommunikation und was sich dadurch für sie strukturell veränderte. Erst bei dieser Voraussetzung kann es religiöse Kommunikation geben, da sie nur durch Unterscheidung zwischen religiöser und nichtreligiöser Kommunikation bestehen kann. Das setzt wiederum einen Beobachter voraus. Zu dieser Differenzierung gehört, dass sich religiöse Kommunikation von der Gesellschaft selbst distanziert. Sie hat dann ihrerseits festzulegen, wie sie die Kommunikation zu dem nichtreligiösen Bereich regelt. Das ist wiederum kein Ereignis außerhalb der Gesellschaft, sondern gesellschaftliche Kommunikation und ihrer Selbstbeobachtung. Die Selbstdistanzierung schließt aber Symbiosen zu den nichtreligiösen Bereich nicht aus. Die religiöse Kommunikation und ihre Organisation hat aber auch ihre Grenzziehungen und ihre Grenzüberschreitungen zwischen religiöser und nichtreligiöser Kommunikation festzulegen. Sie übernahm dabei in der sozio-strukturellen Evolution die Interpretation der System-Umwelt-Beziehung und verwaltete die conditio humana. Dabei ging sie eine Fusion zwischen Kosmologie und Moral ein.

Steinbruch, aus dem man sich nach Gutdünken bedient. So ganz nachvollziehbar ist die Attraktivität Nietzsches und des Torsos seiner Schriften nicht.

Es ist aber auch ein Anschluss der Untersuchung religiöser Kommunikation an die Erkenntnistheorie in den Blick zu nehmen. Die Analyse der Grundverfassung der Subjektivität und der Selbstreferenz der Bewusstseinsoperationen legt es nahe, dass sie nicht in ihrer Selbstermächtigung und vollständigen Selbsttransparenz besteht. (Henrich 2007, Preyer 2009 156-166) Sie ist sich in ihrer Selbstgewissheit zugleich auch selbst entzogen. Es besteht eine existenziale Differenz zwischen mir und Anderen. Gleichzeitig gehört zu unserer basalen Selbstreferenz, das Leben mit Anderen als einer existenzialen Verfassung. Durch Sprache, Kultur, den eigenen Körper, Erfahrungen und Nachdenken bin ich für mich und für Andere erfahrbar. Das ist ein Bereich, der nicht durch die Ordnung der natürlichen Welt zu erklären ist. Von dort aus lässt sich religiöse Kommunikation derart charakterisieren, dass sie den der Subjektivität entzogenen Lebensgrund mit einer Lebenspraxis zusammenführt. Aus dieser Sicht wird das Subjektivitätsproblem reaktualisiert.

(d) Fragestellung

In einem ersten Schritt empfiehlt es sich, auf den Schritt von der Religionskritik zur Religionssoziologie einzugehen. (1.) Er ist dahingehend lehrreich, da sich dadurch das Verständnis der religiösen Kommunikation im 19. Jahrhundert grundsätzlich verändert hat. Dahinter sollte man nicht zurückfallen. Es ist dabei aber davon auszugehen, dass der Umbau von der „Religionskritik zur Religionssoziologie“ (Schluchter) einen Laplaceschen Dämon als Beobachter voraussetzt. Das entspricht dem Wissenschaftsbegriff des 19. Jahrhunderts und gilt z.B. für Durkheim, Weber und Parsons. Es betrifft dies aber auch die Aufgabe von „normativen Ansprüchen“ der Religionskritik (Schluchter). Luhmanns Systemtheorie geht nicht mehr von normativen Ansprüchen aus, insofern empfiehlt es sich, sein Forschungsprogramm der Systembildung und seine mehrstufige Kybernetik in den Blick zu nehmen. Das Erkenntnisinteresse daran ist, die veränderte Zugangsweise zur religiösen Kommunikation aus der Innensicht der Systemtheorie vorzunehmen. Damit geht aber keine Verpflichtung für Luhmanns Theoriekonstruktion einher.

Das übergreifende Bezugsproblem der mehrstufigen Kybernetik der Systemtheorie ist die Welt. Insofern ist darauf einzugehen, da Luhmanns Fassung der religiösen Kommunikation von der System-Umwelt-Relation ausgeht und sich die Welt als nicht erreichbare Umwelt sozialer Systeme erweist. (Zu Luhmanns Weltbegriff: Teil I, 1. (b). Es ist nicht erforderlich das noch einmal zu wiederholen.) Der Zugang zu dieser

Problemstellung erfolgt durch die Kritik an der humanistischen alteuropäischen Tradition. (2.) Daran anschließend wird die mehrstufige Kybernetik skizziert. Sie ist für die Beobachtung der religiösen Kommunikation deshalb lehrreich, da auf den unterschiedlichen Stufen ihre Beobachter und die Beobachtung von Beobachtern der gesellschaftlichen Kommunikation zu platzieren sind. Damit geht eine Umschichtung der soziologischen Beobachtung einher, da der Beobachter unterschiedlich platziert werden kann, z.B. aus der Perspektive der Mitglieder der unterschiedlichen Teilsysteme. (3.)

Erst wenn wir den Weltbegriff von der mehrstufigen Kybernetik aus systematisieren, somit einen Perspektivenwechsel in unserem alltäglichen und philosophischen Weltverständnis vornehmen, können wir die Funktion der Religion in der Religionsphilosophie, Religionstheorie und Religionssoziologie anders fassen. Das führt zur Beobachtung der religiösen Kommunikation als Sequenz gesellschaftlicher Kommunikation im Hinblick auf ihren Umweltbezug. (4.) Eine Überlegung zur Einordnung der Subjektivitätsverfassung in die System-Umwelt-Relation ist von den Systemtheoretikern in der Nachfolge von Luhmanns Ansatz noch nicht ausprobiert worden. Sie könnte sich als aussichtsreich erweisen, Religion (religiöse Kommunikation) von einem anderen Blickwinkel aus zu beschreiben und die Fusion zwischen religiöser Kommunikation und Kosmologie zu unterbinden. Das wäre für die Theologie als Reflexionstheorie des Religionssystems ein erheblicher Gewinn. Damit gehen wir aber über Luhmanns Systemtheorie hinaus. (5.) Der Ausblick wendet sich einem Blick auf die Zukunft der Religion zu. (6.) Die Studie möchte die Relevanz einer veränderten Fragestellung in der Religionsphilosophie, Religionstheorie und Religionssoziologie dem Leser nahebringen. Die Tragfähigkeit dieses Anschnitts hat sich im Fortgang zu erweisen, und sie hat sich an ihrem Ertrag zu bemessen.

1. Von der Religionskritik zur Religionssoziologie

(a) Religionssoziologie

Eine religionstheoretische Zugangsweise zur religiösen Kommunikation erschwert es, die Funktion der Religion religionsphilosophisch und religionssoziologisch angemessen zu erfassen, da ihre erklärende Strategie die religiöse Kommunikation auf nicht religiöse Faktoren zurückführt, z.B. auf psychologische Motive und Projektionstheorien. Die Religionssoziologie kann zwar religionstheoretische Strategien verfolgen, sofern wir auf Durkheim und Weber zurückblicken, so vollzieht sich aber in der intellektuellen Lage der nachhegelschen Philosophie die Wende „Von der Religionskritik zur Religionssoziologie“. (Schluchter 1991, Schluchters Anschnitt ist durch Durkheims und Parsons Zugangsweise zur religiösen Kommunikation ergänzt). Mit dem Schritt von der Religionskritik zur Religionssoziologie verändert sich die kognitive, politische und geschichtliche Einstellung zur Religion. Schluchter hebt hervor:

1. An die Religionskritik werden keine „umfassenden normativen Ansprüche“ mehr gestellt. Die Religionskritik verbindet sich damit nicht mehr mit dem politischen Programm bestimmter sozialer Schichten, die von Landeskirchen und der katholischen Kirche politisch dominiert wurden. (Siehe zur Rolle der Religion: Lübbe 1986)
2. Religion wird nicht mehr historisiert, sondern sie gehört zu den konstitutiven Bestandteilen der Kultur.
3. Die religiösen Symbole werden nicht mehr als individuelle und kollektive Illusionen kritisiert, sondern es handelt sich um Tatsachenerkenntnisse und Selbstbesinnung (Selbstreferenz der Subjektivität).
4. Religion wird auch nicht mehr funktionalisiert, d.h., sie ist nicht mehr als ein geistiger Überbau auf einer materiellen Basis noch durch die Priesterbetrugstheorie der Aufklärung zu erklären. Religiöse Kommunikationen sind ein „Modell *der* Realität *und* Modelle *für* die Realität.“

(b) Standpunkt des Religionssoziologen als Beobachter

An der Charakterisierung von religiöser Kommunikation als „Modell der und für die Realität“ ist zu erkennen, dass der Schritt von der „Religionskritik zur Religionssoziologie“ darin besteht, dass der Religionssoziologe einen neutralen Standpunkt einnimmt. Dieser Standpunkt hat aber seine eigene Selbstblockierung zu berücksichtigen, da der Beobachter mit zum Gegenstandsbereich des „neutralen Standpunkts“ gehört. Der Problembezug ist, ob sich die Selbstblockierung von Beobachtern beheben lässt. Das gilt z.B. auch für die Moralsoziologie.

Die wertenden Aussagen als „gut“ und „richtig“ sind von diesem Standpunkt aus zu unterbinden. Sofern sie nur unter ihrer Geltung thematisiert werden, so verdecken sie diesen Sachverhalt, dass es sich dabei um Beobachtungsunterscheidungen handelt. Das schließt es aber nicht aus, dass der Beobachter insofern wertneutral beschreibt, als er von dem Commitment der Systemzugehörigkeit befreit ist. Der Rechtstheoretiker z.B. spricht kein Recht und versucht nicht, die Ansprüche seiner Klienten durchzusetzen. Das gilt auch für die andere Analyse der Teilsysteme.

Der Religionssoziologe verfährt somit objektsprachlich neutral und nimmt keine Wertung vor. Das ist auch der Sinn von Webers Werturteilsfreiheitssetzung der modernen Wissenschaft. Das schließt nicht aus, dass jeder Wissenschaftler auch faktisch wertet und metasprachlich einer bestimmten Ethik verpflichtet sein kann, z.B. einer Verantwortungsethik oder auch einer Gesinnungsethik.[119] Das ist deshalb erwähnenswert, da wir aus der Sicht der Kommunikation der Mitglieder sozialer Systeme immer wieder beobachten, dass in der Rhetorik des sozialen Austauschs die beschreibenden, affektiven und die wertenden Aussagen vermengt und in strategischer Absicht behauptet werden.

(c) Thema der Religionssoziologie

Weber, Durkheim und Parsons thematisieren die Funktion der Religion mit unterschiedlichen Erkenntnisinteressen. Sie sind anzusprechen, da wir dadurch das Vorverständnis in der soziologischen Theorie in den Blick nehmen, das für den Problembezug der religiösen Kommunikation in den Gegenwartsgesellschaft lehrreich ist.

i. Weber

Aus Webers Sicht sind das Thema der Religionssoziologie „die Obstruktions-, Indifferenz- sowie die einseitigen oder wechselseitigen Begünstigungsverhältnisse, in denen sie (die Religion d.V.) zu anderen Symbolsystemen und zu den Interessenkonstellationen von ‚Trägerschichten‘ stehen“. (Schluchter 1991, 431, lesenswert ist dazu auch: Schlette 1974) Das schließt es nicht aus, Religion auch als Ideologie von Interessenlagen ihrer Trägerschichten aus zu erklären. Dies wird aber nicht analytisch vorentschieden. Ob dies der Fall ist, bleibt ausschließlich eine historische und empirische Frage. Die System-System-Beziehung ist deshalb nicht a priori festzulegen und bedarf einer empirischen Analyse. Dabei ist die formale Organisation der religiösen Kommunikation hervorzuheben. Ein Neuanfang in der Analyse der Funktion der Kommunikation wird davon ausgehen, dass sie als eine Kommunikation von Mitgliedern von sozialen Systemen zu thematisieren ist. Religiöse Kommunikation kann es aber nur geben, wenn es einen Beobachter gibt. Die

119 Die Unterscheidung geht auf das Seminar 1975 über den Werturteilsstreit in der deutschen Soziologe von Schnädelbach am Institut für Philosophie, Goethe-Universität Frankfurt am Main zurück.

Selbstbeobachtung der religiösen Kommunikation gehört somit zu dem Objektbereich der Religionssoziologie.

Webers Befund der Rolle der religiösen Kommunikation in der modernen Gesellschaft ist dahingehend zuzustimmen, dass sie kein bestimmtes Programm in den Teilsystemen durchsetzen kann.[120] Aus Webers Sicht verliert die Erlösungsreligion ihr Deutungsmonopol und sie ist mit dem säkularen Intellektualismus nicht mehr zu vereinbaren. Weber folgert daraus aber nicht, dass damit die Erlösungsbedürfnisse hinfällig sind. Das Problem der inneren Not, somit das wissensbestimmte, wertrationale moralische Bewusstsein und das erlebnisbestimmte, charismatische existenziale Bewusstsein, meldet auch in der modernen Gesellschaft seine Ansprüche an.[121]

ii. Durkheim

Aus Durkheims Sicht ist das Thema der Religionssoziologie die Inkraftsetzung der moralischen Gemeinschaft, für die er durch das Berufsgruppenkonzept eine besondere Antwort auf die durch das moderne Wirtschaftssystem herbeigeführten Anomien zu geben beansprucht. Nach Durkheims Untersuchungen zur Religions- und Moraltheorie besteht eine enge Verbindung zwischen Vertrauen und Solidarität, da Vertrauen, das sich die Gesellschaftsmitglieder entgegenbringen, die moralische Gemeinschaft in der Zeitdimension stabilisiert. Insofern kommt der Religion eine neue Rolle des Verständnisses des Sozialen zu, die aus seiner Sicht zur conditio humana gehört. Das heißt aber, Durkheim geht in seiner Religionstheorie, Moraltheorie und Erziehungssoziologie davon aus, dass die Solidaritätsformen sozialer Systeme nach innen schließen und dass der Verlust von sozialer Steuerung zu Anomie und psychischem Leid führt.

Durkheim geht davon aus, dass die politische Kommunikation und die politische Ordnung eine Rechtfertigung durch eine symbolische Ordnung darstellen, die durch die Rituale eines fortlaufend ausgeführten Kultes in Kraft gesetzt wird. Die symbolische Ordnung der modernen Zivilisation ist aus seiner Sicht nicht der religiöse Code (Welt-Überwelt, Gott), sondern die Gesellschaft als ein Kollektiv, das sich durch Rituale zu erhalten hat. Der Erzieher ist aus dieser Sicht der Priester

120 Zu erwähnen ist in dieser Umbruchssituation, dass auch die katholische Gegenreformation und nicht nur die puritanisch-calvinistische Religiosität auf eine Disziplinierung der Lebensführung abstellte. Dazu Hahn 1987, 84-106).

121 Zur Religionssoziologie Webers und Durkheims und einen Ausschnitt aus dem Forschungsstand: Preyer 2010.

des Sozialen. Die Menschen- und Bürgerrechte werden als Glaubenssätze einer Zivilreligion interpretiert. Insofern wird die Schließung als Integration sozialer Systeme und dadurch die Operationalisierung ihrer Mitgliedschaftsbedingung durch Rituale herbeigeführt. Sie entscheiden darüber, wer zu einem bestimmten sozialen System gehört und wer auszuschließen ist.[122]

iii. Parsons

Parsons hat die Religionssoziologie Durkheims und Webers zusammengeführt und in seine Evolutionstheorie eingebaut. Aus seiner Sicht kommt der Religion die Relevanz zu, dass die „Religious ideas, then, may be concerned as answers to the ‚problem of meaning'" im Sinne des existentiellen Sinns (Parsons 1951, 367. Parsons nimmt Motive von Tillich 1930 auf) Im Anschluss an Weber und Troeltsch hat er der mittelalterlichen Christenheit und der christlichen Gesellschaft (Troeltsch) für das moderne Wertsystem eine evolutionäre Auslösebedingung zugesprochen. Er geht insofern in seiner Religionsphilosophie und Soziologie einen Schritt hinter Webers Protestantismusthese zurück und zugleich über ihn hinaus., da die „Christenheit" der Hintergrund der westlichen modernen Zivilisation und Gesellschaft ist. (Troeltsch 1977) Ohne diesen Hintergrund kann sie nicht angemessen verstanden werden. Die christliche Religion begründet aus seiner Sicht durch das „Geschenk des Lebens" eine soziale Reziprozität und Humanität. Der Tod ist deshalb nicht etwas Absolutes. Es empfiehlt sich, diesen Zugang anhand eines längeren Zitats zu belegen. „The individual's capacity to die in the role of a giver of gifts is dependent on three earlier and crucially important gifts. The first is the gift given by God the Father of what is sometimes religiously called the "Living Christ" to humanity – given, it should be noted, through the process of "begetting" (Christ, after all, was God's only begotten son). It is of great importance that the giving of this gift was motivated by "love" of the world. Again, this was a gift to humanity *from* God, not a sacrifice *to* God. The second gift was the gift of life as a human being to Jesus by Mary. The crucial symbolic focus of the Christian conception of the feminine role is that of "Mary, Mother of God," who has given the human component of the blood that is to be sacrificed for the redemption of humanity. The third basic gift is the sacrificial death of Jesus which has frequently been symbolized – for

122 Zu Durkheim, Weber und Parsons: Münch 1983, 2006 Bd. 1, 11-176, Schluchter 2006, 2007, Preyer 2010. Zu dem religionstheoretischen Ansatz von Habermas: Preyer 2018 b, zu Simmels und Troeltschs Religionsbegriff: Lichtblau 2011, 140-152.

example, in the final chorus of *Händel*'s Messiah – as the *given of His blood* for our redemption. Within this framework, then the death of the human individual can be conceived not only as a sacrifice *for* others, but also as a gift to others for the future of humanity." (Parson 1978, 273, vgl. zu diesem Problembezug auch 300-305) Man mag das für verfehlt halten, da es mit einem säkularen Humanismus unverträglich ist und sich unter der Voraussetzung der strukturellen Differenzierung der Mitgliedschaftssysteme von funktionalen Differenzierungen nicht allgemein verbindlich institutionalisieren lässt. Das verkennt jedoch den Problembezug, ob die gesellschaftliche Kommunikation noch durch eine Zivilreligion die Willkür ihrer Mitglieder zu begrenzen vermag. Aus der Sicht der Soziologie der Gegenwartsgesellschaft sind dem Grenzen derart gezogen, dass die katholische Kirche nicht mehr ihre Dogmen gegenüber ihren Mitgliedern in Westeuropa durchsetzen kann, z.B. in der Sexualmoral.

Nach Parsons nimmt der christliche Humanismus unter den Welt- und Kulturreligionen eine Sonderstellung ein. Er bezieht diese Problemstellung des göttlichen Geschenks des Lebens auf die Professionsethik der Medizin, z.B. die Organtransplantation, die mit dem Problem der „Verantwortung einer neuen Kontrolle über Leben und Tod“ konfrontiert ist. „To begin with, live-organ (kidney) transplantation involves both the donor and the medical team in an unprecedented act, whose morality is subject to question: the infliction of deliberate injury on a well person, in order to help others who is suffering from a fatal disease. However noble their profession thereby compromises one of its basic, shall we say "absolute," ethical tenets: "to do no harm." (Parsons 1978, 297) Parsons geht davon aus, dass, sofern es Kriterien der Wahl der Entscheidung über Leben und Tod gibt, sie an die höchsten Wertbindungen unserer Gesellschaft gebunden sind. Triviale Lösungen dieses Problems erwartet er allerdings nicht. Parsons und Bellah haben, z.B. im Anschluss an Durkheim nachzuweisen versucht, dass auch in der modernen Gesellschaft, für die eine Differenzierung von Staat und Kirche charakteristisch ist, der zivilen Religion (staatsbürgerlichen Religion) eine grundlegende Bedeutung für die moralische Nation zukommt. (Zur Rolle der staatsbürgerlichen Religion im Vergleich zwischen Europa und den Vereinigten Staaten vgl. Münch 2010) Er hebt z.B. hervor, dass aus amerikanischer Perspektive Säkularisierung nicht nur die Privatisierung der Religionsentscheidung als einen neuen Gesellschaftstyp bedeutet, sondern auch die Errichtung des Gottesreichs auf Erden. Diese beiden Vorgänge kulminierten aus seiner Sicht in der Etablierung der neuen *Amerikanischen Nation* als *Nation under God.*

(Parsons 1978, 300-322. Er stützt sich vor allem auf die Untersuchung von Bellah 1974) Die „Expressive Revolution“ der Gegenkulturen in den 1960er-Jahren, ihre Orientierung an „reiner Expression“, „reiner Liebe“ und die „Glorifikation eines total autonomen Selbst“, wurde von ihm z.B. als eine neue Religiosität interpretiert. (Parsons 1978, 320-221) In der soziologischen Beschreibung stufte er den Gruppismus dieser sozialen Bewegung und die damit einhergehende Dominanz der Collectivity-Orientation der Mitglieder dieser Gruppen im Vergleich mit dem institutionellen Individualismus als eine Regression ein.[123]

2. Systematische Relevanz

(a) Keine Religionskritik

Webers und Durkheims Interesse an der Religionssoziologie sind nicht eine aufklärerische Entzauberung religiöser Kommunikation. Weber thematisierte in seiner philosophischen Anthropologie das Sinnproblem als ein existenziales Problem, für das es aus der Sicht des säkularen Humanismus keine triviale Lösung mehr gibt. Es erfordert aus seiner Perspektive die Stellungnahme zum Leben als Ganzem. Dem säkularen Humanismus stellt sich das Problem der „religiösen Musikalität“, wie Weber es nennt, zu dem dieser Humanismus keinen Zugang hat. Aus seiner Sicht sind wir keine Gotteskinder. Der Glaube daran erfordert „das Opfer des Intellekts“ (Weber). Durkheim geht es um einen Zusammenhang zwischen symbolischer und materieller Stabilisierung der gesellschaftlichen Kommunikation. Jede soziale Gruppe ist um den Bereich des Heiligen zentriert. Dazu gehört die charismatische Dimension. Die conditio humana ist aber in seiner Reinterpretation der Philosophie Kants dualistisch verfasst. Es gibt für ihn einen Vorrang der normativen Erwartungen vor technischen Regeln, aber die Dichotomie zwischen normativen-altruistischen und technischen-egoistischen Regeln ist für ihn nicht zu beseitigen.

123 Parsons, Platt 1973 haben diese Anomalien als Entfremdung beschrieben: „Alienation is a disposition to be distrustful of the commitment of affect to any context of social organization or cognitive enterprise, to downplay the meaningfulness of the cognitive complex and the function associated with it. This trend bifurcates either downplaying cognition in terms of absolutistic attempts to implement moral values or dropping out, that is, withdrawing, not only form the cognitive complex but from society generally and into expressive pattern of interests“, 331.

Dieser Dualismus belegt, dass Durkheim – das gilt auch für Weber und Parsons – über keine Einsicht und Systematisierung der Selbststeuerung sozialer Systeme verfügte. Parsons hebt vor allem die Bedeutung der Christenheit als Hintergrund der westlichen modernen Zivilisation und Gesellschaft hervor. Die Säkularisierung erfasst auch in der Gesellschaftsgeschichte der westlichen Moderne die Gesellschaft nicht als Ganze. Aus seiner Sicht ist Bescheidenheit (Ergebenheit) im christlichen Sinne – wir könnten auch die buddhistische Achtsamkeit und Heideggers „Sorge" hinzufügen – mit einem moralischen (protestantischen) Rigorismus unverträglich. Es ist aber nicht zu erkennen, wie ein Ausgleich zwischen beidem in der gesellschaftlichen Kommunikation und ihrer Beobachtung herzustellen ist.

(b) Neue Typen der religiösen Kommunikation

Der fundamentale Wandel der Religion im 18. Jahrhundert in der westlichen Gesellschaft und der säkulare Humanismus haben nicht zu einem Verschwinden der religiösen Kommunikation geführt, sondern zu neuen Typen der Religiosität. Aus Parsons Sicht ist Religion (Sprache und das Verwandtschaftssystem) ein evolutionäre Universalie in der sozio-strukturellen Evolution. (Parsons 1967) Anzumerken ist im Hinblick auf die Implementierung von religiöser Kommunikation, dass vor allem Weber durch seinen Begriff der Gnadensanstalt (das gilt auch für Parsons' und Luhmanns Soziologie) die organisationelle Vermittlung der Religion und die soziale Ordnungsbildung durch religiöse Organisationen im Blick hatte.

Der Hinweis auf die Wende von der Religionskritik zur Religionssoziologie hat nicht nur eine begriffsgeschichtliche, sondern auch eine systematische Relevanz in der soziologischen Theorie. Das ist dadurch begründet, dass sie sich nicht als Religionskritik mit einem normativen Anspruch vorträgt. Im Unterschied dazu weist sie der Religion einen anderen systematische Platz in der gesellschaftlichen Kommunikation zu als z.B. die Religionskritik der französischen Aufklärung und von Feuerbach. Die religiöse Kommunikation war seitdem Thema der soziologischen und religionstheoretischen Forschung für eine Strukturanalyse der Mitgliedschaftssysteme der gesellschaftlichen Kommunikation und ihrer Einordnung in die Evolution des Gesellschaftssystems. Wir sollten nicht davon ausgehen, dass sie abgeschlossen ist. Wie sich der Soziologie Soziologe auch immer dazu verhält, die Religionssoziologie verpflichtet den Soziologen aber nicht auf ein religiöses Bewusstsein. Das gilt auch für Durkheim und Luhmann. Bei Parsons ist sich der

Autor nicht so sicher, da Parsons zwar nicht dieses „Opfer" erbrachte, aber er eher in der Soziologie als ein Typ von Wissenschaftler wie Pierre Duhem einzustufen ist, der dem katholischen Glauben verpflichtet war. In diesem Sinne war Parsons im Hinblick auf das Verhältnis von Glauben und Wissen eher Kantianer. Für Weber gab es jedoch diese Option nicht mehr.

3. Systematisierung

(a) Kritik an der humanistischen Tradition

Einen anderen Zugang zur Funktion der Religion und der religiösen Kommunikation haben wir, wenn wir von Luhmanns Religionstheorie (-philosophie) und Religionssoziologie ausgehen. Er untersucht das Religionssystem am Leitfaden der Differenzierung des Gesellschaftssystem. Damit wird die Religionssoziologie auf die Beobachtung (Beschreibung) der religiösen Kommunikation umgestellt. (Luhmann 2000c). Zur Struktur des Religionssystems Preyer 2018 Bd. III, 220-26) Sie ist nicht mehr an der handlungstheoretischen Analyse der religiösen Reiche des ‚religiösen' Handelns ausgerichtet, sondern wird auf die System-Umwelt-Analyse der gesellschaftlichen Kommunikation und ihre Mitgliedschafts- und Teilnahmebedingungen umgestellt.

Luhmanns Religionssoziologie orientiert den Religionsbegriff nicht mehr an der humanistischen Tradition. Sie zentriert Religion nicht mehr auf den Menschen, sondern auf die Beobachtung von Kommunikation im Bezugsrahmen einer mehrstufigen Kybernetik. (Luhmann 2000c, 12-13) Das ist hervorzuheben, da der methodische Ausgang kein neutraler und objektiv verfahrender Beobachter mehr ist, sondern der Beobachter mit zum Gegenstandsbereich der Soziologie gehört. Das gilt auch für den Beobachter der religiösen Kommunikation. Die religiöse Kommunikation hat die nicht überbrückbare Unterscheidung zwischen psychischen und sozialen Systemen zu berücksichtigen. Die Mitgliedschaft in sozialen Systemen und die Teilnahme an der Kommunikation der Mitglieder als Mitglieder greifen immer nur selektiv auf das Bewusstsein als ihre Umwelt zu. Das hat besondere Auswirkungen für die Differenzierung der religiösen Kommunikation und ihren Code (Welt-Überwelt, Immanenz-Transzendenz). Die gesellschaftliche Kommunikation ist dann religiös, wenn sie die *Immanenz unter dem Gesichtspunkt der Transzendenz* thematisiert. Jede religiöse Kommunikation, soll sich als Kommunikation von Mitgliedern sozialer Systeme restabilisieren, hat aber dabei immer auch eine Mitgliedschafts- und Teilnahmebedingung zu codieren und anzuwenden. Wäre das nicht so, so würde es sich nicht um eine Kommunikation handeln; sie wäre als Kommunikation nicht zu beobachten.

(b) Kybernetik

i. Methodischer Ausgang

Luhmanns Theorieansatz besagt, dass die gesellschaftliche Kommunikation theoretisch anhand einer mehrstufigen Kybernetik zu beschreiben ist. Dabei ist davon auszugehen, dass im Anschluss an die gegenwärtige Systemtheorie die Welt die causa efficiens der Systembildung ist. Die Funktion der Religion in der Systemtheorie ist dann zu erkennen, wenn wir die Relation System-Umwelt-Welt skizzieren. Der methodische Leitfaden dabei ist die Frage: *Wer ist der Beobachter, was unterscheidet der Beobachter?* Die methodische Anweisung lautet demnach: *Beobachte den Beobachter!* Beobachtung ist mit einem Januskopf zu vergleichen. Sie geht in zwei Richtungen. Der Beobachter ist der *blinde Fleck* jeder Beobachtung, der sich selbst unsichtbar macht. In allen Beobachtungen liegen zwei blinde Flecken vor: die *unmarkierte Welt* und der jeweilige *Beobachter* (Interpret). Der Beobachter ist kein *Subjekt*, dem transzendentale Privilegien zukommen, sondern jede Beobachtung ist *selbstimplikativ*, d.h., sie findet in der Welt statt. Insofern hat er sich auf der Innenseite oder der Außenseite als den zwei Richtungen der Beobachtung der von ihm getroffenen Unterscheidungen zu verorten. Jeder Beobachter ist somit eine *Grenze*.

ii. Systemgrenzen

In der systemtheoretischen Systematisierung wird die Unterscheidung zwischen Innen- und Außengrenze von der Innengrenze aus vorgenommen. Grenze ist eine operative Grenze. Sie schützt nicht ein Innen vor einem Außen – sie ist *keine* Membrane –, sondern jede Systemoperation (jedes Systemmitglied) ist von der Systemgrenze gleich weit und gleich nah entfernt, da jede Kommunikation die System-Umwelt-Unterscheidung zu reproduzieren und zu stabilisieren hat. Ein Systemtheoretiker erfasst jedes soziale Ereignis durch die Unterscheidung von System und Umwelt (Beobachtung und Operation). Die Operation vollzieht die Selbstreferenz des Systems. Die Beobachtung ist ihrerseits eine selbstreferenzielle Operation und behandelt die Selbstreferenz als Information. Sie legt somit eine Unterscheidung zugrunde. Innerhalb dieser Unterscheidung lokalisiert die Beobachtung das, was sie beobachtet, auf unterschiedlichen Seiten, z.B. System-Umwelt oder Selbst- und Fremdreferenz. Gesellschaftstheoretisch heißt das, dass jede Beobachtung in der Gesellschaft stattfindet: Der Beobachter vollzieht durch seine Beobachtung zugleich gesellschaftliche Kommunikation, da sie Selbst- und Fremdreferenz voraussetzt.

(c) Mehrstufige Kybernetik

i. Selbst- und Fremdreferenz

Die mehrstufige Kybernetik systematisiert zwei Standpunkte (Einstellungen). Den Standpunkt *in* der Welt und die Distanz *zur* Welt als ein Standpunkt, der etwas außer sich hat (Selbst- und Fremdreferenz, Innen- und Außendifferenzierung). Die wissenschaftliche Betrachtung nimmt jedoch dem Gegenstand seine Einzigartigkeit. Das ist dem Humor vergleichbar, der dem Anderen auch die Einzigartigkeit nimmt. Die sozio-strukturelle Dominanz der Beschreibungsebenen einer mehrstufigen Kybernetik artikuliert sich in den Selbstbeschreibungen der gesellschaftlichen Kommunikation und in ihren Umweltentwürfen. Damit ist auch die Funktion der Religion in der gesellschaftlichen Kommunikation angesprochen. Sofern gesellschaftliche Kommunikation nur über die Beobachtung erster Stufe verfügt, so befindet sich die jeweilige Gesellschaft in ihrem Umweltbezug in einer Nische. Beobachtbar und beschreibbar ist dabei nur der unmittelbare (phänomenale) Umgang mit der Welt, aber nicht mit der Welt, da diese nicht beobachtbar ist. Sie ist erst zu markieren, um beobachtbar zu sein. Das bringt nicht lösbare Probleme mit sich, die als Welträtsel, Geheimnis und die Annahme einer Hinterwelt gegenüber der erlebbaren Welt formuliert wurden. Erst durch die Beobachtung und Beschreibung zweiter Stufe ist erkennbar, was der Beobachter erster Stufe nicht erkennen kann.

Der Umweltentwurf verändert sich in der Situation, in der die gesellschaftliche Kommunikation auf eine Beobachtung zweiter Stufe umgestellt wird. Dieser Vorgang leitet eine Relativierung unserer Alltagsontologie ein. Damit bricht die Semantik von Welt als ein Rationalitätskontinuum zusammen. Der Beobachter zweiter Stufe erkennt die Unterscheidung, die der Beobachter erster Stufe seiner Beobachtung zu Grunde legt. Er kann die Unterscheidung thematisieren, die der Beobachter erster Stufe naiv unterstellt. Auf der Ebene der Beobachtung zweiter Stufe wird die Beobachtung reflexiv (selbstbezüglich). Sie kann erkennen, warum der Beobachter der ersten Stufe eine Transzendenz im Sinne einer unveränderlichen Ontologie annehmen muss, um sich in der System-Umwelt-Relation zu positionieren. Davon sind vor allem die soziologischen Begriffe betroffen, die in der zweiten Hälfte des 19.

Jahrhunderts eine Karriere verzeichnen, z.B. Gemeinschaft und Gesellschaft, Vergesellschaftung und Kultur.

ii. Selbstimplikation

Hervorzuheben ist, dass auch die Beobachtung zweiter Stufe eine Beobachtung ist. Sie spielt sich in der Welt ab und ist dadurch selbstimplikativ. Sofern die Beobachtung zweiter Stufe sich auf ihre Beobachtung der Beobachtung bezieht, wird die Beobachtung der Unterscheidung selbst kontingent, da die Selbstreferenz auf der zweiten Stufe der Beobachtung erkennt, dass die Unterscheidung, die ein Beobachter für seine Beobachtung voraussetzt, auch anders vorgenommen werden kann. Damit betritt der Beobachter die Beobachtung dritter Stufe.[124] Sofern nicht nur die Beobachtung beobachtet wird, sondern auch die Beobachtung der Beobachtung der Beobachtung, erkennt der Beobachter, dass die Beobachtung erster Stufe Abwandlungen (Modifikationen) einer vorausgesetzten Welt sind, die als Horizont mitwandern. Gehen wir von dieser Umstellung der Beobachtung auf höhere Stufen aus, so verändert das die Beobachtung der religiösen Kommunikation als ein differenziertes soziales System. Auf der dritten Stufe der Kybernetik wird die Funktion selbst thematisch, da wir nach der Funktion der Funktion fragen. Die Funktion wird dabei als kontingent gesetzt. Die Antwort darauf könnte sein, dass die Funktion auch anders bestimmt werden könnte. Angesprochen ist damit nicht nur die Thematisierung der Selbstreferenz der religiösen Kommunikation durch ihre Reflexionstheorie, sondern es wird die Entscheidung thematisch, mit welchen Bezeichnungen das Unbezeichnete beobachtet wird.

Mit der mehrstufigen Kybernetik kann sowohl die Unterscheidung zwischen der empirischen Realität und der transzendentalen Idealität der Erkenntnis (Kant) als auch die ontologische Differenz und die Destruktion der Metaphysik (Heidegger) unterlaufen werden. Sie ist eine Dekonstruktion der naiv (in der Alltagssprache) unterstellten

124 Damit wird über die Systematisierung der zweistufigen Kybernetik Luhmanns hinausgegangen. Luhmann deckelt die Aufstufung auf der zweiten Stufe im Hinblick auf den Eigenwert der Teilsysteme: Luhmann 1997, Bd. 2, 1124-1126. Das ist aber nicht zwingend. Diese Selbstblockierung der Beobachtungsebenen ist aufzuheben. Erst dann bekommen wir eine Einsicht in die Selbstkonstitution der sozialen Systeme als Mitgliedschaftssysteme, die sich selbst beobachten, d.h. sie beobachten nicht nur die Mitgliedschaftsselektion sondern die systemtypische Beobachtung von Mitgliedschaft überführt sich erst als Selbstbeobachtung von Mitgliedschaftsselektion in eine Kommunikationssequenz, die ihrerseits als Kommunikation von Mitgliedern von sozialen Systemen zu beobachten ist.

Ontologie, ohne sie in ihrem Bereich außer Kraft zu setzen. Sie gibt aber keine endgültige Ontologie vor, die sich, geheilt durch philosophische Therapie, von sich aus zeigt. Insofern ist die Kybernetik eine Anti-Wittgenstein-II-Systematisierung unseres Weltverständnisses, da sie nicht die Harmonie zwischen Sprache und Welt beschreibt. Es ist dazu anzumerken, dass es eine von Rousseau, Hölderlin ausgehende und bis zu Wittgenstein und in die Gegenwart wirkende Tradition gibt, die die Anomalien der modernen Gesellschaft mit der Unterscheidung des heilen Ursprünglichen, des Verfalls und der Rückkehr zu einem unbeschädigten Ursprünglichen beschreibt. Das ist auch ein romantisches Motiv des Programms der Herstellung von Selbstevidenzen im Alltagserleben. Das hat schon lange nicht mehr überzeugt und gehört selbst zu den Anomalien des kulturellen Programms der Moderne, die von der Anlage her nicht zu beseitigen sind.

iii. Beobachtung religiöser Kommunikation

Mit der Umstellung der Beobachtung auf die zweite Stufe der Kybernetik ist die Funktion der Religion für die gesellschaftliche Kommunikation angesprochen. Dies ist deshalb hervorzuheben, da die Unterscheidung von Funktionen eine Unterscheidung eines Beobachters ist. Es stellt sich somit die Frage „Wer ist der Beobachter, wenn es um die Frage nach der Funktion der Religion geht? Ist der Beobachter ein Mitglied des Religionssystems oder ein Wissenschaftler als ein externer Beobachter?". (Luhmann 2000c, 116) Das ist deshalb von Relevanz, da die externe Beobachtung ohne eine Funktionsbindung auskommt. Wir beobachten religiöse Kommunikation somit nicht aus der Perspektive des Teilnehmers, sondern aus der Perspektive des externen Beobachters. Mit der Frage nach der Beobachtung zweiter Stufe – „Wer ist der Beobachter, der die religiöse Kommunikation erster Stufe beobachtet?" – sind die religiösen Rollen und die formale Organisation als Beobachter der religiösen Kommunikation thematisch. Das ist auch dadurch begründet, dass mit der Zunahme der Komplexität der religiösen Kommunikation auch ihre Instabilität zunimmt. Es bedarf somit einer Beobachtung und Selektion der religiösen Kommunikation, und es sind Selektionswerte zu stabilisieren. Es ist nicht zufällig, dass diese Beobachtung der religiösen Kommunikation, das kann auch eine Selbstbeobachtung sein, zeitlich strukturiert ist, z.B. der Gottesdienst findet am Sonntag um 10 Uhr statt, zu bestimmten Tageszeiten läuten die Glocken, vor dem Essen wird gebetet und die Mitglieder der islamischen Religion führen fünf Mal am Tag auf dem Gebetsteppich ihre Andacht durch, unabhängig davon, an welchem Ort sie sich befinden.

iv. Codierung religiöser Kommunikation

Luhmann hebt hervor, dass die Funktion von Religion darin besteht, dass die religiösen Eliten daran orientiert sind, Vertrautes und Unvertrautes zu codieren. Sie führt Vertrautes in Unvertrautes ein, somit wissen die Gesellschaftsmitglieder, dass sie von Unbekanntem umgeben sind.[125] Die Funktion der Religion ist systemtheoretisch dadurch zu bestimmen, dass sie die System-Umwelt-Relation als einen Leerhorizont thematisiert. Insofern ist kein Horizont jenseits dieses Horizontes und auch kein Sinn, der negiert werden könnte, auszumachen. Es gibt weder für Religion noch für Gesellschaft ein funktionales Äquivalent. Dieser eher religionstheoretische (-philosophische) Zugang ist durch einen soziologischen zu ergänzen. Die religiöse Kommunikation ist ein Beobachtungsmedium der gesellschaftlichen Kommunikation, das in der strukturellen Evolution des Gesellschaftssystems auch dann weiter mitgeführt wird, wenn man ihr keine metaphysische und ontologische Grundlage mehr beimisst. Man braucht nicht zu behaupten, dass sich dadurch der Konflikt zwischen dem religiösen und dem säkularen Weltbild vermindert, aber man gewinnt durch diesen Zugang eine andere Einstufung der Relevanz der religiösen Kommunikation. Das ist deshalb hervorzuheben, weil sich der wissenschaftliche Rationalismus nicht gegenüber der religiösen Kommunikation durchsetzen konnte.

4. Religiöse Kommunikation in den modernen Gesellschaften

(a) Verstärkung religiöser Kommunikation

Die Beobachtungsebene der Kybernetik zweiter Stufe setzt sich erst am Ende des 16. Jahrhunderts durch. Sie hat zu den bekannten Irritationen in der gesellschaftlichen Kommunikation geführt, deren Auswirkungen

125 Luhmann 2000, 83, 266-7. „In ihren Ursprüngen ist Religion am besten zu begreifen, wenn man sie als eine Semantik und Praktik versteht, die es mit der Unterscheidung von Vertrautem und Unvertrautem zu tun hat. Die Unterscheidung wird als Einteilung der Welt begriffen, ohne dass mitreflektiert würde, dass sie für jeden Beobachter, jede Siedlung, jeden Stamm eine andere ist. Indem die Religion das Unvertraute im Vertrauten erscheinen lässt, es als Unzugängliches zugänglich macht, formuliert und praktiziert sie die Weltlage eines Gesellschaftssystems, das sich in Raum und Zeit von Unbekanntem umgeben weiß. Sie kann auf diese Weise, über den Alltag hinausgreifend, in der Gesellschaft für die Gesellschaft Selbstreferenz und Fremdreferenz prozessieren. Sie ist damit „maßgebend“ für die Art und Weise, in der das operativ geschlossene, auf Kommunikation angewiesene Gesellschaftssystem sich weltoffen einrichtet.“ 232.

wir bis in die Gegenwartsgesellschaft beobachten können. Davon ist die Religion betroffen, da für die gesellschaftsstrukturelle Semantik die Beziehung zur Welt und damit zur Schöpfung nicht mehr herstellbar ist. Der Beobachter zweiter Stufe kann erkennen, dass die Unterscheidungen, die den Beobachter erster Stufe anleiten, die selbstreferenziellen Operationen (Unterscheidungen) eines Beobachters sind. In dieser Situation verändert sich die Funktion der Religion, da die religiöse Kommunikation im Hinblick auf die von ihr vorausgesetzten Unterscheidungen zwischen Schöpfer-Geschöpf (Transzendenz-Immanenz, Welt-Überwelt) und Glauben und Wissen beobachtbar wird.[126] Das leitet zwangsläufig eine Irritation der Verwalter der Religion ein, da das Unheil der Welt von ihnen im Licht der Offenbarung und Erlösung kommuniziert wird. Daraus folgt aber nicht, dass Religion, wie es die französische Aufklärungsphilosophie annahm, abstirbt. Das Gegenteil ist der Fall. Die religiöse Kommunikation kann verstärkt auftreten, sich mit Moral verbinden, z.B. im Protestantismus, und damit, gerade durch den Verlust ihres Deutungsmonopols, gegenüber der nichtreligiösen Kommunikation an Gewicht erlangen. Das bedarf einer besonderen Erklärung. Das führt zu der Funktion der Religion in der gesellschaftlichen Kommunikation. Der Umstand wird noch dadurch begünstigt, dass jeder individuell seine Erlösung und sein Seelenheil anstreben kann. Das ist durch die individualistischen Gesellschaftsbeschreibung motiviert.

(b) Funktion der Religion

i. Neufassung

„Die Notwendigkeit von Religion kann mithin nicht auf anthropologischer, sondern nur auf soziologischer Grundlage nachgewiesen werden. Religion löst nicht spezifische Probleme des Individuums, sondern erfüllt eine gesellschaftliche Funktion." (Luhmann 1993a, 349) Wenn wir den Zugang zur Religionssoziologie nicht mehr anthropologisch, sondern kommunikationstheoretisch anlegen, so wird damit nicht bestritten, dass das Bewusstseinssystem eine Umwelt der religiösen Kommunikationssysteme ist und eine Interpenetration zwischen sozi-

126 Zur Kontingenzformel *Gott* Luhmann (2000, 147-226). Luhmann ordnet den Funktionssystemen „Kontingenzformeln" zu (dem Wirtschaftssystem „Knappheit", dem politischen System „Legitimität", dem „Rechtssystem „Gerechtigkeit", dem Wissenschaftssystem „Wahrheit"). Sie erlauben allen Funktionssystemen „Kontingenz-", „Reflexivitäts-" und „paradox/tautologische" Selbstbeobachtungsoptionen. Die Weltreligionen haben aus seiner Sicht mit Kontingenzformeln für die Religion experimentiert.

alen Systemen, Bewusstseins-/mentalen Systemen und neurophysiologischem System vorliegt. Beides, die religiöse Kommunikation und die sozialen Regelungen (Ordnung), sind nicht vom Standpunkt des Bewusstseinssystem zu begreifen und zu systematisieren. (Zur Form und Funktion der Religion: Lehmann 2002, 293-315) Die Differenz zwischen System und Umwelt ist sowohl vom Bewusstseinssystem als Eigenschaft des psychischen Systems als auch von der Mitgliedschaft in sozialen Systemen aus beobachtbar. Damit stoßen wir auf ein Strukturproblem religiöser Kommunikation. Sie kann sich als Kommunikation und als Beobachtung einer Systembildung nur reproduzieren, wenn sie Zeit bindet. Das tritt uns in der Magie, Ritualen und Schöpfungsmythen entgegen. Sofern die religiöse Kommunikation nicht ohne einen Beobachter auskommt, so wird er in die Beobachtung die Unterscheidung von System und Umwelt hineinkopieren. Das heißt aber, alle Teilnehmer an der religiösen Kommunikation haben die Selbst- und Fremdreferenz zu unterscheiden. Davon hängt die Fortführung der religiösen Kommunikation ab.

ii. Religion und Organisation

Der Mitgliedschaftscode (Mitglied/Nichtmitglied) und seine Operationalisierung stabilisieren erst den Ja-Nein-Code und versehen damit die Selbst- und Fremdreferenz mit den erforderlichen Anhaltspunkten für ihre Zuschreibung. Luhmann stellt die Frage, ob nicht eine „Inkompatibilität von Religion und Organisation“ vorliegt. Das braucht man nicht zu bestreiten. Die religiöse Kommunikation ist nicht mit ihrer formalen Organisation und der entsprechenden Mitgliedschaft gleichzustellen. Sie bedarf aber auch immer eines formal organisierten Bezugsrahmens, da sie sich sonst nur situativ und kontingent als eine spontane religiöse Ordnungsbildung ereignet oder als selbstreferenzielles religiöses Erlebnis kommunikativ nicht relevant bleibt. Die Beobachtung von religiöser Kommunikation ist in sozialen Systemen zu markieren, um von den Teilnehmern an dieser Kommunikation wahrnehmbar, erkennbar und erinnerbar zu sein. Sie ist als eine differenzierte Kommunikation zwar von ihrer Organisation zu unterscheiden, aber ihre Restabilisierung als Sequenz in einem Kommunikationssystem bedarf einer formalen Organisation. (Luhmann 2000a, 226-249) Die formale Organisation der gesellschaftlichen Kommunikation verhält sich ergänzend zu der Inklusionsoffenheit der Funktionssysteme. Sie regelt Inklusion und Exklusion durch formale Mitgliedschaftsbedingungen, die zeitlich begrenzt sind. Die religiöse Kommunikation bedarf eines Beobachters und einer Regelung der Zugehörigkeit zur religiösen Gruppe. Die Regelungen schalten Kontingenz aus und erlauben die Projektion von Erwartungserwartungen. Sie wandeln Unsicherheit in Sicherheit um. Das ist nur durch formale Organisation und Hierarchie zu gewährleisten. Gleichzeitig kann sie nicht letztlich ausschließen, dass die Entscheidungen über Zugehörigkeit und ihre Regelung als kontingent erlebt werden.

Von besonderem Interesse waren in Webers, Luhmanns und Parsons Religionssoziologie die organisationelle Vermittlung der religiösen Kommunikation. Das ist durch den Begriff der Gnadensanstalt bei Weber vorgebildet. Luhmann hat in seiner Religionssoziologie dieses Problem zugespitzt, indem er den Zusammenhang von Dogmatisierung der Religion und ihren Organisationsformen herausgestellt. Die Organisationsform ist deshalb für das Religionssystem strukturbildend, da sie die Ausgrenzung von Häresien erlaubt. Die Funktion der Religion als Sinnform verändert sich unter der Voraussetzung von funktionaler Differenzierung dahingehend, dass sie kontingente Themen nur noch auf Transzendenz – für was sie auch immer steht – beziehen und sich reflexiv beobachten kann. Sie ist aber nicht mehr dazu in der Lage eine Integrationsfunktion der gesellschaftlichen Kommunikation zu übernehmen. Es differenziert sich ein Markt für Erlösungslehren, für den es keinen Ausgangspunkt für eine zentrale Organisation gibt.

Die Markierung religiöser Kommunikation in sozialen Systemen heißt, dass sich der Beobachter auf die Selbstbeobachtung und Selbstbeschreibung der religiösen Kommunikation bezieht. Das ist evolutionär erst durch die Hochkulturen eingetreten, in der religiöse Eliten die religiöse Kommunikation durch die Differenz Welt (Immanenz) und Überwelt (Transzendenz) markierten. Die Unterscheidung zwischen sakral (das Geheimnisvolle) und profan (das Weltliche) sowie ihre Institutionalisierung markiert dann die kommunikativ wahrnehmbare Unterscheidung der Reichweite religiöser Kommunikation. Sie geht über die bloße situative Wahrnehmung von System-Umwelt-Beziehungen hinaus. Anzumerken ist in diesem Kontext, dass die Verwerfung der Transzendenz durch den säkularen Humanismus nicht so weit geht, die unendliche Erforschung des eigenen Selbst für unplausibel zu halten, die ihrerseits ungewiss und gegenüber dem aktuellen Erleben und der anschlussfähigen Kommunikation transzendent ist.

iii. Umweltbezug

Die religiöse Kommunikation hat die Funktion, dass sie Unbestimmtes in Bestimmtes überführt. Aus der systemtheoretischen Perspektive können soziale Systeme ihre Umwelt nur kommunikativ beobachten (beschreiben). Sie können aber ihre Umwelt (Natur und Mensch) nicht erreichen. (Fuchs 1994, 15-39) Jede Umweltbeobachtung verfährt aber immer selbstreferenziell. Insofern hat sie immer einen blinden Fleck. Wir können das im Hinblick auf die Religion so formulieren, dass sie als Sinnform durch einen abstrakten Code (Immanenz-Transzendenz) die Differenz von System-Umwelt (*WELT*) bezeichnet. Insofern stellt sich auch nicht die Frage, ob es Gott gibt, sondern ob es religiöse Kommunikation gibt. (Darauf hat Lehmann (2002) hingewiesen) Dabei kann sie unterschiedliche Beziehungen zu den Teilsystemen eingehen. Dazu gehören auch religiöse Organisationen, z.B. die Amtskirche. Im Zuge der Durchsetzung von funktionaler Differenzierung wird Religion zu einer Sache der Entscheidung; sie wird zu einer privaten Angelegenheit. Sie kann jedoch die Kontingenzerfahrung in der gesellschaftlichen Kommunikation nicht mehr kompensieren. Dennoch hat sie eine Funktion: *Sie wiederholt die Wiedereinsetzung der Unterscheidung von System und Umwelt.* Dadurch löst sie Irritationen aus, die sie als Kommunikation zu absorbieren hat. Ihre Funktion liegt nicht in ihr selbst als einem sozialen System, das besondere Mitgliedschaftsbedingungen codiert und programmiert, sondern sie hat eine Funktion für das Gesellschaftssystem und somit für die Mitgliedschaft und Kommunikation in der Gesellschaft. Auch dann, wenn sie von anderen Funktionssystemen diszipliniert wird, braucht das nicht auszuschließen, dass sich unter der Voraussetzung von funktionaler Differenzierung religiöse Kommunikation intensiviert.

(c) Religiöse Semantik

i. Strukturelles Problem

Unter der Voraussetzung funktionaler Differenzierung können auf den Umweltentwurf eines einzigen Teilsystems die anderen Teilsysteme, sei es das Wirtschafts-, Rechts-, politische-, Verwandtschafts- oder Religionssystems, nicht mehr verpflichtet werden. Es gibt in ihr keine Zentralinstanz, sei es der Haushalt oder die Rangordnung, die Inklusion und Exklusion regelt. Dadurch verändert sich auch die religiöse Semantik. Sie reagiert darauf, dass sich der Willkürspielraum der Gesellschaftsmitglieder vergrößert, ohne dass sie in ihrer Selbstreferenz die Teilnahme an der gesellschaftlichen Kommunikation sicher stellen können. Für die religiöse Kommunikation und Organisation stellt sich durch ihre Differenzierung das strukturelle Problem, wie sie ihren Umweltbezug unter der Voraussetzung verarbeiten kann, dass im Fall der funktionalen Differenzierung eine Redundanzunterbrechung eintritt, da sie keinen direkten Zugriff mehr auf die anderen Funktionsbereiche hat.

Das gilt unabhängig davon, in welchem Ausmaß die religiöse Interessenvertretung über Organisation z.B. auf das politische System Einfluss nehmen kann. Insgesamt sollte man davon ausgehen, dass die Differenzierung der religiösen Kommunikation und ihre Organisation zu auffälligen Anomalien in der gesellschaftlichen Kommunikation geführt hat, die gerade dadurch verstärkt werden, dass religiöse Kommunikation die gesellschaftliche Kommunikation nicht binden kann. Der globale Markt der Erlösungslehren ist dafür ein lehrreiches Beispiel.[127] Das ist eine Folge der Durchsetzung funktionaler Differenzierung, die ein Kommunikationssystem etabliert, deren Teilnehmer zwangsläufig die Ebene der Beobachtung zweiter Stufe einnehmen. Damit geht eine weitgehende Indifferenz in der gesellschaftlichen Kommunikation einher. Sie motiviert die Nachfrage nach Kompensationen und symbiotischen Beziehungen als eine besondere Kopplung der psychischen Umwelt sozialer Systeme. Es ist naheliegend, dass, wenn die Ausdifferenzierung der religiösen Kommunikation durch funktionale Differenzierung erzwungen wird, sich dadurch auch eine andere religiöse Semantik einstellt. Es tritt ein Perspektivenwechsel derart ein, dass der Inklusionserfolg – und sei es durch Sozialarbeit – immer mehr über die religiöse Semantik befindet.

ii. Indifferenz

Die religiöse Kommunikation kann unter der Voraussetzung funktionaler Differenzierung nicht mehr die Funktion übernehmen, die Gesellschaft in der Gesellschaft derart zu repräsentieren, dass sie die Rangordnung der stratifikatorischen Differenzierung in eine Überwelt symbolisch verlängerte. Die religiöse Kommunikation kann aber gegenüber nicht-religiöser Kommunikation an Gewicht erlangen, da sie Interpenetrationen zwischen der psychischen Umwelt, den symbiotischen Mechanismen und sozialen Systemen herstellt. Die funktionale Differenzierung der Mitgliedschaftssysteme programmiert zwangsläufig eine Indifferenz, durch die Mitglieder sozialer Systeme fortlaufend irritiert werden. Die Systemdifferenzierung impliziert immer eine Indifferenz der Systeme gegenüber ihrer Umwelt. Das ist dadurch begründet, dass die Informationsverarbeitung und die Beobachtung von Systemen immer selektiv ausfällt und zu gestalten ist. Das gilt bereits für kleine soziale Systeme. Das begünstigt als Kompensation ein ganzheitliches

127 Münch (1991, 65-84, 151-55). Münch neigt dazu, die „New Age"-Bewegung als einen „Rückfall in Lutherische Innerlichkeit" und einen „asiatischen Traditionalismus" zu interpretieren, die Ausdruck einer religiösen Anomie (Regellosigkeit) sind. Siehe auch die Beiträge in Gabriel (1996).

Denken und religiöse Sekten, deren Erlösungsversprechen vorgeben, die Systemdifferenzierung kompensieren zu können. Dieser Vorgang spielt sich aber selbst in sozialen Systemen ab, dem religiösen Markt der Erlösungslehren, auf dem das Okkulte und Ganzheitliche gehandelt wird. Gerade das ganzheitliche ökologische Denken stellt einen Holismus von Welt und Überwelt her, es kann aber die System-Umwelt-Relation nicht negieren. Es ist auffallend, dass das ökologische Denken und die asiatische Philosophie immer einen Guru (einen Meister) haben. Er ist es, der die Gnade/Erlösung/Heilsversprechen spendet und in die Beobachtung der Differenz zwischen System und Umwelt die Einheit einführt. Der Beobachter zweiter Stufe kann aber erkennen, dass die Organisation dieser sozialen Bewegungen die Differenz zwischen System und Umwelt in ihrer Organisation durch die Unterscheidung von Dazugehörigen und Nichtdazugehörigen (Insider-Outsider) reproduziert. Sie restabilisieren sich somit durch die Grenzziehung nach außen.

iii. Religiöser Weltbezug

Eine andere Frage ist, welche Funktion der religiösen Kommunikation unter der Voraussetzung funktionaler Differenzierung und Spezifikation zukommt. Religiöse Kommunikation wird in eine defensive Position gedrängt. Das hängt damit zusammen, dass der religiöse Weltbezug seine gesamtgesellschaftliche Bedeutung verliert. Durch Funktionsdifferenzierung wird eine Dezentrierung des Gesellschaftssystems eingerichtet. Das veränderte die gesellschaftliche Kommunikation. Damit geht einher, dass auf die Gesellschaftsbeschreibung der einzelnen Funktionssysteme die anderen nicht mehr verpflichtbar sind. Das gilt ganz unabhängig davon, mit welchem Anspruch sie auftreten, z.B. als moderne (aufgeklärte) Gesellschaft, als Wirtschafts- oder als Wissenschaftsgesellschaft. Unter dieser Voraussetzung hat Religion zu verkraften, dass sie eine Sache der Entscheidung ist, die auch ablehnend ausfallen kann. Dazu kommt, dass sich die Funktionssysteme auf eine Beobachtung zweiter Stufe umstellen, z.B. im Wissenschaftssystem durch Veröffentlichungen, im Wirtschaftssystem durch den Markt, im politischen System durch die Öffentlichkeit und im Rechtssystem durch die Orientierungen an der Rechtsprechung. Das sollte man aber nicht falsch interpretieren, da sich unter dieser Voraussetzung die religiöse Kommunikation auch verstärkt. Die Kontingenzsetzung der Teilnahme an der religiösen Kommunikation trägt gerade dazu bei, dass religiöse Kommunikation in die gesellschaftliche Kommunikation inkludieren kann. Zwar trägt die Kosten der Auflösung der Verbindung von Moral und Religion als Verlust eines Deutungsmonopols die Religion, sie kann sich aber dadurch breiter symbiotisch an die gesellschaftliche Kommunikation ankoppeln. Historische Beispiel dafür sind die freien Assoziationen der Religionsgemeinschaften z.B. in den Vereinigten Staaten von Amerika. Das hat Parsons hervorgehoben.

(d) Formwandel

In der gegenwärtigen Kommunikation der Markierung der Systemmitglieder beobachten wir – schon seit einiger Zeit – einen Vorgang, der quer zu einem Strukturmerkmal funktionaler Differenzierung verläuft. Sie war in ihrer klassischen Beschreibung (harter Kern der klassischen Modernisierungstheorie) davon ausgegangen, dass mit struktureller Differenzierung ein Schub einer Generalisierung der Semantik von Symbolordnungen eintritt, d.h., es stellt sich eine Orientierung an Rationalismus und Universalismus ein.[128] Diese Selbstbeschreibung der gesellschaftlichen Kommunikation kann mittlerweile nicht mehr überzeugen. Demgegenüber beobachten wir immer mehr Synkretismen und Hybridisierung (Global Melange: Nederveen-Pieterse 2004). Das betrifft den Formwandel der religiösen Kommunikation. Religionstheoretisch ist das deshalb relevant, da wir daran erkennen, dass sich keine Generalisierung der Einheitssymbolik der religiösen Kommunikation einstellt.

5. Neuverortung der religiösen Kommunikation

(a) Aristotelischer Gesellschaftsbegriff

Die Theorie sozialer Systeme in der Tradition Luhmanns hat die Aristotelische Alteuropäische Tradition beendet. Sie besagt, dass Menschen Teile sozialer Systeme sind. Die konstitutive Relation sozialer Systeme ist im Unterschied dazu ihre System-Umwelt-Relation. Diese Relation ist nicht kontingent, da es kein System ohne eine Umwelt gibt. Das Bewusstsein ist eine Eigenschaft mentaler Systeme. Menschen können keine Mitglieder sozialer Systeme sein, da ihre Innenselektivität der Gewährung von Teilnehmerrollen an der gesellschaftlichen Kommunikation die Entscheidung über Mitgliedschaft ist. Kommunikation kann sich nur sehr selektiv beobachten und restabilisieren. Sie kann das nur,

128 Ein Fortschritt in der Analyse des kulturellen Programms ist dadurch eingetreten, dass man sich zunehmend seiner Paradoxien bewusst wurde, die von der Anlage her nicht zu beseitigen sind. Dazu Münch 1991, 27-84; zu den Revisionen der Moderne: Preyer 2018, Bd. 1, 287-302).

wenn Selbstreferenz und Fremdreferenz durch sie prozessualisiert wird. Wenn wir von dieser Annahme ausgehen, dann gehen wir von anderen Voraussetzungen des Verständnisses der humanistischen Tradition und der Theorie der Subjektivität aus, da die Intersystem-Relation durch die doppelte Kontingenz bestimmt ist. (Zur doppelten Kontingenz: Luhmann 2004, 148-90) Daran schließt sich aus meiner Sicht das Problem an, an welcher Stelle wir die Subjektivität als basale Selbstreferenz in der System-Umwelt-Relation platzieren. Das ist für die Beobachtung religiöser Kommunikation informativ. Subjektivität stellt eine unmittelbare Beziehung zu sich selbst dar. Sie ist aber keine Selbstermächtigung, sondern in meiner Selbstbeziehung bin ich mir zugleich entzogen. Das trifft auch auf die religiöse Kommunikation zu.

(b) Umwelt sozialer Systeme

Henrich hebt hervor, dass die Verfassung der Subjektivität darin besteht, dass das *Was* des unmittelbaren Bewusstseins vorbegrifflich und das *Wie* dieses Bewusstseins selbst unmittelbar ist. Diese Verfassung externalisiert sich selbst als Intentionalität des Bewusstsein-Bewusstsein von ___. Es ist zugleich ein Sich-selbst-Erschlossensein (Selbstgegenwärtigsein), dessen sich der Sprecher in der ersten Person Singular bewusst ist. Bei dem unmittelbaren und präreflexiven Bewusstsein findet keine Unterscheidung zwischen dem Bewusstsein von mir selbst als ein Bewusstsein über mich (das *Was* des Selbstbewusstseins als nicht relational und nicht begrifflich) und das *Wie* dieses Bewusstseins als seine unmittelbare Vertrautheit mit seinen mentalen Zuständen statt. Erst durch die Unterscheidung wird uns die Verfassung des Selbstbewusstseins als nicht relational bewusst. (Henrich 2007, 23-36)

Die Grenzen sozialer Systeme fallen sowohl in das Bewusstsein der mentalen Systeme als auch in den Bereich der Entscheidung über Mitgliedschaft in sozialen Systemen. Das Bewusstsein als Umwelt sozialer System trägt seinerseits zu ihrer Reproduktion durch eine Irritation der mitgliedschaftsbestimmten sozialen Systeme bei. Die sozialen Systeme sind aber immer davon abhängig, was das Bewusstseinssystem durch seine eigenen Operationen prozessualisieren und somit absorbieren kann. Beide System stehen in einer System-System-Relation. Sie können sich aber durch ihre eigenen Operationen nicht erreichen. Ohne die präreflexive Bindung von mentalen Zuständen vermag das Bewusstseinssystem keine hohe Komplexität aufzubauen. Diese Komplexität kann soziale Systeme penetrieren und dadurch irritieren. Das ist eine Erklärung dafür, dass Subjektivität nicht über sich selbst absolut disponieren kann. In die Teilnahme an Kommunikationen haben alle Bewusstseinsleistungen reduziert einzugehen und die Bewusstseinsoperationen sind selbst zeitbestimmt. Sie operieren über ein selektives Erinnern, das immer auch ein Vergessen einschließt. In diese Situation ist die Beziehung zwischen Menschen als Bewusstseins-/mentale/organische/physische Systeme als eine symbiotische Beziehung einzuordnen, z.B. Intimität, Gewaltgebrauch, Wahrnehmung und Bedürfnisbefriedigung.

(c) Selbstbestimmung

In der System-Umwelt-Relation zwischen dem mentalen/organischen/physischen System und den sozialen Systemen ist das Problem der existentialen Selbstbestimmung einzuordnen, über das der Konsequenzialismus nicht disponieren kann. (Zum Konsequenzialismus Henrich 2007, 285-93, zur Kritik am Konsequentialismus vor allem Nida-Rümelin 1995, 46-52). Die Selbstbestimmung als ein Existential ist dann gefordert, wenn die System-Umwelt-Relation in ihren *Ausnahmezustand* eintritt, d.h. in der Situation, in der die Differenz zwischen System-Umwelt nicht entschieden ist. (Zur Selbstbestimmung: Tugendhat 1979, 29-30, Henrich 2007, 339-351) Sie kann deshalb unter dieser Voraussetzung auch nicht beobachtet werden. Aus der Perspektive des Bewusstseins heißt dass, dass es sein unmittelbares Bewusstsein von sich selbst nicht externalisieren kann. Die System-Umwelt-Differenz ist erst dann beobachtbar, wenn die Unterscheidung zwischen System-Umwelt und Mitgliedschaft-Kommunikation fortlaufend in der Zeit als eine nicht zu negierende Entscheidun getroffen wird. Der Ausnahmezustand schließt aus, indem er einschließt, d.h., dass die Entscheidung über den Ausnahmezustand die Bestimmung des Unbestimmten ist, d.h. der Übergang in die Systembildung. (Ortmann 2003, 94-96) Sie ist in den Systemalltag eingeschlossen und liegt innerhalb des Geltungsbereichs sozialer Systeme. Jedes Mitglied eines sozialen System ist als ein Ich selbst solitär und kann sein Bewusstsein nicht in die Umwelt verlängern und nicht aus ihm heraustreten. Mein Leib ist kein Teil sozialer Systeme, sondern er gehört zu ihrer Umwelt. Jeder Ich-Sager ist sich aber auch deshalb entzogen, da das Bewusstsein nicht (vollständig) für ihn selbsttransparent ist. Dabei ist aber auch im Blick zu behalten, dass keine Kommunikation und kein Gesellschaftssystem ohne eine Zuschreibung auf offensichtliche Leib- und Naturbewegungen auskommen kann. Das wird sozusagen durch die System-Umwelt-Beziehung erzwungen.

(d) Existenzbewusstsein und Religion

Die Bewusstseinsanalyse ist erkenntnistheoretisch in der System-Umwelt-Differenzierung als eine Existentialphänomenologie zu platzieren. Wenn wir davon ausgehen, dass die Selbstreferenz (Subjektivität) des Bewusstseins nicht absolut über sich selbst disponiert, so gewinnen wir dadurch einen anderen Zugang zur Funktion der Religion in der System-Umwelt-Relation zwischen dem Bewusstseins- und den sozialen Systemen. In der religiösen Erfahrung und Praxis sind wir uns immer auch entzogen, das gilt vermutlich auch für die ästhetische Erfahrung und die Kunst, da wir unsere Selbstbestimmung mit der Welt – somit des anderen von uns selbst –, zusammenfügen. Der Problembezug ist dabei, dass wir zur Welt keinen Zugang haben und wir über sie nicht verfügen können. Insofern erleben wir diese Situationen immer auch als eine kontingente Situation. Wir können aber die System-Umwelt-Relation nicht negieren, ohne in den Ausnahmezustand einzutreten, den wir durch die Selbstbestimmung zugleich verlassen. Durch sie treten wir immer in eine Beziehung der Selbst- und Fremdreferenz ein. Das führt zu dem Luhmann-Zitat, das dem Kapitel vorangestellt ist, zurück: *Die Rückbindung des Unbezeichenbaren an das Bezeichenbare – das ist, in welcher kulturellen Ausformung immer, im weitesten Sinne „religio“.* Religiöse Kommunikation ist somit eine umweltbezogene Kommunikation in der Gesellschaft. Ihre Umwelt ist die Unbestimmtheit der in der sozio-strukturellen Evolution bestimmten Welt. Sie kommt aber nicht ohne einen Beobachter aus. Damit geht einher, dass für die Mitglieder sozialer Systeme die nicht überbrückbare System-Umwelt-Relation durch eine Unterscheidung, z.B. immanent-transzendent, markiert und kommuniziert wird. Das gilt unabhängig davon, in welchen organisationellen Rollen sich die Kommunikation vollzieht.

(e) Reflexionstheorie

Was könnte das für die Theologie als Reflexionstheorie des Religionssystems heißen? (Luhmann 1993a, 353-357) Der Theologe beobachtet anders als der Soziologe. Gehen wir von der existenzialen Selbstreferenz in der System-Umwelt-Relation aus, so liegt es nahe, dass der Theologe die Reflexionstheorie auf die Unterscheidung Gott-Welt einstellt. Er bezeichnet das Unbezeichenbare durch Gott als Transzendenz, auf die er die Immanenz bezieht. Sofern wir die Funktion der religiösen Kommunikation auf die Rückbindung des Unbezeichenbaren an das Bezeichenbare beziehen, so gewinnt die Reflexionstheorie der religiösen Kommunikation einen größeren Freiheitsspielraum. Vor allem kann sich die Theologie von der Fusion zwischen religiöser Kommunikation und Kosmologie distanzieren. Das könnte der Gewinn sein, den sie durch diese Umstellung für sich verbuchen kann. Der Theologe hat selbst zu entscheiden, wie er die Bezeichnung des Unbezeichneten beobachtet. Insofern kommt die Theologie nicht ohne einen Beobachter aus. Es ist aus seiner Sichtweise der Beobachtung von religiöser Kommunikation konsequent, dass er den Beobachter unsichtbar macht. Diesbezüglich kann er aus der selbstreferenziellen Operation der religiösen Kommunikation nicht heraustreten. Hilfreich könnte die existentiale Reflexion religiöser Kommunikation auch für den Theologen im Hinblick auf die Codierung der Moral sein, da er Liebe nicht mehr an Moral zu binden genötigt ist. Insofern werden wir uns auch durch Religion (und Kunst, indem sie Weltsichten gestaltet, im günstigen Fall auch durch Wissenschaft) unserer Erkenntnisgrenzen bewusst, da religiöse Kommunikation den der Subjektivität und jedem sozialen System entzogene Lebensgrund mit einer Lebenspraxis (Kommunikation) zusammenführt.

6. Folgeprobleme

(a) Kommunikationstheoretische Wende

Die religiöse Kommunikation und die religiösen Interessen sind in der Gegenwartsgesellschaft vielfältig. Sie reichen von Sekten, der Stärkung der Hochreligion des Islam und dem Interesse von Intellektuellen an Spiritualität bis hin zu einer Wiederbelebung des Glaubens an Engel.[129] Zudem beobachten wir religiöse Diffusionen, z.B. die Verbreitung des Buddhismus im Westen und die Einwanderung des Islam in Westeuropa. Für die Interpretation der Verstärkung der religiösen gegenüber der nichtreligiösen Kommunikation durch eine Interpenetration zwischen psychischen System, symbiotischen Mechanismen und sozialen Systemen spricht vor allem, dass die neuen Sekten den Körper und die Bewusstseinsentleerung in den Mittelpunkt ihrer Heilsversprechen stellen. In der Halluzination mag man die System-Umwelt-Relation negieren können, aber nicht in der religiösen Kommunikation als Vollzug

129 Zu erwähnen ist in diesem Kontext, dass in der christlichen Trinitätslehre die Souveränität Gottes zurücktritt. Die Engel übernehmen die Rolle des Erzwingungsstabs Gottes, da ihnen die Regelung der Welt obliegt. Dazu im Hinblick auf die politische Theologie Agamben (2010).

der gesellschaftlichen Kommunikation. Sie kann es nur geben, wenn sich ihre Teilnehmer beobachten. Gerade in den gegenwärtigen religiösen Sekten spielt die Beobachtung der Beobachtung eine Rolle, da sie durch den Guru als Zentralbeobachter gesteuert ist, den wiederum die Sektenmitglieder beobachten.

Wenn wir die kommunikationstheoretische Wende in der Religionsphilosophie und Religionssoziologie vollziehen, dann beobachten wir religiöse Kommunikation vom Standpunkt der Mitgliedschaft in sozialen Systemen. Wir gehen dann nicht mehr davon aus, dass diese religiöse Kommunikation eine systemexterne Orientierung hat, sondern die Unterscheidung zwischen Welt und Überwelt wird von einem Beobachter/Sprecher/Gruppen-/Organisationsmitglied markiert. Die religiöse Kommunikation beobachtet und kommuniziert dann immer eine Grenze und eine Negation. Das gilt unabhängig davon, ob die Grenzziehung erlebnisnah und wahrnehmungsnah gezogen wird oder über eine schriftliche Tradition kommuniziert und sakral und organisationell verwaltet wird. Sie ist auch nicht davon betroffen, ob die Heilsgüter kraft persönlicher Offenbarung oder kraft Amtes gespendet werden. Beides gibt es nur als Sequenz gesellschaftlicher Kommunikation, die religiöse Kommunikation differenziert und der gesellschaftlichen Selbstbeobachtung aussetzt. Insofern empfiehlt es sich, vom Standpunkt der soziologischen Theorie, Religion als Kommunikation zu untersuchen. Ein Theologe wird religiöse Kommunikation anders thematisieren. Das ist gar nicht zu kritisieren, da er religiöse Kommunikation anders beobachtet. Es gibt deshalb keinen exklusiven Standpunkt, von dem aus der Anspruch von religiöser Kommunikation und Beobachtung zu thematisieren und zu bewerten wäre. In der modernen Gesellschaft drängt sich aber auf, dass die Unplausibilität von religiöser Kommunikation, die durch das Wissenschaftssystem verbreitet wird, die Religion selbst betrifft und von ihr nicht ausgeglichen werden kann. Sie bleibt Privatsache und insofern der kontingenten Entscheidung der Mitglieder sozialer Systeme überlassen.

(b) Überleben des Theismus

Die Zukunft der Religion ist unter der Voraussetzung funktionaler Differenzierung und eines zunehmenden Marktes der Erlösungslehren schwer vorhersehbar. Die Konsequenz daraus ist, dass die Glaubwürdigkeit des Glaubens nur noch subjektiv zu gewährleisten ist. Das führt zu einer Dramatisierung der Inklusionen und Exklusionen des Religionssystems. Es wurde auch bereits die Frage gestellt, ob wir einer

Religion ohne Gott entgegengehen. (Guéhenno 1994) Es lässt sich beobachten, dass religiöse Kommunikation mit der Übernahme von Ritualen und Traditionen einhergeht und zu einem Medium der Zugehörigkeit wird. Sie wird zu einem Trennungsmedium zwischen Freund und Feind, und die Mitglieder der religiösen Gruppen akzeptieren sie als gewünschten Zwang. Schwer lässt sich auch bei den gegenwärtigen Veränderungen der religiösen Kommunikation entscheiden, ob der Beobachtergott des Theismus auf dem globalen Markt der Erlösungslehren überleben wird. Damit ist die religiöse Kommunikation der nächsten Gesellschaft angesprochen,in der wir uns bereits befinden. Wir können dabei nicht ausschließen, dass zunehmend das, was als Überwelt aufgefasst und bestimmt wird, der Selbstbeobachtung des Religionssystems überlassen bleibt. (Zur nächsten Gesellschaft: Baecker 2007a, Münch 1998, Preyer/Krauße 2020) Das wäre dann eine historische Erbschaft der grundlegend veränderten Situation der religiösen Kommunikation, die sich in der modernen Gesellschaft eingestellt hat. Wir sollten davon ausgehen, dass weder der säkulare Humanismus in seinen Variationen gänzlich verschwindet noch die religiöse Kommunikation abstirbt. Es werden sich fortlaufend neue Typen der Religiosität ausbilden.

Auf dem gegenwärtigen Forschungsstand sollte man davon ausgehen, dass die Wissenschaft nicht die Letztzuständigkeit für die Unterscheidung zwischen System und Umwelt für sich in Anspruch nehmen kann. Die Überlebensfähigkeit der Religion könnte darin bestehen, dass sie den nicht-bezeichnenden Letzthorizont (Welt) durch die Codierung der Unterscheidung von Immanenz und Transzendenz und seine Mitführung als Fremdreferenz der Kommunikation thematisiert.[130] Die religiöse Kommunikation kann insofern in eine Differenz zur Gesellschaft treten, und sie kann sich nur unter dieser Voraussetzung beobachten, indem sie die Unterscheidung von vertraut-unvertraut in die Kommunikation einführt. Aus soziologischer Sicht hat das eine Nähe zu Webers Religionsoziologie, da die Vertreter der religiösen Orientierung gegenüber der Welt, die Unterscheidung von Welt und Überwelt für die Mitglieder religiöser Gruppen verwalten.

(c) Andere Fragestellung

Der Neuanfang in der Religionsphilosophie und der Religionssoziologie wird durch eine andere Fragestellung ausgelöst. Insgesamt ist es nicht

130 Zur Codierung der Religion: Luhmann 2000, 53-146. Ein Code ist eine Leitunterscheidung. Durch ihn identifiziert ein System sowohl sich selbst als auch seine Beziehung zur Welt.

mehr fruchtbar, die Kommunikation mit dem säkularen Humanismus über eine Antwort auf die Frage „Gibt es einen Gott" fortzuführen.[131] Auch dann, wenn die Astrophysik keine Evidenz für die Existenz eines Schöpfergottes bereitstellt und nicht bereitstellen kann, so sollten wir die Frage vom Gesichtspunkt der Beobachtung von religiöser Kommunikation anders stellen. Die Mitglieder sozialer Systeme können zwar als einzelne Mitglieder Atheisten sein, aber der gesellschaftstheoretische Problembezug ist, ob sich die gesellschaftliche Kommunikation ohne religiöse Kommunikation reproduzieren kann. (Luhmann 1993a, 349-350) Das Problem ist theoretisch zu bearbeiten, ohne dass von dem Theoretiker erwartet wird, dass er selbst eine religiöse Bindung eingeht. Damit stoßen wir auf das Problem, dass es durchaus sein könnte, dass nur die Gesellschaftssysteme evolutionär überleben können, welche die religiöse Kommunikation ihrer Mitglieder verstehen, verarbeiten und nutzen können. Die gesellschaftliche Kommunikation hat immer ihre System-Umwelt-Differenz zu markieren. Das ist aber kein Ereignis in der Welt, sondern in Mitgliedschaftssystemen, die sich dadurch der Selbstbeobachtung aussetzen. Die Untersuchung der Funktion der Religion wäre unter diesem Gesichtspunkt fortlaufend als ein kommunikatives Ereignis zu interpretieren, das sich in sozialen Systemen ereignet, die sich nur zeitpunktbezogen reproduzieren können und dadurch Mitgliedschaft und Erwartungserwartungen binden.

Ein systemtheoretisch existential phänomenologischer Zugang zur Funktion der Religion bringt eine Beobachtung (Beschreibung) religiöser Kommunikation zum Zuge, welche die Wirkungsgeschichte der Religionskritik der Aufklärung hinter sich lässt. Die Einsicht in den Problembezug der religiösen Kommunikation ist ganz unabhängig davon, ob man über eine „religiöse Musikalität" (Weber) verfügt. Eine Frage drängt sich aber beiden gegenüber auf, die Luhmann immer wieder gestellt hat: „Was macht man mit dem Teufel?". Die Frage liegt nahe, da das Symbolische das Diabolische immer mit sich führt. Wir können die Frage auch so stellen: „Was macht man mit dem Beobachter?". Sofern

131 Das betrifft vor allem die Kommunikation mit dem „Neuen Atheismus" im Anschluss an das Buch von Dawkins (2006). Von dieser Seite sind keine neuen Argumente vorgebracht worden. Die Adresse dieses Buches ist (vermutlich) das amerikanische Publikum. Die Gesellschaft der Vereinigten Staaten ist nicht atheistisch. Vermutlich glauben 80 % der Bevölkerung an einen christlichen Gott. Aus der Sicht des Jahres 2021 haben sich die Gemüter in Sachen der Aufregung über die „Wiederkunft der Religion" beruhigt. Die religiöse Kommunikation und der Aberglaube sind aber nicht verschwunden.

wir nicht von religiösen und politischen Fundamentalisten sowie ihren jakobinischen Programmen dominiert sind, so haben wir (immer noch) die Option, darüber anders zu denken.

Ausblick
Gesellschaftstheorie

1. Dehumanisierung

(a) Abschied von der Tradition

Luhmann begründet den Ausschluss des Menschen aus der Soziologie damit, dass es bessere theoretische Ansätze gibt, z.B. die moderne Kybernetik, um die Struktur und die Folgeprobleme des modernen Gesellschaftssystems zu untersuchen, als die Annahme eines menschenzentrierten Gesellschaftsbegriffs. Das betrifft das Problem „Wie entsteht aus einer Gleichverteilung oder einer relativ diffusen Lage eine relativ unwahrscheinliche Struktur?“ (Luhmann 1995 a, 270). Baecker (2007 a, 165) hebt z.B. hervor, dass die Semantik „Mensch, Individuum, Subjekt und Person ... so gebaut (ist), dass sie als Adresse für differenzierte kommunikative Erwartungen, Ansprüche und Zumutungen in Frage (kommt), wenn auch als Adresse, die kommunikativ wesentlich auch mit der Fähigkeit des Ablehnens von Kommunikation, des Nichtverstehens, des Nichtmitmachenwollens, der Verweigerung, ja sogar der Unerreichbarkeit ausgestattet ist“. Es ist auch an dieser Stelle anzumerken, dass die anthropologisch orientierte Soziologie keine neue Einsicht für die Analyse der soziologischen Theorie bereitstellt. Das gilt z.B. auch für die Kultursoziologie. (Zu dem Problembezug: Luhmann (1995 c, d, 155-168, 265-274. Zu einer Luhmannianischen Problembearbeitung: Brücher (2004 a, b).

Die soziologische Theorie sollte davon ausgehen, dass soziale Systeme nicht Menschen zu ihren Bestandteilen haben. Sie gehören zu ihrer Umwelt. Ihre Binnenselektivität greift immer selektiv auf diese Umwelt zu. Mittlerweile erkennen wir, dass die humane Finalisierung der gesellschaftlichen Kommunikation der blinde Fleck der Selbstbeobachtung des modernen Gesellschaftssystems ist. Die Dehumanisierung des Gesellschaftssystems hat sich zwangsläufig im Zuge der Durchsetzung der funktionalen Differenzierung eingestellt. Die funktionale Differenzierung etabliert neuartige Grenzziehungen in der gesellschaftlichen Kommunikation, da sie über Inklusion und Exklusion die Mitgliedschaft und die Teilnahme an den Funktionssystemen über ihre formale Organisation reguliert. Damit geht einher, dass die differenzierten Funktionssysteme auch ihre eigene Unordnung vermehren und sich zugleich gegen sie abschotten können. Die dadurch veränderte Grundsituation ist derart verfasst, dass die Funktionssysteme nicht mehr im Namen der Gesellschaft sprechen können. Sie könnten sich nur noch gegenseitig irritieren. Im Hinblick auf die dominanten Strukturen der Mitgliedschaftsordnungen des Gesellschaftssystems der Weltgesellschaft könnte es sich herausstellen, dass sich funktionale Differenzierung nicht mehr lohnt und ihre Rationalitätsvorteile unplausibel werden. Das würde bedeuten, dass wir uns in einer Situation befinden, in der sich evolutionär neue System- und Mitgliedschaftsordnungen differenzieren. Der gegenwärtige Forschungsstand legt es nahe, den Begriff der Weltgesellschaft durch den der „Gesellschaft von Gesellschaften" mit ihren Mitgliedschaftsordnungen zu ersetzten. (Preyer, Sussman 2016c)

Die funktionale Differenzierung der modernen Gesellschaft führt eine Vollinklusion der Mitglieder der großen Funktionssysteme herbei, die durch ihre formale Organisation begrenzt wird. Insofern wiederholt sich in jedem Funktionssystem die Differenz zwischen Inklusion und Exklusion. Jedes Gesellschaftsmitglied kann z.B. am wirtschaftlichen Austausch teilnehmen, aber seine formale Organisation begrenzt seine Teilnahme durch die Anforderungen an die Beschäftigungsprofile von Unternehmen. Insofern wird eine Differenzordnung von Inklusion und Exklusion eingerichtet, die durch keine Gerechtigkeit zu überbrücken ist. Eine gesellschaftstheoretische Analyse kann uns darüber belehren, dass „Gerechtigkeit" eine Kontingenzformel des Rechtssystems ist, durch die sich die Rechtsprechung durch Entscheidung selbst bindet. Sie beruht auf keiner Werteordnung, sondern auf den Grundrechten als Institution (Luhmann). Sie sind keine Einheitsformel der gesellschaftlichen Kommunikation und können es nicht sein. Kein Verfassungsrichter hat diesbezüglich einen privilegierten Zugang zu dieser postulierten Werteordnung, sondern die Rechtsprechung jedes Verfassungsgerichts kann sich nur durch Entscheidung in ihrem Bezugsrahmen selbst binden. Das belegt ex negativo im Fall der deutschen Verfassungsgerichtsbarkeit das Postulat der Güterabwägung im Unterschied zum Abgrenzungsmodell, das z.B. einen „kategorialen Eigentumsschutz" als Prämisse der Entscheidungsfindung als Einheitsformel der Rechtsfindung voraussetzt. Die Grund-/Menschenrechte als Ansprüche auf „Leben und Sicherheit", „Eigentum", „freie Rede", „freie Assoziation", „Privatheit" und „Glaubensfreiheit", welche die Freiheit zum Unglaube einschließt, sind, entgegen ihrer wohlfahrtsstaatlichen Interpretation, nur als Negativrechte zu interpretieren. Sie können gerade keine soziale Gerechtigkeit etablieren, da sie nicht einklagbar ist. Die Inklusionsansprüche von sozialen Gerechtigkeitsforderungen können nur eine Sache der Sozialpolitik sein, die an eine günstige wirtschaftliche Entwicklung verwiesen ist. Eine wohlfahrtsstaatliche Interpretation von Grundrechten hat das Rechtsystem nicht nur überfordert, sondern auch durch die Überproduktion von Gesetzen von Seiten des politischen Systems in einen anomischen Zustand versetzt. Dadurch hat sich eine Situation eingespielt, dass der Verfassungstext nicht mehr von sich aus zu interpretieren ist, sondern nur noch mit dem Kommentar zur Verfassungsrechtsprechung. Daran erkennen wir ihre Selbstbindung durch Entscheidung und nicht durch eine Werteordnung oder apriorische Prinzipien.

In der Gesellschaftstheorie werden wir erst dann einen weiteren Erkenntnisfortschritt erreichen, wenn wir die theoretische Beobachtung (Beschreibung) sozialer Systeme auf die Beobachtung der sich selbst beobachtenden sozialen Systeme als Mitgliedschaftssysteme umstellen. Sie beschreibt dann die Entscheidungen über Mitgliedschaft, durch die sich soziale Systeme selbst beobachten.[132] Die Entscheidung über Mitgliedschaft ist nicht steuerbar, sondern nur evolutionär variierbar. Das überführt die Theorie sozialer Systeme in die Evolutionstheorie.

(b) Selbstbeschreibung

Die soziologische Theorie sollte sich daran orientieren, dass eine komplex genug ansetzende Selbstbeschreibung der gesellschaftlichen Kommunikation in der sachlichen, der zeitlichen und der sozialen Dimension darzustellen ist. Diese führt aber nicht zu einer Einheitsformel, sondern zu einer Redeskription (Neu-/Wiederbeschreibung) der Kondensate der Selbstbeschreibung. Dabei wird nicht behauptet, dass der vorausgesetzte Bereich der Selbstbeschreibung leer ist. Es sind Beschreibungen von Beschreibungen von selektiven kommunikativen Ereignissen. Sie „flaggen" die Handlungen in der System-Umwelt-Differenz. Das setzten wir dabei voraus.

1. In der *sachlichen* Dimension stellt sich dann für die Selbstbeschreibung das Problem der Selektion von Systemreferenzen. Das führt zu dem Folgeproblem der Einnahme der Position des Beobachters zweiter Stufe und der damit einhergehenden Entscheidung, von welcher Systemreferenz aus sie ihre Fremdreferenz als Umwelt einstuft.
2. In der *zeitlichen* Dimension thematisiert die Selbstbeschreibung, dass die Zeit als historischer Prozess systemgeschichtlich zu fassen ist.

132 Für Soziologen ist es dabei trivial, dass die strukturelle Selektion der Mitgliedschaft und Karrierechancen über die soziale Schichtung verläuft. Sie ist die Prestigeordnung der Mitgliedschaftsselektion.

Ereignisse sind dann die Diskontinuierung der historischen Zeit, die selbst historisch ist, d.h. eine Zeitsequenz in der Systemgeschichte. Die Kontinuierung des Systemprozesses bei gleichzeitigem Zerfall verweist auf die Überschussproduktion, z.B. der Verbreitungsmedien, und seine fortlaufende Variation, Selektion und Restabilisierung als passende Strukturbildung und die kognitiven und kontrafaktischen Erwartungsprojektionen der Mitglieder sozialer Systeme.

3. In der *sozialen* Dimension stellt sich für die Selbstbeschreibung das Problem, welche Struktureinschränkungen die Chancen der Anschlussfähigkeiten und Annahmemotive systemtypischer Kommunikation und Mitgliedschaft gewährleisten können. Dieses Anschlussproblem von Kommunikation dramatisiert sich durch die Kommunikationssequenz der Ja/Nein-Bifurkation der Teilnehmer. Das verweist auf die Restabilisierung in der Zeitdimension, die strukturell für Kommunikation nicht zu beseitigen ist.[133]

Solange die gesellschaftliche Kommunikation eine Zukunft hat, wird keine ihrer Teilnehmer einen Standpunkt einnehmen können, von dem aus er Universalgeschichte schreiben kann. Dieser Standpunkt ist eine Selbsttäuschung des Beobachters, durch den er die *selbstimplikative* Struktur seines Standpunktes unsichtbar macht.

In der soziologischen Theorie führt uns dieser Umstand auf die Berücksichtigung des Beobachters als Bestandteil ihres Gegenstandsbereichs zurück. Die soziologische Theorie ist ein Kommunikation von Beobachtern im Wissenschaftssystem, somit eine selektive Kommunikation von Mitgliedern, die ihre Theoriebildung und Forschung der Beobachtung aussetzen.

(c) Folgerung für die soziologische Theorie

Angesprochen ist mit der *selbstimplikativen* Struktur wissenschaftlicher Kommunikation der Standpunkt des Mitgliedschaftssoziologen, seiner Mitgliedschaftstheorie und Mitgliedschaftssoziologie sowie seines analytischen Bezugsrahmens, in dem er selbst vorkommt. Der analytische Bezugsrahmen der Differenzierung von *Gesellschaft*, *Organisation* und *Interaktion* als unterschiedliche Inklusions-Exklusions-, Mitgliedschaftsordnungen und der Spezifikation der Teilnahmebedingungen an Kommunikationen ist ein Leitfaden, um die Differenzierung von

133 Luhmann (1997, Bd. 2. 142) Die Zuordnung zu den Dimensionen nimmt eine etwas andere Schwerpunktsetzung vor.

sozialen Systemen nach Maßgabe der Regulierung der Mitgliedschafts- und der Teilnahmebedingungen an den systemtypischen Kommunikationssystemen anzugeben.[134] Der Soziologe setzt seinen Bezugsrahmen der Beobachtung aus, indem er an einem Kommunikationssystem teilnimmt, deren Teilnehmer sich ihrerseits selektive auf Beobachtungen von Beobachtungen beziehen und dadurch an der Systemgeschichte teilnehmen.

Für eine Gesellschaftstheorie, welche die „soziologische Aufklärung" ernst nimmt, ist Gesellschaft nicht von außen zu beobachten, sie ist nicht human finalisiert und nicht zu perfektionieren. Der Außenstandpunkt wäre der Standpunkt des Laplaceschen Gottes als eines allwissenden Beobachters. Geben wir den allwissenden Beobachter der gesellschaftlichen Kommunikation auf, so sind Theorien und Forschungsprogramme eine *Kommunikation* der Mitglieder im Wissenschaftssystems, die polysituative Strukturen zu ihrer Fremdreferenz hat.[135] Damit entfällt zugleich eine reifizierende Darstellung des Objektbereichs der soziologischen Theoriebildung. Der Mensch verbleibt in der Umweltposition und wird als Irritationsauslöser von Mitgliedschaft und Kommunikation relevant. Die leibgebundene „zwischenmenschliche Interpenetration" fällt in den Bereich primärer sozialer Systeme, die symbiotisch verfasst und in den Grenzverlauf der System-Umweltrelation einzuordnen sind. Die gesellschaftliche Kommunikation ist nicht zu perfektionieren, da sie einer unwahrscheinlichen Strukturbildung unterliegt, die durch die Zeitdimension dominiert und dem Zerfall ausgesetzt ist. Insofern sind weder Wohlstand, Gerechtigkeit, Bildung, Wissen und Systemrationalität die Perfektion von Gesellschaft. Das bekommen die Mitglieder aller Funktionssysteme zu spüren, da sie durch ihren strukturellen Drift immer weniger die Interdependenzen der systemischen Rationalitätsvorteile nutzen können. Insofern stellt sich mittlerweile die Frage, ob funktionale Differenzierung evolutionär zu restabilisieren ist.

Die Regelungen von Mitgliedschaft mögen unwahrscheinliche Strukturen sein, die aber nur durch die Selektion von Mitgliedschaft und Nicht-Mitgliedschaft als einem Negationsspielraum die Projektion von Erwartungserwartungen und damit die Dauer von sozialen Systemen

134 Die Spezifikation auf die Protosoziologie der Funktionssysteme erfolgt am Leitfaden der kommunikativen Medien und der Medientransformation.

135 Luhmann (1997, Bd. 2, 1128-1142). Luhmann spricht von „polykontextuell". Der Begriff „Kontext" wird oft verwirrend gebraucht. Es ist die Handlungs- und Kommunikationssituation von der Rede von Kontext zu unterscheiden. Die Situation betrifft die Frage ihrer Definition; den Kontext sollten wir immer linguistisch als Text fassen.

gewährleisten. Aus evolutionärer Perspektive mag man sich immer wieder fragen, warum soziale Systeme überhaupt überlebt haben und komplexe Strukturen aufbauten. Offensichtlich sind es robuste Gebilde. Der für sie konstitutive Negationsspielraum könnte darauf eine Antwort geben.

2. Die Nächste Gesellschaft

(a) Globale Dynamik und lokale Lebenswelt

Die Soziologie der Nächsten Gesellschaft jenseits von Liberalismus, Nationalstaat und Wohlfahrtsstaat hat die Untersuchung der strukturellen Veränderungen zwischen *globaler Dynamik* und *lokaler Lebenswelten* im Zuge der Restrukturierung der Funktionssysteme zu ihrem Thema. (Baecker 2007a, Münch 1998, Preyer, Krauße 2020) Dadurch verändern sich die Umweltbeziehungen zwischen *Gesellschaft*, *Organisation* und *einfacher Interaktion*. Das ist durch die Ausbreitung der Kommunikationsgesellschaft und ihrer Dynamik, die Umstrukturierung der großen Teilsysteme und ihre veränderten Interpenetrationen begründet. Damit tritt die Nächste Gesellschaft in den Blick. In ihr verändert sich die Struktur der gesellschaftlichen Kommunikation. Die daraus entstehenden Probleme werden nicht (mehr) als Totallösungen möglich sein. Es wird sich vermutlich auch keine starke strukturelle Integration des Gesellschaftssystems und der Funktionssysteme einstellen. Die Nächste Gesellschaft kann aber nicht beginnen, sie hat immer schon angefangen. Sie entzieht sich der Planung, da jede Zukunft die Unterscheidung zwischen *gegenwärtiger Zukunft* und *zukünftiger Gegenwart* fortführt und jede Zukunft nur in der Gegenwart erreichbar ist. Wäre das nicht so, würde die Zeit zusammenbrechen. Das erkennbare strukturelle Problem besteht darin, dass Modernisierung ein Dauerproblem der sozialen Integration von Lokalem, Regionalem, Nationalem, Supranationalem und Globalem eingeleitet hat. In dem Grenzverkehr dieser sozialen Systeme erkennen wir gegenwärtig die Bruchstellen zwischen den sich begegnenden sozialen Gruppen und ihren Herkünften. Die Teilnahme an Kommunikation differenziert sich in eine Vielheit von sozialen Systemen und Organisationen. Sie entzieht sich aber einer formalen Organisation. Die Nächste Gesellschaft wird aber keine Gesellschaft ohne Recht sein. Die Rechtstheorie sollte deshalb ihre gesellschaftstheoretischen Vorgaben zu nutzen lernen und sie aus der Sicht des Rechtssystems der Beobachtung aussetzen. Man sollte sich davon aber nicht allzu weitgehende Lernerfolge der Mitglieder des Rechtssystems erwarten.

(b) Selbstirritation

Die veränderte Grundsituation, die mit der funktionalen Differenzierung und der Teilsystemevolution einhergeht, betrifft die Nichtregulierbarkeit der Komplexität des Gesellschaftssystems durch die Funktionssysteme. Dieses soziale System von Gesellschaft ist von der Anlage her beschrieben, eine chaotische Mitgliedschaftsordnung, die sich selbst nicht regulieren kann. Dies ist eine fortlaufende Selbstirritierung der gesellschaftlichen Kommunikation unter dieser Voraussetzung. Keine formale Organisation, aber auch keine Kommunikation, wird die gesellschaftliche Unruhe funktionaler Differenzierung absorbieren. Die teilsystemspezifische Kommunikation ist deshalb von der Anlage her von der Katastrophe bedroht. Nur durch die Irritierbarkeit sozialer Systeme können sie aber eine bedingte größere Komplexität herbeiführen. Die Evolution der Teilsysteme, welche die Komplexität des Gesellschaftssystems ungewöhnlich erhöht, kann ihre interne Unordnung steigern und sich zugleich gegen sie immunisieren. Insofern ist Irritation nichts anderes als eine Variation von Beschränkungen dessen, was im System-System-Bezug realisierbar ist.

Die soziologische Theorie sollte davon ausgehen, dass kein Funktionssystem ohne Selbstirritierung lernen kann. Die folgenden Beispiele sollen das skizzieren. Das Wissenschaftssystem vermehrt und vernichtet gleichzeitig Wissen. Die durch es gewonnenen Erkenntnisse haben keine aristotelische und keine cartesianische Grundlage mehr. Die Teilnahmebedingung an diesem System besteht darin, den methodischen Umgang mit Ungewissheiten zu lernen. Das Wirtschaftssystem programmiert zugleich die Abwertung seiner Leistungen, sei es durch Preiszerfall, Arbeitslosigkeit und des Überschusses von Kapital, das nicht angelegt wird. Die Teilnahmebedingung an diesem System besteht darin, den Umgang mit selbst herbeigeführtem Risiko zu lernen. Das politische System programmiert seine Ineffektivität, da es durch Demokratisierung den anstehenden Entscheidungsbedarf nicht bewältigen kann und sich durch eine Gesetzesflut blockiert. Die Teilnahmebedingung an diesem System besteht darin, den Umgang mit nicht steuerbaren Wahlerfolgen zu lernen. Das Rechtssystem wird zunehmend überfordert, da an es Erwartungen gerichtet werden, die es nicht erfüllen kann. Es stellt sich dabei die Frage, ob Recht überhaupt anzuwenden ist. Zudem wird Rechtsänderung zum Normalzustand. Es pendelt sich ein Zustand ein, dass eine sachliche Widerspruchsfreiheit kaum mehr zu gewährleisten ist, die durch zeitliche Widersprüche der Entscheidungen ausbalanciert wird. Die Teilnahmebedingung an diesem System besteht darin, dazuzulernen, dass Gerechtigkeit eine Kontingenzformel ist. Die heranwachsenden Generationen sind mit einer Ausdehnung ihrer Lebenserwartung ohne einen klaren Zuschnitt konfrontiert. Sie haben etwas zu lernen, das gar nicht lernbar ist. Es ist dies nicht nur die Erwartung einer unsicheren Zukunft, sondern der Umgang mit dem Verlust an festgelegten biographischen Abläufen. Die dadurch eintretenden Irritationen sind dadurch zu erklären, dass sich die Durchsetzung der politischen Demokratie, die geldgesteuerte Marktwirtschaft, die nicht durch Dogmen eingeschränkte wissenschaftliche Forschung, die Vermehrung der subjektiven Rechte, der Zugang zu den freien Massenmedien und die Erziehungsprogramme für alle Gesellschaftsmitglieder sich gerade nicht wechselseitig ergänzen und befördern und gesellschaftliche Kommunikation nicht finalisierbar ist.

(c) Instabilität

Die wechselseitigen Abhängigkeiten und Eigendynamiken der Funktionssysteme sind ihrerseits nicht kalkulierbar. Sofern man ihnen mit den erforderlichen großen Vereinfachungen begegnet, stellen sich zwangsläufig Enttäuschungen ein. Das schließt es nicht aus, dass die damit einhergehenden Enttäuschungen und Irritationen übergangen werden. Die funktionale Differenzierung kann aber nur dann aufrecht erhalten werden, wenn die Interdependenzen zwischen den Funktionssystemen unterbrochen werden. Dadurch wird eine neuartige Grenzziehung in der gesellschaftlichen Kommunikation etabliert. Die Funktionssysteme können deshalb ihre eigene Unordnung vermehren und sich zugleich gegen sie abschotten. Daraus folgt, dass funktionsspezifische Kommunikation nicht mehr im Namen der Gesellschaft sprechen kann. Sie kann nur noch Kommunikation irritieren. Damit haben wir die Grenze zur nächsten Gesellschaft überschritten. Es könnte sich dabei auch herausstellen, dass sich funktionale Differenzierung nicht mehr lohnt und ihre Rationalitätsvorteile unplausibel werden. Die gesellschaftliche Kommunikation kann sich nur durch *Rekursion* restabilisieren. Es gibt aber dafür keine der Kommunikation und ihrer Rekursion innewohnende Gewährleistung. Das gilt für die Evolution und somit die Zukunft aller Funktionssysteme. Die Rekursion kann aber die Zeitdimension nicht negieren, sondern vollzieht sich in der Zeit. Insofern sich soziale Systeme nur durch zeitpunktbezogene Kommunikationen reproduzieren können, so gehört dazu auch die nicht beseitigbare Differenz zwischen der zukünftigen Gegenwart und der gegenwärtigen Zukunft.

Die Evolution ereignet sich und sie steht uns nicht zur Disposition. Die Evolutionstheorie ist eine Theoriekonstruktion im Wissenschaftssystem. Aus der Sicht der soziologischen Theorie wird die strukturelle Evolution des Gesellschaftssystems vermutlich in der nächsten Gesellschaft eher auf die Erhaltung von Divergenzordnungen umstellen. Das begünstigt primäre Rechtssysteme. Die Programme der Funktionssysteme können als eine Beeinflussung des Systemgeschehens im günstigsten Fall nur Systemprobleme kleinarbeiten. Sie können sie aber nicht externalisieren, da sie dadurch ihre Funktion einbüßen würden. Diese Divergenzordnungen sind aber nicht mehr durch die Erschließung neuer Räume herzustellen, sondern durch die Wahrnehmung von Geschwindigkeitsvorteilen. Das macht sie von der Anlage her instabil. Unter diesen Voraussetzungen vergrößern sich die Exklusionsbereiche. *Es wäre aber verfehlt, davon auszugehen, dass die rechtliche Kommunikation Inklusion und Exklusion regeln könnte.* Das würde auf eine Selbstdestruktion des Rechtssystems hinauslaufen. In dem globalen Bezugsrahmen werden sich deshalb immer mehr soziale Bewegungen formieren, die sich gegen die westliche Dominanz und die eigenen politischen Zentren richten und ihre vermeintlichen Rechte anmelden. Es ist bereits erkennbar, dass die lokalen, regionalen, ethnischen und transnationalen sozialen Bewegungen nicht mehr zentrumsorientiert sind, sondern sich durch Selbstreferenz von dem globalen Informationsfluss abgrenzen. Das gilt vor allem für die Proteste der Globalisierungsgegner in der Vergangenheit.

3. Desillusionierung

(a) Problem des Politischen

Nach dem Ende des Kalten Krieges gingen die Feindbilder zunächst verloren. Das wurde in Deutschland durch die unerwartete Wiedervereinigung verstärkt. Daraus erklärt sich das politische Vakuum der 1990-Jahre, das erst durch den Zweiten Golfkrieg ausgefüllt wurde. Die veränderte Ausgangssituation charakterisiert Agamben (2004) durch den globalen Ausnahmezustand. Wir sollten ihn nicht durch die Biopolitik, sondern in einer soziologischen Beschreibung als heterarchische und regionale Mitgliedschaftsordnung der weltgesellschaftlichen Kommunikation charakterisieren. In ihr gibt es nicht nur eine einzige

Situationsdefinition der makrosoziologischen Ordnung. Aus einem solchen Kommunikationssystem der Selbstbeobachtung des Handelns und Erlebens heraus versagt die Zurechnung von Legitimation und die Erzwingung von normativ ausgezeichneten Zukunftszuständen. Wir leben nicht nur in einer postmodernen Gesellschaft, sondern in einer „post-humanen" Gesellschaft.

Das Problem der Gestaltung des Politischen durch die unterschiedlichen Interessengruppen in den liberalen und demokratischen Gesellschaften besteht darin, eine politische Kommunikation einzurichten, die einen konflikthaften Pluralismus der Interessenverfolgung erlaubt. Die Demokratie ist ein Kampf zwischen Gegnern, die Regelungen ihrer Interessenkonflikte zustimmen, die sich auf Institutionalisierungen und damit auf formale Organisationen stützen. Diese Mitgliedschaftsordnungen sind brüchige Gebilde. Sie bedürfen des Schutzes durch den *Leviathan*. Der rationale Kern von Hobbes' Modell sozialer Ordnung besteht darin, dass ein geregelter Zustand von Kommunikation der Regellosigkeit vorzuziehen ist. Das wird oft verkannt. Insofern ist die Souveränität des *Leviathan* auf die Regelung des sozialen Austauschs und den friedlichen Wettbewerb bezogen. Im evolutionären Rückblick spricht viel dafür, dass, wenn sich der *Leviathan* zurückzieht, der *Behemoth* die soziale Szene betritt. Die wachsende Weltbevölkerung löst diese Veränderung aus. Dabei sollte man im Blick behalten, was daraus folgt, wenn wir das fachspezifische Problem der Soziologie der sozialen Ordnung als ihre fortlaufende Selbstirritation an Hobbes' Einsicht orientieren, dass jeder jeden töten kann. Wenn wir dieses Problem noch weiter in der soziologischen Theorie mitführen sollten, so bedarf es darauf einer Antwort, die das Ordnungsproblem nicht an der Projektion von „normativen Erwartungen normativer Erwartungen" orientiert.

Im Hinblick auf das Ordnungsproblem bewahrheitet sich die (alte) Einsicht, dass nomisches und anomisches, *Auctoritas* und *Potestas* immer zusammenwirken und nur darin eine soziale Ordnung als die Regelung von Mitgliedschaft, die nur partikular und nicht universal sein kann, als dynamischer und unabgeschlossener Prozess zu etablieren ist. Das gilt auch für das Recht. Es stellt sich deshalb das Problem, eine politische Kommunikation einzurichten, die einen konflikthaften Pluralismus erlaubt. Das ist der evolutionär günstigste Fall, der erreicht werden kann. Dadurch wird Feindschaft in friedliche Gegnerschaft umgewandelt.

Ob diese Umwandlung in der Weltgesellschaft als einer „Gesellschaft von Gesellschaften" (Hondrich) möglich sein wird, ist mit einem großen

Fragezeichen zu versehen. Die Erfahrungen sprechen eher nicht dafür, da wir in ihr den globalen Ausnahmezustand beobachten, der nur regional zu begrenzen ist.

(b) Umschichtung der Inklusionsgesellschaft

Die Zukunft des Politischen, des Rechts und der Gerechtigkeit wird in ihrer Selbstbegrenzung bestehen und nicht in der Eschatologie der sozialen Gerechtigkeit als der Perfektionierung der gesellschaftlichen Kommunikation. Aus der Perspektive des Rechtssystems heißt dies, dass der Vorrang der Verfassung vor dem Privatrecht zu korrigieren ist. Die in der Verfassung institutionalisierten Grundrechte sind in der Evolution des modernen westlichen Gesellschaftssystems eine Ergänzung zur Inklusionsoffenheit der Funktionssysteme. Sie können aber gerade nicht darüber entscheiden, welche Anforderungen von strukturellen Imperativen an die Inklusion aus der Perspektive der Teilsysteme zu stellen sind. Die rechtliche Kommunikation kann nur dann ihre Funktion der Regelung von Konflikten erfüllen, wenn Freiheitsspielräume und Gleichheitsforderungen auch rechtlich eingeschränkt sind. Die in den westlichen Gesellschaften beobachtbare Verbreitung von „normativen Erwartungen normativer Erwartungen“, z.B. die Forderung der Erfüllung der Menschenrechte und nach dem weltweiten Engagement für die Armen, richtet sich gegen das Recht, da in diesen Fällen nicht das Recht und seine Verzeitlichung der Normgeltung zählt, sondern die sogenannte vorsoziale Natur der ‚Menschlichkeit' und sozial-politische Zweckprogramme. Vergleichbares gilt auch für die rechts- und sozialtheoretische Selbstbeschreibung der Konstitution des Verfassungsstaats, sofern sie als ein vorsozialer Akt beschrieben wird. Die damit einhergehende Anomalie ist, wie bereits angesprochen, daraus zu erklären, dass im Zuge der Institutionalisierung des Wohlfahrtsstaats die Menschenrechte nicht als Abwehrrechte, sondern als wohlfahrtsstaatliche Ansprüche reinterpretiert wurden.

Es sollte aber mittlerweile zu erkennen sein, dass sich globale Differenzen im Wohlstandsgefälle der Weltgesellschaft nicht in durchsetzbare Rechtsansprüche überführen und dadurch beheben lassen. Das Rechtssystem, wenn es rechtliche Kommunikation bleiben will, kann die Inklusion der Gesellschaftsmitglieder nicht regeln. Der Wohlfahrtsstaat ist seinerseits auf ein wirtschaftliches Wachstum verwiesen, um die mit ihm einhergehenden Ansprüche zu erfüllen. Das hat zu einer Fehlprogrammierung geführt, die zu korrigieren ist. Angesprochen sind im Hinblick darauf andere soziale Regelungen, z.B. die Caritas und ihre

Organisation durch freie Assoziationen. Wir sollten uns der Einsicht nicht mehr verschließen, dass die Interpenetration zwischen Recht und Politik durch die Verfassung nicht auf die weltgesellschaftliche Kommunikation und ihre Differenzierung in informell und formell organisierte soziale Systeme zu übertragen ist. Dabei handelt sich, wie Luhmann bereits in den 1970er-Jahren vermutet, um eine evolutionäre Anomalie, die sich auf die Weltgesellschaft und ihre weitere Evolution und Strukturbildung nicht übertragen lässt.

Insgesamt sollten wir die Einstellung ausbilden, die uns Luhmann (1997, 248) nahelegte:

> „In einer Gesellschaft, die noch Zukunft hat, ist weder Legitimation noch Sicherheit noch Objektivität erreichbar. Es gibt, weil es Zukunft gibt, immer auch Positionen, von denen aus Handeln kritisch beobachtet und allen guten Argumenten getrotzt werden kann. In der alteuropäischen Tradition war dies mit der Figur des Teufels symbolisiert und als Freiheit zum Bösen aufgefasst worden. Die moderne Gesellschaft hat zumindest die Möglichkeit, darüber anders zu urteilen."

Die Zukunft ist aber nicht etwas, das wir erreichen können, da *die Zukunft immer schon begonnen hat.* Sie ist nur in der Gegenwart zu erreichen und die gegenwärtige Zukunft ist durch die zukünftige Gegenwart unterbestimmt.

Das Programm der Moderne der letzten zwei Jahrhunderte bestand in einer Optimierung von Rechten und Interessen als auch in der Teilhabe aller Gruppen an dem materiellen Wohlstand. Darin bestand kein Unterschied zwischen linken und rechten politischen Programmen. An der Schwelle zum 21. Jahrhundert vollzieht sich eine Umschichtung der gesellschaftlichen Kommunikation, die schon lange vorbereitet war. Die Partizipationsideologien, die zwar immer noch zur Rhetorik und Ideologie des politischen Systems gehören, erweisen sich immer mehr als hohl. In der *nächsten Gesellschaft* verändert sich strukturell die Beziehung zwischen *Sinnselektionen, Mitgliedschaftsbedingungen* und ihrer Programmierung als auch zu dem *Vertrauen* in die Systemrationalität als *Grundproblem der sozialen Ordnung.* Sie hat keine ultimative Grundlage, da die Zeitdimension gesellschaftliche Kommunikation dominiert. Deshalb kann sie nur Unwahrscheinliches in Wahrscheinliches im Hinblick auf projizierte zukünftige Folgen überführen, sie kann dabei einschränkbare Möglichkeiten (Optionen) vermehren, die als zeitabhängige Beschränkungen kontingent und die nur durch Systembildung kleinzuarbeiten sind. Nur dadurch ist der Vorteil einer Temporalisierung von Komplexität für die Mitgliedschaftssysteme, die sich als soziale Systeme selbst beobachten, zu nutzen. Das wird auch in der Nächsten Gesellschaft gelten.

Literatur

Agamben, G. (2004), *Ausnahmezustand (Homo sacer II. 1)*, Frankfurt a. M./Berlin: Suhrkamp.

(2010), *Herrschaft und Herrlichkeit Zur theologischen Genealogie von Ökonomie und Regierung*. Homo sacer II.2, Frankfurt a. M/Berlin: Suhrkamp.

Axford, B. (2012), „Mere Connection: Do Communication Flows Compensate for the Lack of World Societies?“, 31-41, in: G. Peter, R.-M. Krauße (Hrsg.), *Selbstbeobachtung der modernen Gesellschaft und die neuen Grenzen des Sozialen,* Wiesbaden: VS/Springer.

Baecker, D. (1994), „Soziale Hilfe als Funktionssystem der Gesellschaft“, *Zeitschrift für Soziologie* 23, 93-110.

– (2007 a), *Die nächste Gesellschaft*, Frankfurt a. M./Berlin: Suhrkamp.

– (2007 b), *Form und Formen der Kommunikation*, Frankfurt a. M.: Suhrkamp.

– (2022), „Einleitung“, Symposion Medien der Soziologie, *Soziologie Forum der Deutschen Gesellschaft für Soziologie*, 2, 145-146.

Bellah, R. N., Bellah, R. N. (1970), *Beyond Belief: Essays on Religion in a Post-Traditional World*, Berkeley: University of California Press.

– R. Madsen, W. M. Sullivan, A. Swidler, S. Tipton (2007), *Habits of the Heart: Individualism and Commitment in American Life* (1985), With a New Preface: Individualism and Commitment in American Life, Berkeley: University of California Press.

Ben-Rafael, E., M. Ben-Rafael (2018), *Multiple Globalization Linguistic Landscapes in World Cities,* Leiden: Brill.

(2011), „Transnational Diasporas: A New Era or a New Myth?“, *ProtoSociology* Vol. 27: *Modernization in Time of Globalization II*, 71-103.

Bös, M., Schmid, V. (2012), „Staatsbürgerschaft—ein Auslaufmodell? Zur Dialektik der Konstruktion von Mitgliedschaft in nationalstaatlich verfassten Gesellschaften“, 53-72, in: Georg Peter/Reuß-Markus Krauße (Hrsg.), *Selbstbeobachtung der modernen Gesellschaft und die neuen Grenzen des Sozialen*, Wiesbaden: VS/Springer.

Bokser Liwerant, J. (2016), „Thinking Multiple Modernities from Latin America's Perspective”, 177-205, in: G. Preyer, M. Sussman eds., *Varieties of Multiple Modernities New Research Design*, Leiden: Brill.

– (2021), „Globalization, Secularization and Collective Identities: Encounters and Dilemmas of Multiple Modernities“, *ProtoSociology* Vol. 38:

Thirty Years of ProtoSociology Three Decades Between Disciplines. Edited by Gerhard Preyer, Georg Peter, and Reuss-Markus Krausse, 137-171.

Bohrer, K. H. (1978), *Die Ästhetik des Schreckens*, Frankfurt a. M/Berlin, Wien: Ullstein.

Borg, E. (2012), *Pursuing Meaning*, Oxford: Oxford University Press.

Brown, S. (1972), *Law of Form* (1969), New York: Julian Press.

Brücher, G. (2004 a), *Menschenmaterial Zur Neubegründung von Menschenwürde aus systemtheoretischer Perspektive*, Opladen: Budrich.

– (2004 b), *Postmoderner Terrorismus Zur Neubegründung von Menschenrechten aus systemtheoretischer Perspektive*, Opladen: Budrich.

Chisholm, R. (1976), *Person and Object: A Metaphysical Study*, (Muirhead Library of Philosophy), La Salle, IL: Open Court.

– (1981), *First Person: An Essay on Reference and Intentionality*, Minneapolis: University of Minnesota Press.

Couch, C. J. (1996), *Information, Technologies and Social Orders*. Edited with an Introduction by D. R. Maines and S.-L. Chen, New York: Aldine de Gruyter.

Davidson, D. (2005), „Gadamer and Plato's Philebus (1997)", 261-75, in: ders., *Truth, Language, and History*, Oxford: Oxford University Press.

– (2005), „Locating Literary Language (1993)", 167-81, in: ders., *Truth, Language, and History*, Oxford: Oxford University Press.

Darwin, C. (1859), *On the Origin of Species by Means of Natural Selection, or the Preservation of Favoured Races in the Struggle for Life*, London: John Marry.

Dawkins, Richard (2006), *The God Delusion*, London: Houghton Mifflin.

Duker, P. F., (2008) „The Next Society: A Survey of the Near Future", 233-299, in: *Managing in the Next Society*, New York.

Durkheim, E. (1967), *Soziologie und Philosophie*, Frankfurt a. M./Berlin: Suhrkamp.

– (1977), *Über die Teilung der sozialen Arbeit* (1893), Frankfurt a. M./ Berlin: Suhrkamp.

– (1982), *Die elementaren Formen des religiösen Lebens*, Frankfurt a. M./ Berlin: Suhrkamp (*Le formes élémentaire de la vie religieuse Le système totemique en Australie,* 1912)

Eckberg, J. (2016), „Invisible ghosts: Les jeux sont fait and disembodied consciousness", 495-506, in: S. Miguens, G. Preyer, C. Bravo Morando (eds.), *Pre-reflectivity. Sartre and Contemporary Philosophy of Mind*, Abingdon GB, New York: Routledge.

Eco, U. (1982), *Der Name der Rose (*1980), München: Hanser.

Eisenstadt, S. N. (1995), *Power, Trust, and Meaning*, Chicago: University Chicago Press.

– ed. (2000), *Multiple Modernities*, New Brunswick (New Jersey, United States), London G. B.: Transaction Publishers.

– (2007), „Multiple Modernities: A Basic Framework and Problematic", in: *ProtoSociology* Vol. 24: Shmuel N. Eisenstadt Multiple Modernities A Paradigma of Cultural and Social Evolution, 20-56.

– (2009 a), „Contemporary Globalization, New International Visions and Hegemonies: Transformation of Nation States", in: ProtoSociology Vol. 26: Modernization in Times of Globalization I, 7 – 18.

– (2009 b), „Cultural Programmes, the Construction of Collective Identities and the continual Reconstruction of Primordiality", 135-184, in: Preyer (Hrsg.), *Neuer Mensch und kollektive Identität in der Kommunikationsgesellschaft*, Wiesbaden: VS/Springer.

– (2023 zweite Auflage), „Multiple Modernen – Fallstudien", 253-305, in: ders., *Theorie und Moderne. Soziologische Essays* (2006), Wiesbaden: VS/Springer.

– (2023 zweite Auflage), „Kulturelle und strukturelle Kontinuität in Entwicklungs- und Wandlungssituationen: Persistenz und Veränderung von Patronagebeziehungen", 277-99, in: ders., *Theorie und Moderne. Soziologische Essays* (2006), Wiesbaden: VS/Springer.

Esping-Andersen, G. (1998), „Die drei Welten des Wohlfahrtskapitalismus. Zur Politischen Ökonomie des Wohlfahrtsstaats" (1989), 19-56, in: S. Lessenich, I. Ostner Hrsg., *Welten des Wohlfahrtskapitalismus. Der Sozialstaat in vergleichender Perspektive*, Frankfurt a. M.: Campus.

Essler, W. K. (2001), *Unser die Welt. Sprachphilosophische Grundlegungen der Erkenntnistheorie*. Gesammelte Artikel, Herausgegeben und eingeleitet von Gerhard Preyer, Frankfurt a. M.: Humanities Online.

Fodor, J. A., E. Lepore (1991), *Holism: A Shopper's Guide*, Oxford: Blackwell.

Frank, M. (2002), „Sartres Vortrag *Conscience de soi et connaissance de soi*. Eine Argumentationsskizze", 247-264, in: *Interpretation und Argument*, Gerhard Seel zum 60. Geburtstag. Hrsg. von Helmut Linneweber-Lamerskitten und Georg Mohr, Würzburg: Königshausen & Neumann, erweiterte Fassung in französischer Übersetzung durch Guillaume Seydoux und Laurent Husson („Structure de l'argumentation de la conférence de Sartre *Conscience de soi et connaissance de soi*"), in: *Le Por-*

tique. Philosophie et sciences humaines, publiée par l'Université de Metz: Sartre. Conscience et Liberté, Numéro 16, 2005, 9-32.

– (2012), „3. Zeit und Selbst. Oder: Wie sich Selbstbewusstsein differenziert", 191-160, in: Ders., *Ansichten der Subjektivität*, Berlin: Suhrkamp.

Fuchs, P. (1994), „Der Mensch – das Medium der Gesellschaft?", 15-39, in: P. Fuchs, A. Göbel Hrsg., *Der Mensch – das Medium der Gesellschaft?*, Frankfurt a. M./Berlin: Suhrkamp.

Gabriel, K. Hrsg. (1996), *Religiöse Individualisierung oder Säkularisierung? Biografie und Gruppe als Bezugsproblem moderner Religiosität*, Gütersloh: Kaiser/Gütersloher Verlagshaus.

Grimm, D. (2021), *Verfassungsgerichtsbarkeit*, Berlin: Suhrkamp.

Gromitsaris, A. (2021), *Rechtsakt in rechtssoziologischer Perspektive. Nebst einem Vergleich von Rechtssoziologie und Philosophie der Rechtsgeschichte*, Akten der griechischen Gesellschaft für rechtsphilosophische und rechtshistorische Forschung. Mit einem Geleitwort von A. Chanos, Vol. 8, Athen, Baden-Baden, Paris: Sakkoulas (Athen-Thessaloniki), Nomos, L'Harmattan (Paris-Torino-Budapest).

Gruber, M.-C. (1994), *Bioinformationsrecht*, Tübingen: Mohr-Siebeck 2015.

Guéhenno, J.-M. (1994), *Das Ende der Demokratie*, Zürich: DTV.

Guggenheim, M. (2022), „Von Abbildung und Übersetzung", Symposion Medien der Soziologie, *Soziologie Forum der Deutschen Gesellschaft für Soziologie*, 2, 145-146.

Habermas, J. (1973), „Der Universalanspruch der Hermeneutik", 120-159, in: J. Taube, D. Henrich, J. Habermas Hrsg., *Theorie-Diskussion Hermeneutik und Ideologiekritik*, Frankfurt a. M./Berlin: Suhrkamp/Berlin.

Habermas, J. (1981), *Theorie des kommunikativen Handelns* (2 Bd.), Frankfurt a. M./Berlin: Suhrkamp.

Hahn, A. (1984), „Religiöse Wurzeln des Zivilisationsprozesses", 229-250, in: Hans Braun, Alois Hahn Hrsg, *Kultur im Zeitalter der Sozialwissenschaften. Friedrich H. Tenbruck zum 65. Geburtstag*, Frankfurt a. M./ Berlin: Suhrkamp.

– (1987), Religion und Welt in der französischen Gegenreformation" 84-106, in: Dirk Becker u.a. Hrsg., *Theorie als Passion*, Frankfurt a. M./ Berlin: Suhrkamp.

Halstead, M. (2010), „In Defense of Multiculturalism", 181-97, in: Y. Raley, G. Preyer eds., *Philosophy of Education in the Era of Globalization*, New York: Routledge.

Hart, H. L. A. (1999 zehnte Auflage), *The Concept of Law*, Oxford GB: Oxford University Press, 181-207.

Heidegger, M. (1972 neunte Auflage), *Sein und Zeit* (1927), Tübingen: Niemeyer.

Hellman, K.-U., R. Schmalz-Bruns Hrsg. (2002), *Theorie der Politik. Niklas Luhmanns politische Soziologie*, Frankfurt a. M./Berlin.

Henrich, D. (1982), „Über Selbstbewusstsein und Selbsterhaltung. Probleme und Nachträge über ‚Die Grundstruktur der modernen Philosophie'" (1975), 109-130, in: *Selbstverhältnisse*, Stuttgart: Reclam.

– (2007), *Denken und Selbstsein. Vorlesungen zur Subjektivität*, Frankfurt a. M./Berlin: Suhrkamp.

– (2004), *Grundlagen aus dem Ich. Untersuchungen zur Vorgeschichte des Idealismus Tübingen – Jena (1789-1795)*, 2 Bände, Frankfurt a. M./Berlin: Suhrkamp.

Hochgeschwender, M. (2007), *Amerikanische Religion Evangelikalismus, Pfingstlertum und Fundamentalismus*, Frankfurt a. M./Berlin: Suhrkamp.

Hondrich, K. O. (2001), *Der Neue Mensch*, Frankfurt a. M./Berlin: Suhrkamp/Berlin.

– „Der kommunizierende Mensch – und seine Missverständnisse", 139-162, in: ders., *Der Neue Mensch*, Frankfurt a. M./Berlin: Suhrkamp.

– (2002), *Wieder Krieg*, Frankfurt a. M./Berlin: Suhrkamp.

– (2007), *Weniger sind mehr. Warum der Geburtenrückgang ein Glücksfall für unsere Gesellschaft ist*, Frankfurt a. M.: Campus.

Husserl, E. (1963 dritte Auflage), „V. Meditation: Enthüllung der transzendentalen Seinssphäre als monadologische Intersubjektivität", 121-177, in: ders., *Cartesianische Meditationen und Pariser Vorträge*, hrsg. von S. Strasser, Den Hague: Martinus Nijhoff.

Jünger, E. (1977), *Eumeswil*, Stuttgart: Klett.

Kaube, J., A. Kieserling (2022). *Die gespaltene Gesellschaft*, Hamburg: Rowohlt.

Kaufmann, F.-X. (2003), Sozialpolitisches Denken. Die deutsche Tradition, Frankfurt a. M./Berlin.

Koselleck, R. (1973), *Kritik und Krise. Eine Studie zur Pathogenese der bürgerlichen Welt* (1959), Frankfurt a. M./Berlin: Suhrkamp.

– (2000), „Zeitverkürzung und Beschleunigung. Eine Studie zur Säkularisierung", 177-202, in: ders., *Zeitgeschichten Studien zur Historik*, Frankfurt a. M./Berlin: Suhrkamp.

– (2006), *Begriffsgeschichten*, Frankfurt a. M./Berlin: Suhrkamp.

Krauße, R.-M. (2016), *Hybridisierung Chinas. Modernisierung und Mitgliedschaftsordnung der chinesischen Gesellschaft*, Wiesbaden: VS/Springer.

Krawietz, W. (1984), *Recht als Regelsystem,* Stuttgart: Franz Steiner Verlag.

– (1986), „Verhältnis von Macht und Recht in staatlich organisierten Rechtssystemen", 217-35, in: Paul Hofmann, Ulrich Meyer-Cording, Herbert Wiedemann Hrsg., *Festschrift für Klemens Pleyer*, Köln: Heymanns.

– (1988a), „Sind Zwang und Anerkennung Strukurelemente der Rechtsnorm? Konzeptionen und Begriff des Rechts in der modernen Rechtstheorie", 315-369, in: O. Weinberger, W. Krawietz (Hrsg.), *Reine Rechtslehre im Spiegel ihrer Fortsetzer und Kritiker*, Wien-New York: Springer.

– (1988b), „Der soziologische Begriff des Rechts", in: *Rechtshistorisches Journal* 7, 157–177.

– (1993), „Recht ohne Staat? Spielregeln des Rechts und Rechtssystem in Normen- und Systemtheoretischer Perspektive", *Rechtstheorie.* Sonderheft Jugoslawien Rechtsstaat – Ursprung und Zukunft einer Idee, Symposium zum 150jährigen Bestehen der Belgrader Juristischen Fakultät, *Danilo Basta*, *Werner Krawietz*, *Dieter Mülle*r (Hrsg.) 24, 81-133.

– und G. Preyer Hrsg. (2002 zweite Auflage), *Rechtstheorie*, Habermas-Sonderheft, System der Rechte, demokratischer Rechtsstaat und Diskurstheorie des Rechts nach Jürgen Habermas. Hrsg. von W. Krawietz und G. Preyer, 3 (1996).

– (2004), „Gemeinschaft und Gesellschaft. Das Tönnies'sche Handlungs- und Forschungsparadigma in neueren Rechtstheorien", in: *Rechtstheorie* 35, 579-652.

– (2007), „Identität von Recht und Staat? Begriff des modernen Rechts und Rechtsstaat in kommunikations- und systemtheoretischer Perspektive", in: *Rechtstheorie* 38, 1-37.

– (2008), „Weltrechtssystem oder Globalisierung des Rechts?", *Rechtstheorie* 39, 419–451.

– (2008), „Juridische Kommunikation im modernen Rechtssystem in rechtstheoretischer Perspektive", 181-206, in: W. Brugger, U. Neumann und S. Kirste Hrsg., *Rechtsphilosophie im 21 Jahrhundert,* Frankfurt a. M./Berlin: Suhrkamp.

– (2009), „Moderne Rechtstheorie als Theorie primärer und sekundärer sozialen Systeme des Rechts", 249-271, in: G. Preyer (Hrsg.), *Neuer Mensch und kollektive Identität in der Kommunikationsgesellschaft.* Karl Otto Hondrich (1937–2007) zum Gedächtnis, Wiesbaden: VS/ Springer 2009.

– (2012), „Ausdifferenzierung des modernen Rechtssystems und normative strukturelle Kopplung – sozietal oder sozial?“, 73-101, in: G. Peter, R.-M. Krauße (Hrsg.), *Selbstbeobachtung der modernen Gesellschaft und die neuen Grenzen des Sozialen*, Wiesbaden: VS/Springer.

Ladeur, K.-H. (2004 zweite Auflage), „Rechtliche Ordnungsbildung unter Ungewissheitsbedingungen und intersubjektive Rationalität“, *Rechtstheorie*, Habermas-Sonderheft, System der Rechte, demokratischer Rechtsstaat und Diskurstheorie des Rechts nach Jürgen Habermas. Hrsg. von W. Krawietz und G. Preyer, Heft 3 (1996), 385-414.

Lehmann, M. (2002), *Inklusion. Beobachtungen einer sozialen Form am Beispiel von Religion und Kirche*, Frankfurt a.M.: Humanities Online.

Lefèvre, Wolfgang (2009). *Die Entstehung der biologischen Evolutionstheorie*, Frankfurt a.M./Berlin: Suhrkamp.

Lichtblau, K. (2000), „Vergemeinschaftung“ und „Vergesellschaftung“ bei Max Weber. Eine Rekonstruktion seines Sprachgebrauchs, 423-443, in: *Zeitschrift für Soziologie* 29.

– (2001), „Vergesellschaftung“, 666-671, in: *Historisches Wörterbuch der Philosophie*, Bd. 11. Hrsg. J. Ritter, K. Gründler, G. Gabriel, Basel: Schabe.

– (2011), Die Einheit in der Differenz: Georg Simmel und Max Weber, 140-152, in: ders., *Die Eigenart der kultur- und sozialwissenschaftlichen Begriffsbildung*, Wiesbaden: VS/Springer.

– (2005), „Von der „Gesellschaft“ zur „Vergesellschaftung“. Zur deutschen Tradition des Gesellschaftsbegriffs, *Zeitschrift für Soziologie*, Weltgesellschaft Theoretische Zugänge und empirische Problemlagen (Sonderheft), B. Heintz, R. Münch und H. Tyrell Hrsg. Stuttgart: Lucius und Lucius 2005, 68-89, rep. *Soziologie Forum der Deutschen Gesellschaft für Soziologie*, Jahrgang 39, Heft 3, 2010, 279-285, *Die Eigenart der kultur- und sozialwissenschaftlichen Begriffsbildung*, Wiesbaden: VS/Springer, 11-36.

– (2010), *Soziologie in Frankfurt. Eine Zwischenbilanz* (hrsg. zusammen mit Felicia Herrschaft). Wiesbaden: VS/Springer.

– (2012), „Theodor W. Adorno, ‚Theorie der Gesellschaft‘. Ein nicht eingelöstes Versprechen der Frankfurter Schule der Soziologie“, *Soziologie* 2, 177-199.

– (2014), (zusammen mit Volker Caspari), *Franz Oppenheimer. Ökonom und Soziologe der ersten Stunde*, Frankfurt a.M.: Societäts Verlag.

– (2017), „Soziologie und Zeitdiagnose. Oder: Die Moderne im Selbstbezug“, 57-79, in: *ders., Zwischen Klassik und Moderne. Die Modernität der klassischen deutschen Soziologie*, Wiesbaden: VS/Springer.

Lübbe, H. (1986), *Religion nach der Aufklärung*, Graz-Wien-Köln: Styria.

Luhmann, N. (1970), „*Gesellschaft*", 137-153, in: ders., *Soziologische Aufklärung* (6 Bd), Bd. 1: *Aufsätze zur Theorie sozialer Systeme*, Opladen: Westdeutscher Verlag.

– (1972), *Rechtssoziologie* (2 Bd.), Bd. 1: Reinbek bei Hamburg: Rowohlt.

– (1974 a vierte Auflage), „Funktion und Kausalität", 9-30, in: in: *Soziologische Aufklärung* (6 Bd.), Bd. 1: *Aufsätze zur Theorie sozialer Systeme*, Opladen: Westdeutscher Verlag.

– (1974 b vierte Auflage), „Funktionale Methode und Systemtheorie", 31-53, in: *Soziologische Aufklärung* (6 Bd.), Bd. 1: *Aufsätze zur Theorie sozialer Systeme*, Opladen: Westdeutscher Verlag.

– (1974 c vierte Auflage), „Soziale Aufklärung" (1967), 66-91, in: *Soziologische Aufklärung* (6 Bd.), Bd. 1: *Aufsätze zur Theorie sozialer Systeme*, Opladen: Westdeutscher Verlag.

– (1975), „Weltgesellschaft" (1971), 51-71, in: ders., *Soziologische Aufklärung* (6 Bd.), Bd. 2: *Aufsätze zur Theorie der Gesellschaft,* Opladen: Westdeutscher Verlag.

– (1981 a), „Über die Funktion der Negation in sinnkonstituierenden Systemen", 35-49, in: ders., *Soziologische Aufklärung* (6 Bd.), Bd. 3. *Soziales System, Gesellschaft, Organisation,* Opladen: Westdeutscher Verlag.

– (1981 b), „Identitätsgebrauch in selbstsubstitutiven Ordnungen, besonders Gesellschaften", 198-227, in: ders., *Soziologische Aufklärung* (6 Bd.), Bd. 3. *Soziales System, Gesellschaft, Organisation*, Opladen: Westdeutscher Verlag.

– (1984), *Soziale Systeme. Grundriss einer allgemeinen Theorie*, Frankfurt a. M./Berlin: Suhrkamp.

– (1988), *Die Wirtschaft der Gesellschaft*, Frankfurt a. M./Berlin: Suhrkamp 1988.

– (1992), „Die operative Geschlossenheit psychischer und sozialer Systeme", 117-131, in: H. R. Fischer, A. Retzer, J. Schweitzer (Hrsg) (1992), *Das Ende der großen Entwürfe*, Frankfurt a.M./Berlin: Suhrkamp.

– (1993 a), „Individuum, Individualität, Individualismus", 149-258, in: ders., *Gesellschaftsstruktur und Semantik* (4 Bd.), Bd. 3, Frankfurt a. M./ Berlin: Suhrkamp/Berlin.

– (1993 b), *Das Recht der Gesellschaft*, Frankfurt a.M./Berlin.

– (1993 c), „Die Ausdifferenzierung der Religion", 259-357, Gesellschaftsstruktur und Semantik (4 Bd.), Bd. 3 (1989), Frankfurt a. M/Berlin: Suhrkamp.

– (1993 d), „Temporalisierung von Komplexität: Zur Semantik neuzeitlicher Zeitbegriffe", 235-300, in: *Gesellschaftsstruktur und Semantik* (4 Bd.), Bd. 1 (1980), Frankfurt a. M./Berlin: Suhrkamp.

– (1993 e), *Gesellschaftsstruktur und Semantik. Studien zur Wissenssoziologie der modernen Gesellschaft* (4 Bd.), Bd. 3, Frankfurt a. M./Berlin: Suhrkamp.
– (1995 a), „Die Form Person", 142-154, in: ders., *Soziologische Aufklärung* (6 Bd.), Bd. 6: *Die Soziologie und der Mensch*, Wiesbaden: Westdeutscher Verlag.
– (1995 b), *Die Kunst der Gesellschaft*, Frankfurt a. M./Berlin: Suhrkamp.
– (1995 c), „Die Soziologie und der Mensch", 265-274, in: ders., *Soziologische Aufklärung* (6 Bd.), Bd. 6: *Die Soziologie und der Mensch*, Wiesbaden: Westdeutscher Verlag.
– (1995 d), „Die Tücke des Subjekts und die Frage nach dem Menschen", 155-168, in: ders., *Soziologische Aufklärung* (6 Bd.), Bd. 6: *Die Soziologie und der Mensch*, Wiesbaden: Westdeutscher Verlag.
– (1995 e), *Gesellschaftsstruktur und Semantik. Studien zur Wissenssoziologe der modernen Gesellschaft* (4 Bde.), Frankfurt a. M./Berlin: Suhrkamp Bd. 1 1980, Bd. 2 1981, Bd. 3 1989, Bd. 4 1995 e.
– (1996), „Observing Re-entries", 290-301, in: G. Preyer, G. Peter, A. Ulfig (Hrsg.), *Protosoziologie im Kontext. Lebenswelt und System in Philosophie und Soziologie,* Würzburg. Freigeschaltet: https://www.academia.edu/7032137/Protosoziologie_im_Kontext._Lebenswelt_und_System_in_Philosophie_und_Soziologie_392_pp
– (1997), *Die Gesellschaft der Gesellschaft* (2 Bd.), Bd. 1: Frankfurt a. M./Berlin: Suhrkamp.
– (1999), „Die Gewissensfreiheit und das Gewissen" (1965), 326-359, in: *Ausdifferenzierung des Rechts. Beiträge zur Rechtssoziologie und Rechtstheorie*, Frankfurt a. M./Berlin: Suhrkamp.
– (1999), „Über Natur", 9-30, in: ders., Gesellschaftsstruktur und Semantik Studien zur Wissenssoziologie der modernen Gesellschaft (4 Bd.), Bd. 34, Frankfurt a. M./Berlin: Suhrkamp.
– (2000 a), *Organisation und Entscheidung*, Wiesbaden: VS/Springer.
– (2000 b), *Die Politik der Gesellschaft*. Hrsg. von A. Kieserling, Frankfurt a. M./Berlin: Suhrkamp.
– (2000 c), *Die Religion der Gesellschaft*, Frankfurt a. M./Berlin: Suhrkamp.
– (2008 a) , *Die Moral der Gesellschaft*, hrsg. von D. Horster, Frankfurt a. M./Berlin: Suhrkamp.
– (2008 b), „Soziologie der Moral" (1978), 56-162, in: *Die Moral der Gesellschaft*, hrsg. von D. Horster, Frankfurt a. M./Berlin: Suhrkamp.
– (2008 c), „Ethik als Reflexionstheorie der Moral", 270-347. *Die Moral der Gesellschaft*, hrsg. von D. Horster, Frankfurt a. M./Berlin: Suhrkamp.

– (2008 d), „Die Moral des Risikos und das Risiko der Moral“, 362-374, in: ders., *Die Moral der Gesellschaft*. Hrsg. von D. Horster, Frankfurt a. M./Berlin: Suhrkamp.
– (2008 e), „Rationalität in der modernen Gesellschaft“, 186-233, in: *Ideenevolution Beiträge zur Wissenssoziologie*, hrsg. von A. Kieserling, Frankfurt a. Main/Berlin: Suhrkamp.
– (2008 f), „Zum Begriff der sozialen Klasse“, 72-132, in: ders., *Ideenevolution Beiträge zur Wissenssoziologie*, Hrsg. von A. Kieserling, Frankfurt a. M./Berlin.
– (2017), *Systemtheorie der Gesellschaft*, hrsg. von J. Schmidt und A. Kieserling, Berlin: Suhrkamp.

Marangudakis, M. (2016). „Multiple Modernities and the Theory of Indeterminacy“, 48-64, in: G. Preyer, M. Sussman Eds., *Varieties of Multiple Modernities New Research Design*, Leiden: Bill.
March, J. G., H. A. Simon (1958), *Organizations*, New York: John Wiley & Sons.
Matthes, J. (1971), „Bemerkungen zur Säkularisierungsthese in der neueren Religionssoziologie“, 63-77, in: Diedrich Goldschmidt, Joachi. Matthes Hrsg., *Probleme der Religionssoziologie*. Sonderheft 6 der Kölner Zeitschrift für Soziologie und Sozialpsychologie.
Maultzsch, F. (2012), „Die Konstitutionalisierung des Privatrechts als Entwicklungsprozess – Vergleichende Betrachtung zum deutschen und amerikanischen Recht“, in: *Juristen Zeitung* 21, 1040-1050.
Miguens, S., G. Preyer, C. Bravo Morando (eds.) (2016), *Pre-reflectivity. Sartre and Contemporary Philosophy of Mind*, Abingdon GB, New York: Routledge.
Möller, J. (1959), *Absurdes Sein? Eine Auseinandersetzung mit der Ontologie J. P. Sartres*, Stuttgart: Kohlhammer.
Morris, D. B. (1994), *Geschichte des Schmerzes* (1991), Frankfurt a. M./ Berlin: Suhrkamp.
Münch, R. (1984), *Die Struktur der Moderne. Grundmuster und differentielle Gestaltung des institutionellen Aufbaus der modernen Gesellschaft*, Frankfurt a. M./Berlin: Suhrkamp.
– (1986), *Die Kultur der Moderne, Bd. 1: Ihre Grundlagen und ihre Entwicklung in England und Amerika, Bd. 2: Ihre Entwicklung in Frankreich und Deutschland*, Frankfurt a.M./Berlin: Suhrkamp.
– (1986), „Einleitung: Entwicklungslogik und Entwicklungsdynamik der Moderne“, 11-179, in: *Die Kultur der Moderne* (2 Bd.), Bd.1, Ihre Grundlagen und ihre Entwicklung in England und Amerika, Frankfurt a. M./Berlin: Suhrkamp.

– (1988 zweite Auflage), *Theorie des Handelns. Zur Rekonstruktion der Beiträge von Talcott Parsons, Emile Durkheim und Max Weber* (1983) Frankfurt a. M./Berlin: Suhrkamp.
– (1991), *Die Dialektik der Kommunikationsgesellschaft*, Frankfurt a. M./Berlin: Suhrkamp.
– (1993), *Das Projekt Europa. Zwischen Nationalstaat, regionaler Autonomie und Weltgesellschaft*, Frankfurt a. M./Berlin: Suhrkamp.
– (1995), *Dynamik der Kommunikationsgesellschaft*, Frankfurt a. M./Berlin: Suhrkamp.
– (1995), „9. Moralische Achtung als Medium der Kommunikation", 214-240, in: ders., *Dynamik der Kommunikationsgesellschaft*, Frankfurt a. M./Berlin: Suhrkamp.
– (1997), *Globale Dynamik, lokale Lebenswelt: Der schwierige Weg in die Weltgesellschaft*, Frankfurt a.M./Berlin.
– (2001), *Offene Räume. Soziale Integration diesseits und jenseits des Nationalstaats*, Frankfurt a. M./Berlin: Suhrkamp.
– (2004), *Soziologische Theorie* (3 Bd.), Bd. 3, Gesellschaftstheorie, Frankfurt a. M.: Campus.
– (2008), *Die Konstruktion der Europäischen Gesellschaft. Zur Dialektik von transnationaler Integration und nationaler Desintegration*, Frankfurt a. M.: Campus.
– (2009), *Das Regime des Liberalen Kapitalismus. Inklusion und Exklusion im neuen Wohlfahrtsstaat*, Frankfurt a.M.: Campus.
– (2010), *Das Regime des Pluralismus. Zivilgesellschaft im Kontext der Globalisierung*, Frankfurt a. M.: Campus.
– (2012), „Luhmann und Parsons", 19-22, in: Oliver Jahrhaus, Armin Nassehi, Mario Grizelj, Irmhild Saake, Christian Kirchmeier und Julian Müller (Hrsg.), *Luhmann-Handbuch. Leben – Werk – Wirkung*, Stuttgart-Weimar: Metzler.
– (2013), *Das Regime des Freihandels. Entwicklung und Ungleichheit in der Weltgesellschaft*, Frankfurt a. M.: Campus.

Nakane, C. (1985), *Die Struktur der japanischen Gesellschaft*, Frankfurt a. M./Berlin: Suhrkamp.
Nederveen Pieterse, J. (2002), „Critical Holism and the Tao of Development", 129-49, in: ders., *Development Theory. Deconstructions/Reconstructions*, London: Sage.
– (2004), *Globalization and Culture Global Mélange*, Lanham, Maryland: Rowman & Littlefield.
– (2007), *Ethnicities and Global Multiculture. Pants for an Octopus*, Lanham: Rowman & Littlefield.

Nida-Rümelin, J. (1995), *Kritik des Konsequentialismus.* Sciencia Nova, hrsg. von R. Hegselmann, G. Kirchgässner, H. Lenk, S. Lindenberg, J. Nida-Rümelin, W. Raub, T. Voss, München: Oldenburg.
– (2002), *Ethische Essays.* Frankfurt a. M/Berlin: Suhrkamp.

Ortmann, G. (2003), *Regel und Ausnahme. Paradoxien sozialer Ordnung*, Frankfurt a. M./Berlin: Suhrkamp.

Parsons, T. (1967), „Evolutionary Universals in Society", 490-520, in: ders., *Sociological Theory and Modern Society*, New York: Free Press.
– (1971), *The System of Modern Societies.* Foundation of Modern Sociology Series, A. Inkeles Ed., New Jersey: Printenice-Hall, Inc. Englewood Cliffs.
– G. M. Platt with N. S. Smelser (1973), *The American Universities*, Cambridge Mass.: University Press.
– (1978), „Religion in Postindustrial America: The Problem of Secularization", 300-322, in: ders., *Action Theory and the Human Condition*, New York: Free Press.
– (1978), „Christianity", 173- 212, in: ders., *Action Theory and the Human Condition*, New York: Free Press.
– (1978), „The ‚Gift of Life' and Its Reciprocation", 273-74, in: ders., Action Theory and the Human Condition, New York: Free Press.
– „Religion in Postindustrial America: The Problem of Secularization", 300-05, in: ders., *Action Theory and the Human Condition*, New York: Free Press.
– (1978), „The Expressive Revolution", 320-22, in: *Action Theory and the Human Condition*, New York: Free Press.
– (1991), *The Social System* (1951), London: Routledge.

Pawlow, L. (2013), „Unternehmensrechtsgeschichte. Methoden und Perspektiven", Antrittsvorlesung an der Rechtswissenschaftlichen Fakultät der Goethe-Universität Frankfurt a. M., 5. Juni.

Popitz, H. (2006), *Soziale Normen*, Frankfurt a. M./Berlin: Suhrkamp.

Preyer, G. (1996), „System, Medien- und Evolutionstheorie. Zu Niklas Luhmanns Ansatz", 302-346, in: G. Preyer, G. Peter, A. Ulfig (Hrsg.), *Protosociology im Kontext. „Lebenswelt" und „System" in Philosophie und Soziologie,* Würzburg: Könighausen und Neumann. Freigeschaltet: https://www.academia.edu/7032137/Protosoziologie_im_Kontext._Lebenswelt_und_System_in_Philosophie_und_Soziologie_392_pp
– J. Schissler (2002 a), „Gewalt als Furie des Verschwindens", 49-62, in: dieselb., *Gesellschaft im Umbruch I. Politische Soziologie im Zeitalter der Globalisierung* (2 Bd.), Frankfurt a. M.: Humanities Online.

– J. Schissler (2002 b), „Moderne und Krieg“, 73-80, in: dieselb., *Gesellschaft im Umbruch I. Politische Soziologie im Zeitalter der Globalisierung* (2 Bd.), Frankfurt a. M.: Humanities Online.
– (2008), „Globalisierung und Multiethnizität Jan Nederveen Pieterses Beitrag zur Analyse struktureller Evolution“, Marburger Forum Jg. 9, 3 (2008), rep. in einer Bearbeitung: G. Preyer, *Soziologische Theorie der Gegenwartsgesellschaft. Mitgliedschaftstheoretische Interpretationen*, Wiesbaden: VS/Springer, 333-338.
– (2008), „Soziologisches Denken“, 307-322, in: Preyer Hrsg., *Neuer Mensch und kollektive Identität in der Kommunikationsgesellschaft*, Wiesbaden: VS/Springer.
– (2009 a), *Gesellschaft im Umbruch* (2 Bd) Bd. 2: *Jenseits von National- und Wohlfahrtsstaat*, Frankfurt a. M.: Humanities Online.
– (2009 b), „Luhmanns Theorie der sozialen Differenzierung – das Ende der Inklusionslogik“, 28-47, in: ders., *Gesellschaft im Umbruch* (2 Bd.), *Bd. 2: Jenseits von National und Wohlfahrtsstaat*, Frankfurt a. M. Humanities Online.
– (2009 c), „Besprechung Dieter Henrich, *Denken und Selbstsein. Vorlesungen zur Subjektivität*“, 156-66, in: *Philosophischer Literaturanzeiger* 2.
– (2010), *Max Webers Religionssoziologie. Eine Neubewertung*, Frankfurt a. M.: Humanities Online.
– (2011), *Zur Aktualität von Shmuel N. Eisenstadt. Einleitung in sein Werk*. Reihe: Aktuelle und klassische Sozial- Kulturwissenschaftler/innen, hrsg. von Stephan Moebius, Wiesbaden: VS/Springer.
– (2012), *Rolle, Status, Erwartungen und soziale Gruppe. Mitgliedschaftstheoretische Reinterpretationen*, Wiesbaden: VS/Springer.
– (2012), R.-M. Krauße, „Rechtliche Kommunikation in der chinesischen Gegenwartsgesellschaft als normativ-faktischer Ausgleich ohne Gleichheit“, *Rechtstheorie* 43, 1-16.
– (2012 zweite Auflage), „IV 1. What is wrong with Rejectionists”, 261-277, in: ders., *Interpretation, Sprache und das Soziale. Philosophische Aufsätze*, Frankfurt a. M.: Humanities Online.
– (2012 zweite Auflage), „IV 2. The Extension of G-Predicates“, 278-288, in: ders., *Interpretation, Sprache und das Soziale. Philosophische Aufsätze*, Frankfurt a. M.: Humanities Online.
– (2013), „Irritation Systemtheoretische Grundlagen“, 15-29, in: Carsten Gansel, Norman Ächtler Hrsg., *Das ‚Prinzip Störung‘ in den Geistes- und Sozialwissenschaften*, Berlin: de Gruyter.
– (2013), „The Problem of Subjectivity. Dieter Henrich’s Turn“, 189-211, in: S. Miguens, G. Preyer eds., *Consciousness and Subjectivity*, Berlin: De Gruyter.

– (2013), *Chinas Power-Tuning. Modernisierung des Reichs der Mitte*, Wiesbaden: VS/Springer.
– Hrsg. (2016a zweite Auflage), *Strukturelle Evolution und das Weltsystem. Theorien, Sozialstruktur und evolutionäre Entwicklungen*, Wiesbaden: VS/Springer.
– (2016b), „Bericht über den Kongress: Multiple Modernities from Philology to Sociolog: Legacies of Shmuel N. Eisenstadt“ ausgerichtet von Vinzenzo Cicchelli und Madalina Vartejanu-Joubert an der Université Sarbonne-Paris-Cité vom 26.–27. Januar 2016, *Rechtstheorie* 3, 329-332
– and M. Sussman eds. (2016c), *Varieties of Multiple Modernities. New Research Design*, Leiden: Brill.
– and G. Peter (2017), *Social Ontology and Collective Intentionality Critical Essays on the Philosophy of Raimo Tuomela with His Responses,* Leiden: Springer.
– R.-M. Krauße (2017), *Ohnmächtige Weltmacht China. Modernisierung des Reichs der Mitte*, essential, Wiesbaden: VS/Springer.
– (2018a, b, c), *Soziologische Theorie der Gegenwartsgesellschaft* (3 Bd.), Bd. 1: Mitgliedschaftstheoretische Untersuchungen, Bd. 2: Lebenswelt – System – Gesellschaft, Bd. 3: Mitgliedschaft und Evolution, Wiesbaden: VS/Springer.
– G. Peter (2018), „Introduction: Social Ontology Revisited“, *ProtoSociology* Vol. 35: *The Joint Commitment Account: Critical Essays on the Philosophy of Sociality of Margaret Gilbert with Her Comments.* Edited by Gerhard Preyer and Georg Peter, 7-18.
– (2020), „Die wiederentdeckte oder die verdeckte Einsicht!?“ *e-Journal für Philosophie der Psychologie* 26, 1-15. Besprechung: Dieter Henrich „Dies Ich, das viel besagt. Fichtes Einsicht nachdenken“, Frankfurt a. M.: Klostermann 2019. Freigeschaltet http://phps.at/texte/PreyerG2.pdf
– und Reuß-Markus Krauße (2020), *Soziologie der Nächsten Gesellschaft. Multiple Modernities, Glokalisierung und Mitgliedschaftsordnung*, Wiesbaden: VS/Springer.
– E. Rogler (2020 dritte Auflage), *Philosophie des Mentalen. Supervenienz, reduktiver, nicht-reduktiver Physikalismus und mentale Kausalität*, Frankfurt a. M.: Humanities Online.
– (2021), „Multi-Level Approach in einer Theorie und Soziologie der Kommunikation von Recht“, *Rechtstheorie* 3.
– (2023), *Shmuel N. Eisenstadts Soziologie von der Institutionenanalyse zur Zivilisationsforschung und Multiple Modernities*, Wiesbaden: VS/Springer.
– *ProtoSociology* Vol. 26, 2009: Modernization in Times of Globalization I.

– *ProtoSociology* Vol. 27 2011, Modernization in Times of Globalization II.
– *ProtoSociology* Vol. 28, 2011: China's Modernization I. Edited by Georg Peter and Reuß-Markus Krauße. Vol. 29, 2012: China's Modernization II (2012). Edited by Georg Peter and Reuß-Markus Krauße.
– *ProtoSociology* Vol 15, 2001: On a Sociology of Borderlines Social Process in Time of Globalization. Edited by G. Preyer and M. Bös.
– *ProtoSociology* Vol 32, 2015: Making and Un-Making Modern Japan. Edited by Ritu Vij.
– *ProtoSociology* Vol. 35, 2018: The Joint Commitment Account: Critical Essays on the Philosophy of Sociality of Margaret Gilbert with Her Comments. Edited by Gerhard Preyer and Georg Peter.

Raz, J. (1975), *Practical Reason and Norms*, London: Oxford University Press.

Rimbaud, A. (1970), *Die Zukunft der Dichtung. Die Seher-Briefe (Lettres du voyant, 1871)*. Übersetzt und herausgegeben von Werner von Koppenfels, Mainz: Dieterich'sche Verlagsbuchhandlung.

Robertson, R. (1995), „Glocalization: Time-Space and Homogeneity-Heterogeneity", 25–44, in: *Mike Featherstone, Scott Lash* and *Roland Robertson* eds., *Global Modernities*, London: Sage.
– (2010), „Religion, International Relations, and Transdisciplinarity", *ProtoSociology* Vol. 27: Modernization in Times of Globalization II, 7-20.

Rogler, E. (2015), Lorenz von Steins Gesellschaftstheorie und ihre Entwicklung (1960), ProtoSociology, Frankfurt a. M. Mit einem Vorwort von G. Preyer. Freigeschaltet: http://www.protosociology.de/Books/Rogler-Stein.html

Roninger, L. (2016), „Multiple Modernities ‚East' and ‚West' and the Quest for Universal Human Rights", 122-148 , in: G. Preyer, M. Sussman (Eds.), *Varieties of Multiple Modernities New Research Design*, Leiden: Bill.

Rückert, J. (2011), „Abwägung – die juristische Karriere eines unjuristischen Begriffs oder: Normenstrenge und Abwägung im Funktionswandel", *Juristen Zeitung* 19, 913-923.

Sartre, J.-P. (1943), *L'être et le néant. Essai d'ontologie phénoménologique*, Paris: Gallimard.
– (1965), *Critique de la Raison dialectique précédé de Questions de méthode. Tome 1: Théorie des emsembles pratique.* Texte établi et annoté par Arlette Elkaïm-Sartre, Paris: Gallimard.

– (1991), „Conscience de soi et connaissance de soi“, in: M. Frank (Hrsg.), *Selbstbewußtseinstheorien von Fichte bis Sartre*, Frankfurt a. M./Berlin: Suhrkamp/Berlin.

Schefold, B. (2017), „Walter Rüegg: Soziologe, Humanist und Bildungsreformer. Von der Jungend in der schweizerischen Vorkriegszeit bis zum Ruf nach Frankfurt“, in: *Zyklos* 3 Jahrbuch für Theorie und Geschichte der Soziologie. Hrsg. von Martin Endreß, Klaus Lichtblau und Stephan Moebius, Wiesbaden: VS/Springer, 229-245. Dazu das *Transdisziplinäre Gespräch* „Soziologie in Frankfurt“: YouTube: https://www.youtube.com/user/ProtoSociology

Schiffer, S. (1972), *Meaning*, Oxford: Oxford University Press.

Schlette, H. R. (1974), „Religion“, in: Hermann Krings, Hans M. Baumgartner, Christoph Wild Hrsg., *Handbuch philosophischer Grundbegriffe*, Bd. III, München: Kösel.

Schluchter, W. (1991), „Der ‚Kampf der Götter‘: Von der Religionskritik zur Religionssoziologie“, 339-363, in: ders., *Religion und Lebensführung* (2 Bd.), Bd. 1: Frankfurt a. M./Berlin: Suhrkamp/Berlin.

– (2006, 2007), *Grundlegungen der Soziologie* (2 Bd.), Tübingen: Mohr.

– (2016), *Max Webers späte Soziologie*, Tübingen: Mohr Siebeck.

Schmitt, C. (1996 siebte Auflage), *Politische Theologie*, Berlin: Duncker & Humblot.

Schnädelbach, H. (1974), *Geschichtsphilosophie nach Hegel. Die Probleme des Historismus*, Freiburg i. Br.: Albe.

– (2004), „Descartes und das Projekt der Aufklärung“, 45-65, in: ders., *Analytische und postanalytische Philosophie. Vorträge und Abhandlungen* 4, (4 Bd.), Frankfurt a. M./Berlin: Suhrkamp/Berlin.

– (2004), „Subjektivität erkenntnistheoretisch oder: Über das Subjekt der Erkenntnis“, 198-119, in: ders., *Analytische und postanalytische Philosophie. Vorträge und Abhandlungen* 4 (4 Bd.), Frankfurt a. M./Berlin.

Schulte, M. (2020), *Recht und Religion Zur Evolution von staatlicvhem und kirchlichem Recht*, Berlin: Duncker & Humblot.

Searle, J. R. (1969), *Speech Acts. An Essay in Philosophy of Language*, Cambridge: Cambridge University Press.

Seel, G. (1971), *Sartres Dialektik*, Bonn: Bouvier, Herbert Grundmann.

Simmel, G. (1908), *Soziologie. Untersuchungen über die Formen der Vergesellschaftung*, Leipzig: Duncker & Humblot.

Stegmüller, W. (1975), „Der sogenannte Zirkel des Verstehens“, 63-88, in: ders., *Das Problem der Induktion: Humes Herausforderung und moderne Antworten – Der sogenannte Zirkel des Verstehens*, Darmstadt: Wissenschaftliche Buchgesellschaft.

Smart, B. (1992), „Modernity, Postmodernity and the Present", 14-30, in: Turner ed., *Theories of Modernity and Postmodernity,* Sage.

Strawson, P. F. (1997), „Intention and Convention in Speech Act", 149-169, in: ders., *Logico-Linguistic Papers*, London: Routledge.

Stritz, H.-W. (1984), „Säkularisierung – Der kanonistische und staatskirchenrechtliche Begriff", 792-809, in: Otto Brunner, Werner Conze, Reinhart Koselleck Hrsg., *Geschichtliche Grundbegriffe. Historisches Wörterbuch zur politisch-sozialen Sprache in Deutschland*, Bd. 5, Stuttgart: Klett Cotta.

Taylor, V. E., Charles E. Winquist eds. (2000 zweite Auflage), *Encyclopedia of Postmodernism* (4 Vols.), London: Routledge.

Thomas, T. (1992), „Welt als relative Einheit oder als Letzthorizont? Zur Azentrizität des Weltbegriffs", 327-354, in: *Krawietz*, *Michael Welker* (Hrsg.), *Kritik der Theorie sozialer Systeme. Auseinandersetzungen mit Luhmanns Hauptwerk*, Frankfurt a. M./Berlin.

Tillich, P. (1930), *Religiöse Verwirklichung*, Berlin: Furche.

Tönnies, F. (1935), *Geist der Neuzeit*, Leipzig: Buske.

– (1991), *Gemeinschaft und Gesellschaft. Grundbegriffe der reinen Soziologie* (2. Auflage), zitiert nach dem Neudruck der achten, verbesserten Auflage Berlin 1935, Darmstadt: Wissenschaftliche Buchgesellschaft.

Troeltsch, E. (1977 dritte Auflage), *Die Soziallehren der christlichen Kirchen und Gruppen* (1912), Tübingen: Mohr.

Tugendhat, E. (1979), *Selbstbewusstsein und Selbstbestimmung. Sprachanalytische Interpretationen*, Frankfurt a. M./Berlin: Suhrkamp/Berlin.

Turner, B. S. (1992), „Periodization and Politics in the Postmodern", 1-13, in: B. S. Turner ed., *Theories of Modernity and Postmodernity*, London.

Von Kutschera, Franz (1993), *Die falsche Objektivität*, Berlin: de Gruyter.

Von Stein, L. (1921), *Geschichte der sozialen Bewegung in Frankreich von 1789 bis auf unsre Tage*, 3 Bd. (1850), München: Drei Masken Verlag.

(1991), *Begriff und Wesen der Gesellschaft* (1856), Opladen: Westdeutscher Verlag.

Weber, M. (1991), *Wirtschaftsgeschichte* (1923). Aus den nachgelassenen Vorlesungen (5. Auflage), hrsg. von S. Hellmann und M. Palyi, Berlin: Duncker & Humblot.

– (2016), *Die protestantische Ethik und der „Geist" des Kapitalismus*. Neuausgabe der ersten Fassung von 1904-05 mit einem Verzeichnis der wichtigsten Zusätze und Veränderungen aus der zweiten Fassung von

1920. Herausgegeben und eingeleitet von Klaus Lichtblau und Johannes Weiß, Wiesbaden: VS/Springer.

Weinberger, O. (2004 zweite Auflage), „Diskurse. Demokratie ohne Diskursphilosophie“, 427-437, in: *Rechtstheorie*, Habermas-Sonderheft, System der Rechte, demokratischer Rechtsstaat und Diskurstheorie des Rechts nach Jürgen Habermas. Hrsg. von W. Krawietz und G. Preyer, 3 (1996).

Willke, W. (2002), *Dystopia Studien zur Krisis des Wissens in der modernen Gesellschft,* Frankfurt a. M./Berlin.

– (2003), *Heterotopia Studien zur Krisis der Ordnung moderner Gesellschaften*, Frankfurt a. M./Berlin.

Wolf, E. (1896), *Geschichte der deutschen Literatur in der Gegenwart,* Leipzig: Hirzel.

ProtoSociology

Ausgewählte Veröffentlichungen des Segments:
Soziologische Theorie, Globalisierung, Modernisierungstheorie, Multiple Modernities, Soziologie der Mitgliedschaft, Sozialphilosophie und Sozialontologie

Chant, S. R., F. Hindriks, G. Preyer Eds. (2021), *From Individual to Collective Intentionality New Essays*, Oxford N.Y.: Oxford University Press.

Krauße, R.-M. (2015), *Hybridisierung Chinas. Modernisierung und Mitgliedschaftsordnung der chinesischen Gesellschaft*, Wiesbaden: VS/Springer.

Preyer, G., G. Peter, A. Ulfig Hrsg. (1996), *ProtoSociology im Kontext. „Lebenswelt“ und „System“ in Philosophie und Soziologie,* Würzburg: Königshausen und Neumann: Freigeschaltet: https://www.academia.edu/7032137/Protosoziologie_im_Kontext._Lebenswelt_und_System_in_Philosophie_und_Soziologie_392_pp

Preyer, G. J. Schissler (1996), *Integriertes Management. Was kommt nach der Lean-Production?*, Frankfurt a. M.: Frankfurter Allgemeine Zeitung. Freigeschaltet: https://www.academia.edu/6966374/Integriertes_Management_Was_kommt_nach_der_Lean_Production_2_Auflage_160_pp

Preyer, G. (1998), *Die Globale Herausforderung. Wie Deutschland an die Weltspitze zurückkehren kann*, Frankfurt a. M./Wiesbaden, Frankfurter Allgemeine Zeitung, Gabler. Freigeschaltet: https://www.academia.

edu/6966364/Die_globale_Herausforderung_Wie_Deutschland_an_die_Weltspitze_zur%C3%BCckkehren_kann_2_Auflage_260_pp

Preyer, G. und Peter Eds. (2000), The Contextualization of Rationality Problems, Concepts and Theories of Rationality, Paderborn: Mentis. Freigeschaltet: https://www.academia.edu/7315595/G_Preyer_G_Peter_eds_The_Contexualization_of_Rationality_Problems_Concepts_and_Theories_of_Rationality_Second_Edition_2014_230_pp

Preyer, G. und J. Schissler (2002), *Gesellschaft im Umbruch I. Politische Soziologie im Zeitalter der Globalisierung*, Frankfurt a. M.: Humanities Online.

Preyer, G. Hrsg. (2009), *Neuer Mensch und kollektive Identität in der Kommunikationsgesellschaft*, Wiesbaden: VS/Springer.

Preyer, G. und R.-M. Krauße (2009), *In China erfolgreich sein. Kulturunterschiede erkennen und überbrücken Strategien und Tipps für den Umgang mit chinesischen Geschäftspartnern*, Wiesbaden: Gabler.

Preyer, G. (2009), *Gesellschaft im Umbruch* (2 Bd.) Bd. 2: Jenseits von National- und Wohlfahrtsstaat, Frankfurt a. M.: Humanities Online.

Preyer, G. und Y. Raley Eds. (2010), *Philosophy of Education in the Era of Globalization*, New York: Routledge 2010.

Preyer, G. (2011) *Max Webers Religionssoziologie. Eine Neubewertung*, Frankfurt a. M.: Humanities Online.

Preyer, G. (2011). *Intention and Practical Thought*, Frankfurt a. M: Humanities Online.

Preyer, G. (2011), *Zur Aktualität von Shmuel N. Eisenstadt. Einleitung in sein Werk*. Aktuelle und klassische Sozial- und Kulturwissenschaftler/innen. Hrsg. von S. Moebius, Wiesbaden: VS/Springer.

Preyer, G. (2012), *Rolle, Status, Erwartungen und soziale Gruppe. Mitgliedschaftstheoretische Reinterpretationen*, Wiesbaden: VS/Springer.

Peter, G. und R.-M. Krauße Hrsg. (2012), *Selbstbeobachtung der modernen Gesellschaft und die neuen Grenzen des Sozialen*, Wiesbaden: VS/Springer.

Preyer, G. (2016), *Struktur und Semantic Map. Zur soziologischen Theorie Shmuel N. Eisenstadts*, Essential, Wiesbaden: VS/Springer.

Preyer, G. und G. Peter Eds. (2017), *Social Ontology and Collective Intentionality. Critical Essays on the Philosophy of Raimo Tuomela with His Responses*, Leiden: Springer.

Preyer, G. und R.-M. Krauße (2017), *Ohnmächtige Weltmacht China. Modernisierung ohne Harmonie*, Essential, Essential, Wiesbaden: VS/Springer.

Preyer, G. (2018 zweite Auflage), *Soziologische Theorie der Gegenwartsgesellschaft* (3 Bd.), Bd. 1: Mitgliedschaftstheoretische Untersuchungen

(2006), Bd. 2: Lebenswelt, System, Gesellschaft (2006), Bd. 3: Mitgliedschaft und Evolution (2008), Wiesbaden: VS/Springer.

Preyer, G. und R.-M. Krauße (2020), *Soziologie der Nächsten Gesellschaft Multiple Modernities, Glokalization und Mitgliedschaftsordnung*, Wiesbaden: VS/Springer.

Preyer, G. und R.-M. Krauße (2022), *Sociology of the Next Society Multiple Modernities, Glocalization, and Membership Order*, Heidelberg: Springer.

ProtoSociology

- Vol. 15 (2001): On a Sociology of Borderlines. Edited by Gerhard Preyer, Mathias Bös.
- Vol. 16 (2002): Understanding the Social I: http://www.protosociology.de/Volumes/Volume21.htmlNew Perspectives from Epistemology.
- Vol. 18-19 (2003): Understanding the Social II: Philosophy of Sociality. Edited by Raimo Tuomela, Gerhard Preyer, Georg Peter.
- Vol. 20 (2004): World-System Analysis: Contemporary Directions and Researches. Edited by Richard E. Lee, Gerhard Preyer.
- Vol. 24 (2007): Shmuel N. Eisenstadt: Multiple Modernities – A Paradigm of Cultural and Social Evolution (Collected Articles). Edited by Gerhard Preyer.
- Vol. 26 (2009), 27 (2011): Modernization in Times of Globalization I, II.
- Vol. 28, (2011), 29 (2012): China's Modernization I, II. Edited by Georg Peter und Reuß-Markus Krauße.
- Vol. 32 (2015): Making and Un-Making Modern Japan. Edited by Ritu Vij.
- Vol. 33 (2016): The Borders of Global Theory – Reflections from Within and Without. Edited by Barrie Axford.
- Vol. 34 (2017): Meaning and Publicity. Edited by Richard Manning.
- Vol. 35 (2018): Joint Commitment: Critical Essays on the Philosophy of Sociality of Margaret Gilbert with Her Comments. Edited by Gerhard Preyer, Georg Peter.

ProtoSociology
An International Journal of Interdisciplinary Research
Editor-in-Chief: Prof. Dr. phil. habil. Gerhard Preyer
Professor of Sociology
Goethe-University Frankfurt am Main
D-60054 Frankfurt a. M.
www.fb03.uni-frankfurt.de/48480132/gpreyer

Hosted by the Philosophy Documentation Center
in Charlottesville, Virginia, USA
https://www.pdcnet.org/protosociology
https://www.pdcnet.org/protosociology/Special-Issues
ProtoSociology Vols. 1–35

Nachweise

Preyer, Gerhard (2009), „Konstitutiver Liberalismus als soziale Ordnung der Europäischen Union Zur Theorie und Soziologie des Rechts von Richard Münch“, *Rechtstheorie* 40, 493-597.

(2008), „Zur Neufassung des Problems der moralischen Kommunikation“, *Marburger Forum Beiträge zur geistigen Situation der Gegenwart* 5.

(2010), „Theorie und Soziologie des Rechts im Kontext Multipler Modernitäten“, *Rechtstheorie* 4, 469-497.

(2013), „Rechtliche Kommunikation und Zivilgesellschaftlicher Pluralismus in der Weltgesellschaft Neue Problemstellungen der Theorie der sozialen Integration“, *Rechtstheorie* 44, 2013, 209-218. Titel in diesem Buch „Zivilgesellschaftlicher Pluralismus in der Weltgesellschaft. Neue Problemstellungen der Theorie der sozialen Integration“.

(2014), „Kollektive Identität Europas und seine politische Integration“, *Rechtstheorie* 4 (2014), 507-515.

(2014), „Transformation in der modernen Theorie und Soziologie des Rechts“, 507-535, in: A. Aarnio, T. Hoeren, S. L. Paulsen, M. Schulte, D. Wyduckel Hrsg., *Positivität, Normativität und Institutionalität des Rechts. Festschrift für Werner Krawietz*, Berlin: Duncker & Humblot 2014.

(2016), „Soziologie ohne Menschen“, *Rechtstheorie* 1 (2016), 43-88.

(2017), „Soziologische Selbstunterscheidungen in der Moderne: Eine soziologische Begriffsgeschichte historischer Zeiten“. Rede anlässlich der Verabschiedung von Professor Dr. Klaus Lichtblau am Institut für Soziologie der Goethe-Universität Frankfurt a.M. 30. März 2017, veröffentlicht in: *Soziologie. Forum der Deutschen Gesellschaft für Soziologie* 3, 296-305.

(2018), „Weltgesellschaft oder „Gesellschaft von Gesellschaften“? Vortrag zu dem Symposium zu 80. Geburtstrag von Werner Krawietz“, Rechtstheorie 3, 349-370. In dem Festschriftband: *Positivität, Normativität und Institutionalität des Rechts. Festschrift für Werner Krawietz zum 80. Geburtstag*, hrsg. von Aulis Aarnio, Thomas Hoeren, Stanley L. Paulson, Martin Schulte und Dieter Wyduckel ist von den Herausgebern ein anderer Artikel aufgenommen worden – siehe die entsprechende Eintragung.

„Religion als Kommunikation – Ein Neuanfang“, Erstveröffentlichung.

„Durkheims Begriff der moralischen Gemeinschaft und des sozialen Milieus“, Erstveröffentlichung.

Die bereits veröffentlichen Artikel sind noch einmal resystematisiert und bearbeitet worden.

Ausführliches Inhaltsverzeichnis

Teil II

Personenverzeichnis

Sachverzeichnis